本书作为2016年度全国教育科学规划课题
"组织发展理论视域下民办本科高校转型路径研究"
（BIAI60103）的研究成果

组织发展理论视域下
民办本科高校转型路径研究

王桂云◎著

ZUZHI FAZHAN LILUN SHIYUXIA

MINBAN BENKE GAOXIAO ZHUANXING LUJING YANJIU

中国财经出版传媒集团

经济科学出版社
Economic Science Press

图书在版编目（CIP）数据

组织发展理论视域下民办本科高校转型路径研究/
王桂云著. —北京：经济科学出版社，2020.3
ISBN 978 - 7 - 5218 - 1386 - 9

Ⅰ.①组…　Ⅱ.①王…　Ⅲ.①民办高校 - 发展 -
研究 - 中国　Ⅳ.①G648.7

中国版本图书馆 CIP 数据核字（2020）第 041212 号

责任编辑：宋　涛
责任校对：蒋子明
责任印制：李　鹏

组织发展理论视域下民办本科高校转型路径研究

王桂云　著

经济科学出版社出版、发行　新华书店经销

社址：北京市海淀区阜成路甲 28 号　邮编：100142

总编部电话：010 - 88191217　发行部电话：010 - 88191522

网址：www. esp. com. cn

电子邮箱：esp@ esp. com. cn

天猫网店：经济科学出版社旗舰店

网址：http://jjkxcbs. tmall. com

北京季蜂印刷有限公司印装

710 × 1000　16 开　22 印张　350000 字

2020 年 5 月第 1 版　2020 年 5 月第 1 次印刷

ISBN 978 - 7 - 5218 - 1386 - 9　定价：77.00 元

著作简介

这部著作，在国家倡导地方本科高校转型发展的大背景下，立足民办本科高校自身，以组织发展理论为指导，以为什么转型、什么是转型、转什么、怎么转为线索，理论分析与实证研究深度融合，构建转型的要素模型，并进行民办本科高校转型的有效路径设计。

这部著作，分析了民办本科高校在发展中存在诸如定位有待清晰、人才培养目标与社会需求契合度亟待提升等现象，提出民办本科高校必须加强内涵建设，逐步构建与落实需求导向、服务地方的应用型办学模式。著作剖析了民办本科高校加强内涵建设的五个关键要素：领导变革、资源配置、结构重组、教学流程再造和文化重塑，并阐释了这些要素之间存在的相互促进也相互制约的复杂关系。最终理论与实证相结合，从五个要素探索了民办本科高校发展的路径。

这部著作，是作者本人作为民办院校的创办者与领导者之一，在二十余年民办高校办学经历基础上，坚持把学习与工作、研究与管理、学术与实务密切结合的成果。作者所创办的山东协和学院，从兴办、发展直至壮大，正是一个民办本科高校加强内涵建设，切实落实应用型，实现转型发展的典型案例。

"莫道下岭便无难，赚得行人错喜欢。正入万山圈子里，一山放过一山拦"，民办高校的发展取得了可喜的成绩，然而，在新的历史时期，民办高校的发展改革仍任重道远，不懈努力与持续进步是每一个民办教育工作者重要的历史使命。

目　录

第一章

导　论

　　国家经济转型发展，迫切需要应用型人才。党中央、国务院作出引导部分地方本科高校转型发展的重大决策，2015 年，李克强总理在《政府工作报告》中明确提出引导部分地方本科高校向应用型转变，教育部、国家发改委、财政部联合印发《关于引导部分地方普通本科高校向应用型转变的指导意见》。作为地方本科高校重要组成的民办本科高校，长期依循公办高校办学模式，办学定位不够精准，办学理念不够明晰，办学规划不够系统，导致人才培养难以适应行业产业发展形势，满足区域经济发展需求，在一定程度上制约了招生、就业以及学校的可持续发展。新时代背景下，民办高校转型发展，必须紧跟政策导向，变革理念，转变办学模式，从追求数量的粗放型、低水平的办学形态向精细化、高水平的内涵式发展模式转变，充分发挥民办高校体制机制灵活的优势，着力深化校企合作、产教融合，不断构建需求导向、服务地方的应用型办学模式，全面提高应用型人才培养质量。高等学校作为一种社会组织，其变革遵循组织发展的基本规律，从组织发展理论视域研究民办本科高校的转型特点和规律，可以更好地把握民办高校的改革特点和规律，为当前民办高校改革和发展提供科学的理论依据和实践指导。

第一节　国内外相关研究的学术史梳理及研究动态

　　民办本科高校转型发展是新时代深化教育改革的重要任务，国内外对此问题已进行了一定的理论研究和实践探索，为本研究奠定了重要基础。

一、组织发展理论在高校转型研究中应用的相关研究

（一）组织发展视域下民办本科高校转型的相关研究

组织发展（organizational development）理论产生于 20 世纪 40 年代，该理论在行为学科基础上，通过变革干预组织结构及其活动过程，增强组织对内外部环境变化的适应能力，从而提高组织效率及效能。90 年代，该理论被引入教育领域，把学校作为独立组织，研究其组织变革及组织效能改进（Gerald Sutton et al.，1977）。国内学者钱军平等（2015）基于此从大学治理理念重构、行政管理运行体制、人才培养体系构建及教学运行设计、师资队伍建设以及教职人员晋升流动机制等方面，探讨了新建地方本科院校转型的路径设计。

（二）民办本科高校转型的相关问题研究

经过多年发展，我国民办本科高校已经从规模扩张转向内涵发展（刘尧，2014），转型发展已成为广泛共识和共同行动（许青云，2015）。民办高校转型发展中的困境和路径是研究者关注的焦点。有研究者指出，从外部环境看，教育政策、制度等顶层设计有待完善、评价机制亟待健全等是制约民办高校转型发展的主要因素（厉无畏，2014；杨保成等，2015）。从高校内部看，缺乏明确的应用型大学发展目标，教育思想观念陈旧，学科与专业设置过分强调理论性，缺乏自身特色与优势，课程设置和教学内容脱离社会需求，双师型教师占比较小，校企合作机制不完善，科研转化能力不强等也是导致转型困难的内部原因（厉无畏，2014；张德江等，2015；顾德库等，2014）。在已有研究中，从组织发展视域开展的民办本科高校转型研究还不多见，开展这方面的研究有助于从新的理论视野揭示民办本科高校转型发展的内在规律并有效指导民办高校的改革实践。

二、民办本科高校转型的含义及要素相关研究

对于民办本科高校转型的含义虽没有统一的界定，但转向应用型的观

点较为一致，新时期民办本科高校转型实质是渐进式的内涵转变（别敦荣，2014）。

（一）关于应用型大学相关研究

现有研究主要体现在应用型大学内涵及其建设发展方面。学者们对内涵进行了较为深入的研究。应用型本科教育的基本特征，一是教学为主；二是面向地方（潘懋元，2010）。应用型大学在高级专门人才的培养过程中，强调其职业能力，因此，应用型大学不仅具有普通高等教育的特征，也同时具有职业教育的特征（王洪等，2008），是主动为区域经济、社会发展、生产一线服务，培养基础知识扎实，具有创新精神，实践应用能力强，综合素质高的人才的新兴大学（史健勇，2012；韩宝平，2018）。建设发展方面，尤以德国、英国、美国的应用型大学最为典型。发达国家应用型大学都围绕"应用"制定发展目标、人才培养目标、人才培养规格契合区域经济发展与社会需求，与行业企业的职业岗位无缝对接，教育教学注重理论教学与实践教学相辅相成（D. F. Drucker，1980；J. H. Wilson，1960；史健勇，2012；冯军，2019）。普林斯顿大学、加州理工学院等应用型名校尤其注重精致化发展，其核心竞争力体现在办学理念、师资队伍、培养质量、国际教育、文化氛围等方面（侯长林，2019）。国内研究注重办学理念，注重结构、体制的合理与质量、效益的提高（潘懋元，2009；蒋德勤，2018）；注重双师型师资队伍、人才培养模式、技术学科（谢志远等，2019）、大学文化、科学研究等（朱中华，2005；谢根法，2006；陈东辉等，2018）。

（二）关于转型要素相关研究

国外对大学转型要素的研究具有重要影响力。杜德斯塔特（Dudersta-dat，2002）认为美国公立大学组织转型关键因素为领导、资源、结构、活动、文化、使命。国内张慧洁（2005）、郭建如（2007）、任玉珊（2008）等提出领导、结构、资源、文化、活动、目标等是转型的关键要素。也有研究者在内涵转型的过程中，提出理念、目标定位、学科专业结构、应用型人才培养体系、现代大学制度、双师型师资队伍等在转型中的重要性（别敦荣，2014；董圣足，2012；余皖生，2014），然而从组织发展理论视域锁定民办本科高校转型要素的研究较为薄弱。

三、民办本科高校转型的路径相关研究

民办本科高校转型的研究主体是院校研究者，部分院校在实践中取得了一定成效，但仍有待进一步深化改革。研究者大多对民办高校转型和发展战略作整体的思考，认为民办本科高校转型发展的重中之重是转变过去注重规模扩张的外延式发展，实现以办学质量为重的内涵式发展。刘莉莉（2012）提出民办高校在重新厘定自身办学定位、发展潜能的基础上，应实现向战略规划、组织内涵建设、差异化竞争、人本管理的转型，以期在发展中形成竞争优势，从而实现可持续发展；张德江（2015）、余皖生（2014）等认为民办本科高校应依托区域经济发展需求，立足自身特点及发展定位，切实做到以地方性、应用型、合作式和职业化为目标，动态调整学科专业结构布局，革新人才培养模式及方案，最终实现比较优势，实现错位竞争。孟广东等（2017）以青岛黄海学院转型发展为例，从理念更新、师资建设、制度保障、教学改革以及人才保障体系构建等方面总结了民办本科高校应用型本科教育的启示。毛建平（2018）提出民办本科高校应从办学目标、学科结构、师资结构等方面着力改革，以促进向应用型大学转型。然而，从组织发展视角下，对民办本科高校转型路径的研究有待展开。

综上所述，首先，现有研究更多集中在对国外大学的转型要素进行分析，由于体制机制的差别，我国民办高校的转型具有自身的特殊规律，国内相关研究还不多见，现有研究多是从教育教学改革的角度对转型问题进行分析，很少从组织发展的角度探讨民办本科高校转型中的制约因素和路径；其次，现有研究缺乏应用型民办本科高校评价指标体系的研究，致使民办本科高校在转型过程中难有衡量的标准；最后，已有研究偏重于理论分析而相对忽视行动研究，关于民办本科高校转型实践案例的分析不足，缺乏系统梳理与提炼升华，难以从中归纳出有效的民办本科高校转型路径，难以为改革实践提供可靠的理论支撑。为突破已有研究的局限，本研究在组织发展理论视域下，通过对民办高校转型的理论分析与实证研究，系统构建民办本科高校转型发展的要素模型与指标体系，提出可操作的路

径设计，试图为民办本科高校转型发展提供一种可靠的理论模型和改革对策。

第二节 本课题学术价值和应用价值

一、学术价值

本研究在组织发展理论视域下，通过分析民办本科高校转型的含义，梳理转型的要素，构建民办本科高校转型的要素模型，并结合案例分析，提出转型的路径。本研究将有助于丰富高等教育管理的理论内涵，为新时期民办本科高校转型及其发展提供理论支撑，对于我国独具特色的应用型民办本科高校理论发展具有重要意义。

二、应用价值

本研究在组织发展理论视域下，进行转型发展的路径设计，试图提供一种可操作的民办本科高校创新发展模式，为民办高校在新时期的发展提供具有理论指导意义的改革方案；同时，本研究成果还可为政府及有关部门政策制定以及资源配置提供参考，以完善政府对民办高等教育的科学管理。

第三节 研究思路与方法

一、基本思路与研究框架

本研究围绕民办本科高校转型的主题，在组织发展理论视域下，以为什么转型、什么是转型、转什么、怎么转为线索，理论分析与实证研究深度融合，在案例分析基础上，最终进行民办本科高校转型的有效路径设计。基于该思路，本研究设计如下主要内容。

第一章，导论分析了组织发展理论视域下民办本科高校转型发展路径研究的理论与现实意义，对本课题的研究方法、研究思路作了详细说明。

第二章，本章通过对民办本科高校发展现状、内外部优势及劣势进行分析，进而展开民办本科高校转型需求分析。

第三章，本章通过分析组织发展理论的起源、组织发展的内涵、组织发展的目标与实质、组织发展的影响因素，阐释了组织发展理论在民办本科高校转型发展中的作用。

第四章，本章在理论研究的基础上，运用德尔菲法与李克特量表，对民办本科高校转型的要素进行遴选，构建民办本科高校转型发展模型，并展开机理分析。

第五章，本章通过对山东省、湖北省、河南省三所样本院校转型发展的分析，梳理民办本科高校转型的典型经验，为进行组织发展理论视域下民办本科高校转型发展路径设计奠定基础。

第六章，基于构建的要素模型，从领导变革、资源配置、结构重组、教学流程再造、文化重塑等方面进行有效路径设计，促进民办本科高校转型发展。

二、研究方法

本课题综合运用文献法、访谈法等多种方法，在组织发展理论视域下分析民办本科高校转型必要性。引入德尔菲法、李克特量表、案例分析等方法创新民办高校转型发展的要素模型，最终进行转型路径设计，具体为以下几方面。

（一）文献法

围绕研究主题，课题组对中国知网、维普期刊全文数据库、万方数据库等数据库的相关文献进行检索，同时广泛搜集相关外文资料文献并进行翻译整理以获取翔实的文献资料。本课题主要以国内外高等教育、职业教育、应用型大学建设、组织发展理论、大学运行模式、地方本科高校向应用型大学转型等文献资料以及国内高等教育的法律法规文件和研究文献为重点查阅范围。

通过综述国内外关于应用型大学建设、地方本科高校向应用型转型发展的研究文献并进行比较研究，一方面为界定组织发展理论视域下民办本科高校转型发展的含义；另一方面为要素遴选奠定基础。

通过选取典型样本院校，进行案例院校相关文献的详细分析，总结经验启示，为提出民办本科高校转型发展的路径提供参考依据。

（二）访谈法

邀请民办高等教育专家（共计 5 人）、民办本科高校管理人员（共计 10 人）、民办本科高校教师（共计 13 人）、民办本科高校学生（共计 13 人）等进行现场访谈，全面了解民办高校转型的要素和改进意见，为研究提供翔实资料。

（三）德尔菲法

在前期文献研究的基础上，从组织层面，拟定关于民办本科高校转型要素的调查表，选择在民办高等教育及行业企业中具有代表性、权威性的 16 名专家（不包括前期访谈过的专家）进行 2 轮征询和反馈，对各要素综合归纳，最终使专家意见趋于集中，锁定关键要素。

（四）李克特量表

采用五级李克特量表的调查表方式对德尔菲法筛选出的要素进一步验证，即设置"非常同意""同意""不确定""不同意""非常不同意"的调查表，重新选择 14 位专家（不包括前期访谈过的专家以及德尔菲法咨询的专家，其中 2 位民办本科高校校长，3 位民办本科高校教务处主任，7 位教育学领域教授，2 位应用型高校执行副校长），发放调查表，一周后收回。

（五）案例分析法

选取国内有代表性的民办本科高校为案例，搜集相关资料，从组织层面，系统地分析所选取民办本科高校在应用型转型过程中的发展概况、基本战略以及经验和教训，提出相关建议，为路径设计奠定基础。

第二章

民办本科高校发展现状及转型需求分析

第一节　民办本科高校发展现状分析

改革开放以来，我国民办本科高校随着经济社会发展而不断发展壮大，为高等教育大众化、普及化作出了重要贡献。2017 年教育部统计的全国高等学校名单（以下简称名单）显示，截至 2017 年 5 月 31 日，我国共建立 417 所民办本科高校，占全国现存 1243 所普通本科高校的 33.55%。[①]三分天下的民办本科教育以创纪录的成长速度成为我国高等教育不可或缺的重要组成部分，很大程度上满足了广大人民群众上大学接受本科教育的需求，推进了我国高等教育大众化以及普及化的发展进程。

自 20 世纪末制定大学生扩招计划以来，我国高等教育规模逐步扩大，高等院校招生数量不断增加。我国已于 2002 年提前实现了高等教育毛入学率 15% 这一国际上通用的精英化教育阶段的目标，由 1978 年 2.7% 的毛入学率上升至 2018 年的 48.2%，其中民办本科高校的贡献不容小觑。《中国统计年鉴》显示（见表 2-1、表 2-2、表 2-3），2016 年全国普通高等院校的本专科毕业生人数、招生人数和在校生人数分别为 7041800人、7486110 人和 26958433 人，其中民办高校的本专科毕业生人数、招生人数和在校生人数分别为 1540561 人、1738615 人和 6162035 人，分别占

---

① 教育部：《全国高等学校名单》，http://www.moe.gov.cn/srcsite/A03/moe_634/201706/t20170614_306900.html，2017-4-6。

了 21. 88%、23. 22% 和 22. 86%。民办高校的各项学生人数指标均占到全国普通本科高校的 20% 多，也就是说我国每 5 个大学生中就有至少 1 个在民办大学学习。

表 2 - 1　　　　　　　　　**普通本专科毕业生数**　　　　　　　　单位：人

	2009 年	2010 年	2011 年	2012 年	2013 年	2014 年	2015 年	2016 年
民办高校	932878	1096923	1229577	1305701	1332720	1419539	1512794	1540561
普通高等院校	5311023	5754245	6081565	6247338	6387210	6593671	6808866	7041800
民办高校比重（%）	17. 56	19. 63	20. 22	20. 90	20. 87	21. 53	22. 22	21. 88

资料来源：《中国统计年鉴》（2010～2017）。

表 2 - 2　　　　　　　　　**普通本专科招生数**　　　　　　　　　单位：人

	2009 年	2010 年	2011 年	2012 年	2013 年	2014 年	2015 年	2016 年
民办高校	1401477	1467431	1537292	1602673	1601698	1729447	1779401	1738615
普通高等院校	6394932	6617551	6815009	6888336	6998330	7213987	7378495	7486110
民办高校比重（%）	21. 92	22. 17	22. 56	23. 27	22. 89	23. 97	24. 12	23. 22

资料来源：《中国统计年鉴》（2010～2017）。

表 2 - 3　　　　　　　　　**普通本专科在校生数**　　　　　　　　单位：人

	2009 年	2010 年	2011 年	2012 年	2013 年	2014 年	2015 年	2016 年
民办高校	4461395	4766845	5050687	5331615	5574883	5871139	6108504	6162035
普通高等院校	21446570	22317929	23085078	23913155	24680726	25476999	26252968	26958433
民办高校比重（%）	20. 81	21. 36	21. 88	22. 30	22. 59	23. 04	23. 27	22. 86

资料来源：《中国统计年鉴》（2010～2017）。

从表 2 - 1 ~ 表 2 - 3 中也不难看出，2016 年民办高校的本专科毕业生数比 2009 年增加了 60 多万人，增长了 65.14%，环比增长了 1.84%，平均增长了 86812 人/年，比重增加了 24.6%。同期的招生人数增加了近 34 万人，增长了 24.06%，平均增长了 48163 人/年，比重增加了 5.93%。在校生人数同期增加数高达 170 多万人，增长了 38.12%，平均增长了 24 万余人/年，比重增加了 9.85%。这 8 年来民办高校每年招收、毕业的大学生人数均超过 140 万人，比重均超过了 1/5，且逐年增加，为广大人民群众提供了优质多样的高等教育，让更多的考生有机会享受正规的本科层次高等教育，促进了高等教育公平。也为地方社会经济的进一步转型发展提供了大量高层次高素质的应用型人才，顺应了我国高等教育高速增长多元化发展的趋势。

名单显示，在地域分布格局方面，民办本科高校在北京、上海这两个拥有大量普通本科高校的超大城市数量较少，设立在这两个城市的普通本科高校数量分别高达 67 所和 38 所，而民办本科高校分别只有 7 所和 6 所。民办本科高校主要分布在经济较发达地区，在经济欠发达的西部区域的分布较少且不均衡。湖北省以 32 所民办本科高校的数量位居全国第一，江苏省和浙江省分别以 29 所和 25 所位居第二、三位。全国共有 9 个省份的民办本科高校数量超过 20 所，而青海省只有 1 所，西藏自治区更是为零。民办本科高校大半选择在省会城市或省内经济较发达的地级市建校，在省会城市和直辖市的共 256 所，占所有民办本科高校的 61.69%。以山东省为例，全省共有 23 所民办本科高校，其中济南 7 所，青岛 6 所，共占 56.52%，超过全省民办本科高校的一半。在建设基础上，大部分民办本科高校是由民办职业高中和大中专院校升本或是新建而来。在人才培养目标方面，绝大部分民办本科高校以培养高水平应用技术型人才为首要目标。在专业结构建设方面，大多数民办本科高校面向市场设置学科专业，其中 1/3 集中在管理学、经济学和工学这类就业热门专业，既可以满足考生报考高考志愿的愿望，也可以为地方经济发展培养急缺的在基层从事管理经营生产岗位的高层次应用技术型人才，为社会发展、经济结构调整和技术创新提供智力库和人才资源储备。民办本科高校的创建和迅速崛起，改变了我国普通本科高校集中在大城市和经济发达地区的结构布局，推动了高等教育地方化浪潮和区域经济的发展，增加了经济较发达地区中小城市的综合实力，促进了经济社会与科技教育的深度融合、共同发展。

民办本科高校从无到有，再发展到如今成为我国高等教育体系的重要构成部分，已经取得了丰硕的办学成果，但其运行过程中存在的问题同样不容忽视，需要进一步加强内涵建设。本研究对民办本科高校具有的内部优势和劣势、所面临的外部环境带来的机会和挑战进行系统分析，以期为民办本科高校向应用型转型发展提供参考借鉴。

一、民办本科高校内部优势

民办本科高校在数十年时间取得如此发展成就，其灵活的内部机制发挥了重要作用。在领导体制上民办本科高校实行的是"董（理）事会领导下的校长负责制"，具有较大的办学自主权，有利于推行现代大学制度，优化资源配置，深化内涵建设，激发师生活力，形成学校发展合力。

（一）自主确定办学定位和发展战略

民办本科高校在党领导下可以自主确定办学方向。在政治方向方面，我国所有的高校都必须在中国共产党的全面领导下运行发展。民办本科高校作为高等教育的重要组成部分，必须坚持马克思主义和以习近平新时代中国特色社会主义思想为指导，全面贯彻党的十九大和全国教育大会精神，充分发挥中国特色社会主义高等教育以立德树人与以人为本的育人优势，自始至终地坚持正确的政治方向走好走稳自己的办学之路。民办本科高校在坚持正确的政治方向的条件下，可以根据自身优势和校外大环境，尤其是所在地区经济社会情况自主选择办学方向。

民办本科高校可以选择适合的办学模式，制定合理的培养目标，实现高度的学术自由。办学模式是由民办本科高校特殊的人、财、物各类办学资源与特有的组织管理结构形式所决定的，举办经营管理、教学科研体制和运行机制的独特模式，以及筹资办学管理等活动长期以来形成的固定的权力结构和利益关系。主要类型分为以学养学型、民办二级学院、民间资本独资办学、设置教育产业基金办学和社会资本联合办学等。最初成立的民办本科高校均采用以学养学型办学模式，一般由创办人提供初始投资且投资数额较小，主要依靠学费生存发展扩张。随着我国高等教育的发展，涌现了许多具有经济实力的企业和社会贤达加入办学行列，吸引大量资本进入，出现了多种办学模式。

民办本科高校还可以自主确定发展战略，制定战略规划。绝大部分民办本科高校是从民办高职院校升格而来，可发扬优势、创新突破制定系统科学长远的战略目标，围绕目标结合学校优势和发展现状制定战略规划，科学部署，坚持实施。民办本科高校创立发展更多地遵循市场规律，不等、不靠、不要，充分调动有效资源，按照制定的发展战略规划，多方筹集资金，进行内涵建设，提高教育教学水平。

（二）自主确定内部管理架构

民办本科高校确定办学方向发展战略等之后，可以利用较高自主权，根据实际需要构建适合自己的内部管理架构，制定自己的管理制度和方式，促进内部管理系统现代化。董事会作为校内最高权力机关，校长具体实施董事会决议，直接处理教育教学和行政等校内外的各项工作并对董（理）事会负责。这项制度的设立和实施是民办本科高校迈向现代化管理的前提，决策权、经营权与监督权的分立从根本上促进了民办本科高校的快速发展。与公办院校存在多层上级主管部门不同，民办本科高校可以自主建立权责明确的内部管理架构，有效保障学校的办学及管理公平有效的运转。大部分民办本科高校的内部管理机构由董事会、理事会、校长、学术管理机构、民主管理机构、监督机构等组成，但是在具体实施中会有所不同。有的采取董事长领导下的校务会形式，校长和董事长分离模式；有的采取董事长和校长为一体的形式等。无论民办本科高校内部管理机构采取哪种形式，在设置的全过程都贯穿了精简务实、高效经济的原则和出发点，也就是设立学校运行中实际需要使用到的部门，对非必须设立的部门进行合并或是清理，绝对不浪费资源设立不需要的部门。而且民办本科高校可以随时根据学校的需求变化适时调整管理架构，以适应学校的发展需要，还可以进行大范围的"洗牌"重组整合，并不需要对上级部门进行申请。从而形成富有自身优势特色的决策、执行和监督体系，针对办学现状、学校发展以及校外环境变化出现的一些新形式做出快速准确的反应，并且解决问题的过程简捷高效、成本低。

民办本科高校能够根据实际办学情况选择管理模式，制定与学校管理架构相匹配的管理制度。与公办高校相比民办本科高校的人财物等办学资源来源渠道较窄、数量较少，这就要求民办本科高校对办学经费的运用、教职员工和学校资产的管理等管理制度更加注重效用与效益。因此，民办本科高校一般借鉴了现代企业管理制度，有的学校甚至引入了ISO9000系列的管理体系，进而制定科学、规范、民主的"现代大学管理制度"，依照标准化管理运行。

（三）运作机制高效务实

民办本科高校机构精简务实，遵循"3E"（效率、效益和经济）原则，运作效率高，明确每个组织机构中相关人员的权利和责任，部门间分工明晰、相互扯皮拆台诋毁的内耗现象较少，能够最大程度上调动全体教职员工的主动性、积极性，增强各部门、二级学院相互配合的协调性。民办本科高校的性质及特点决定了其灵活高效务实的机制特征和优势，讲求工作效率及效益。在学科专业设置方面表现出更强的灵活性，以市场需求和增强学生就业为指导目标，使培养的人才与社会经济需求相适应，设置区域社会需求旺盛的学科专业，提高就业"含金量"。并且紧随区域社会需求变化及时对专业进行调整，暂停或者撤销不适合区域社会需求的专业。

民办本科高校运作机制高效也体现在用人机制更为灵活，用人以能力是否胜任岗位需求为首要标准，内部分配制度奖赏分明、多劳多得；实行聘用制，实行合同管理，使人员能合理流动，在约束教职员工的同时保护其合法权益。如教师的聘用不唯文凭、不唯职称，对教学科研能力强的教师聘以高级别职称，重点引进高素质高技能的双师双能型人才，畅通职业发展通道。对达不到考核目标的高职称教师可以进行降级，还可以自主辞退考核不合格的教师。民办本科高校内部人员的岗位可以动态调整、定向流动，教职工在教师、教辅人员和管理人员等岗位，在符合条件的情况下可以相互转换，教辅人员和管理人员还可以兼职讲授相关专业课程，如图书馆人员可以讲授信息检索等课程，招生就业处人员可以讲授就业指导类课程，既能使员工一展所长，也能使学生了解知识在实际岗位中的运用。这改变了一岗定终身的制度，既能更好地发挥优秀人才的特长也能减少学校人力资源的浪费。

二、民办本科高校内部劣势

我国民办本科高校办学历程最长不过二十几年，虽然已经在促进高等教育发展和改革领域颇有成效，但是部分民办本科高校的办学定位还不明晰或是没有真正落实应用型办学方向。部分民办本科高校办学前期盲目追求招生数量、规模发展，办学水平和教学质量不高。这导致民办本科高校在地方社会经济发展中的作用发挥不充分，没有形成良性沟通机制，需要进一步改革人才培养模式和方法，加强双师双能型师资队伍建设，深化产学研教育，以培养适应地方经济结构调整和产业升级急需的应用型人才。除此之外，民办本科高校在应用型人才培养、应用和开发型科学研究、地方社会经济服务方面还有所欠缺，没有形成自己独特的优势和特点；在文化建设等方面并没有得到领导层足够的重视，发挥应有的作用，甚至在经济市场化、行为功利化、利益多样化的多重压力下，出现了趋同化、简单化及工具化等现象，特色文化、质量文化建设体系不够健全。以上诸多因素导致民办教育在中国高等教育体系中仍处于层次不高的境地。

（一）内外部关系失衡

教育内外部关系规律是指高校的运行发展必须主动与外部社会经济、政治、文化科学等环境相适应。[①] 民办本科高校的发展一方面受社会经济、政治、文化的制约，即受生产力发展水平的制约，社会经济、政治、文化的需求决定着民办本科高校发展的速度、方向和规模等；另一方面，民办本科高校也为社会经济、政治、文化服务，传授科学知识和研究前沿理论，产学研相结合为区域社会经济、政治、文化的发展提供人才支撑和智力支持。民办本科高校的办学定位应与区域社会经济、政治、文化相适应，只有这样才能最大限度地融入地方社会经济、文化发展，促进地区技术创新和产业结构转型，培养满足地方社会经济需求的应用型人才，成为区域社会经济、科技、文化发展的智库。

首先，教育内外部关系规律在办学定位中体现不足。部分民办本科高

---

① 潘懋元：《高等教育学讲座》，广东高等教育出版社 2010 年版。

校决策层忽视了教育内外部关系规律，在办学定位中没有充分体现这一规律，与地方社会经济发展需求相脱节，没有跟随地方社会经济转型发展而进行适时调整，办学定位模糊或偏离最初的应用型定位。部分民办本科高校升本以后没有及时更新发展理念，办学观念滞后，办学水平有待提高，人才培养模式有待改进。

其次，学科专业设置与地方社会经济及产业结构契合度有待提高。服务地方社会发展是民办本科高校的基本职能之一，其学科专业设置应与社会变革与地方经济结构转型相适应。但是部分民办本科高校没有充分了解地方经济政策和产业需求的情况，也没有对当地的就业岗位需求进行深入调研，导致设置的学科专业没有与地方社会经济发展需求有效对接，建立的应用型学科体系不健全与地方社会经济结构调整和产业结构优化的需要不协调。传统的学科专业已不适应市场的需求，一方面这些专业的学生学非所用，所学专业市场不再需要，造成就业困难；另一方面区域经济、产业发展和结构调整所需要的应用型岗位人才严重缺乏，企业由于招不到合格的员工而发展受限。随着互联网时代的来临，我国的就业市场发生显著变化，许多传统行业在互联网的冲击下纷纷转型求生、没落或是消逝在历史长河中。但是调整变革也意味着产生更多的机遇机会，涌现出大量新的行业和就业岗位。民办本科高校应顺应时代发展需求，为地方社会经济发展培养应用型人才。

再次，学校人才培养标准与企业人才需求难以实现有效对接。我国现阶段的高等教育已经进入普及化阶段，大学生在人才市场上与招聘企业单位处于平等双向互选地位，毕业生必须接受社会和企业的测试评估等检验。民办本科高校人才培养标准如果与企业的人才需求标准不一致，就会造成大学毕业生就业困难和相对过剩。部分民办本科高校缺乏对市场需求强烈的应用型人才的培养标准和方法的深入理解，没有坚持应用型人才培养方向，设置的课程与社会产业经济需求脱节，很难适应诸如信息技术快速发展的相关产业需求。缺乏有效的课程内容，不能根据科学技术的高速发展迅速更新与扩充所授专业知识，致使学生所学内容过时与企业岗位要求脱钩。在教学计划中仍然存在着重理论轻实践等问题，虽然大多数民办本科高校培养模式中都有实验实习等实践教学环节，但一方面，实验室设备建设落后，达不到社会先进技术要求，使用率不高；另一方面，没有形成科学的实习体系，专业针对性强的、高科技高技术的符合地方社会经济产业调整发展需要的产学研合作模式还需不断探索，部分民办本科高校的实习岗位甚至还停留在工厂流水线作业，达不到通过实习促进学生掌握专业知识和实际动手能力的目的。

最后，民办本科高校的校企合作模式有待完善。部分民办本科高校在校企合作方面缺乏完善的对双方权利义务有效监督的机制，学校和企业各自的职能与职责划分得还不清楚。校企合作形式较为单一，校企合作形式主要停留在学生的实践教学、专业设置、课程开发等基本层面或基础方面，较少有科研创新等高科技技术层面的合作。现阶段大部分校企合作的范围有待扩大、水平有待提升，难以有效发挥企业的优势，实现互利共赢共同发展，更难以发挥校企双主体合作育人功效，构建全方位深融合的协同育人机制。

（二）内部管理科学性与规范性有待增强

我国民办本科高校从无到壮大发展，长期以来实行的内部管理体制已经难以适应学校如今的发展阶段。在民办本科高校创办初期凭借所有者和管理者二位一体的高度责任心、认同感和归属感，能高效制定执行决策，最大程度上降低人力管理成本，使学校较快立足和发展。具有权威的校长和简洁的机构设置十分适合当时学校的办学需要，校长直接介入大多数具体的工作，实行垂直型管理工作，效率高。但是民办本科高校迈上更高一级台阶时，学校的管理体制需要从垂直向扁平化方向转变，实现系统性管理。

民办本科高校有高度的管理自主权，但由于发展历史相对较短、经验相对欠缺，学校规章制度体系建设并不十分健全，制度落实力度有待进一步加强，制度监管更新有待进一步跟进。由于民办本科高校日新月异的发展变化，制定总体战略规划经常跟随校情变化而调整。这也致使部分民办本科高校管理层对长期战略规划的制定重视程度不够，制定的战略规划内容重复率较高，缺乏系统性和层次性。部分决策者过度频繁修改战略规划和执行方案，不仅打乱了现有的运行秩序，也容易引起学校资源的浪费。民办本科高校在制定规划决策过程中，主要是向管理层征询意见和建议，普通教职员工参与决策过程的渠道较少，教职工代表大会发挥的作用还处于初级阶段；向家长、学生和社会各界人士征集意见和建议的深度与广度也有待扩展，致使制定的规划决策有时会可行性不足。

（三）教学基本建设有待进一步夯实

民办本科高校的办学历史较短，在建校初期各高校的建设重点放在教学楼、实验室、图书馆和校园景观等硬件建设上，采用以扩大招生规模和保证学校生存为目标的粗放式、低水平的发展模式。这种粗放式发展模式容易造成教学管理基础较弱，管理制度不规范，管理人员的素质能力不高等问题。部分民办本科高校对教学管理人员的专业学历类型没有统一严格规定，导致非相关专业和学历水平人员进入教学管理队伍，并且年龄结构中青年占绝大多数，专业技术职称等级总体偏低，人员流动性较大，降低了教学管理水平。部分民办本科高校教学管理规章制度没有全面落实，评审考核机制还不健全，制定的标准可操作性不强。在教学内容和质量方面，对教师教的如何与学生学习情况存在监管不到位的现象。民办本科高校内部教学质量监控体系尚未建设完成，教学督导和专业评估机制还未完善，很难对人才培养目标的实现情况进行监督。对学生的考核方面，采用的考核形式仍以传统的闭卷考试和毕业论文等为主，采用考核实践操作能力的方法手段不足，造成对学生应用知识的动手操作能力的考核欠缺。

民办本科高校的双师型教师培养制度建设尚未完善，在双师型教师培训方面虽然取得了一定成绩，但是还存在一些问题。首先，民办本科高校在教职员工招聘录用的时候，过度关注学历学位水平，主要招收研究生及以上学历人员。但是部分在企业工作经验丰富、技能水平高的人员由于学历水平不高，难以进入学校教师队伍。其次，双师型要求教师既有优秀的讲课能力又有良好的实践能力。大部分民办本科高校师资队伍学历水平较高，具备一定的科研基础，具有较强的发展潜力，但是年龄层次较年轻，多是研究生或博士毕业刚参加工作，教学科研水平有待提升，企业实际工作经验也不足，科教融合意识有待强化，实践能力有待加强，应用技能更有待提升。这就致使课堂教学中，很难向学生传授真实工作场景中遇到的实际问题的解决方法。再次，民办本科高校课程内容已经从纯理论向实践转变，但是在转变过程中对内容的选择侧重方面与实际情况有所偏差，并不是企业真实需要的知识技能。最后，有的民办本科高校课程安排中过于突出实践技能型培养，缺少必不可少的相关理论知识的讲解，使学生没有具备将来工作中创新的理论基础。

三、民办本科高校外部环境挑战与机遇

（一）国家及地方政策优厚

改革开放以来，我国从中央到政府对教育事业的发展都非常重视，鼓励社会力量兴办教育，把民办教育改革作为深化教育领域综合改革的重要突破口，各级政府出台多层相关法律政策加大保护力度，支持鼓励民办本科教育持续发展。在立法层面发力，制定了相关细化的条例和政策，总体引导全社会形成良好的包括民办本科高等教育在内的民办教育发展的生态，鼓励民办本科高校加大内涵建设、办出特色。

第一，国家高度重视民办教育的发展，最直接的表现是专门以保障和发展民办教育为题进行立法——《中华人民共和国民办教育促进法》（以下简称《民促法》）。人代会在 2002 年底通过的《民促法》第一次通过法律体现了民办高等教育是我国社会主义高等教育事业重要组成部分的国家意志，承认了民办本科高校的地位和作用，并指明了方向，极大地促进了民办本科高校发展。2016 年底，第十二届全国人大常委会鉴于民办本科高校 20 年来高速发展的成就与现行法律法规不适应的状况审议通过了《关于修改〈中华人民共和国民办教育促进法〉的决定》对《民促法》进行了与时俱进的修改。2017 年 1 月，国务院印发了《关于鼓励社会力量兴办教育促进民办教育健康发展的若干意见》（以下简称《若干意见》），同时作为主管部门的教育部印发了《民办学校分类登记实施细则》和《营利性民办学校监督管理实施细则》。至此，我国民办本科高校改革转型发展的国家顶层设计雏形已具，形成包括上位法律、国务院文件和主管部门配套政策相对完整的关于民办本科教育管理的制度和实施体系。

第二，党和政府高度重视鼓励社会力量兴办教育工作，在财政、税收、土地、收费等方面，制定了一系列扶持政策。财政部门按照《民促法》在财税政策方面多措并举扶持民办本科高校发展。在国家层面，符合相关减免政策条件的民办本科高校可按规定享受企业所得税、契税、土地

增值税等方面的税收优惠；捐赠企业对民办本科高校捐赠各类资产在企业年度利润总额12％以内的部分可以在所得税税前进行扣除，以个人名义对民办本科高校捐赠资产在个人所得税应纳税额的30％以内的部分可以进行税前扣除，极大地鼓舞了社会力量对民办本科教育的捐赠热情。国家和各级地方政府都明确出台了具体的对民办本科高校的扶持政策，有利于吸引更多社会各界力量参与到民办本科教育发展中来，推动社会各项资源向民办本科教育方向汇聚。

第三，党和政府为民办本科高校更快更好的发展，出台了非营利性或营利性民办本科高校分类制度，以明晰产权。新修订的《民促法》首次确认对民办本科高校实施非营利性和营利性分类管理制度，作为非义务教育的民办本科高校在规定的期限内必须自主选择成为非营利性或是营利性民办学校。并在征收税费是否优惠、办学用地如何取得、学杂费制定等方面对非营利性和营利性民办本科高校进行区别管理和差别对待，该政策体现出国家着重扶持保障非营利性民办本科高校的倾向。非营利性民办学校的举办者不再分配办学收益，学校的办学结余全部用于办学，且学校终止办学后剩余资产归社会所有，享受与公办学校相同的按划拨等方式供应土地等各项优惠政策。省级人民政府确定收费方面的具体政策进行市场化改革试点。营利性民办本科高校可以自主决定具体收费标准，按照市场规律，制定价格策略。允许举办营利性民办本科高校，明确投资人创办学校的收益权，激发社会人士对学校的投资热情，扩大了学校投融资渠道以及民办本科教育发展的空间，也满足了广大人民群众对高等教育服务的需求，扩大了高等教育改革的受益面。现有民办本科高校拥有一定时间的过渡期，进行慎重思考后进行选择登记，保证了现有民办本科高校的平稳运行。分类管理制度的正式实施，从根本上解决了民办本科高校身份不明的困境和法律身份冲突等问题，更有利于民办本科高校享受各级政府优惠的税收政策、价格政策、土地政策等。

第四，党和国家提出了新举措以进一步落实民办公办本科高校的平等地位，尤其是对民办本科高校的办学自主权、教职员工的在职和退休工资福利待遇、受教育者享受的资助优惠政策等方面都进行了重申和强调，有助于进一步依法维护学校、教职员工和受教育人员的正当权利。首先，无论何种性质的高校任职的教师在法律上没有差别，更没有高下之分；其次，大力提高民办本科高校教师工资福利待遇，提高师资水平；最后，保障民办本科高校教师参与学校民主管理和民主监督的权利。

第五，推进民办本科高校治理体系和治理能力现代化是促进民办本科教育健康发展的基本保障，其核心就是处理好政府、学校、社会的关系。按照新修订的《民促法》和《若干意见》，各级政府部门根据本部门和本地区实际制定相应配套扶持鼓励法规政策。教育部印发的《教育部办公厅关于进一步做好民办教育分类管理有关工作的通知》要求各地教育部门准确领会新法指导精神，认真落实最新的各种革新方案，增大对民办本科高校的管理力度。《若干意见》认为各级政府部门要制定和完善相关法规政策，在政府补贴、政府购买服务、基金奖励、捐资激励、土地划拨、税费减免等方面对非营利性民办本科高校进行与公办高校相同的优惠政策。目前，在地方政府层面全国有 20 多个省份设立了民办教育发展专项资金以支持民办本科高校的发展。据统计，部分地区按照公办高校生均拨款水平的一定比例作为标准给予民办本科高校财政支持，如重庆为 20%，内蒙古为 10%。部分地区按比例将高等教育经费用于支持民办本科高校建设发展，如宁夏将高等教育专项经费的 20% 用于支持民办高校建设发展。部分地区采取奖励、项目建设等方式拨付支持资金，如上海、吉林开展非营利性民办本科高校建设项目，陕西实施高水平民办本科高校建设项目等。[①]

（二）社会高等教育需求旺盛

改革开放四十多年来，人民群众生活水平不断提高，家长更加希望子女接受本科教育、学生也更加具有努力学习知识的愿望，两方面因素共同发力提升了全社会对高等教育的需求。当今社会经济、科学技术快速发展，社会对人才的需求越来越高，高学历是我国也是国际社会发展对人才的必然要求。国家政策也对高学历提出了具体的要求，比如，《高新技术企业认定管理办法》中对高新技术企业的数量要求标准就是本科及以上学历人员必须达到当年职工总数 30%。高学历是部分工作应聘的敲门砖，也

---

① 《教育部对十二届全国人大五次会议第 5761 号建议的答复》，中华人民共和国教育部政府门户网站，http://www.moe.gov.cn/jyb_xxgk/xxgk_jyta/jyta_ghs/201712/t20171213_321255.html，2017 – 8 – 4。

是确定工资和职称等级的硬性标准，是决定能否晋升的优先条件，也是改造自己世界观、提升本身素质能力水平的一个重要途径。通常而言，高学历人员因接受过系统的理论与实践教育，思想思维相对成熟，知识储备相对丰富，问题分析处理相对逻辑清楚，在社会上有更高的认可度。另外，招聘高学历的人才可以提升用人单位的形象，也是与别的单位比拼人才资源的一个指标。当一支高学历的员工队伍与其他单位部门进行合作时，可以有效提高企业本身形象，有利于合作成功。随着人才市场竞争越来越激烈，用人单位招聘时也会跟风提高用人标准。民办本科高校可以满足部分高学历人才从事高等教育领域工作的需求。

民办本科高校为社会培养了诸多高素质应用型本科人才，提供了多元的高等教育的入学机会和选择，相当程度上满足了人民群众接受本科高等教育的刚性需求。2017 年我国首次由教育部授权人民网正式发布的专题性本科教育质量报告《中国本科教育质量报告》（以下简称《报告》），明确民办本科高校在拓宽升学渠道、实现广大人民群众接受本科层次教育的迫切愿望、我国高等教育实现大众化甚至普及化过程中，做出越来越重要的贡献。① 至 2016 年底中国普通高校达到 2596 所，其中普通本科高校数量从 10 年前的 701 所增长到 1237 所，增长了 76.5%，本科与专科高校比例从 39.1% 与 60.9% 变化为 47.6% 与 52.4%，这表明普通本科高校数量已上升到专科高校平分秋色，成为了高等教育中增长最迅速比重最大的推动力量。同年全国普通本科高校 405 万招生数，1613 万在校生数以及 374 万毕业生数，本科生人数规模已经超过了专科生成为我国实现高等教育大众化普及化进程以及真正成为高等教育大国的最为重要的一支新生力量，为我国科技创新和社会经济发展提供了大量急需的高层次人力资源和智库供给。

自 2007～2016 年的 10 年中，我国本科毕业生人数累计已达到 2853 万人，是新增城镇就业人口的 3 倍。本科毕业生人数占比翻了近一番，从 22% 增长到了将近一半。本科毕业生已经成为我国最强劲的新增人力资源的增长点，为社会各方面健康发展与改革提供了持续的智力支持和人力资

---

① 教育部高等教育教学评估中心：《中国本科教育质量报告》，http：//edu.people.com.cn/n1/2017/1016/c367001-29588440.html，2017-10-16。

源保障。其间，我国本科教育的数量规模和结构都发生了翻天覆地的变化，民办本科高校在其中功不可没。我国已有 417 所民办本科高校，占全国普通本科高校 1243 所的 33.55%，占我国高等教育的 1/3，极大地缓解了人民群众难以接受本科高等教育的问题，为高等教育的普及化奠定了坚实的基础。例如广东发达区域是我国三大经济最活跃的地区之一，经济水平和劳动力市场活跃程度都达到全国最高水平，是公认的工作和奋斗所在地的第一选择，因此而带来相较于其他地区更为丰富的高等教育资源和更强烈的需求，诞生的民办本科高校有 23 所之多，并且办学水平也处于较高水平。

（三）社会基础越来越牢固

人民大众对民办高校认可度逐步提升。在民办高校创办初期，大众对民办本科高校存在着一定感性误读和认识扭曲，主要是由于民办本科高校天然带有市场经济烙印，不少人从认知上将民办本科高校等同于民办企业，认为民办本科高校将盈利性作为第一发展取向，收受学费高，教育教学质量偏低，毕业生优质就业率也偏低。但是，民办本科高校经过近 30 年的发展，尤其是为社会经济培养了数百万计的高素质应用型人才，毕业生广受企事业用人单位好评，甚至出现部分民办高校学生就业率高于公办院校的现象，大众对民办本科高校的认识逐渐得以改观，甚至出现了公办高校毕业生找工作遇到挫折后，重新考入民办本科高校学习应用型技能与知识的现象，民办本科高校重新树立和维护了自身的形象。

政府部门逐步加大民办高校扶持力度。近年来，政府部门大力鼓励与支持民办高校发展，正式以红头文件形式列入下一个五年战略规划。有意向评选出最优秀的一批非营利性民办本科高校，引导激励其以高水平特色名校建设为目标，以期推进民办本科高校最终能迈入"双一流"高校队伍。各级政府部门在新的《民促法》发布后首次主动在各类新旧新闻媒体上正面宣传，及时在中央媒体、教育媒体和各类新媒体上以编发新华社通稿、召开新闻发布会、在门户网站刊发答记者问和政策图解、组织专家撰写解读文章等多种方式积极开展法律和政策的宣传解读，使国家发展民办本科高校的精神深入人心。其次，在各类媒体上加大了对民办本科高校的宣传力度，按照国家和地方政府有关规定大范围公开肯定有关学校和举办者的成绩，在社会上树立优秀民办本科高校及其举办者和教育家的良好的形象，不断提升全社会对民办本科高校的认可度，吸引社会资源投入民办本科教育。国家政府政策导向提升了民办本科高校的公认度，为民办本科高校发展创设了良好的舆论环境，吸引了更多行业、产业和社会力量对民办本科教育的关注，为多元办学、产教融合奠定了基础。国家对于民办本科高校举办者的肯定与奖励吸引了更多企业家与社会贤达将投资目光投向有特色、有实力、有影响力和竞争力的民办本科高校。全国将会涌现出一批热衷于民办高等教育事业的投资人、举办者，也将会涌现出一批有理想、有境界、有情怀、有担当的民办教育家。

四、民办本科高校外部环境威胁

（一）民办本科高校资金来源渠道较少

民办本科高校的资金来源渠道较少，创办过程中以企业或个人投资为主；运行过程中以学费及学杂费收入、银行贷款、政府资助、经营收入和社会捐赠五方面为主。我国民办本科高校的资金来源与国外一流私立大学的经费来源有较大差距（见表2-4）。

表2-4　　　2015年世界一流私立大学资金来源及所占比例　　单位：亿美元

大学名称	学费收入及所占比例	政府拨款及所占比例	捐赠收入及所占比例	经营收入及所占比例
波士顿大学	9.45	2.24	0.37	3.62
	53.6%	12.7%	2.1%	20.6%
普林斯顿大学	1.12	2.75	0.88	11.46
	6.9%	17.0%	5.4%	70.7%
宾夕法尼亚大学	8.18	8.78	0	49.04
	12.4%	13.3%	0%	74.3%
圣路易斯华盛顿大学	3.56	4.98	4.52	14.01
	13.2%	18.4%	16.7%	51.7%
哥伦比亚大学	9.40	7.53	3.53	17.09
	23.4%	18.7%	8.8%	42.5%

续表

大学名称	学费收入及 所占比例	政府拨款及 所占比例	捐赠收入及 所占比例	经营收入及 所占比例
斯坦福大学	5.50	14.00	2.50	26.5
	11.0%	28.0%	5.0%	53%

资料来源：各校官方网站。

第一，资金来源中最主要的是学杂费收入，大部分民办本科高校以学养学，滚动发展，低成本扩张。由表2-4不难看出，国外一流私立大学的学费收入所占比例最高不超过54%，有的甚至只有6.9%，显然学费收入并不是最主要的经费来源。随着我国物价水平的普遍上涨，办学成本逐年增加，再加上作为民办本科高校最主要资金来源的学费一直以来受政府管控不能完全自主调整，这就造成了总数基本固定的学杂费收入的实际购买力在下降，这意味着民办本科高校的实际资金不增反降。

民办本科高校生均事业费一直以来比不上公办高校，据《报告》显示，民办本科高校的生均教育事业收入仅为1.09万元，远低于公办新建本科高校生均1.45万元的经费数额，更何况公办高校还有不断增长的每年约5000元的学费，计算结果显示两者办学经费差额反而呈现逐渐增大的趋势。国家发改委定义的生均培养成本是高等学校培养一个标准学生的平均成本，也就是说在一个自然年里学校总的教育成本与在校学生人数之比就是培养一个学生需要使用的平均教育成本。学校投资收益数学模型是学生数大于等于固定成本乘以生均收费与生均变动成本之和。只有在校学生人数满足投资收益模型条件时，民办本科高校才有可能取得盈利。对于民办本科高校这类新建高校而言，教学楼、实验室和图书馆等教学硬件投资规模在固定成本中占绝大部分比重，学校是否能取得利润直接取决于招生规模和投资规模，如果学校的学生数量达不到规模效应，就会使生均成本变得特别高。2015年国务院允许"营利性民办学校收费实行自主定价"，随后各省市相继出台了相应政策，放宽了民办本科高校学费制定的限制，民办本科高校可以自主决定学杂费金额。但是这并不是说民办本科高校可以随心所欲的调高学杂费，实际调动幅度还要受市场规律的影响。如果超过了学生和家长对高学费的承受能力，那么随之而来的就是生源减少。

第二，银行贷款可以暂时缓解民办本科高校资金紧张的困境，但是贷款的额度和时间都受到限制、手续费相较其他融资方式较高，并且申请获批的条款障碍十分严格。受相关法规政策限制，目前的金融信贷政策和学校实际现状使得民办本科高校很难获得长期银行贷款，大多以1年以内短期质押贷款和保证贷款为主。民办本科高校为了保证生存，只能把有限的不稳定的短期贷款用于各种急需解决的突发问题，剩下富裕的资金才会投入到显效时间长的内涵建设中。

第三，民办本科高校能获得的政府资助较少。政府资助主要为经费资助、学生奖学金、助学贷款资助等形式。国外一流私立大学接受的政府拨款所占比例最高不超过28.0%，少的也只有12.7%。我国教育总经费2012～2016年累计近17万亿元，教育支出占GDP比例每年都在4%以上，年均增长7.9%。[①] 但是民办本科高校获得的政府资助与公办高校相比较少。无论公办还是民办都希望能尽量多的获得政府资助，如何防止政府资助进入个人账户就成为完善政府资助体系必须要解决的问题。目前，公办高校对政府资助资金的使用和监管制度相对而言更为健全规范，而民办本科高校中相关的财务监管等制度体系有待进一步完善，因此政府在资金安全方面考虑更倾向于投向公办高校。

第四，经营收入在民办本科高校资金来源中比重较少。民办本科高校根据自身特点为地方社会团体或企事业单位提供有偿服务或学校多元化经营设立的副产的盈利收入，也就是所谓的校办企业等所获得的经营收入。校办企业是属于学校所拥有的，直接用于师生的教学科研、为学生就业提供实习岗位和进行生产劳动技术应用型教育的企业，既能培养应用型人才、提供勤工俭学岗位、转化科研成果，又能提供有形和无形的产品获得经济收益补充办学经费。目前，校办企业的主要形式是校办有限责任公司和校办股份有限责任公司，风险较大的非法人独立机构已经逐渐消失了。民办本科高校的科研成果和社会声誉与公办高校相比较弱，所以校办企业的科技水平不高，所获得的经济收益也不理想。而国外一流私立大学的经营收入所占比例很高，由表2-4中不难看出，有两所更是超过了70%，

① 张岩：《财政部：5年来全国教育经费总投入累计近17万亿元》，新华网，http://news.sina.com.cn/o/2017-12-23/doc-ifypwzxq5811823.shtml，2017-12-24。

最低的也超过了 20%，是极为重要的经费来源。由此可见我国民办本科高校在扩大经营收入方面还有极大的提高空间。

第五，社会捐赠收入在民办本科高校资金来源中比重较少。社会捐赠收入历来是欧美一流大学的主要办学经费来源，也是哈佛大学和耶鲁大学等世界一流大学彰显其教育教学科研质量、国际影响力以及校友会等工作的重要检验标准和核心指标。国外一流私立大学的捐赠收入所占比例最高达到了 16.7%，是很重要的经费来源。据统计，2018 年清华大学获捐95.48 亿元问鼎中国大学社会捐赠排行榜榜首，刷新了中国大学年度社会捐赠最高纪录。[①] 统计显示，自 1980 年起我国各种形式对高校累计的社会捐赠总额高达 773 亿元，其中校友捐赠约占总额的 32.47% 达 251 亿元。但是与国外同级别高校收到的社会捐赠相比数量上还是有一定差距。

民办本科高校有限的资金来源受到种种束缚，而资金是学校生存发展的根本。不稳定的资金来源使民办本科高校随时面临资金断流的危险，严重时甚至无法支撑学校继续运行。拓宽筹资渠道，稳定收入来源，保证充足的运营资金是每个民办本科高校办学发展过程中的重中之重。

（二）民办本科高校市场竞争激烈

我国现行高等教育法律法规政策规定，民办与公办本科高校在招生方面享有同等权利，但在实际运作过程中，即使同等条件下，公办高校的形象和品牌优势更为明显，受惯性思维影响，当分数线相差不大时家长和学生的第一志愿往往是报考公办高校。民办本科高校在愈加强烈的生源竞争中并没有大幅度提升报考数量，反而实行的统一招生录取的方式在某些方面阻碍了民办本科高校竞争优势的发挥。不同区域的教育主管部门在具体细则制定和执行过程中可能存有偏差，有时还存在地方保护主义思想，使民办本科高校在某些省份的招生工作处于较明显的劣势，增加了吸引优秀生源报考的难度。

人口和科技水平等外部环境的变化也将增加民办本科高校的市场竞争激烈程度。为阻止 20 世纪 90 年代初开始的生育率持续下降出台的二孩政

---

① 赵德国、蔡言厚、党亚茹等：《2018 中国大学评价研究报告——中国高考志愿填报指南（校友会版）》，科学出版社 2018 年版。

策并没有发挥应有的作用，在释放了积聚的热情后，政策出台后的第三年人口增长率重新下行了 5.32‰，环比下降了 0.54‰。相对应的，这 10 年来高等教育适龄人口也呈现下降趋势，预计到 2020 年将降低 30%。① 这就造成了生源市场的相对萎缩，加剧了民办本科高校市场竞争的激烈程度。同时，由于现代网络科技和计算机等智能终端技术的进一步发展，网络学历教育、网络公开课和知识付费经济的迅猛发展，互联网线上教育网络课程的优势越来越凸显，线上与线下教育相结合的资源共享与学习形式对民办本科高等教育的冲击越来越大。大数据背景下，线上与线下结合的探索将会极大促进学生的学业发展，一方面学生能最大范围地接触优质教育资源；另一方面"互联网＋教育"的新型教育教学形态满足青年学生个性化信息化发展需求，还能在很大程度上降低学生的学习成本。再加上作为全球最大留学生生源国，海外留学人数迅速持续攀升，我国高等教育资源从紧缺向相对过剩转化，进入了形式多元化、教育评价整体性、培养目标适时性、专业定位特色性等特质的后大众化和普及化阶段。鉴于此，民办本科高校在为已取得的成就感到自豪的同时还要对新形势和挑战有清醒的认识。首先，民办本科高校办学经费不稳定造成教学硬件投入不足，缺乏大型持续性项目；其次，在教学软环境方面，民办本科高校的办学理念、战略规划、双师型师资队伍建设、应用型人才培养方案以及文化建设等方面均落后于大众日益增加的对高水平高等教育的多样化要求。民办本科高校沿用的原始粗放型内部治理和发展模式已经不能适应当前的市场环境，必须加强内涵建设，切实向应用型高校转型。

第二节　民办本科高校转型必要性分析

一、转型是社会和经济发展的需要

改革开放四十多年来，我国社会经济变革已经进入深水区，经济发展

---

① 国家统计局：《中华人民共和国 2017 年国民经济和社会发展统计公报》，http：//www. stats. gov. cn/tjsj/zxfb/201802/t20180228_1585631. html，2018－2－28。

由粗放型发展方式向集约型发展方式转变，经济发展向第三产业、高端经济结构和高科技创新引领经济增长等方面转变。伴随产业经济结构不断优化升级，对应用型人才的需求向高质量、高层次转变，民办本科高校应切实转向应用型，服务现代农业、服务现代制造业、服务现代服务业、服务新兴产业。

我国目前高等教育培养的应用型人才数量不能满足经济产业结构的调整升级所带来的人力资源的需求。伴随整个社会科学技术水平的提高，新兴产业中的职业岗位要求也随之提高。据2012年11月麦肯锡公司全球研究院发布的研究报告得知，如果中国到2020年不能弥补可能将要产生的对本科学历层次应用型技术人才2400万人占13.3%的缺口，将会损失高达占国内生产总值2.3%，比香港总量还高的2500亿美元。创新驱动发展战略、"中国制造2025"、"互联网＋"、创新创业等国家重大战略的实施加速中国经济的优化升级和产业转型，要求高等教育体系提升培养本科层次应用型人力资源的科学教育结构填补已然出现的应用技术型人才缺口。2014年印发的《国务院关于加快发展现代职业教育的决定》要求，高等教育发展方向侧重于本科层次应用型现代职业教育领域，目标是到2020年建成具有中国特色的能充分满足社会经济技术、产学研一体、职业与普通高等教育协调发展需求的高层次现代职业教育体系。

作为服务地方社会经济的民办本科高校，应培养高技术应用型人才满足社会需求。应适时对接地方经济和行业升级发展需求培养人才，更好地提升大学生的技术知识技能、就业实践能力、创新创业思维能力并为其终身职业发展前景奠定坚实基础，使本科层次教育为经济社会和大学生全面发展贡献更大的力量，从而为实现中国梦和两个一百年目标提供有力的人才和智力支撑。为地方社会经济培养高素质应用型人才是民办本科高校的天然使命和生存发展之道，坚持面向地方应用型特色办学定位是其必然选择。如果民办本科高校培养的人才不适应地区社会经济发展要求，将会造成毕业即失业现象，引起大量人力资源与教育资源的浪费。民办本科高校应深入了解地方社会经济发展方向和产业结构调整升级及人才需求，对接地方支柱产业和新兴产业调整与优化学校的专业体系，深化内涵建设，提高应用型人才培养质量，切实实现学校应用型发展。

二、转型是高等教育系统结构调整的要求

教育学家马丁·特罗（Martin Trow）认为，如果高等教育不向多元化发展，将逐渐失去旺盛持久的生命力，就像无水之源和无本之木难以持续生存发展。高等教育多元化就像一个完整的生态系统自成世界，包含完整生物链，有动植物，也有无机物，包罗万象。我国高等教育体制必须建立研究型和应用型协调发展的多元化体系，适应社会经济由第二产业工业化向第三产业信息化服务化转化升级的发展态势。民办本科高校是促进完成我国高等教育大众化的重要力量，相应的自身也借力迈入新的发展阶段，即从片面追求扩大学校规模增加学生数量保证生存，转向提升办学质量，走内涵式发展，承担起为国家社会经济发展培养大量高素质应用型人才的任务。但是当前有些民办本科高校办学定位仍然存在的一些问题需要尽快解决，例如办学定位模糊、定位雷同，偏离原有应用型方向反而盲目模仿公办研究型综合大学的片面追求大而全、大而宽的办学方向。千校一律的做法严重阻碍了高等教育多元化发展进程，既浪费高等教育人力物力资源，又达不到良好的办学效果，培养出来的学生不能满足地方经济社会发展需要，由此而导致的就业难等问题逐渐发展成为社会问题。因此，政府制定高等教育多元化政策，提出应用型和研究型高校共展所长理念，引导民办本科高校向应用型高校转型，从而优化我国高等教育结构体系，指导高等教育结构体系向多元化方向良性发展。一方面，民办本科高校与公办高校应各展所长充分发挥自身的独特优势，无论是应用型还是研究型高校都在各自领域做到极致；另一方面，民办本科高校与公办高校之间互相合作，产学研相结合形成互助互补模式既提升了民办本科高校的理论研究水平，也缩短了公办高校与市场距离，有利于提升我国高等教育多元化体系的构建与完善。

三、转型是民办本科高校自身生存发展的内生需要

民办本科高校着力加强内涵建设，切实向应用型高校转型，才能从根本上解决其内外部关系失衡问题，故此，转型发展是民办本科高校生存发

展的内生需要。在目前民办本科高校的主要资金来源是学杂费收入的情况下，只有学生数量达到规模，学校才能生存运转。如果没有一定规模数量的学生就意味着学校缺少办学资金，生存都面临挑战，更难以进行内涵式建设。民办本科高校的招生情况受毕业生就业质量的影响，具体体现在毕业生是否符合企业用人标准以及就业率是否达到理想比例等方面。而生源、就业又依托于人才培养质量，新时代民办本科高校转型必须着力构建招生、人才培养、就业联动的长效化机制。

近几年，每年几百万高校毕业生"就业难"问题一直是社会各界关注的热点，引发了社会舆论的广泛关注。2018 年全国普通高校毕业生人数较前一年增加 25 万人，增长了 3.14%，连续 8 年创纪录达到 820 万人，连年庞大的规模使就业创业均面临复杂严峻的形势（见表 2－5）。民办本科高校毕业生的质量和就业情况直接影响着其招生的数量，而招生影响民办本科高校的生存发展。在如此激烈的就业市场上，民办本科高校毕业生面临更严峻的挑战和竞争。2016 年我国普通高等院校和民办本科高校的招生人数较 2015 年都呈现下降趋势。国家统计局公布数据显示 2017 年我国出生人口数量和人口出生率与 2016 年相比均出现下滑，为 1723 万人和 12.43%。这与早前专家预测由于全面二孩政策实施引起 2017 年出生人口数量明显增加的预期相悖。出生人口数量和学龄儿童人数的减少，随着高考人数下降，民办本科高校需求的减少必然会导致招生竞争更加激烈。

表 2－5　　　　　　　　2011～2018 年全国普通高校毕业生人数

	2011 年	2012 年	2013 年	2014 年	2015 年	2016 年	2017 年	2018 年
毕业生人数（万人）	660	680	699	727	749	765	795	820
同比增长（%）	—	3.03	2.79	4.01	3.03	2.14	3.92	3.14

资料来源：教育部网站，http://www.moe.gov.cn/。

民办本科高校只有切实向应用型高校转型发展，转变办学理念和定位，坚定不移地深化人才培养、特色学科专业、创新创业等内涵建设，才能有效解决普遍存在的就业难和招生难问题。2018 年的就业市场虽然竞争激烈，但也并不是所有专业毕业生都供大于求，一些学科专业毕业生反而出现了供不应求现象。人工智能、电子信息及互联网等 IT 行业及其相关的物联网等新兴行业呈现出招不到足够数量人才的现象；国家"一带一路"促进了新材料等产业的发展，急需相关专业毕业生；传统制造加工业面临产品升级换代和新型生产设备的应用，迫切需要相关高端操作人才；北上广以外的大中城市基本上都放宽本科学历技能型人才的引进落户政策，相继出台校招优惠政策。民办本科高校只有转变办学思想、观念方向，及时调整为满足和适应地方社会经济发展需要的学科方向、专业结构、课程体系，注重提升学生实践能力，培育拥有较强社会适应能力和竞争能力的高素质应用型人才，才能改变毕业生就业竞争力不强，处于人才市场的被选择地位的境况。民办本科高校才能办出自身特色，获得可持续发展的基础，满足社会人才多样化需求的要求。

第三章

组织发展理论视域下民办本科高校
转型发展的含义界定

本章通过追溯组织发展理论的起源，分析组织发展的内涵、目标以及影响因素，详细阐释组织发展理论，在此基础上从民办本科高校转型社会性、整体性、创新性等方面分析组织发展理论在民办本科高校转型发展中的应用，进而从组织发展理论视域界定民办本科高校转型发展的含义。

第一节　组织发展理论阐释

本部分首先追溯组织发展理论的起源及演变，从组织发展的内涵、目标与实质、影响因素等方面阐释组织发展理论。

一、组织发展理论的起源及演变

在 20 世纪 40 年代，美国麻省理工大学教授库尔特·鲁因在社区大学进行干部培训时首次提出了组织发展理论，这是组织发展学说的起源。当时在康涅狄格州工作管理部门的协助之下，鲁因建立了一个工作小组（T 团队）。这个小组的成员主要是社区的管理教师和来自大学的研究人员。建立这个小组的目的是为了提高学习及领导能力，加快处理社区事务的办事效率。相对于之前的团队管理方式，鲁因开创的讨论、反馈、交换意见的方法对于组织的向前发展更有成效，小组中来自社区的管理者们感觉收获非常大。因此，T 团队就作为一种成功的管理方式而被保留了下来。

这种探究组织发展的工作方式在社会上引起了很大的轰动，美国各地区的政府组织、民间非政府组织，甚至是不少商业组织也争相模仿，相继建立了自己的 T 团队。这种工作方式在 20 世纪 50 年代得到了大量的应用，无论是在商业领域还是工业领域都获得了巨大的成功。T 团队的管理模式使企业的信息透明度增加了，即使是位于底层的员工也可以通过 T 团队的活动向上级领导反映当前企业中的运作状况。在这种情况下，"组织发展"的概念终于被确立了下来，并且自此之后不断发展，很多学者开始对"组织发展"着手研究。

组织发展理论之所以得到较快发展并在社会上得到广泛应用，其特殊性在于它不仅是一个理论学说，同时还是一个有力的分析工具。众多研究流派从各个视角展开对组织发展的研究，形成了不同的研究方向和成果。王莉等（2006）在研究过程中把组织发展归纳为六种理论，分别是总体生态理论、系统理论、发展的观点、行为理论、制度理论、权变理论。① 教军章（2007）对组织发展学说进行了总结和归纳，阐述了组织发展学说的理论体系应该包括五个方面：第一是系统理论，重点是阐释组织自身所含有的有机性和开放性，自身系统的各个要素之间相互牵引、相互制约、相互促进，这种要素之间的相互作用能够引发系统的组织变革；第二是权变理论，强调组织在不确定的环境变化中，如何进行选择有利因素以"适应"战略发展；第三是行为理论，突出了系统对成员的控制行为；第四是生态理论，强调了生态环境的重要作用，认为组织环境是主要决定组织变革及发展的主导性因素；第五是制度理论，如果制度研究偏离了正常轨道，那么组织的发展战略又难以有效实现，无法解决现实中出现的各种难题。②

随着研究的深入，对组织发展理论的探索越来越细，陶厚永等（2008）在对组织发展学说进行研究时，更是将组织发展理论划分了十种流派：分别是组织文化变革流派、强化收益和竞争力流派、组织和成员健康和福利流派、促进学习和发展流派、提高问题解决能力流派、提高效率流派、发起和管理变革流派、强化系统和流程的提升流派、增强变革的适

---

① 王莉、石金涛、陈亚玉：《华人家族企业持续发展的 PRC 模型研究》，载《华侨华人历史研究》2006 年第 1 期。

② 教军章：《公共行政组织发展意义的理性视角》，载《上海行政学院学报》2007 年第 5 期。

应性流派和组织更新流派。这些流派的细分对于组织发展理论进一步的深入研究方向提供了指导。①

组织发展必须要有一定的前提条件，李柏洲等（2009）认为适存性、开放性、目标性、自激励性是组织发展应该具备的基础特征。② 所谓适存性，是指组织会随着外因环境的变化，其内在因素会相应调整以适应外界环境的变化。开放性是指组织应该注重与外界的充分交流，包括物质系统的交换、能量系统的交换、信息系统的交换，时刻与外界保持着丰富的互动。目标性比较容易理解，任何组织的发展都必须有一定的目标，否则就不可能成为组织，没有目标的组织在发展中会停滞不前，最终会因组织功能退化而解体。自激励性要求组织在发展过程中需要来自内部的自我激励，内在主动地驱动组织向前发展。

组织发展过程中内外要素的相互作用以及内部要素对组织发展的影响也是研究的焦点。何铮等（2006）认为组织环境与组织战略之间的关系问题，始终占据着组织和管理研究的焦点位置。③ 唐国华（2009）从内外因素的理论视角对组织发展进行了研究，认为组织发展包括内部因素和外部因素两个方面，而他提出组织内部因素是更重要的驱动组织发展的力量源泉。组织内部因素包括组织制度、组织规模和组织文化，而以组织文化最为重要。④ 翟雪焕等（2008）也非常认同组织文化对于组织健康发展所起的重要作用。⑤

近年来，关于组织发展的研究逐步升温，无论是理论研究还是现实中的应用都受到了学术界和行业企业的极大关注。随着社会上有越来越多的关于组织发展研究成果的出现，组织发展理论得到了快速发展。

———————————

① 陶厚永、刘洪：《组织发展研究的回顾与展望》，载《生产力研究》2008 年第 17 期。

② 李柏洲、苏屹：《基于生命周期的企业原始创新模式选择研究》，载《经济纵横》2009 年第 11 期。

③ 何铮、谭劲松、陆园园：《组织环境与组织战略关系的文献综述及最新研究动态》，载《管理世界》2006 年第 11 期。

④ 唐国华：《企业文化建设对企业发展影响的实证检验——以电器行业上市公司为例》，载《生产力研究》2009 年第 17 期。

⑤ 翟雪焕、原国栋：《论企业文化在企业发展中的作用》，载《商场现代化》2008 年第 35 期。

二、组织发展的内涵

众多学者对组织的概念进行了阐释，通过对相关研究文献的归纳，主要有以下（见表 3－1）关于组织发展内涵的具体表述。

表 3－1　　　　　　　　　　　组织发展的概念

代表人物（年份）	组织发展的概念
本尼斯（1969）	组织发展是基于行为科学知识考虑外部环境基础上的有计划、自发的努力，组织发展的目的在于加强组织自身的运作效率和可持续发展，其手段是系统内部自行调整。组织发展是对变化的响应，是一种学习手段，通过这种手段提升组织自身的结构，使发展理念得到更新，发展态度得到改变，价值观更加科学，因此在激烈的市场竞争中时刻处于积极的备战状态
姚明德（2005）	为尽快实现目标，必须要持续地学习，改变旧的不适应环境变化的特点，达到可持续发展的目的
迈克·拉甘（1989）	组织发展的重点是确保部门之间和部门内部的关系健康发展，协助团队创新和控制变化，并强调个人和团队之间的关系和连接。其主要功能是影响个人与群体之间的关系，以及作为一个系统对组织的影响
丹尼尔·贝尔（1973）	组织发展是从收集信息、分析问题、制定行动计划、采取措施到评价的整个系统活动过程。目的包括三方面：第一，更好地协调组织结构、活动过程、战略、人员、组织方式和制度。第二，对问题提出新的、创造性的解决方案；第三，培养组织的自我更新能力。为实现这些目标，应该应用行为科学的理论、研究成果和技术，组织成员和外部变革顾问的共同努力
陈亚玉（2005）	组织发展指广泛应用行为科学知识来发展、改进和加强战略、结构和过程，从而根据计划提高组织的有效性
Beer（1980）	是一个过程，在这个过程中，一个组织从一个现有的状态变化到一个预期的未来状态，以提高其有效性。有计划地组织变革的目标是寻找方法创新或改进资源和能力的使用，以增强组织创造价值的能力，提高利益相关者群体的薪酬
阿斯特列夫（1983）	组织发展决策中，预先因环境所做的改变。在探讨组织发展的决策时，应该首先考虑外部所发生的变化，根据外部环境调整组织自身的发展
阿吉里斯（1985）	为提高整个组织的有效性，舍弃之前的状态，向未来的目标加速前进

续表

代表人物（年份）	组织发展的概念
雷卡多（1991）	组织为使其成员的行为与以往不同而进行的战略规划和行动
科特（2002）	采用新技术、重大战略变革、流程再造、兼并收购、重组为不同部门，以求显著提高创新能力、改变组织文化
谢安田（1982）	组织受到外部环境影响，满足内部环境需求的调整过程。要保持自身的平衡，实现组织生存与发展的目标，就必须调整组织的内部条件
郭昆谟（1993）	组织结构的形成，员工的行为，或利用已完成的工作技术来改变，以达到企业的绩效目标
卢瑞阳（1993）	使组织顺应时代的潮流，平衡组织的成长与稳定，高效运作。从广义上讲，任何组织改变人员、技术、方法和结构的努力都属于组织变革的范畴
徐联恩（1996）	指整个组织层面的变化、经营结构的变化、内外关系的变化、领导逻辑的变化
杜新伟（1999）	在资源投入、转化和产出过程中与外部环境相互作用的开放的、系统的组织。为了适应快速变化的外部环境，科学和技术是用来调整组织的战略、结构和成员的价值倾向，然后改变成员的行为，以提高组织绩效，满足组织和成员的标准，实现可持续经营的目标，以便组织从初始状态到新的状态的调整过程
蔡硕川（2001）	组织内部环境与外部环境之间关系的调整。为应对外部环境的变化，组织进行内部调整，以保持组织的平衡，实现组织的目标
楼新美（2003）	由于环境或资源条件的变化，组织的内部调整措施组织重生，产生新文化、新生产方法、新生产流程，新的组织形式或新的人类效率，以便组织可以有效地适应环境，满足员工的需求，企业可以持继续发展
施寿春（2004）	组织发展是打破旧的现有规则和假设，构建企业政府的治理状态，运用新公共管理的内容和策略，完善企业的若干机制，从而重构新的、灵活的、积极的、适应的组织结构
沈哲生（2004）	为适应内外环境的变化和挑战，组织对现有框架程序和行为进行反省和调整，并提供组织绩效来实现组织永久生存和发展的调整过程

续表

代表人物（年份）	组织发展的概念
琼斯（2001）	有计划地组织变革通常是为了提高人力资源的绩效、职能资源、科技能力、组织能力等四个层次，而这四个层次又相互影响
李柏洲（2003）	企业全面拓展和完善未来的努力和成果，既包括数量的拓展，也包括质量的提高。数量扩张是指所有扩张性的努力和它们的结果，如扩大规模、利润的增加，福利的提高，竞争力的增强和市场控制能力，等。质量改进是指所有完美的努力和结果，如企业的社会意义的持续改进，不断提高企业资源的利用率，企业组织的协调与有效性的趋势，企业成员之间的持续密切共生，企业内部职能结构的稳定演进，以及适应变化的管理结构的建立

资料来源：根据相关资料整理。

上述关于组织、组织发展的概念反映了研究者不同的研究视角，总的来说，所谓组织发展，其实是组织在社会环境的影响下不断改变自身结构、规模、文化以及发展策略，最终对内部和外部环境变化作出积极反应的过程。

三、组织发展的目标

在组织发展研究的早期阶段，主要有两种研究思路。第一种是将心理学引入组织发展研究，将心理还原论的敏感性训练作为重要的研究基础；第二种是从系统论的角度分析了组织发展的相关因素，比如说通过对系统论中框架的借用阐释组织发展，实际上是改善组织中每个人的努力因素，如何不断提高个人的激励、权利、群体内外之间的关系等。

在 20 世纪 60 年代，以贝格哈特为代表掀起了研究组织发展理论的热潮，贝格哈特将组织发展定义为"通过运用行为科学的相关知识进行的自下而上的、全局的、有计划的努力，旨在组织内部进行理论干预，以最终提高组织的效率并实现合理的目标"。其后，随着组织发展理论研究的不断壮大，比较突出的是布鲁克通过运用文化学、人类学、社会学和心理学等学科的相关知识，将"文化"作为一个独立的变量引入了组织发展的研究当中，同时他把组织发展和"变革"进行比较，认为"变革"其实就是广义上的组织发展。①

在组织发展的研究中，有不少学者强调内部动力对于组织发展的重要性，强调组织内部如何影响团体和个人之间的关系；强调组织是一个系统，对个人的发展有着极其重要的影响。近年来，对于组织发展的研究有了较大突破，把组织发展的视角上升到整体论的高度，对于组织发展的因素分析更加全面，包括收集资料、分析问题、行动策划、行动、评价等过程，这不但加大了理论研究的深度，在实际工作中也非常有效，这种研究视角使得组织结构和组织成员之间的关系更加趋于和谐，利于提高组织的自我更新能力及创造力。在组织发展过程中，组织的效率、组织的活力、组织和自我更新能力都是至关重要的，这些因素不但能够使组织实现短期发展目标，而且还可以使组织不断地适应外界环境的变化，使组织结构不断更新和升级，在升级过程中组织的功能也得到了改善。

根据上述研究，组织发展的目标主要在于两个方面：第一，改善组织内部结构，优化组织内部因素；第二，增加组织在长期发展过程中对外界环境的适应性。总之，组织发展的目标就是为了组织更加健康成长而做出的策略、文化、结构、规模方面的改变和调整。

四、组织发展的影响因素

自20世纪40年代开创对组织发展研究的运动之后，最初学术界主要是以传统组织的研究为基础，对当时环境下组织适应现代节奏变化而进行自我调整所做的反思。在讨论了组织发展的含义之后，应该从理性系统的视角分析一下有哪些因素在影响着组织的发展。从企业界定的标准上说，组织是实现特定目标的工具，而合理性是在实现目标的过程中寻找提高实现目标效率的最有效途径。理性分析组织目标的设置是否合理，如何改进组织的结构以尽快达成目标。通过引入博弈论，实证学派在研究组织的时候发现，理性的组织管理者常常会得到非意图的结果，在这一方面做出突出贡献的是吉登斯，他通过结构化理论实证分析了理性组织管理者得到非

---

① 谢芳：《组织理论的回顾及其发展趋势》，载《北京石油管理干部学院学报》2017年第1期。

意图结果这一现象。①

　　前期对于组织发展的研究中习惯于从组织自身找寻影响因素，韦伯利用经济学中交易成本的概念对组织结构进行分析，另外社会学领域的功能学派从功能主义的视角分析组织的作用，这些关于组织发展影响因素的探究对于后期学者的继续研究奠定了良好的基础。随着时代的发展，组织化已经成为了现代社会的重要标志之一，对于组织发展的研究也越来越深入，更多的学者把目标转向了社会环境对于组织的影响方面。与前期只关注组织内部的影响因素不同，现代的研究更加开放，把组织当作一个宏大社会研究中的变量探讨组织和社会变化的辩证关系。

　　目前的研究分类中，可以概略地把关于组织发展的影响因素分为内部影响因素以及外部影响因素。组织结构和组织目标都可以纳入组织发展的内部影响因素，在这方面比较著名的有韦伯的科层制结构研究、泰勒的科学管理研究、西蒙的管理行为理论研究和法约尔的管理理论研究。关于组织发展的外部影响因素，学者们认为目前只局限于组织内部的研究视角并不能真正挖掘出组织发展的动因，只有把组织的影响因素与社会大环境结合起来才能探究出哪些力量在推动组织的发展，所以应该把组织发展当作社会系统的一部分，与宏观的制度环境结合起来。外部影响组织发展的因素主要考察组织与社会的关系、组织与社会文化的相互影响，采用社会网络分析、权变理论以及资源依赖理论对影响组织发展的社会因素进行分析。

　　当组织发展的影响因素由内部转向了外部之后，前期陷入组织发展影响因素的困境得以破解，打开了新的研究局面。从 20 世纪 60 年代起，对于组织发展影响因素的开放式模型就逐渐大量取代了之前封闭式组织发展的研究方式，在这种情况下，学者们专注于衡量外部环境与组织发展之间的密切关系。过去的研究结论中已经发现如果一个组织结构内部官僚主义占上风，那么这个组织将很难在迅速变化的环境中生存下去。于是，研究人员把重心放到外部环境的视角之下，对组织目标和组织管理进行不断修正，以摆脱官僚制组织在社会中难以存在的困局。在前人研究的基础上，沃伦·本尼斯（Warren G. Bennis）详细论证了外部环境对于组织发展的

---

① 田凯：《关于组织理论新制度主义发展路径的反思》，载《学术研究》2015 年第 9 期。

影响，主要包括六个方面，分别是组织结构、组织生活与环境互动、自由结构、社会总体人口特点、组织内部与社会工作的价值观念之间的联系、企业的任务和目标。①

总之，组织发展的影响因素主要包括外部因素和内部因素。当外部因素发生变化的时候，组织要根据外界变化迅速做出调整，也就是主动地调整内部因素推动组织向前发展。

第二节　组织发展理论在民办本科
高校转型发展中的应用

组织发展理论基本含义是，在变革干预组织结构及其活动过程，增强组织对内外部环境变化的适应能力，从而提高组织效率及效能。民办本科高校作为独立的社会组织，其变革遵循组织发展的基本规律，从组织发展理论视域研究民办本科高校的转型发展，可以更好地把握民办高校的改革特点和规律，增强其人才培养与社会需求的契合度，为当前民办高校改革和发展提供科学的理论依据和实践指导。

一、民办本科高校转型发展应注重社会性

组织发展理论视域下，研究当前的民办本科高校转型发展，既要实现高校的发展目标，同时也要关注师生的社会性和个性，使民办本科高校发展目标和师生的个人发展目标相统一。

组织发展理论认为社会性主要体现在两个方面，首先是对人的重视，看到每个人身上的价值，理解人现在所处的地位，无论是作为管理主体的人还是作为管理客体的人地位都是平等的，管理的目标是要激发人的主动性和积极性，让每个人对于组织的发展都有责任感；其次，注重社会性要重视组织自身所承担的社会责任，要把推动社会的发展放在首位，在这个基础上再增强自身竞争优势。

---

① 汪罗·本尼斯：《组织发展理论创始人》，载《当代电力文化》2014 年第 8 期。

民办本科高校转型必须强调社会性，重视高校承担的社会责任。首先，以组织形式存在的民办本科高校，应与社会同步发展，社会的各种因素对高校都有一定的影响，高校应该与社会的发展保持步调一致，随时关注社会的发展变化。其次，民办本科高等学校应该明确自己的社会责任，即为社会的发展服务，除了为社会培养有用的人才，民办本科高校还承担着为社会提供智力支持的任务，引领社会不断向前发展。最后，民办本科高校必须培养适应社会发展的人才，如果高校不关注社会的需要，那么培养的人才就无法适应当代社会的需要，而社会对于民办本科高校是否满意，主要的衡量标准就是看高校培养的人才是否满足了当前社会对于人才的要求，所以民办本科高校应在注重内部的教学与科研工作基础上，关注社会需求，适应社会需求，及时调整人才培养方案，定时更新教学大纲，全面提高人才培养质量，最终实现民办本科高校发展、社会发展和人的全面发展的统一。

二、民办本科高校转型应注重整体性

民办本科高校的转型发展，要以组织发展理论为指导，重视整体性。民办高校组织中，包括教师、学生，也包括教育活动和教育内容、教学设备、教学经费、时间安排等要素，这是一个有机组合的整体，这些要素共同组成了民办本科高校，而民办本科高校高等教育管理的功能就是充分发挥每一个要素的功能，实现学校的高速运转，培养出对社会有用的人才。如果忽视了其中的任何一个要素，学校的功能就难以正常发挥作用，也就偏离了整体性管理，所以民办本科高校的高等教育管理一定要做到统筹兼顾，不能强调某一方面而忽略其他方面。

民办本科高校管理的价值目标要体现整体性。高等教育是为社会培养有用的人才，最终是促进社会的发展，所以高等教育的目标不但要体现经济效益，还同时要体现社会效益，民办本科高校的管理要追求高校发展、社会发展和人的发展的全面统一。

三、民办本科高校转型应注重创新性

民办本科高校肩负着为社会培养合适人才的重任，伴随产业结构升级，行业企业调整，对人才提出了新要求，民办本科高校也应随着社会对人才需求的变化，通过观念、制度、组织机构等持续创新，优化培养方案，革新教学内容和要求，以培养适应社会需求的应用型人才。

（一）民办本科高校转型要素组合创新

组织发展理论认为，管理的创新是对生产要素及生产条件的重新组合，目的是为了尽快地实现组织的目标。管理者必须随时注意企业环境的变化和外部环境的变化，对于新出现的变化要适当调整生产要素的组合安排。民办本科高校组织机构是一个多要素组合的系统，包括人力、财务、物品、空间、时间等，而民办本科高校的正常运转要对这些生产要素进行科学的组合。由于内部人员的更替、机器设备的折旧更新，所以内部环境一直发生着改变，而外界环境也在发生着变化。这就要求适时地调整组合的方式，通过要素组合创新，实现组合方式跟得上环境变化的节奏。

（二）民办本科高校观念创新

无论是西方还是东方管理模式的发展史，都体现为一种管理观念的创新史，管理观念的创新提高了生产的效率，推动了经济的发展。管理的目的除了要提高当前企业的运营效率，更重要的是还要对未来做好规划。很多西方学者认为管理的创新是一个持续的过程，永远不会停止。在管理创新的过程中，管理者需要不断否定旧的管理观念，在旧观念的基础上产生新的管理观念，不断提高当前管理的效率。管理学家夏彼洛是管理观念创新的代表人物。根据夏彼洛的观点，传统的创新主要来自组织外部，主要靠引进外部世界的创新提高生产技术，但是现在必须改变这种创新的管理观念，因为现在不再是劳动密集型的管理方式，所以应该重视团队精神的合作，注重培养团队的创造力和全体员工积极进取的态度，最终提高整个

组织的创造力。① 夏波洛认为创新是不断进行的，随时进行的，让每个员工都认识到创新的重要性，创新并不只是管理人员的任务，而是每个人的自然任务，他说"创新应该像呼吸一样自然"，强调了创新随时都在发生。进入 21 世纪，市场竞争发生了变化，知识经济遍布全球，企业如果想做到永续创新，就应该把创新任务从实验室扩大到整个基层人员，要注重培养企业的创新文化，企业的每个行为决策都要体现创新性，培养企业员工的创新性思维观念，创新与每一个人都息息相关，只有以开阔的创新性的视野对待瞬息万变的竞争市场，才有可能不被竞争对手打败。所以，创新是一种企业文化，必须渗透到每个人的观念和行为上，只有这样才能达到永续创新的目标，最终实现企业的可持续发展。

实践管理的真正目标在于追求人的自由和全面发展，这才是对于管理理念上的最终创新。民办本科高校内部管理要根据外界环境的变化做出调整，时代在发展，管理模式也在不断发展，如果要在激烈的竞争中保持自己的优势，就必须持续创新，做到管理观念上的"永续创新"，这样才能实现民办本科高校的可持续发展。民办本科高校内部管理，需要根据时代变化，不断打破旧的管理理念，不断提出适合当前环境条件的新的管理理念，全校的每个师生都要发挥主人翁的精神，为学校发展提出自己的想法和对策。这种创新会把组织的目标和每个人的发展目标结合在一起，在实现民办本科高校发展的同时也促进了个人的全面发展。

（三）民办本科高校制度创新

制度是管理的基本要素，没有制度就没有管理，所以制度创新是管理创新的一种形式。良好的制度可以让员工感到舒适，可以激发每个人的工作主动性和积极性，提高企业运营的效率。在制度创新上，应把管理观念创新转化为实践创新。如果观念创新不以制度创新作为支撑，再美好的观念创新也不可能发挥作用，所以制度创新是观念创新应用于实践的中介。必须通过制度上的改变创造新的企业管理结构及深厚的文化氛围，创新的

---

① 彭征、朱世蓉：《校企双主体下的新思维、新尝试、新实践——评〈高职院校管理创新理论与实践指南——基于校企双主体教学企业构建与管理〉》，载《中国教育学刊》2017 年第 5 期。

成果才会不断产生。① 重视创新活动的企业首先要通过良好的制度设计创造良好的文化氛围，为创新活动建造一个适宜的组织环境，这样才会促使创新观念不断产生。创新最终来自于人的创造，但每个人的创新能力都会随着企业内部的环境而发生变化，人在不同的企业中的表现并不相同，根本原因在于每个企业的制度并不一样，所以制度创新非常重要。

民办本科高等教育在发展过程中，管理制度也在不断地发生着变化。在一定程度上可以说民办本科高校是制度创新的产物，应该看到制度创新对于民办本科高校发展的重要推动作用，无论在任何时候，民办本科高校的正常运转都必须依托在一定的制度体系之下，否则民办本科高校就成了一个散漫的无组织机构。推进民办本科高校的制度创新才能提高管理的效率，要以推动人才培养、学科建设和成果产出为目标，制定各种制度调动每个人的积极性，发挥学校师生的创造性，使高校的各种资源配置得到优化，促进民办本科高校的可持续发展。

通过以上可以看出，组织发展理论为我国民办本科高校加强内涵建设的探索提供了有益的参考。组织发展理论强调通过变革组织机构及其活动过程，增强组织对内外部环境变化的适应能力，进而提高组织效率及效能。民办本科高校转型发展必须从组织的视角整体分析，以真正实现应用型，实现可持续发展。

第三节　民办本科高校转型含义界定

任何事物的发展都需要紧密结合所处环境，研究民办本科高校的转型发展也应该契合社会发展的实际需要，科学界定"转型"的含义。本部分主要探讨在组织发展理论指导下，结合国家政策文件、高等教育理论、国外应用型大学办学模式，界定民办本科高校转型的含义。

---

① 马倩：《管理思想的演变历程综述》，载《兰州大学学报（社会科学版）》2007 年第 5 期。

一、高等教育理论

民办本科高校的发展应该尊重高等教育的发展规律。每个事物在发展过程中都要与其他交叉、碰撞并吸取其他事物发展的优点才能不断壮大，同样，高等教育在发展过程中也在不断吸收、借鉴其他领域的理论知识，使高等教育理论体系不断丰富。

（一）高等教育系统理论

系统论的创立标志是 1947 年《一般系统论》的发表，该著作的作者是生物学家路德维希·冯·贝塔朗菲（Ludwig Von Bertalanffy），是美籍奥地利理论生物学家和哲学家，是系统论的开创者。[①] 系统论是关于系统建设及其优化的理论，作为哲学方法论的指导理论，系统论可以为其他社会学科的建设与发展提供一个新的切入点和方向，促进其他学科的优化与改革。系统论的核心概念是"系统"。系统优化的核心是实现整个系统的优化。为了实现整个系统的优化，在把握系统完整性原则的基础上，深入分析系统的组成。因此，研究系统的组成必须对系统的要素、系统的结构和系统所面临的环境进行深入分析。系统论的原则主要包括整体性原则、要素原则、结构性原则及环境依赖原则。[②] 第一，整体性原则。整体性是一个系统最显著的特性，也是其最基本的特征之一。正如一个没有元素的系统不能被称为系统一样，只要它构成一个有机系统，整体性就作为一个必然的特征存在。当若干元素组合在一起形成具有普遍联系的有机整体时，系统作为一个整体具有先前元素所不具有的功能，并形成了系统的新功能、性质和作用。第二，要素原则。要素原则是系统论中的核心，没有要素系统就无法运转，就无法构成"系统"，因此要素原则在系统中的地位尤其关键。所谓的"要素"实际上是系统的组成部分，可以是组件、部件、个体或子系统。"系统是由若干要素组成的有机整体，具有一定的新

---

① 陆云泉：《学校内涵发展的特点及推进策略——基于系统理论的分析视角》，载《首都师范大学学报（社会科学版）》2018 年第 5 期。

② 魏宏森、曾国屏：《试论系统的整体性原理》，载《清华大学学报（哲学社会科学版）》1994 年第 3 期。

功能。"每一个要素作为系统的子单元构成了系统的整体，它具有独立元素所不具备的性质和功能，构成了新系统的定性规定。认知和解构系统必须从要素开始，要素的组合也影响系统的整体性功能。第三，系统论的结构原理。系统作为一个由若干要素构成的有机整体，在其存在和发展中必然有结构的支撑才能发挥整体性的作用。结构作为系统的基本属性之一，其功能在于系统元素与结构的相互作用。第四，系统论的环境依赖原则。环境依赖是指系统的存在和发展总是与环境相互联系和相互作用的，并且总是需要保持与环境的物质、能量和信息的交换，以便系统能够长期存在和持续。

高等教育系统理论是指运用系统论的原理对高等教育的发展进行指导。在现阶段，高等教育系统论是指通过运用系统论来发现和识别高等学校的发展规律，制定学校的战略发展计划，从而使学校的教学工作得到改进，提高整体的教学质量。在学校发展过程中，学校组织被认为是一个与社会系统密不可分的子系统。

民办本科高校是一个行为交互影响的系统，系统分析在民办本科高校发展研究中具有重要的应用价值。以系统论的观点来分析民办本科高校发展问题是可取的科学方法。根据高等教育系统理论，民办本科高校的发展，应该在注重高等教育整体性的基础上，充分认识当前因社会发展所导致的社会环境的变化，最重要的是分析清楚民办本科高校发展的转型要素，以适应当前社会企业对人才的需求。

（二）可持续发展理论

可持续发展的提法始于 20 世纪 60 年代末期，到 20 世纪末特别是《21 世纪议程》的出台使可持续发展被广泛接受，并成为世界各国努力的目标。[①] 可持续发展的理念在于强调当前的发展在满足本代人的需求时，不要对环境等造成损害以危害后代人的需求。可持续发展理论贯彻可持续发展的理念对事物的发展进行指导，以公平性、持续性、共同性为三大基本原则。可持续发展是指不但能满足当代人的合理需要，又要考虑到后代

---

① 李传轩：《从妥协到融合：对可持续发展原则的批判与发展》，载《清华大学学报（哲学社会科学版）》2017 年第 5 期。

人合理、适当的发展需要，在当代发展的同时也关注后代的发展并为后代的发展做好铺垫。可持续发展理论贯彻以公平、可持续、共性为三大基本原则的可持续发展观来指导事物的发展。

可持续发展理念与传统发展理念的本质区别在于发展中心从"经济"向"人"的转变，可持续发展理念的核心在于强调"人"的可持续发展。"教育是可持续发展的一个关键因素"。[1] 学校作为一个组织，在发展过程中，学校组织必须关注组织各成员的可持续发展，同时关注组织自身的可持续发展。

民办本科高校的发展必须以可持续发展理论为指导，树立正确的可持续发展观，注重社会环境变化引起的对人才需求的变化，从而在学校内部迅速做出调整和变革，为社会培养所需要的人才，同时也促进民办本科高校自身不断发展。

潘懋元于 2001 年指出民办高校具有特殊性，在发展中应该有自己具体的标准，而只有树立了正确的人才质量观，民办高等教育才能得到长足的发展。潘懋元从质量观点的角度，纠正了长期以来人们传统质量观的偏颇，他强调应该把所培养的学生的素质的高低作为教育质量高低的衡量标准。[2]

因此，民办本科高校的转型须关注当前社会企业对人才需求标准的变化，主动地进行内部改革和适时调整，从而实现持续发展。

二、高等教育政策文件基础

2014 年 2 月，李克强总理在国务院常务会议上明确提出要加快发展应用型高校。大力发展应用型高等教育，是促进转型、调整结构、改善民生的战略举措。培养应用型人才对提高劳动力的就业创业能力、产业素质和综合国力具有重要意义。转型院校的建设必须提高质量，促进就业和服务发展，充分发挥政府的指导、管理和监督作用，加快高等教育现代应用的

---

① 赵中建：《教育的使命——面向二十一世纪的教育宣言和行动纲领》，教育科学出版社1996 年版。

② 潘懋元：《抓住有利时机　实现民办高教可持续发展》，载《中国高等教育》2001 年第 5 期。

发展，以适应技术进步和生产模式转变以及社会公共服务和生产的深度集成对教育提出的培养高素质的专业人才的需求，提高中国制造的市场竞争力，进而提高经济质量、效益和水平，满足人民生产生活的多样化需要。

　　教育部、发展改革委员会和财政部在 2015 年联合发布了《关于引导部分地方普通本科高校向应用型转变的指导意见》（以下简称《指导意见》），该文件指出当前条件下我国加快发展应用型高校的重大意义，并提出了指导思路，强调了高校改革在实施过程中要积极贯彻党中央和国务院的重大决策，要注重适应我国新常态经济发展的需求，对接产业结构转型升级的要求，在试点成功的基础上由点向面进行推广，为改革注入强有力的动力，加强评估和指导，推动高校转型发展，真正转变办学理念，服务地方经济社会发展。加强产学研结合，培养应用型技术人才，增强学生就业创业能力，使学校服务当地经济社会发展和创新驱动发展的能力得到全面提高。文件将高校改革定位为需求导向、服务地方。改革要以需求为导向，注重市场机制和政府的宏观调控相结合，对校企合作和产教融合继续深化，每个学校要科学定位自己的发展，注重自身特色的培养，与企业的人才需求紧密结合以加强一线技能型人才的培养，同时在保证人才培养质量的基础上加大科技人才的培养力度，推进高校与技术产业的整合发展。

　　《指导意见》要求地方高校要适应和引领新常态经济发展，以服务创新带动发展，必须把重点放在创新驱动开发环节，2025 年中国要实现"互联网＋"带动创业，"一带一路"重大策略也向应用型高校指明了人才培养方向应该向应用类型人才的培养形式转变，培养应用型人才，使地方高校真正服务区域经济和社会发展，提高地方高校服务于工业企业的能力，帮助工业企业快速技术进步及不断升级。

三、国外应用型大学办学模式经验

　　随着我国产业升级步伐的加快，社会文化建设不断向前推进，我国民办本科高校应该适时了解社会企业用人标准的变化，根据社会用人需求进行内部改革，从而为社会企业培养合格的应用型人才。对国外应用型大学的办学模式进行分析，选择性地借鉴其成功经验，能够对我国民办本科高校的转型发展有一定的帮助。

　　发达国家应用型大学建设可以追溯到 20 世纪中叶，但其大规模展开是从 20 世纪末开始的。应用型大学开设较早的国家，其经济和产业发展长期以来较为稳定，究其原因，主要是应用型大学与国家的经济产业始终紧密联系在一起，在提供人才资源和技术服务等方面能够发挥了不可替代的重要作用。

　　发达国家应用型大学的发展注重针对社会生产变革、产业需求变化对人才培养方案做出调整，部分发达国家的应用型大学改革取得了瞩目的成就，下面主要介绍芬兰、美国和德国的应用型大学的办学模式。

（一）芬兰：应用科技大学模式

　　芬兰的应用科技大学是为社会培养应用型人才的摇篮。芬兰高等教育体系的重大改革是从 20 世纪 90 代中期开始的，科学技术的积累为芬兰的教育体系改革提供了发展契机，芬兰大学改革很好地抓住了新产业发展带来的良好机遇。经过近 10 年的发展，学位改革及教师队伍建设等都在芬兰应用型大学的改革中取得了长足进展，应用型大学办学模式渐趋成熟。芬兰应用型科技大学的教育模式是在"服务地方发展"的理念上进行定位的，能够把握新技术的发展动向，紧密结合区域经济的特点和企业需求，在课程设置上与产业链和创新链进行对接，因此取得了巨大的成功，为芬兰培养了众多社会急需的应用型人才。

　　芬兰应用型科技大学的教育模式具有以下特点。第一，学位改革：与学术型学位相区分。应用型科技大学设立各类科研项目，这些项目集中了企业技术操作改进、生产流程设计、管理效率等各种热点问题，学生参与研究并根据自己的试验，提供问题解决方案。为了突出应用型大学毕业生的特点，芬兰应用型科技大学在学位授予方面做了大胆改革，应用型大学授予的学位有独特的标识，与普通大学学位的关系为：平等但不同。因此，社会上对于应用型大学学位没有任何偏见，接受度非常高。第二，教师队伍建设：学历和实践并重。应用型科技大学规定，至少取得硕士学位资格之后才有资格申请到大学任专职教师。为了优化师资队伍，应用型科技大学还设立了兼职教师岗位，积极聘任具有丰富经验的工程技术人员、企业管理人员到大学兼职任教。由于这些人员来自社会一线，很大程度上弥补了理论教师授课方面的不足。

（二）美国：社区大学模式

美国的应用型大学多建在社区，以充分融入社会，因此被称为社区大学。社区大学在美国高等教育结构中占有重要位置，以职业教育为重点，培养了社会上急需的技术型应用人才，为当地经济的发展做出了卓越贡献（张斌，2018）。[①] 美国社区大学的开办是对传统教育改革迈出的重要一步，使原来视野单一、抽象、理论脱离实际的教学模式向企业实际人才需求的方向转变，大学生走出了象牙塔进入社会企业实践，因此社区大学是真正意义上的大众大学。美国社区大学的健康发展在于及时把握新产业及新技术带来的新的机遇，随时根据社会产业的创新链、新业态调整教学管理，做好培养人才与社会需求的完全对接（Werner and Mink，2016）。[②] 其主要有以下特点。第一，办学理念：强化地方特色。美国社区大学有明确的定位，即服务地方经济、培养本地人才，因此美国的应用型大学多建在社区附近。专业设置以社会企业紧缺的生产工艺、工程技师和经营管理等应用型专业为主。在培养目标上注重提高学生的就业能力，加强学生的职业修养。第二，办学模式：注重校企合作。社区大学与普通本科大学的区别在于重点培养应用型人才，因此与社会上的企业合作是社区大学非常倚重的办学模式。学生一边在学校进行理论学习，一边到企业进行工作实践，企业对学生的实习质量负责，使大学生真正接触到了社会，提前为就业作了良好过渡。

（三）德国：大学与企业共同教育模式

作为一个务实的国家，德国应用型大学非常注重与企业的合作，大学定位于服务地方经济。在整个应用型大学教育过程中，企业是处于主导地位并发挥核心作用的一方。通过与企业的合作，应用型大学保证了教学的

---

① 张斌：《地方本科院校转型发展的困局与出路——美国社区学院职业化转型的启示》，载《中国职业技术教育》2018 年第 24 期。

② Werner，T. & Mink，B. Service‐Learning at the American Community College：Theoretical and Empirical Perspectives［J］. *Community College Journal of Research and Practice*，2016，40（8）.

应用性和实践性（刘颖等，2017）。[①] 德国的应用型科技大学时刻关注新产业的发展方向，课程设置上与产业链、创新链紧密对接，具有以下特点。第一，教学环节：实践教学贯穿始终。德国应用型大学的实践教学理念贯穿于从学生入学到毕业，通过"实践教学""项目教学""毕业设计"等形式实现。实践教学至少保证两个学期以上，毕业设计也完全来自企业实践，而且要求学生在企业里完成，以企业工作人员为主要指导老师，学校的教师仅作为第二指导老师参与，最终的毕业设计由企业和学校共同审核评定。第二，教学基地建设：注重提高实习实训基地建设利用效率。这与德国应用型大学的实践教学贯穿始终是一致的，为了培养学生的实践能力，德国特别重视应用型大学的实习实训基地建设，校内的实习基地对企业开放，同时也会把企业的生产车间作为学生的实训基地，无论是学校还是企业的实习实训设备都得到了高效利用。

四、民办本科高校转型含义

根据高等教育理论和可持续发展理论，民办本科高校的发展要时刻关注社会环境的变化，要注意高等教育应该与生产力发展相结合，而社会环境变化对教育的影响会反映在国家的政策文件中。党的十八大以来，关于高等教育问题，中共中央总书记习近平多次谈到要立足中国，立足时代，面向未来，发展具有中国特色的、达到世界一流水平的现代教育。鉴于中国社会发展的现状，当前中国关于高等教育的政策文件在大力倡导发展应用型大学，培养应用型人才，这和高等教育理论中所提到的"教育为社会生产服务"是一致的。在国家积极发展应用型大学的背景下，中国民办本科高校应着力加强内涵建设，实现向应用型转型。

鉴于上述理论基础和政策文件，民办本科高校转型的含义涉及宏观和微观两个层面。当前情况下，民办本科高校转型的目标非常明确，即应用型。从宏观上来说，民办本科高校向应用型转型是指国家政府层面根据国

---

① 刘颖、付天海：《德国高等教育的"双元制"理念及对高校转型发展的启示》，载《高教探索》2016 年第 12 期。

家经济社会发展需要，加快推进配套制度设计，制定应用型高校设置标准，引导高校面向市场主动调整专业设置和资源配置；从微观上来说，民办本科高校应主动适应当前社会经济发展的需要，加强内涵建设，转变办学模式，从粗放型、低水平的办学形态向精细化、高水平的发展模式转变，充分发挥民办高校体制机制灵活的优势，加强产学结合、校企合作，不断构建需求导向、服务地方的应用型办学模式，其转型体现出社会性、整体性、创新性等特征。

本研究中民办本科高校转型含义主要指微观层面的含义。

对于事物的发展、变革，组织发展理论强调内部因素的不断自我更新、强调组织要素在组织发展中的重要作用，民办本科高校的发展要紧跟社会发展的步伐，对内部要素进行重组，对内部治理结构进行改革。在研究高校转型发展的过程中，任玉珊提出了大学组织转型的关键要素，主要涉及五个方面，即领导变革、资源配置、结构重组、教学流程再造、文化重塑。[①] 领导变革，是指对民办本科高校的管理理念和发展方向进行把控，高校组织内部无论是单要素还是多要素的转变，都必须在整体层次上进行改革并涉及学校的所有方面的时候，其表现过程才是转型，领导推进高校组织转型并为转型确立行动方向的保障力量，因此转型必须从领导变革开始；资源配置关系到民办本科高校的各种要素的有效使用；根据系统论的结构原理，民办本科高校对结构进行科学的重新组合可以提高整体适应外界环境变化的能力，结构重组包括在大学内部建立机构和学科专业的重新设置，由于规模的扩大、资源的约束和功能的变化，组织结构和管理模式发生了变化，涉及管理水平和权利的分配，因此，结构改革必将成为大型民办本科院校转型与发展的关键因素之一；在教学流程再造方面，教学流程是应用型高校的核心，流程的再造过程体现了在延长专业实践的基础上对人才培养方案的重新设计和再设计，它体现在应用型人才培养过程中活动内容、技术方案和特殊方法的变化，促进民办本科院校转型的关键是为民办本科院校转型提供专业标准和方法及技术支持；文化重塑是指文化在转型过程中的磨合过程，它从各个方面包括参与意识、协调性、适应环境等促进了民办本科院校转型的效率，为民办高校转型发展设定了目标和愿

---

① 任玉珊：《应用型工程大学的组织转型》，载《高等工程教育研究》2010 年第 6 期。

景，积聚了力量。

在前期理论研究的基础上，借鉴任玉珊应用型大学转型的五要素，归纳出民办本科高校转型的五要素，即领导变革，资源配置、结构重组、教学流程再造、文化重塑，而民办本科高校在转型过程中具体怎么转，从哪些方面转还涉及多个二级要素，哪些二级要素在民办本科高校转向应用型过程中发挥重要的作用，仍需要进一步研究与论证。

第四章

组织发展理论视域下民办本科高校转型发展要素遴选与模型构建

中国民办高校诞生于 20 世纪 80 年代，至今已为社会培养了诸多人才。[①] 但是，随着社会的发展，高等教育发展面临诸多新形势与影响因素，中国民办本科高校在发展过程中也出现了许多问题，缺乏有效的改革将致使民办本科高校难以在激烈的竞争中实现持续发展。为促进民办本科高校转型发展，必须对转型要素进行梳理。本章以组织发展理论为指导，采用德尔菲法遴选出民办本科高校转型发展的要素，并构建民办本科高校转向应用型的理论模型。

第一节　民办本科高校转型发展要素遴选

一、民办本科高校转型要素梳理

前期研究以组织发展理论为指导，结合高等教育理论及相关政策文件，借鉴并推导出了高校内部改革的五个要素，即领导变革、资源配置、结构重组、教学流程再造、文化重塑。该五个要素在本研究中作为一级要素，在此基础上，进一步对民办高等教育专家、民办高校管理人员、民办本科高校教师、民办本科高校学生等展开访谈调研，整理、归纳大量关于

---

① 周海涛、刘侠：《民办高等教育发展研究报告——基于近十年全国民办高校数据统计与政策文本分析》，载《中国高等教育》2016 年第 2 期。

应用型高校、民办本科高校建设的文献资料，最终对"领导变革，资源配置、结构重组、教学流程再造、文化重塑"进行了分解，得出二级要素，归纳如表 4 - 1 所示。

表 4 - 1　　　　民办本科高校向应用型转型要素的初步遴选

一级要素	二级要素
领导变革	1. 领导理念 2. 办学理念 3. 办学思路 4. 办学定位 5. 战略规划 6. 管理干部队伍
资源配置	1. 专职教师队伍学历 2. 兼职教师队伍背景 3. 双师型教师比例 4. 管理人员学历结构 5. 校园面积 6. 图书数量 7. 专业实践室配套比例 8. 办学资金来源 9. 资金使用结构 10. 学科前沿信息渠道 11. 社会发展产业信息
结构重组	1. 机构结构 2. 机构职能 3. 学科专业设置 4. 专业建设 5. 专业结构与布局 6. 专业特色 7. 专业群建设
教学流程再造	1. 培养模式 2. 培养方案 3. 课程体系 4. 实践教学体系 5. 教学方法改革 6. 教材建设与选用
文化重塑	1. 精神文化 2. 制度文化 3. 物质文化 4. 规章守则 5. 制度 6. 价值观

二、民办本科高校转型要素修正

为保证民办本科高校向应用型转型要素选择的科学性、适用性和有效性，本研究采用德尔菲法对初步遴选的要素进行修整。论证过程综合两轮专家意见，第一轮把初步遴选的全部要素通过调查表的方式发给各位专家，征求其对转型要素的意见和看法，调查表在1周后收回，对所有匿名专家的意见进行总结归纳；第二轮把附有第一轮专家论证结果的要素表再次通过调查表发放给各专家，2周后收回，对专家的意见再次汇总归纳；如果第二轮讨论后，专家对所有要素的意见达到了75%的通过率，则不再进入下一轮讨论，而是采用要克特量表的方式重新选择一组专家收集意见，对所选要素进行验证，通过率达到80%则确定为转型要素。

本研究在学术专家和管理专家并重、权威性和代表性相结合的原则下，邀请了16位应用型高校、民办本科高校研究和管理方面卓有建树的教授、民办高校高层管理者以及行业企业专家，征求其对民办本科高校深化内涵建设的意见与建议，框定向应用型转型的要素。

（一）第一轮专家匿名意见分析

1. 一级转型要素论证

一级转型要素主要包括五个方面，分别是"领导变革""资源配置""结构重组""教学流程再造""文化重塑"，16位专家完全赞同，并在意见中表达了该五个方面要素是在组织发展理论视域下，民办本科高校向应用型转型过程中的重要因素，且与教育领域倡导建设应用型高校的政策文件要求相一致，所以该部分保留继续进入下一轮讨论。

2. 二级转型要素论证

（1）"领导变革"包含的二级要素。对于"领导理念""办学思路"，有14位专家认为该两个要素与其他二级要素含义有所交叉与重合，"领导理念"与"办学理念"的内涵意思重叠，同时，专家认为"办学思路"的表述稍显宽泛，并且在组织发展理论视域下，"战略规划"的表述更为贴切，因此建议把"领导理念"合并到"办学理念"要素中，把"办学思路"合并到"战略规划"要素中。

另外，有7位专家对"管理干部队伍"提出异议。对于民办本科高校转向应用型发展，"管理干部队伍"属于领导和规划的一部分，同时"管理干部队伍"意思相对笼统，是民办高校行政管理中的一个宽泛性术语，不如"办学理念"及"战略规划"的表述具体及更具操作性。但是由于只有7位专家对该要素表达了异议（未超过50%），因此，意见保留，在第二轮调查表发放时把所有专家对该要素的意见同时传达给16位专家再进行斟酌。

对"办学定位"，专家大都一致认为，民办高校自建立初期定位就是应用型，然而，在实际办学过程中，因长期依循公办高校办学模式，人才培养目标与社会需求契合度不高，定位有待清晰，因此，必须充分发挥民办高校体制机制灵活的优势，深化产教融合、校企合作，不断构建需求导向、服务地方的应用型办学模式。故此，"办学定位"应进一步明确。

对于"办学理念"和"战略规划"无专家提出异议。

（2）"资源配置"包含的二级要素。资源配置包含的二级要素提出意见的较多。

首先，对于"专职教师队伍学历""兼职教师队伍背景""双师型教师比例"和"管理人员学历结构"四项内容，有8位专家提出在组织发展理论视域下，应该综合为"人力资源"，有3位专家指出这些要素是师资配备，同时有15位专家提出在人力资源方面应该包含更多的内容及要素。综合来看，这些要素归纳为"人力资源"的倾向较多。但由于没有绝对多数的专家提出应归纳为"人力资源"，因此把专家的意见列举后，继续发给各位专家进行第二轮遴选。

其次，对于"校园面积""图书数量"和"专业实验室配套比例"等要素，6位专家提议归纳为"物力资源"，5位专家建议列为"物资配备"，5位专家建议列为"物质资源"。综合来看，这三个二级要素需要进一步归纳，当前并没有达成统一的意见，因此把专家意见列举后进入下一轮继续论证。

再次，对于"办学资金来源"和"资金使用结构"两个二级要素，9

位专家提出归纳为"财务资源"，5 位专家建议归纳为"财力资源"，1 位专家提出"资金使用结构"应改为"资金使用去向"。这部分论证也没有达成一致的意见，继续进入下一轮遴选。

最后，对于"学科前沿信息渠道"和"社会发展产业信息"两个二级要素，所有专家一致认为，该两个要素是考核应用型高校的重要指标，但与资源配置中其他要素不在同一维度，应具体论证民办本科高校转型过程中涉及的内部改革要素。具体来说，12 位专家建议这两个二级要素归纳为"信息资源"，4 位专家建议归纳为"信息"。

通过第一轮的意见综合，本部分的改动较大，但是并没有达成统一的意见。

（3）"结构重组"包含的二级要素。关于"机构结构"和"机构职能"两个二级要素，综合 16 位专家的意见如下：民办本科高校向应用型的转型，需要高校内部的"机构"进行调整，重新划分"机构结构"，而且需要对"机构职能"进行明确定义，内部机构划分和机构职能应体现应用性。因此，综合上述意见，专家建设把"机构结构"和"机构职能"合并为"机构调整"。

专业建设是民办本科高校内涵建设的重要内容。关于"专业结构与布局""专业群建设""专业建设"等要素，14 位专家强调，对于应用型而言，民办本科高校应在注重学科知识基础上，进行专业的科学合理规划，故应将"专业建设""专业结构与布局"融入学科专业设置中。关于"专业特色"和"专业群建设"，13 位专家指出，"专业群建设"属于"专业建设"的内容；而"专业特色"是在加强专业内涵建设的基础上形成的，"特色"是在发展过程中积累的，故"专业特色"与"专业群建设"从属于"专业建设"的内容。

由于没有形成统一意见，把上述专家意见汇总延续到第二轮继续讨论。

（4）"教学流程再造"包含的二级要素。对于"培养模式""培养方案"和"课程体系"，没有专家提出异议。对于"实践教学体系"，1 位专家提出了意见，"应用型"高校重点培养应用型人才，所以应该强调实践教学，但是实践教学体系应该包含在"培养模式""培养方案"和"课程体系"中，因此建议把"实践教学体系"融入"培养方案"和"课程体系"中。

对于"教学方法改革"，12位专家提出该要素在民办本科高校向应用型转型过程中的确重要，但是该要素应该融入"课程体系"建设中。而关于"教材建设与选用"这一要素，有15位专家表示应该融入"课程体系"建设中。

（5）"文化重塑"包含的二级要素。所有专家都在意见中表示文化建设是高校转型中非常重要的部分，但是如何建设大学文化却不容易，因此要从"精神文化""制度文化"和"物质文化"这三个方面抓起，16位专家没有对"精神文化""制度文化"和"物质文化"提出任何异议。对于"规章守则"，11位专家指出规章是各级职能部门为实施管理，规范工作、活动和有关人员行为而设立的规范性的准则，具有行政约束力及道德行为的指导性文书，应该融入"制度文化"建设中。关于"制度"这一要素，15位专家指出，与"规章"含义相似，指要求大家共同遵守的办事规程或行动准则，也应该归入"制度文化"中去。而"价值观"这一要素，14位专家指出，价值观是人们基于自己已有的知识、观念、文化、环境而对事件的理解、判断、认知、选择等，应该属于"精神文化"建设的范畴，通过精神文化建设倡导全体师生树立正确的价值观，指导人们正确认识事物、辨明是非。

本部分内容通过第一轮专家论证后并没有达到完全统一，因此归纳专家意见继续进入下一轮讨论。

第一轮收集匿名专家意见后，民办本科高校向应用型转型要素的讨论结果如表4-2所示。

表4-2　　　　民办本科高校向应用型转型要素第一轮论证结果

一级要素	二级要素
领导变革	1. 领导理念（部分专家提出异议，留待第二轮继续讨论） 2. 办学理念（一致通过） 3. 办学思路（部分专家提出异议，留待第二轮继续讨论） 4. 办学定位（一致通过） 5. 战略规划（一致通过） 6. 管理干部队伍（部分专家提出异议，留待第二轮继续讨论）

一级要素	二级要素
资源配置	1. 专职教师队伍学历（部分专家提出异议，留待第二轮继续讨论） 2. 兼职教师队伍背景（部分专家提出异议，留待第二轮继续讨论） 3. 双师型教师比例（部分专家提出异议，留待第二轮继续讨论） 4. 管理人员学历结构（部分专家提出异议，留待第二轮继续讨论） 5. 校园面积（部分专家提出异议，留待第二轮继续讨论） 6. 图书数量（部分专家提出异议，留待第二轮继续讨论） 7. 专业实践室配套比例（部分专家提出异议，留待第二轮继续讨论） 8. 办学资金来源（部分专家提出异议，留待第二轮继续讨论） 9. 资金使用结构（部分专家提出异议，留待第二轮继续讨论） 10. 学科前沿信息渠道（部分专家提出异议，留待第二轮继续讨论） 11. 社会发展产业信息（部分专家提出异议，留待第二轮继续讨论）
结构重组	1. 机构结构（建议与"机构职能"合并为"机构调整"） 2. 机构职能（建议与"机构结构"合并为"机构调整"） 3. 学科专业设置（一致通过） 4. 专业建设（部分专家提出异议，留待第二轮继续讨论） 5. 专业结构与布局（部分专家提出异议，留待第二轮继续讨论） 6. 专业特色（部分专家提出异议，留待第二轮继续讨论） 7. 专业群建设（部分专家提出异议，留待第二轮继续讨论）
教学流程再造	1. 培养模式（一致通过） 2. 培养方案（一致通过） 3. 课程体系（一致通过） 4. 实践教学体系（部分专家提出异议，留待第二轮继续讨论） 5. 教学方法改革（部分专家提出异议，留待第二轮继续讨论） 6. 教材建设与选用（部分专家提出异议，留待第二轮继续讨论）
文化重塑	1. 精神文化（一致通过） 2. 制度文化（一致通过） 3. 物质文化（一致通过） 4. 规章守则（部分专家提出异议，留待第二轮继续讨论） 5. 制度（部分专家提出异议，留待第二轮继续讨论） 6. 价值观（部分专家提出异议，留待第二轮继续讨论）

（二）第二轮专家匿名意见分析

由于第一轮讨论对五个一级转型要素达成了一致，因此第二轮讨论不涉及对一级要素的探讨；另外，对五个一级要素所包含的二级要素，有部分二级要素达成了一致意见，因此也不再参与第二轮的讨论；只有对第一轮仍有异议的部分继续参与第二轮讨论。仍然通过匿名方式汇总每个专家的意见，现对专家意见分析如下：

1. "领导变革"包含的二级要素

经过第一轮论证，大部分专家对于"办学思路"提出的意见，第二轮所有16位专家一致同意将"领导理念""办学思路"分别融入"办学理念"与"战略规划"中，因此二级要素中不再保留"办学思路"；而对于"管理干部队伍"这一要素，有15位专家提出把该要素融入资源配置的"人力资源"中，1位专家提出更改为"领导队伍"，根据讨论结果，吸取大部分专家的意见，二级要素不再保留"管理干部队伍"，一致意见率达到了93%。关于"领导理念"，在第二轮论证中16位专家一致认为应该归入"办学理念"，所以该要素不再保留，一致意见率达到了100%。

经过第二轮的讨论之后，"领导变革"下的二级要素为"办学理念""办学定位"与"战略规划"。

2. "资源配置"包含的二级要素

在第一轮讨论中，该部分的改动意见比较大，需要对二级要素进行重新归纳。把第一轮讨论的专家意见重新发给所有专家后，本轮的讨论结果比较明确。15位专家建议把"专职教师队伍学历""兼职教师队伍背景""双师型教师比例"和"管理人员学历结构"统一表述为"人力资源"，意见一致率达到了93%。14位专家建议把"校园面积""图书数量"和"专业实验室配套比例"统一表述为"物力资源"，1位专家建议这三项二级要素表述为"物质资源"，1位专家建议表述为"物资资源"，综合考量，该处归纳为"物力资源"，一致意见率为87.3%。16专家建议把"办学资金来源"和"资金使用结构"统一表述为"财力资源"，意见一致率为100%。15位专家建议把"学科前沿信息渠道"和"社会发展产业信息"归纳为"信息资源"，意见一致率为93%。

在第二轮讨论后，形成了一致的专家意见，要素统一为四个方面：人力资源，物力资源，财力资源和信息资源。

3. "结构重组"包含的二级要素

在第一轮讨论的基础上，本部分专家意见达到了基本统一，16位专家一致同意把"机构结构"和"机构职能"合并为"机构调整"。有15

位专家建议把"专业建设"融入"学科专业设置"中，因为该要素包含在了"学科专业设置"内容中，1位专家建议保留，综合专家意见最终不再保留该要素（一致意见达到93%）。有15专家建议把"专业群建设"融入"学科专业设置"中，14位专家建议把"专业结构与布局"融入"学科专业设置"中，综合专家意见，"专业建设""专业结构与布局""专业特色""专业群建设"三个二级要素变更为"学科专业设置"。最终结果为，"结构重组"包含的二级要素为"机构调整"和"学科专业设置"两个二级要素。

4. "教学流程再造"包含的二级要素

16位专家没有对"培养模式""培养方案"和"课程体系"提出异议，支持率为100%，因此保留这三个二级要素。15位专家建议保留"实践教学体系"，支持率为93%。14位专家建议把"教学方法改革"融入"课程体系"中，因此二级要素中不再保留该要素（一致意见为87.5%）。15位专家把"教材建设与选用"融入"课程体系"中，因此二级要素中不再保留该要素（一致意见为93%）。

5. "文化重塑"包含的二级要素

16位专家没有对"精神文化""制度文化"和"物质文化"提出异议，支持率为100%，因此保留这三个二级要素。16位专家建议把"规章守则"和"制度"融入"制度文化"中，一致意见为100%；15专家建议把"价值观"融入"精神文化"中，一致率达到了93%。

第二轮收集匿名专家意见后，民办本科高校的转型要素论证结果如表4-3所示。

表4-3　　　　民办本科高校向应用型转型要素第二轮论证结果

一级要素	二级要素
领导变革	1. 领导理念（融入其他保留要素中） 2. 办学理念（一致通过） 3. 办学思路（融入其他保留要素中） 4. 办学定位（一致通过） 5. 战略规划（一致通过） 6. 管理干部队伍（融入其他保留要素中）

续表

一级要素	二级要素
资源配置	1. 专职教师队伍学历（合并为"人力资源"） 2. 兼职教师队伍背景（合并为"人力资源"） 3. 双师型教师比例（合并为"人力资源"） 4. 管理人员学历结构（合并为"人力资源"） 5. 校园面积（合并为"物力资源"） 6. 图书数量（合并为"物力资源"） 7. 专业实践室配套比例（合并为"物力资源"） 8. 办学资金来源（合并为"财力资源"） 9. 资金使用结构（合并为"财力资源"） 10. 学科前沿信息渠道（合并为"信息资源"） 11. 社会发展产业信息（合并为"财力资源"）
结构重组	1. 机构结构（合并为"机构调整"） 2. 机构职能（合并为"机构调整"） 3. 学科专业建设（一致通过） 4. 专业建设（调整为"学科专业设置"） 5. 专业结构与布局（调整为"学科专业设置"） 6. 专业特色（调整为"学科专业设置"） 7. 专业群建设（调整为"学科专业设置"）
教学流程再造	1. 培养模式（一致通过） 2. 培养方案（一致通过） 3. 课程体系（一致通过） 4. 实践教学体系（通过，一致意见93%） 5. 教学方法改革（融入其他保留要素中） 6. 教材建设与选用（融入其他保留要素中）
文化重塑	1. 精神文化（一致通过） 2. 制度文化（一致通过） 3. 物质文化（一致通过） 4. 规章守则（融入"制度文化"） 5. 制度（融入"制度文化"） 6. 价值观（融入"精神文化"）

（三）要素验证

通过两轮专家匿名讨论，所选要素的一致意见率达到了93%以上（见表4-3），因此不再进入下一轮讨论，现在对于选择的要素（按表4-3）进行验证。验证方式采用五级李克特量表的调查表方式，即"非常同意""同意""不确定""不同意""非常不同意"，重新选择14位专家（2位民办本科高校校长，3 位民办本科高校教务处主任，7 位教育学领域教授，2 位应用型高校执行副校长），发放调查表，一周后收回。调查表统计结果如表 4-4 所示。

表 4-4　　　　　　　　　民办本科高校向应用型转型要素验证

一级要素	二级要素	非常同意	同意	不确定	不同意	非常不同意
领导变革	1. 办学理念	14				
	2. 办学定位	14				
	3. 战略规划	13	1			
资源配置	1. 人力资源	14				
	2. 物力资源	14				
	3. 财力资源	14				
	4. 信息资源	12	2			
结构重组	1. 机构调整	12	2			
	2. 学科专业设置	13	1			
教学流程再造	1. 培养模式	14				
	2. 培养方案	14				
	3. 课程体系	13	1			
	4. 实践教学体系	12	2			
文化重塑	1. 精神文化	14				
	2. 制度文化	13	1			
	3. 物质文化	12	2			

由表 4-4 可知，对于通过德尔菲法二轮讨论后遴选的要素，重新选择一组专家验证时，所有要素都得到了 100% 的"同意"及以上，其中 8 项要素（占比 50%）得到了所有专家的"非常同意"，4 项要素（占比 28%）获得了 92% 的专家的"非常同意"，4 项要素（占比 28%）获得了 85% 的专家的"非常同意"。

通过分析验证结果可知，表 4-3 所选的要素是可以被接受的。

三、民办本科高校向应用型转型要素遴选结果

以组织发展理论为指导，结合高等教育理论、民办本科高校和应用型高校的研究文献，初步推导出领导变革、资源配置、结构重组、教学流程再造、文化重塑五个一级要素；然后结合相关研究文献抽取了二级转型要素，并通过德尔菲法对一级要素和二级要素进行了反复论证，最终遴选出五个大类作为民办本科高校向应用型转型的要素（见表4－5），主要有以下五个方面。

表4－5 民办本科高校向应用型转型要素遴选结果

一级要素	二级要素
领导变革	1. 办学理念 2. 办学定位 3. 战略规划
资源配置	1. 人力资源 2. 物力资源 3. 财力资源 4. 信息资源
结构重组	1. 机构调整 2. 学科专业设置
教学流程再造	1. 培养模式 2. 培养方案 3. 课程体系 4. 实践教学体系
文化重塑	1. 精神文化 2. 制度文化 3. 物质文化

第一，领导变革：涉及民办本科高校的办学理念、办学定位，以及长远发展的战略规划；

第二，资源配置：资源配置对于民办本科高校的发展至关重要，是民办本科高校向应用型转型的后备基础支持因素，包括人力资源、物力资源、财力资源和信息资源四个方面；

第三，结构重组：包括教育教学的机构调整，以及学科专业设置；

第四，教学流程再造：针对当前社会发展的新形势，对民办本科高校人才培养模式、培养方案、课程体系、实践教学体系进行改革与优化；

第五，文化重塑：包括三个方面，分别是精神文化、制度文化和物质文化。民办本科高校的文化建设是发展的软因素，但是当前民办本科高校对学校文化建设重视程度有待提升，因此民办本科高校转型发展必须充分重视校园文化建设。

在组织发展理论指导下，结合高等教育理论、当前教育领域的政策文件及国外应用型高校的办学模式推导出了民办本科高校转向应用型的要素，通过德尔菲法对要素进行了 2 轮遴选，并重新选择 14 位专家通过李克特量表进行了验证，研究证明，这些要素作为民办本科高校向应用型转型过程中重点改革部分是合理的，民办本科高校在转型过程中应该科学地促进这些要素的革新，以切实实现向应用型的转型。

第二节　民办本科高校转型发展要素释义

一、领导变革

（一）概念界定

领导变革可最大限度地发挥领导作用，引领民办本科高校健康平稳发展，激发师生潜力，调动师生活力，提升协作动力，最终形成发展合力，实现应用型的战略目标。本研究中民办本科高校领导变革主要指民办本科高校办学理念变革、办学定位变革、战略规划变革。

1. 办学理念

理念，在《辞海》中的解释是一种理性概念：人们由思考或推理而得的概念或想法。① 教育主体对教育规律的思考或推理的基础上形成所追求

---

① 辞海编辑委员会：《辞海（修订版）》，中国书籍出版社 2011 年版。

的教育理想就是教育理念，解释了教育主体为什么要办教育和教育是什么这两个根本性问题，科学地反映了教育的时代特征和前进方向，具有思想导向性，可以指导实践并进行反思，是学校管理的基本前提和保证。[①] 办学理念是教育理念中关于校长办怎样的学校和如何办好学校两个问题的想法，是学校存在的理由和动力。[②] 民办本科高校办学理念是指校长关于民办本科高校的追求、特色和工作思路等问题的理性认识，是学校的灵魂和精神，贯穿于学校的整个办学过程。它不但是民办本科高校校长办学行为的指导思想，还对校园里所有的师生员工的教学、学习和工作都有引导和激励的功能。"变革"一词出自《礼记·大传》"此其所得与民变革者也"，指的是"改变，改革"。本研究中民办本科高校办学理念变革是指当学校外部环境和本校校情出现重大变化时，校长根据高等教育办学规律，形成新的适应时代环境引领高校改革与推动转型发展的办学理念。

2. 办学定位

定位，在《辞海》中的原意是为了确定位置用仪器测量，后来引申为人们对人或物做出论断或评价。[③] 高校办学定位是指高校在特定历史时期和发展阶段根据整个国家政治、经济和文化的发展水平的外部大环境，以及自身办学历史和现有各类资源基础，结合高校类型与所处层级的划分标准，确立自身在社会和高等教育系统内部分工与合作关系中所处的地位和作用，直接决定着高校的发展目标和办学特色，包含宏观和微观两方面含义。[④] 宏观的高校办学定位需要确定高校的愿景责任和使命属于职能属性定位；微观层面包括高校的办学类型、办学层次、办学功能、服务面向、学科专业以及培养目标等问题的确立，需要解答某类或某所高校是什么样的或将来发展成什么样的问题。[⑤] 本研究中民办本科高校办学定位仅指微观层面的问题。民办本科高校办学定位是学校的顶层设计和根本方向，是

---

① 王冀生：《现代大学的教育理念》，载《辽宁高等教育研究》1999 年第 1 期。

② 张岩：《应用型本科高校办学理念及实施途径探索》，载《中国成人教育》2018 年第 4 期。

③ 辞海编辑委员会：《辞海修订版》，中国书籍出版社 2011 年版。

④ 夏建国：《技术应用型本科院校办学定位的特征分析——兼谈一所新升本科院校科学定位的成功案例》，载《中国高教研究》2008 年第 6 期。

⑤ 张铁岩、刘铁雷：《新建本科院校办学定位的战略思考》，载《现代教育管理》2015 年第 2 期。

民办本科高校治校者头脑中将学校在某阶段办成什么模样的某种教育观点理念。学校各个发展阶段都有特定的预期，决定学校的生存空间和前进方向。民办本科高校办学定位变革指治校者根据外部环境和本校校情的重大变化，制定新的对学校发展的预期。

3. 战略规划

"战略"最初产生运用于军事领域，首次明确出现于西晋时司马彪所著的《战略》一书中，其概念包含了战术、政治及外交等多个方面。西方"战略"内涵的发展比较缓慢，直到19世纪初才出现了系统的军事战略理论，认为战略是将军指挥军队的艺术，是为了战争的胜利而对战术的多样化运用。① 切斯特·巴纳德（Chester Irving Barnard，1938）首次将军事战略思想引入企业管理理论领域，认为战略制定起始于对个人和社会的环境研究，最终应以长期的将来最终产生的结果为目标的基础上制定。虽然当时未引起管理学界足够的重视，但随着世界经济规模的不断扩大，自20世纪60、70年代开始企业的战略问题越来越受到世界管理学界和企业家们的重视。不同领域的学者们把战略的观念最先从军事引入企业，随后再进入公立机构和非营利性组织。大学战略是学校领导者针对学校的外部环境和内在条件，明晰大学未来生存、发展和变化的各种可能性，并为了实现这种可能性而进行的重大的具有全局性和长远性的谋划。"规划"有名词和动词两种词性，作为名词指的是个人或组织制定的比较全面长远的发展计划，是对未来的发展运行设计出整体的系列行动方案和长期计划；而作为动词仅指制定这系列运行方案和计划的过程。钱德勒（A. D. Chandler，1994）最先把"战略规划"合成一个词组并下了定义，指的是确定企业长期基本目标以及为达成这些目标所必须制定的行动和资源分配等方面的方案计划。② 彼得·德鲁克认为战略规划是企业为了把握未来出现的各种不同机会，以未来的角度出发从根本整体上改变组织。③

20世纪50、60年代，高等教育学界引入并继承了企业界中战略规划思想中立足现在着眼未来以及制定规划科学决策的基本思想。彼得森认为

---

① （德）克劳塞维茨著，魏止戈译：《战争论》，广西师范大学出版社2002年版。

② （美）威廉金、戴维克里兰：《战略规划与政策》，上海翻译出版公司1984年版。

③ （美）彼得·德鲁克著，李维安译：《德鲁克管理思想精要》，机械工业出版社2011年版。

大学战略规划是高校首先对内部进行全方位的全面调查并对内部现状和外部环境条件作出综合评估确定未来最有可能实现的目标，为了实现这个既定目标制定形成多种方法策略并最终从中科学地选择确定最切合实际的最优方案。乔治·凯勒（1983）指出大学战略规划是永无止境的，决定着高校能否发生根本性转变的基石，持续规范一所高校达到预先制定的未来目标。① 卡富曼（1991）首创了适用于教育领域的制定、实施和评价三个阶段的战略规划框架。② 战略变革既可以是企业业务如经营范围、资源配置、竞争优势等方面的变化，也可以是企业组织层面的变化，或者是两者综合协同作用的变化。③ 本研究中的民办本科高校战略规划变革，指民办本科高校在原有战略不再适用的情况下，进行战略规划改革的动态过程。

（二）领导变革在民办本科高校转型发展中的作用

组织变革的核心是通过领导变革明确自身定位、发展理念和发展愿景，依此制定战略决策，科学引领实践，重塑发展模式，重组发展资源。目前，经济全球化，信息技术快速发展，中国的高等教育进入一个新时代，以提高人才培养能力为核心，突出教育的人才培养职能，为民办本科高校顺利转型提供了思路和契机。领导作为高校组织管理的顶层（决策者），决定着学校的发展方向，统筹学校的管理变革。领导以全局性的战略眼光预见变革，以果决的魄力开展变革，以务实的精神引领变革，顶层设计得到强化，形成组织决策合力，才能有效指导组织变革、科学配置资源、构建质保体系，将一系列内在要素重新整合，有序激活，真正实现由上到下、齐抓共建的运行新局面，实现学校顺利转型发展。

民办本科高校的领导变革主要通过办学理念、办学定位、战略规划三方面的变革来实现对学校转型的引领。

1. 理念先行，全面引领转型

观念指导行动，理念引领发展。领导关于办学的想法，可转变为学校办学理念，进而内化为学校的整体价值追求、角色定位和发展规划。科学

① （美）乔治·凯勒著，别敦荣译：《大学战略与规划：美国高等教育管理革命》，中国海洋大学出版社 2005 年版。

② 周三多：《管理学原理与方法》，复旦大学出版社 1997 年版。

③ 王方华、吕巍：《战略管理》，机械工业出版社 2004 年版。

合理的办学理念与领导力共生同存、互为依托。民办本科高校实行董事会领导下的校长负责制，举办者是学校的掌舵者，以举办者为核心的领导层适应发展大势，制定转型策略，首先通过明晰的办学理念来体现。

（1）办学理念体现办学价值。办学理念是学校的灵魂与指导思想，是对为什么办学、怎样办学等基本问题的最好回答，办学理念随着社会与高校发展而发展，限定高校以何种方式培养怎样的人才，对学校的建设起统领作用。如张正光所言："有创意的组织可以持续很长时间。有创意的组织可以创造高质量的组织文化。有思想的组织可以团结组织的共识，组织与思想可以分享共同的价值观。"办学理念是学校的指导思想，体现了办学的价值取向，凝聚了全体师生共识。当今世界信息文化逐渐成为主流，各级各类高校发展迅速，传统的综合办学、学科办学、资源办学观念正受到挑战，民办本科高校必须突破桎梏，借信息化变革之东风，独树一帜提炼符合自身发展的办学理念，以需求导向为主服务区域经济发展，才能引领学校成功转型。

（2）办学理念指导办学行为。理念不是一成不变的，而是发展的。科学合理的理念引导办学决策，指导办学行为，指导制度建设，进而影响具体的教学活动、学习活动和管理服务活动，贯穿人才培养全过程。办学理念全方位融入教育教学活动的全过程，才能保证教学活动井然有序、有纲可依、才能充分调动各个子单位的活力，发挥各个职能部门的最大效能。办学理念不明，办学方向不清，具体的办学行为缺少指明灯，长短期目标难以有效衔接，学校很难按照市场规律实现可持续发展，很难真正遵循人才培养规律提高教育教学质量。

（3）办学理念引领文化建设。本科阶段是大学生世界观、价值观、人生观形成的关键时期，当今世界，中西交汇，不同体系的价值观念充斥于网络、社会乃至于高校之中。民办本科高校作为一个独立的办学主体，作为社会众多子系统中的一个，如何去伪存真，形成自己独特的文化品格，并以此影响全校师生，内化为全体教职员工和学生共同的价值追求，彰显学校办学优势特色，成为高校办学必须考量的重要问题。办学理念作为文化建设的核心，理念明晰，才能使全校师生产生认同感、归属感和获得感，才能发挥凝心聚力环境的催化剂作用。办学理念引领构建的校园文化对个体的作用是潜移默化的，于无形中调动个体学习和工作的自觉性与主动性。

（4）办学理念彰显办学特色。特色发展是民办本科高校实现跨越式发展、可持续发展的必由之路，理念是办学特色的风向标。市场经济体制下，高等教育受市场规律影响，作为一种提供社会服务的准公共产品成为市场经济的重要资源，在这种形式下，学校之间的竞争不可避免，为招得优质生源，必须走特色发展之路，不能亦步亦趋跟在一流名校后效仿，更不能单纯为了甩掉"学院"帽子而盲目扩地、扩招，粗放发展。新时代背景下，民办本科高校以明确的理念为先导，立足学科专业优势，对接市场需求，培养高素质应用型人才，提升学校核心竞争力。

2. 科学定位，精准对接发展需求

20世纪90年代，王逢贤、李萍以德育定位为切入点，将定位理论引入教育教学领域。实际上，教育学定位是对高校于社会所产生的作用的具体呈现，通过这种呈现，区别不同高校的差异化特征，为社会、家庭、学生选择高校提供参照。20世纪90年代末，"学校定位"被纳入评价指标体系，推动了各高校领导层对于本校定位的深度思考和大量研究。

本研究的定位是高校对于自身办学理念的落实，是对学校发展的战略选择，是对自身与社会需求关系的综合把握，明确定位也就明确了自身的位置，明确了发展方向。

（1）合理定位，准确把握自身。民办本科教育随着教育大众化发展而发展，是高等教育体系的重要组成部分，其成立、建设发展与消亡都受系统环境的制约和影响。为了取得更好的发展，有必要掌握学校的实际情况，了解自身在整个高等教育体系中的地位。民办本科高校相对于公办院校，综合实力较弱，只有通过精准定位，才能科学、合理筹划学校建设发展，确定自身的办学类型、办学层次和办学特色，制定办学目标，形成发展规划，避免与同类型高校的盲目攀比、趋同发展；才能在竞争激烈的高等教育市场中保持优势，发挥优势，成为同类型高校的领导者，推动新时代高等教育的多元化格局构建。

（2）适应需求，明确服务面向。民办本科高校结合实际，遵循高等教育规律，顺应学科发展趋势，服务区域经济发展需要，促进学校可持续发展。

第一，满足师生个体发展需求。

《关于加快建设高水平本科教育全面提高人才培养能力的意见》（以下简称《新时代高教四十条》）提出，以本为本，以人才培养为核心。民办本科高校紧跟形势要求，着力提升教师教书育人能力，提升人才培养质量，符合学生个体发展的需求，符合教师职业发展的需求，符合国家夯实本科教育基础地位的要求。

第二，体现学科知识逻辑。

高校的定位不仅包括办学定位、人才培养定位等外部定位，也包括高等教育体系内的逻辑定位。高等教育活动都是围绕知识进行的，实际上是将不同类型不同程度知识整合重组的过程，知识上的定位体现了学科专业的发展走向，体现了行业的发展前景，以知识为出发点的学科发展、专业建设在高校发展中起着重要作用。民办本科高校以立足于学科专业的特色发展取胜，这既是组织结构、管理模式和办学方向的综合体现，更是适应科技革命，创新引领发展的内在要求。

第三，满足区域经济发展需求。

民办本科高校人才培养旨在满足区域经济发展的需要。准确定位，可以更好地确定学校毕业生的就业领域与区域，并了解这些行业的经济发展走向和经济文化结构。在这个基础上，学校在人才培养体系构建、学科专业设置上可多考虑与行业、地方的匹配性，提高毕业生就业适应能力，既促进学校自身发展，也促进区域经济发展，有助于深化区域高等教育改革。

新时代教育背景下，我国本科教育以人才培养为核心，以科学研究为辅助，以服务社会为导向。民办本科教育领导变革既考虑内部教研人员、管理人员、学生价值和利益诉求，也考虑外部市场、社会对于人才、高校的需求，还考虑内部质量提升和外部品牌效应。对接需求的领导变革以深入基层、深度调研为重要手段之一，在全面了解信息，征求各方意见后，开展工作部署，在满足师生、学校、社会发展需求同时，为学校顺利转型提供人力支持、资源保障，争取政策支持，为转型发展形成协同效应。

3. 统筹规划，系统指导教育运行

发展规划是推动高校顺利转型发展的重要因素，可以确保民办本科高校沿着正确的方向，提升竞争优势，实现可持续发展。在当今世界，经济发展迅速，科学技术日新月异，高校正在根据形势和国家政策及时调整战略计划，以期指导自身的健康和可持续发展，为服务区域的经济发展做出更大的贡献。

（1）明确发展方向。根据国家中长期教育改革和发展计划，制定战略计划，制定学科、教师、校园文化建设等子计划，设计未来 5 年学校发展整体路径，确定学校的发展方向和发展重点，促进学校在适合自身的轨道上健康快速发展。虽然民办本科高校成立之初是由个人举办，但发展到一定规模，走向正轨，学校的发展方向，具体办成什么样，便不再由举办者个人所左右。别敦荣指出，高校发展大致经过创业期、中兴期和成熟期，在不同的时期，有不同的特点。学校的发展规划依据当前阶段特点，明确下一阶段发展方向与目标，推动所有力量按照符合规律的下一阶段努力。

（2）规范办学行为。

第一，发展规划可以聚焦领导决策。引导领导层确立理性战略思维，从宏观角度出发，认识学校发展的核心是什么，必须解决的关键问题是什么，依据发展目标制定相关决策，部署具体工作，减少不符合学校长期发展规划的动议。

第二，发展规划可以规范教学管理。推进学校实现管理权限下移，改变集权管理模式，充分发挥中下层管理人员的作用，根据规划清单、领导部署，自主地开展工作。推动学校组织结构合规合需调整，使具体学科专业的布局调整、机关科室的岗位任务、二级学院的教研活动都按照发展规划开展，在规划架构下工作。

第三，发展规划可以指导资源配置。高校资源消耗整体较高，随着学校规模越来越大，发展态势越来越好，资源占用也就越来越多。如何分配资源，集中资源，促进学校顺利转型，是民办本科高校资源配置的关键问题。科学的发展规划可以优化资源配置模式，向优势学科、特色专业倾斜，向教学工作倾斜。符合长期发展目标的战略性资源配置能有效促进重点领域、重点工作实现突破式发展，带动其他学科提高整体水平，提高办学效益。

（3）凝聚发展共识。就学术构成来说，高校实际上是由不同学科、不同专业组合而成的学术组织，不同学院、不同学科、不同专业都有适合自己的建设和发展规律。各学科在知识逻辑、思维逻辑上都有独立性，各自按照规律建设发展，相互之间竞争，争夺人力、物力、财力资源，容易出现各自为政、资源浪费的现象。一个好的发展规划可以将各个学院、各个学科凝聚起来，只有学校整体发展好了，部分发展才能有依托，有更好的发展平台和发展环境。各学科、专业在学校统一的旗帜下开展教学、研究活动，相互交流，相互促进，增强了凝聚力，才能形成发展合力。

就人员组成来说，高校是高级知识分子的聚集地，上至领导，下至普通教职员工，意识形态独立性特点较为突出，思考问题、开展工作难免角度不同，甚至存在主观主义的倾向，这种不一致性影响学校发展的整体步调。一个好的发展规划可让全体师生了解学校在未来 5 年、10 年会是怎样的，是否符合预期，真正理解学校的改革举措，看到未来的发展前景，增强师生的认同感，调动师生的积极性；也可让师生明白自己的工作与学校总体发展目标有什么关系，哪些工作是积极有效有长远作用的，哪些工作是与总体目标不合甚至相违背的，使每个人都成为决策参与者，明白自己在学校转型发展大局中的位置，主动提升职业素养，合理安排自己的工作。通过规划以及部署安排、激励措施将所有人都动员起来，将一切活力激发出来，将一切潜力调动起来，将一切力量凝聚起来，实现个体发展与学校发展同心同德、同向同行。

二、资源配置

（一）概念界定

"资源"的概念，《辞海》定义为："资财的来源。"[1]《中国资源百科全书》称其为："人类可以利用的天然形成的物质和能量。"[2]《现代汉语词典》解释为："生产资料生活资料的天然来源。"[3]"资源"概念从传统的单纯指代自然资源，到包含社会资源，随着社会实践的发展，内涵与外延不断丰富。本研究中的民办本科高校资源，指民办本科高校所能拥有并为其带来收益的各种要素总和；民办本科高校资源配置指对投入民办本科

---

① 辞海编辑委员会：《辞海》，上海辞书出版社 1979 年版。
② 石玉林：《资源科学》，高等教育出版社 2006 年版。
③ 中国社会科学院语言研究所词典编辑室：《现代汉语词典》，商务印书馆 1996 年版。

高校教育事业中的人力、物力、财力和信息资源等教育资源进行分配使用，以达到资源最优利用的目的。

1. 人力资源

"人力资源"的概念是由管理学家彼得·德鲁克（Peter Drucker）于1954 年首先提出的，他认为人力资源拥有当前其他资源所没有的素质，即"协调能力、融合能力、判断力和想象力"，并认为人力资源管理的核心是"提高组织生产率"。① 本研究中的民办本科高校人力资源指民办本科高校人口总体所具有的劳动能力总和，包括教职人员、管理人员、学生等在内的高校全体人员。民办本科高校人力资源配置指民办本科高校系统内对人力资源的配置使用，包括人员选聘、使用、考核及调整等方面，最终实现高校人员数量合需、结构合理、质量合格。

2. 物力资源

物质是社会发展的基础，高校是社会的一部分，它的存在和发展也离不开必要的物质基础。关于"高校物力资源"的概念，不同研究者的阐释不同。李福华（2002）认为，高校的物力资源是指高等学校使用的土地、建筑物、仪器设备、图书资料等物质资料的总和，是高校货币资金的实物形态，体现了办学过程中物化劳动的占用和消耗。② 李星云（2005）认为，高校的物力资源指高校在目标达成过程中涉及的实物，包括满足教学、科研和社会服务需要的实物总和。③ 本研究认为，民办本科高校物力资源配置指民办本科教育活动中固定资产及所使用的消费性物质损耗品的支配使用和维护。

3. 财力资源

财力资源，是指一定时期内一个国家或一个经济组织所实际掌握和支配的物质资料的货币表现。本研究中的民办本科高校财力资源配置指的是对于民办本科高校投入及其所形成的货币表现的支配和使用。

4. 信息资源

信息资源指信息活动中积累起来的各种要素总和。这些"要素"包括

---

① 彼得·德鲁克著，赵雪章编译：《管理思想全集》，中国长安出版社 2006 年版。
② 李福华：《高等学校资源利用效率研究》，北京师范大学出版社 2002 年版。
③ 李星云：《教育经济学教程》，南京师范大学出版社 2005 年版。

信息、信息技术以及相应的设备、资金和人等。[①] 信息资源配置是按照一定的原则和模式，通过不同的方法和手段，将已产生的各种信息资源合理分布和存储在不同的信息机构的一种信息活动。[②] 本研究中的民办本科高校信息资源配置指高校将社会教育信息及日常教育教学、行政管理活动中产生的信息总和分类传输、存储于不同单位的信息活动。

（二）资源配置在民办本科高校转型发展中的作用

资源是民办本科高校办学发展的基础。高等教育资源具有稀缺性，对于民办本科高校来说，指现有资源相对于学校发展以及师生发展的需求来说，是不足的。这种不足，既体现为客观原因导致的资源总量不足，也体现为人们对现有资源认识、开发、利用上的不足。因此，民办本科高校必须通过一定的方式把有限的资源合理分配到学校的各个领域中去，以实现资源的最佳利用，实现利用最少的资源，培养最优质的人才，获得最佳效益。

优化资源配置、合理利用资源是高校快速发展的关键，是高校落实发展规划的基本保障，也是民办本科高校顺利转型的基础。结合民办本科高校的实际，优化人力、物力、财力和信息资源的配置，实现各层各类资源的合理分配、统筹使用，才能促进学校可持续发展。

1. 优化人力资源配置，激发内生动力

新时代教育背景下，人力、物力、财力以及信息资源都是关系民办本科高校存续与否的重要资源，其中，人力资源是创新的主体，是独具创造力的生产要素，控制和影响着其他三种资源的合理配置，对高校的转型发展具有战略意义。

《新时代高教四十条》指出，本科高校以全面提高人才培养能力为核心。教师在提高人才培养质量中发挥着关键作用。民办本科高校充分利用在教师评聘、职称评定等方面的自主权，合理进行人力资源配置，健全人才选拔、留用和奖励机制，打造一支学校和企业共建的高素质"双师型"

---

① 黄梯云：《管理信息系统》，高等教育出版社 2005 年版。
② 吴高魁、伊雪峰、刘欣：《21 世纪高校图书馆电子信息资源配置及开发利用研究》，载《情报科学》2003 年第 3 期。

队伍，实施人才强校，才能为转型发展提供人力支持和智力支撑。

（1）人适其岗，提高教育产出。民办本科高校以人才培养为核心，组织目标的实现主要体现在学生对于教育教学行为的认可上。科学的生师比、完备的师资结构、德才兼备的师资队伍才能为教学科研、管理服务工作的具体实施提供人力支撑。

重点引进，奖掖优干，提升整体水平。引进学校优势学科专业学术带头人，优化学历层次，加大对青年骨干培育力度，既可优化人力资源结构，又可以先进带动后进，提升整体师资队伍的水平，塑造适合人才成长的软环境，充分发挥"场"效应潜力。此外，它还为有效完成教学研究和管理服务提供人才保障。

队伍精干，结构合理，提升组织效益。职责明确的岗位人员配备、精干的师资队伍提高了信息传输速度，促进学校政令畅通，减少了实际工作中各部门、各工作人员的推诿掣肘。具体来说，通过加强人力资源管理，优化人事组织结构，提升专任教师教书育人能力，提升教辅助人员管理服务能力，可为学生提供良好的教育指导、优质的学习资源、舒适的学习软环境，可在师生教学中提升他们对学校发展的责任感、认同感、获得感，引导师生逐步将学校发展的战略目标内化为个人发展的职业规划和学习目标，形成推动组织发展的内生动力。基于高起点、高标准的师资队伍，实现高水平管理、高层次服务，学生的学习效果好，学生满足，家长满意，社会认可，学校办学行为得到认可，学校招生就有了基础，形成招生、人才培养、就业联动机制，实现供给侧对接需求侧，推进学校可持续发展。

（2）激发潜力，实现个体价值。高校教师具有强烈的自我意识，有效的人力管理和良好的工作环境可以充分调动教师的主观能动性和工作积极性，促使其乐于从教、潜心育人，在教学中不断提升职业素养、发挥专长，为组织创造更多价值。教职工创造价值的过程实际也是减少劳务耗费的过程，是提高组织经济效益的过程。民办本科高校在用人上有更多自主权，因需制宜制定选人、用人、留人实施方案和柔性化管理机制打破了唯学历、唯资历的桎梏，营造了和谐向上的工作氛围，极大地激发了教职工潜力，为其个人价值的实现创造了条件。

（3）重点培养，打造师资特色。民办本科高校转型中，通过加强校企、校所、校地、校校深度合作，发掘人力资源潜力，构建人力资源共享机制，打造适合应用型人才培养需求的特色师资队伍。通过与学校和企业的深度合作，使教师和企业技术人员共同参与教学任务，建设基于学生技能提升的现代人才培养模式。通过建立校企合作平台，学校和企业共建共享，充分利用企业人员的技术优势和实践经验，提升专职教师的实践操作能力和仿真层次，优化专、兼职教师结构，促进专、兼职教师水平双线提升，构建"学术性、师范性、职业性"三位一体的师资培育模式，打造稳定有效的培训平台，优化保障激励机制满足应用型高校教学需求，实现校企双赢。

目前，民办本科高校人力资源配置存在一些问题，例如职称、年龄结构上两头小、中间大，中青年学术骨干队伍薄弱，教师待遇不够高，师资队伍不够稳定等，强化保障、提升质量是顺利转型的内在要求。

2. 优化物质资源配置，巩固办学基础

物力资源是民办本科高校办学的物质基础，是进行教学活动、开展科学研究的必要条件，是高校体现办学职能、实现办学价值的物质保障。民办本科高校要进行转型，实现其办学目标，离不开一定的建筑、图书、设备等物质条件，系统完善的物力资源配置体系可以提高资源利用效率，为学校的可持续发展提供保障。

（1）夯实基础，提供发展依托。高等教育的基本职能是培养人才、发展科学、服务社会。无论哪种职能都离不开教室、实验室、图书等物力资源，即便是财力资源的投入最终也会转化为物质形态的办学条件，没有物力，高等教育活动就会失去存在的基础。物力资源的充裕程度以及配置效率影响着教学科研及管理服务活动的顺利进行，制约着人才培养质量。如果一所高校物力资源匮乏到一定程度，正常办学行为将无法顺利开展，整个学校也将面临崩溃、解体。

（2）主次分明，助推发展进程。民办本科高校物力资源配置有所侧重，在推进发展过程中有的放矢。实习实训基地建设是应用型民办本科高校教学条件建设和教育教学改革的重要内容，也是体现应用型高校应用特色的重要依据。根据上级政策导向，学校充分利用与企业联系紧密的优势，深化产教融合，制定系列方案，明确双方责任、权利，共同制定培养标准，共同制定培养目标，共建实习实训基地，共同培养人才，共同监控人才培养质量，在共建共享中将优势资源集中起来，发挥最大效益，促进校企共同培养综合素质高、实践能力强、创新创业意识突出的应用型人才。科学有效的实习实训监控系统，有助于明确实习实训目的、实习实训形式、校内和校外指导教师职责、实习实训纪律、考核与评价标准、岗位需求完成的工作模块、提交的实习实训任务，发挥实习实训的实效，提高实践教学质量。校企共建的实习实训跟踪评价体系，可对毕业生就业质量进行跟踪调研，为招生、人才培养相关工作提供数据支撑。

稳定的校企合作机制为民办本科高校应用型人才培养提供新思路。校企合作可以结合市场需求，转变人才培养思路，创新课程教学内容，重塑教学模式，提高学生综合素质。具体来说，成熟的校企合作机制为学生提供更多实践锻炼机会，让学生在参与中提高学习积极性，在工作中总结经验。校企合作机制下的学生学习过程管理，以提升学生能力为重点，丰富实践教学内容，加大实践能力在考核考试中的比重，有助于提升学生未来社会适应力。校企合作机制下的教材应用特征明显，教材中引入行业专业标准、企业生产运营知识以及典型工作案例，有助于提高学生的专业能力。校企合作机制下的课程开发计划是根据岗位要求制定的，项目过程以工作过程为指导，课程教学结合工作过程开展特色教学指导活动，有助于学生整合具体的工作内容与课程理论知识。校企合作机制下的教学模式，以学生为本，最大限度地缩小学生与工作之间的距离，提高学生企业专业能力和问题处理能力，有助于避免学生毕业后出现"难以适应工作岗位要求"的问题。校企合作机制下的考评机制将考试内容与学生的实践内容相结合，将在公司实习的结果与学校评估的结果相结合，有助于学校与企业及时了解学生技能和知识掌握情况。

深入的科教融合机制为民办本科高校应用型人才培养提供技术支撑。高校在转型中鼓励支持学生参与科研，推动科研成果转化，促进以质量和创新为导向的科研评价这一过程性评价得以实现。深入的科教融合机制，在科研成果转化过程中形成分类评价体系和激励机制，符合科技创新规律，体现以质量贡献为主线的绩效导向，可以解决单纯以论文数量和研究经费数量多寡评判科研教学成效的弊端，为科学评价教师教研水平提供更为科学、有效的标准。深入的科教融合机制，可促进理论与实践的深度融合，将理论研究成果应用于教学，将教学经验提炼为新的理论研究成果，在相互转化、互动提升中全面推进高校内涵建设，显著提高科研创新能力，落实教育的服务社会和科学研究职能。

综上所述，科学的物力资源配置体系对于稳定教育教学秩序、优化管理服务机制、提升办学效益具有重要作用。但是，不少高校对于有效配置物力资源并没有给予足够的重视，出现了不少资源浪费的现象。据相关数据统计，中国高校20%的教学设备处于闲置状态，高端科研设施利用率低于15%，且存在重复购置现象。民办高校资源投入相对较少，只有有效利用现有资源，才能提高办学效益，实现可持续发展。

3. 优化财力资源配置，提升办学效益

财力资源是人力、物力和信息资源等消费的货币形式，如果不对财力资源进行持续投入，就不会有人力、物力和信息资源的进一步发展。

优化财力资源配置是规避风险的重要举措。相对于公办院校，民办本科高校要独自承担投资风险，领导层注重资源利用效率，在充分了解市场需求的基础上精准投资，可充分发挥投资效益，提升投入产出，将有限的财力资源作用于最能体现效益的地方，提高教学质量，提高办学水平。

优化财力资源配置是破除瓶颈的必然要求。民办本科高校财力资源投入不足，部分高校财政经费缺位，招生不景气，必须优化财力资源配置，调整存量，提升投入效率来缓解供给不足的压力。

优化财力资源配置是减少浪费的必要手段。一些高校管理不善，造成财力资源浪费。例如在办学、教学、管理中效仿公办院校和政府机关，设立繁多的行政机构、复杂的科层级建制，人浮于事，导致财力资源未能将配置重心向教育教学倾斜；各个单位各自为政，利用手中权限谋取红利；财务监控体系不健全，财务预算落实不到位，投资效益难以具体呈现，都导致财力资源的浪费。

4. 优化信息资源配置，重塑教学形态

高等教育系统内，互联网技术，将高校内人力、物力、财力等各项资源形成信息化空间。信息资源的最佳分配实际上是重塑教学、管理和服务的过程，是提升教学质量和科研实力，规范管理的途径。信息化在高校的发展成熟与民办高校的创立、发展、壮大步调一致，均从20世纪90年代开始，至今已成规模，然而部分民办本科高校在信息化的运用上并未凸显明显优势，尤其是在学科专业建设中的运用成效并不突出，教师和学生对

于信息资源共享的效率偏低，高校与企业间的信息化合作有待加强，整体
信息化建设、信息资源优化配置有很大提升空间。

（1）优化信息资源配置，打破时空限制。

第一，实现资源共享。国家级、省级、校级各层面精品共享课程公
开、评选为教师上课、学生学习提供了更多的课程资源。通过互联网信息
资源的普及，学校购买的信息资源版权，以及兄弟院校共享的信息资源，
教师可获得不同院校、不同学科优秀的教学设计、教学课件、原始资料，
为教学活动的发展提供参考和发展思路，实现学校内外信息资源的共建共
享、互融互通，以优质课程为引领，带动课件质量整体提升，满足学生多
样化需求。大数据背景下，信息资源可随时、随地传播，教师、学生借助
平板电脑、手机等，在共享信息资源的同时，在有限的课堂教学空间内，
实现教学内容的有效拓展，随时解决不甚明白的知识点，随时查阅感兴趣
的资料，随时解决教学重难点，为思维发散提供信息支撑，在线上线下随
时互动中营造轻松愉快的课堂氛围，拓展课堂教学内容，发挥学生主体作
用，推动师生学习共同体的构建。

第二，畅通沟通渠道。通过各种形式的教学、学习、实习实训平台，
畅通企业、学校信息交流渠道，为学生实习、就业提供便利。在教学活动
中，师生可以在课后沟通交流，隔着屏幕的信息化传输方式，有效避免了
部分学生因为性格内向而不愿向老师请教的问题，课堂上漏听或者没有听
懂的，可以随时找老师请教，有利于学生构建系统的知识体系，提升整个
学习过程的完整性。

民办本科高校优化信息资源配置，打破了时空限制，构建人人可学
习、时时可学习的泛在化学习环境，弥补民办本科高校资源相对紧张的
不足。

（2）优化信息资源配置，提高管理效率。顺应大数据时代信息化发展
趋势，建立学校信息资源主管机构，统筹负责学校信息化建设，整合校内
信息资源。例如在材料归档上，电子信息录入、查询速度和准确度远超传
统纸质记录、查询，节约了大量的人力和物力资源，提高了文件的收集、
整理和归置效率。在办公室管理上，办公室所需的综合性信息资源可从人
事系统、学生系统同步更新而来，不必再与其他部门争取或者重复收集信
息，提升了学校基本信息的系统规范性；办公室所需上传下达的文件，以

办公系统传输，减少了因人力资源不足而跑不过腿的问题，更提升了信息传输速度，畅通了信息传输渠道，推进了学校政令通达，减少了时间的浪费，提升了工作精准度，解决了中心信息不畅的难题，增强了凝聚力；办公室所需汇总的各项制度、总结，以简便通知的形式，给二级学院和各部门印发统一标准，实现集成内容标准化，业务流程规范化，减少重复工作。信息资源的整合节省了学校的人力、物力和财力，提高了学校的现代管理水平和服务水平，提升了师生和社会的满意度。

（3）优化信息资源配置，重塑教学形态。充分发挥信息技术在教育教学中的作用，可以改变传统的教学模式，更新教学内容的呈现形式和师生互动模式，搞活课堂教学，促进学生全面发展。

促进信息资源在教学中的运用，丰富教学研究形式，提高教师教学水平。开展各种形式的集体教学和研究活动，使教师在学习优质课程时，提高课堂观察效果和评估水平。通过学习名校精品共享课程，让教师在实践借鉴中提升专业素养、讲课水平，努力向名校优课靠拢。通过各种形式的公开课轮训、录播，打破学院、学科、专业界限，拓展思路，让教研活动迸发更加强烈的生命力和活力，更好地实现课堂的自我评价、多方评价。

推动信息资源在教学中的运用，增强教学趣味性，提振学生学习兴趣，提高学生学习效率。加大信息化投入，建设智慧教室、智慧课堂，运用电子白板、无线话筒等多媒体设备，改变班级规模、改变教室形态，使课堂教学直观、形象、重点突出，吸引学生参与教学过程，积极跟踪、记录、评论，创造条件让学生参与评估，增强学生的学习兴趣，提高学习的积极性和主动性，实现教学从教师主体到学生主体的转变。

运用信息化手段，改变传统的教学模式，改变传统的学习模式，改变传统的管理服务模式，形成"互联网＋教育"新形态，实现变轨超车。

（4）优化信息资源配置，提升技术素养。

信息资源分配从领导层战略到网络中心的具体实施，从教育管理系统、学生管理系统、人事系统、财务系统、办公自动化系统到个人计算机和手机端，涉及学校的所有学院和部门，涉及教学管理系统中的所有教师和学生。教师教学、管理人员管理服务活动都以信息为载体来实现，使用的过程也是技术水平提升的过程。民办本科高校有意识地增强信息化建设，加强信息资源使用、安全维护培训，提升了教师的信息化素养，丰富了教学内容。

三、结构重组

（一）概念界定

关于高校内部组织机构改革的界定，袁祖望（2002）提出机构改革指机构设置、机构职位以及权责的调整等。[①] 傅大友等（2015）认为，高校机构是高校的内部组织系统，包含高校机构构建的原则及机构功能的设定，具体而言主要指高校机构设置、职责分工、权力分配及各种组织机构之间的相互关系等。[②] 因此，民办本科高校机构调整主要指民办本科高校机构内部各机构设置、职责分工、权力分配以及各种组织机构之间关系的改革。根据组织发展理论，为了在发展过程取得突破、转型升级，组织机构内部需要对各个职能进行重新组合。

本研究中的结构重组主要包含组织机构调整和学科专业调整两方面内容，通过整合机构结构、优化学科专业布局，可以为民办本科院校的顺利转型提供内部支持。

（二）结构重组在民办本科高校转型发展中的作用

1. 整合组织机构结构，提高管理效益

高校组织结构涉及不同主体、层次和水平，呈现为各个层面相互协作、相互竞争的一种动态平衡，组织结构的优化对于高校发展目标的实现和管理效益提升起着重要作用。民办本科高校的组织机构调整主要是指对各部门及其工作职责进行调整，以符合应用型高校的发展需求。

（1）扁平结构，改善内部环境。充分运用纵向管理与横向管理的优长，实现分权管理。保留并发挥行政结构在增强管理规范性上的优点，充分发挥其刚性约束作用，科学审批学校发展规划、合理分配各项资源、推

---

① 袁祖望：《高校机构改革的症结及其开解》，载《清华大学教育研究》2002 年第 6 期。
② 傅大友、顾永安、陆正林：《应用型本科高校内部机构设置与改革探析——基于 C 校的个案分析》，载《职教论坛》2015 年第 9 期。

进日常管理活动有序有效，纵向规范行政事务。创新运用矩阵组织结构灵活机动的优点，使其适应环境变化，进行师生管理、申请并开设专业课程、规范教研活动横向管理学术事务，避免学术分割和学科壁垒的形成，激活学术研究的积极性、创新性，加深学科交流，深入协作，开拓学术研究思路，促进组织发展，推进或努力实现学术自由。民办本科高校实行董事会领导下的校长负责制，校长不仅是领导者、协调者，也是标准的制定者。既照顾多方利益诉求，又注意确保整体组织结构改革的平稳推进。通过明确高校内部的权力划分、责任界限，实现由领导层引领的自上而下的改革与普通教师学生自下而上的变革要求相一致，实现管理人员务实高效，学术人员热心从教、潜心科研，为推动整体转型发展起到促进作用。

建立纵向管理和横向管理协调机制，实现有效的内部沟通。设置教务管理委员会统筹行政部门和学术部门，设置校务委员会协调行政部门和学术部门，促进两者之间相互补充，符合新形势下高等教育管理分权放权的要求，在利用行政管理效能的同时给予学术发展相对宽裕的空间，使各方面人才的积极性和创造性得到充分调动。学术委员会等学术部门在教务管理委员会统筹之下，有充分的自主权，这有利于跨学院、学科、专业交流，有利于推进学术自由和科研创新，有利于高素质复合型人才的培养。行政机构受到一定程度的制约，可有效避免行政组织机构膨胀、权责不清。

精简机构，将不符合高校转型发展的机构裁撤，将同类同质的机构合并，避免人浮于事，有利于调动组织内部精干人员的积极性，促进组织规模的合理化，提高组织的运作效率。这不仅是新时期大环境下高等教育改革的趋势，也是民办本科高校顺利转型的必然要求，还是行政机构自我完善的内在要求。

（2）共建共享，实现协同育人。民办本科高校构建学业、产业、就业和创业相互贯通的人才培养模式，可以此为基础搭建学校、家庭、社会相互配合的育人机制，最终推动人才培养合力的形成。《国家中长期教育改革和发展规划纲要（2010～2020）》提出："建立健全政府主导、行业指导、企业参与的办学机制，制定促进校企合作办学法规，推进校企合作制度化。"应用本科院校的"产学研合作教育模式"由国家法律法规保障，并以相关的具体政策为指导和支持，可以充分动员各方积极参与，搭建政府、高校、企业和行业的"四位一体"人才培养模式。基于行业组织、企业和高校的不同需求和诉求，多方共建合作平台，共建人才培养体系，充分调动各方积极性。例如，政府可以推动出台支持产学研合作教育的完整法律文件和配套措施，完善产学研合作的融资创新机制、激励创新机制、利益分配机制、协调机制和绩效评估机制；高校可以充分利用政府、企业和科研院所的资源，主动对接企业、行业，深化产学研合作，提高综合办学实力。

（3）补齐短板，推进转型升级。随着高等教育大众化普及化进程的推进，各高校规模逐步扩大，组织结构改革势在必行，不同学校结合实际，开始各种形式的改革，尤其是学院制改革的普遍推行，为二级学院提供了更大的自主权，推进了管理重心下移。尽管如此，在实际运作中仍存在各种形式的问题，较为突出的是内部责、权、利不明，相互交叉、推诿的现象存在，内部管理体制和组织机构结构设置仍存在许多问题。多数民办本科高校参照公办院校或政府事业单位设置行政组织结构，这虽然在推进管理规范化上发挥了作用，但是随着高校规模变大，行政结构的官僚化特征与高校学术自由的秉性产生了矛盾，掣肘了高校健康发展。机构结构调整是其转型升级的内在要求。

第一，缺乏系统可操作的战略规划和计划机制。战略规划和年度计划作为管理的主要策略，并未反映在当前的民办本科高校组织设置中，也缺少统一规划和管理的专门部门，缺乏系统全面的计划保障体系。

第二，民办本科高校的职能部门在很多情况下各自为政，缺乏综合的规划和协调部门，没有形成统一的面向教学一线的服务体系，综合管理没有强有力的抓手，因此经常在教学计划、试卷分析报告、教案管理调整等方面出现信息滞后、相互推诿和重复工作等问题，造成了教学管理上的浪费。

第三，民办本科高校信息机构的设立不完备，信息量有限，缺乏足够的信息支持，这使得决策缺乏充分的分析和论证，极易造成高层领导及二级学院领导等各级决策者形成局限性、片面性决策。由于信息收集不及时，很多民办本科高校忽视了社会新产业和新技术导致的人才需求变化。在社会进入信息时代以后，企业的产品生命周期缩短，产品的更新换代速度加快，由于新技术的发展带来了产业的不断升级，而新产业的升级导致对掌握新技术的人才的需求增加。国外成功的应用型大学通常能及时抓住新技术、新产业升级带来的发展机遇，从而及时地为社会培养出所需要的应用型人才。由于我国部分民办本科高校在管理理念上仍然偏于保守，教学内容及教授知识落后于社会新产业和新技术的发展，因此，培养的人才缺乏竞争力，这对民办本科高校的可持续发展非常不利。

第四，对学校的形象宣传没有给予足够重视。部分民办本科高校较多关注在招生期间的宣传，对于日常形象的树立、特色品牌的宣传力度不足，导致社会公众对民办本科高校的认识不全面。这种局面形成的原因是观念上对平时树立学校形象的忽视，而最直接的原因是没有组织保障，没有明确把学校形象建设的任务安排给某一具体部门。

第五，民办本科高校在部门设置和职能分工方面存在不明确、不合理的现象。由于每个部门的职责和范围缺乏透明度，部门职能存在重叠的情况。以招聘面试为例，本应属于人力资源管理的范畴，应由人力资源部统一组织面试，但是很多二级学院为了更快招聘到教师，经常采取自主约见面试的行为，事实上，这已经影响到了对人力资源统筹规划、科学管理。完善的组织结构可推进学校发展战略与年度计划稳步落实，调动各个单元的活力，通过系统调整民办本科高校的组织结构，可以从根本上改善上述弊端，在科学的现代组织结构体系基础上促进民办本科高校的健康发展，以实现向应用型转型。

2. 调整学科专业布局，凸显发展特色

民办本科高校发展以特色取胜。目前，本科教学评估旨在鼓励地方、高校和教师将精力集中在教书育人上，但是，评估指标标准的一致性，在一定程度上阻碍了高校特色的凸显。差别的消失就意味着活力的消失，特色的遮蔽就等于可持续发展的断裂。对于民办本科高校而言，发展特色与学校的办学条件和发展历史密切相关，是学校长期办学实践经验的累积，也是学校地位和水平的集中体现。特色学科专业建设能够促进和带动交叉新兴学科的建设与发展，是学校发展的生机和活力所在，也是学校快速发展的基础。学校要发挥自己的优势，发掘自身特色，就需要不断调整、改造、更新学科专业，以保持学科专业的优势和特色，进而促进和带动其他相关专业的发展。

凸显特色的学科专业布局，将高校学科专业发展的规划贯穿于领导的决策之中，与社会进步、科技进程、经济发展相联系，不仅能够充分利用过去经验的总结指导未来的工作，也能够在保持相对稳定性和现实性的基础上，展示灵活性和适应性，合理处理过去与现在、当前和长远的关系，获得最佳的办学效益和发展空间。随着应用型高校之间竞争态势的激烈化，要想立于不败之地，特色学科专业的建设必不可少。

（1）动态调整学科专业结构，适应新兴和民生产业需求。对于高校学科专业来说，既有学科发展的需求，也有国家和社会的需求，通常而言，国家和社会的需求来得相对急迫且数量较多。民办本科高校随着教育大众化的发展而发展，这是在对国家社会需求准确把握的基础上，实现的突破发展，至今已成为高等教育体系的重要组成部分。若要在新时代继续保持发展，必须紧跟政策导向，掌握市场动态，从学校领导者到普通教职员工都保持高度的学科发展趋势敏锐性、积极性，在保持优势中寻求新的突破。在把握学校优势学科与新兴学科、交叉学科关系中寻求学科发展新的效益增长点，在把握学校特色专业与急需专业、交叉关系中调整专业结构，在把握专业建设数量与专业建设质量关系中提高应用型人才培养能力。根据上述各种需要在把握现有学科专业基础上，以应用为导向，将实用和可操作性的内容融入专业建设，以发展为引领，满足目前国内外学科建设和未来发展要求，前瞻性地主动布局未来学科专业结构，以效益为标尺，寻求学校优势学科专业与新兴学科专业的交叉点，在两者联系中，探索新的增长点，在适应发展需求和结构优化调整中，将学校学科专业优势转化为人才培养优势，转化为办学效益。在整个学科专业体系建设中，改变传统的粗放式发展模式，既把握学校发展与学科专业建设规模，也兼顾效益，实现合理有效、稳健有机会的发展。总体来说，是提高学科人才培养能力，丰富办学经验，形成学校的核心竞争力，为可持续发展打下坚实的基础。

（2）打造优势学科专业集群，适应区域和经济发展需求。民办本科高校申报新专业经过市场、学生及上级管理部门层层测评和以市场为主体的社会参与，在专业申报之初，即把好入口，申报适合社会需求的专业，招收符合规定的学生人数。由于办学成本相对较低，部分民办高校，不论自身发展，盲目地开设急需专业，导致校内部分学科专业比例失衡。教育、办学与学科专业建设都有规律，都符合社会发展的需求，民办本科高校必须遵循教育规律，承担起为社会培养人才的责任，为区域经济建设和社会发展做出贡献，把学科专业建设与区域经济和产业增长点结合起来，以适应发展需要。

民办本科高校优势学科专业集群建设适应地方经济，服务地方产业竞争的要求，有利于实现人才培养与区域产业发展的无缝对接。由于不同专业之间相对独立的教育和建设，在资源利用上难免有重复之处，造成了一定程度的教育资源浪费，导致资源利用率相对较低。民办本科高校优势学科专业群建设有利于降低教育教学资源的投入成本，通过建立共享平台，整合多余资源，既可以满足教育实践的需要，又可以改善资源闲置和浪费的现状，将更多剩余的教育资源集中到资源不足的地区，以形成资源互通和人才交流网络。这种模式是培养和运输人才的最符合市场规律的方式，贴近现实，符合市场需求，可不断优化课程内容结构，有利于建立校企联合资源共享机制，扩大实际操作课程比例，丰富专业课程形式，以最低的成本完成人才培养和引进，根据专业群体的实际能力需求，建立适应区域产业需求的课程体系，加强学生理解和分析实际问题的能力，加深学生对公司的归属感，帮助学生适应未来的工作。

适应区域经济发展的学科专业体系构建更能体现应用型特征，市场与社会发展下，知识更新速度快，应用型学科专业教科书编用紧跟形势要求，根据需要开发适合该地区产业和经济发展趋势的专业教科书，在保证核心内容不变的前提下，结合地区发展特点和不同的技术需求，满足应用型人才培养的知识需求。适应区域经济发展的学科专业体系构建，有利于特色师资队伍的形成与打造。部分高校由于缺乏与公司合作的经验和与公司深度共建的机会，教师仅从书本上学习，仅以书本上的知识教学，这在一定程度上限制了教师在教育教学中的职业素养的不断提高。对接区域经济发展，服务地方产业战略布局，为双师型教师队伍打造提供了机会和渠道，这不仅缓解了学校师资队伍相对紧张的压力，更可以为人才培养提供特色师资队伍保障。双师型教师队伍的打造以浓郁人文交流，加深了与企业的联系，为教学资源的注入带来新的动力，增强同类型专业在专业群体中的竞争力。在双向交流中，学校聘请引进中高层管理人员和实践经验丰富的工程技术人才，安排教师到企业当中工作，将行业和企业的人才优势转化学校师资队伍的优势，提高学校师资队伍的理论教学和实践经验，提升师资队伍理论教学水平、实践指导水平、专业技能水平、研发创新水平，为教师提供更为宽广的进修发展通道。学校教师到企业挂职锻炼有利于促进教师知识结构的完善、教书育人经验的丰富，可以促进教师在教学中优化教学内容，丰富知识内涵，为教学注入行业和企业背景，让学生更为容易地了解社会、了解公司，更为快速地上手专业工作，提高动手能力，提高应用型人才培养的质量。适应区域经济发展的学科专业体系构建，以地方产业发展为主导，立足学校学科专业建设优势，依托产业需求，结合学校特色，以某一支柱产业为中心，随时调整专业结构，打造优势特色专业集群，对接产业规模发展和结构体系调整的需求，设置专业课程和培训课程，实现专业互补和专业之间的相互促进，形成符合上游和下游供应链的课程体系，在此基础上建立特色群体，在校地合作中加深专业与地方支柱产业的互动，转变传统职业，优先发展专业职业。

四、教学流程再造

（一）概念界定

民办本科高校是培养社会有用人才的摇篮，在教育过程中应该根据社会的发展及时调整教学流程。在国家对应用型高校的大力支持的背景下，民办本科高校应加强内涵建设，为国家培养应用型人才。

本研究中的教学流程再造主要包括人才培养模式、培养方案、课程体系、实践教学体系等方面，为民办本科高校顺利转型提供内在支撑。

1. 人才培养模式

模式，在英文中对应的是"model"，其汉语释义为模型、样式。国内学者对"模式"内涵的具体界定众说纷纭，但应用较为广泛的定义是指事物的标准形式或式样。[①] 国内学者从不同角度提出了人才培养模式的概念，钱国英等（2007）认为，在某一教育思想与理论指导下，为培养某类人才

---

① 董大年主编：《现代汉语分类大词典》，上海辞书出版社 2007 年版。

而建构的模型或定型化范式就是人才培养模式。① 刘福军等（2007）提出人才培养模式是一种过程范畴，涵盖了对人才培养过程从设计到建构再到管理的一系列工作，是对人才培养过程的总体表述，是人才培养过程的操作方式与组织形式。② 关仲和（2010）、董泽芳（2012）认为，人才培养模式是人才培养过程的理论模型与具体操作式样，重点解答如何培养人才，怎样培养人才等问题，其具有目的性、系统性、开放性等特征。③·④各学者对人才培养模式含义的具体阐释虽有差别，但其基本内涵具有一致性，故此，本研究认为应用型人才培养模式是民办本科高校为实现应用型人才培养目标，依据教育理念、国家政策与文件等，从结构以及程序等方面对人才培养各环节进行科学、合理的组织与设计，而形成的理论模型与操作式样。

2. 培养方案

关于"培养方案"的含义，具有多种不同的具体阐释。《高等教育词典》将"培养方案"界定为，是专业的培养计划，是培养单位根据不同的人才培养目标，依据培养对象的不同特点而进行的人才培养过程的系统计划与实施方案。⑤ 教育界众多研究者也对其进行了不同阐释。研究者大都认为人才培养方案是一种总体设计，是一种指导性文件，但其具体阐释有所不同。邓志辉等（2010）提出培养方案是学校对学生进行培养工作的规划，不仅能够对学校的教育思想与理念有着集中反映的作用，其重要目的是提高培养单位人才培养质量。⑥ 康翠萍（2005）提出，培养方案是对该专业毕业生的终极考核提供的理论依据，是考核该专业毕业生是否合格的指导性文件。⑦ 朱健、刘巨钦（2014）提出人才培养方案是为保证教学质量和人才培养规格进行的基本规划与设计，其主要设计内容包括培养目

---

① 钱国英、徐立清、应雄：《高等教育转型与应用型本科人才培养》，浙江大学出版社 2007年版。

② 刘福军、成文章：《高等职业教育人才培养模式》，科学出版社 2007 年版。

③ 关仲和：《关于应用型人才培养模式的思考》，载《中国大学教学》2010 年第 6 期

④ 董泽芳：《高校人才培养模式的概念界定与要素解析》，载《大学教育科学》2012 年第 3 期。

⑤ 朱九思：《高等教育词典》，湖北教育出版社 2003 年版。

⑥ 邓志辉、赵居礼、王津：《校企合作　工学结合重构人才培养方案》，载《中国大学教学》2010 年第 4 期。

⑦ 康翠萍：《关于国家学位政策体系及其内容的思考》，载《教育研究》2005 年第 12 期。

标、过程以及方式方法等方面。[①] 本研究认为，民办本科高校人才培养方案是依据社会发展需求、遵循教育教学规律培养受教育者的指导性文件，是依据专业定位进行的教学过程的实施计划，主要包括各类课程、各教学环节以及他们的学分（时）数、开出时间、在规定学制内的进程安排以及师资配备等基本文件，是对人才培养过程的总体设计。

3. 课程体系

在课程论研究领域，关于课程含义的观点，源远流长，异彩纷呈。我国初见"课程"这一称谓是唐朝孔颖达"维护课程"一说，但其意义与现在通常的含义并不相同，之后宋代朱熹在《朱子全书·论学》中使用"课程"一词，其意义为功课及其进程。[②] 国外最初使用则是英国教育家斯宾塞，将其定义为教育内容的系统组织。[③] 伴随教育实践的发展与深化，课程的含义也逐步延展。20世纪70年代美国教育家鲁尔曾作过统计，课程这一术语至少有119种之多。[④] 施良方在对课程研究与理解的基础上，将课程概括为6种比较典型的定义：课程即教学科目；课程即有计划的教学活动；课程即预期的学习结果；课程即学习经验；课程即社会文化再生产；课程即社会改造的过程。[⑤] 杜威把课程看作经验，认为一切学习都来自经验。潘懋元、王伟廉认为，课程是学校依据教育目的建构的系统，该系统包括确立课程目标、选择和组织课程内容、课程实施以及课程评价等诸多环节。[⑥] 多尔认为课程是文化发展与创造的过程，是师生共同参与的探究活动中意义、精神、经验、观念、能力的生成过程。[⑦] 虽然国内外学者对课程的理解与表述不尽相同，界定多种多样，但其基本观点较为一致，即课程指为实现培养目标而选择的教育内容及其进程的总和，包括学校教师所教授的各门学科（教学科目）以及有目的、有计划的教育活动。

---

① 朱健、刘巨钦：《改革人才培养方案　培养高素质应用型人才》，载《中国高等教育》2014年第5期。

② 施良方：《课程定义辨析》，载《教育评论》1994年第3期。

③ 钟启泉：《现代课程论》，海教育出版社2006年版。

④ 乔治·A. 比彻姆著，黄明皖译：《课程理论》，人民教育出版社1989年版。

⑤ 施良方：《课程理论——课程的基础、原理与问题》，教育科学出版社1996年版。

⑥ 潘懋元、王伟廉：《高等教育学》，福建教育出版社1995年版。

⑦ 威廉姆斯·E. 多尔著，王宏宇译：《后现代课程观》，教育科学出版社2000年版。

众多学者对课程体系含义进行了专门研究，杨树勋提出，课程体系也称作课程结构，指课程设置及其进程的总和。① 也有学者对课程体系进行了狭义与广义的界定，提出狭义的课程体系指课程结构，是各类课程之间的组织和配合。② 而广义的课程体系是在教育价值理念指导下，将课程的各要素排列组合，使其在动态的教学活动过程中促进课程体系目标实现的系统。③ 在本研究中，应用型课程体系指在民办本科高校教育教学过程中，依据应用型人才培养目标与理念，具体专业设置哪些课程，选择哪些课程内容，课程之间如何关联、相互作用而形成的系统。

4. 实践教学体系

关于实践教学的内涵，研究者从不同角度给出了不同的界定。《教育大辞典》提出，实践教学是相对于理论教学的各种教学活动的总称。包括课程实验、实习实训、企业见习、毕业论文（设计）、社会调查、工程训练等。目的是让学生在实践中对知识有感性认识，掌握学习技巧与方法，形成将理论与实际结合的科学态度和独立的岗位能力。通常在校内实践基地、校外实践基地等一定的真实生产场景下开展，内容是依据不同专业或岗位的要求进行设计。教师依据专业不同对学生实施分类指导，学生实践采取学与做密切结合的方式。④ 实践教学与理论教学既有共同特征，又区别于理论教学而独立存在。教育部公布的《普通高校本科教学工作合格评估指标体系》中关于实践教学，其中包含了实验教学、实习实训、社会实践、毕业论文（设计）与综合训练等方面内容。

关于实践教学体系的内涵，其概念有广义和狭义两种。广义的实践教学体系主要指高校为实现应用型人才培养目标，所设计的实践教学各个环节，主要包括目标、内容、管理以及保障四个体系，实践教学体系是该四个体系组成的有机整体。⑤ 狭义的实践教学体系指对实践教学内容体系具有一定的指导作用，其与理论教学体系共同组成教学内容体系，是理论教

---

① 杨树勋：《现代高等教育学》，化学工业出版社 1999 年版。
② 赫冀成、张喜梅：《课程体系与人才培养比价》，东北大学出版社 1994 年版。
③ 胡弼成：《个体发展指向：大学课程体系的本质》，载《黑龙江高教研究》2008 年第 6 期。
④ 顾明远：《教育大辞典》，上海教育出版社 1990 年版。
⑤ 陈支武、张德荣：《完善实践教学体系　培养应用型创新人才》，载《实验室研究与探索》2012 年第 8 期。

学体系的重要补充,主要根据不同专业的特点在教学计划制定过程中,开设适合的课程以及科学配置每个实践教学环节[课程实验、生产实习、企业实训、学科竞赛、毕业论文(设计)、社会实践等]。①

通过以上概念的界定,本研究以广义的实践教学体系作为研究对象,实践教学体系涵盖多种构成要素,主要包括实践教学的目标体系、内容体系、管理与考核体系以及保障体系。

(二)教学流程再造在民办本科高校转型过程中的作用

1. 构建面向应用的人才培养模式,实现供应方对接需求方

因需制宜地实施"订单"培养,有助于提升人才的市场适应性,满足新时代人才多样化需求。应用型本科教育在"人才培养、科学研究和社会服务"这三个基本功能反映了应用型的适用性。在服务社会这一基本职能方面,既需要满足社会现实需求,也需要满足未来需求,在社会现实的基础上,我们密切关注社会经济动态、政治文化发展,根据社会对人才和知识的需求,调整专业结构、研究方向和人才培养模式。部分高校专业设置固守传统模式,以学科、资源为导向,片面追求数量,专业课程设置与当地产业脱节,人才培养与就业脱节,既影响到学生发展也影响到学校发展。构建应用型人才培养模式,符合新时期高校人才培养理念,符合企业需求,符合服务地方产业发展需求,对教育事业和国民经济的发展起着至关重要的作用。在科学研究这一基本职能方面,注重研究成果的转化,鼓励学生树立成果意识,参与科研,倡导研究与教学的互补性和相互促进性,重点涉及与产业发展相关的地方应用研究,提升科学研究的实效性。在人才培养这一基本职能方面,民办本科高校转型以全面提升应用型人才培养能力为核心,可以逐步满足绝大多数人对于接受高等教育和接受系统技术技能培训的需求。目前,我国高等教育的主要矛盾随着社会主要矛盾的转变而转变,变成人民日益增长的对多样化教育的需求和当前教育发展不平衡不充分之间的矛盾,传统单一的综合型人才培养模式所培养的人才难以适应日益发展的经济社会对于人才的需求。应用型本科教育,以市场

① 兰秀文:《西部民族地区财经类院校实践教学体系构建》,载《内蒙古财经学院学报(综合版)》2011年第4期。

为导向，以培养"一专多能"的复合型人才为诉求，适应了新时代市场经济对于人才的需求。民办本科高校充分利用与企业之间关系密切的优势，借鉴企业文化，调动师生主体活力，借用企业经验，发挥"双师型"教师的作用，与企业共同制定人才培养方案，共同培养应用型人才。

应用型人才培养破除以管理为本的管理形式，坚持以学生为本，符合以学生为中心的发展理念。这有助于准确把握教育者与受教育者之间的关系，落实立德树人的根本任务。美国应用型大学的教学坚持本科小班教学、讨论式课堂、网络 Q 讨论等，教学方式方法切实体现以学生为本。但目前，我国部分民办高校仍未脱离传统教学窠臼，教育教学理念的转变，教育教学模式的更新未能及时跟上时代经济社会发展的步伐，人才培养还未能完全适应经济社会发展对多样化人才的需求。

应用型人才培养模式坚持成绩与能力并重的学生考评体系，严格的过程管理，有助于在日常教学管理中掌握学生知识掌握程度以及能力提升程度。严格出口管理，进行毕业论文和毕业设计"应用选题、真题真做"改革可以客观地评价学校的教学水平，全面了解学生综合理论、专业知识和基本技能的掌握程度，培养学生解决实际问题的能力。新时代背景下应用型高校毕业论文（设计）创新形式，要求以实习单位和应用选题为主线，以提出问题、分析问题、解决问题为基本结构，将理论部分作为分析依据和分析工具，强化分析过程中"理论与实践"的深度融合，要求分析结论中体现与实习单位的相关性、结果的有效性、改进建议的可操作性，对于提升应用型人才培养能力，深化校企合作具有重要意义。

目前，社会产业结构不断升级，新技术不断涌现，企业政府对人才的需求也发生了相应的变化。民办本科高校以人才培养为基本职能，站在社会发展前沿，以服务发展为宗旨，以促进就业为导向，适应科学技术进步和生产方式变革以及社会公共服务的需要，紧贴社会新产业大环境，关注行业产业发展新动态，在创新驱动发展以及"互联网＋"战略中发挥独特作用，可助推行业企业知识技术在教育教学中的运用，提升了人才培养的针对性、导向性，切实为区域经济发展培养符合需求的应用型人才。受过应用导向的人才培训模式培训的申请人可以将他们的专业知识和技能应用于相关行业，技术或专业的专业社会实践人才，为当地经济和社会发展服务，逐步克服教育与发展脱节、学生与社会脱节的问题。以对接需求、动态优化的人才培养模式、科学实用的课程设置，培养"一专多能"的应用型人才，才能实现学生满意、家长满意、社会满意。

2. 修改面向应用的人才培养计划，提高人才培养质量

培养计划是人才培养的关键，包括人才培养规范、课程体系结构、教学环节设计、培养方式和教学方法等。民办本科高校转型构建应用型人才培养方案，制定应用型人才培养计划，科学设置人才培养流程，逐步优化应用型人才的知识结构、能力结构和质量结构。各个学校按照"大教学理念"的概念，通过系统的市场调研，专业分析，专访企业家、行业名人等方式，确定以专业建设为核心，以课程建设为基础的应用型人才培养方案，将培养计划细化到人才培养的各个流程各个环节当中，使每一步都有据可依。注重加强学生的实践能力，从学期设置、课程设置、实践教学、质量保证、评估体系、保障机制，突出应用，创新课程体系，优化教学内容，加强教学实践，探索产学合作之路，做好人才培养的整体规划设计，尤其注重培养学生的应用能力，培养学生的应用开发、市场调研和知识应用能力，可结合学校优势争取从同类院校当中凸显出特色。

目前，民办本科高校应用型人才培养计划制定存在一定问题，高校作为实施产学研合作教育的主体作用未得到有效体现。产学研教育正处在发展成熟的过程当中，政府在整个教育结构中发挥主导作用，相关法律政策并不十分完全，这种形式下，高校作为产学研合作的主体，应充分发挥牵头作用，积极搭建多方协作的平台，制定相关合作计划，吸引企业、第三方社会力量参与办学与人才培养当中来，充分借鉴政府的科层级管理，企业的效益管理经验，制定人才培养计划，使学校的人才培养兼具公益和效益的特征，为人才培养汇聚资源合力。因此，产学研合作教育的主体应相互配合，相互补充，才能有效促进应用型人才的培养。并且，"双师型"教师队伍不成熟。普通民办本科高校转向应用型，现有的学术研究型教师并不完全具备应用型本科院校教学实践工作的经验。因为，目前中国部分民办本科院校的教育理念仍然停留在教师只需具备理论知识，只掌握基本教学方式，缺乏有效措施鼓励中青年教师到企业参与日常生产和管理，缺乏邀请企业精英进入学校和教室的双向合作机制。

3. 完善应用型课程体系，提高课程建设水平

应用型课程建设是应用型人才培养的一项基本教学建设，直接影响着

教学改革成效和人才培养质量的提升。新时代教育背景下，应用型课程体系建设应以习近平总书记关于教育的系列论断和讲话为指导，按照应用型人才培养目标要求，整体优化教学内容和课程体系。根据政策导向和行业产业发展新动态，增设前沿性课程、交叉融合性课程和急需实用性课程。注重已有课程和新增课程之间的逻辑结构关系，提升课程体系对于学生成长发展的适用性。结合《新时代高教四十条》提出的课程改革要求，规范必修课，增设辅修课，拓宽学生自主权。充分利用信息技术，推进精品资源共享课建设，扩大优质课程推广力度，带动整体课程水平的提升。

当前我国的民办本科高校的课程体系应该针对应用型人才培养进行调整。常见的模块化教学法可以通过定性（内容）和定量（信用）来描述模块，确保学生通过考试并在学习模块后及时判断。在组合过程中以及在组合完成之后，可以将其重新修改或重新组装成新模块，并且每个单独的模块可以由其他模块替换。合理的模块设置对人才发展很重要。第一，提升了学生技能。学生可以通过模块学习和模块积累，不断提升学习能力，夯实专业基础，在不断提升中达到毕业标准，获得学位。第二，优化了结构体系，通过模块间课程的合理搭配，有序提升学生基础素质、基础从业能力，逐步培养学生形成合格的专门职业能力。第三，增强了教学针对性，通过对于知识点的分解重组，提升学生对于个别问题的分析处理能力和逻辑措置能力。

4. 完善应用型实践教学体系，拓展教学活动空间

实践教学是教育教学体系中的重要组成部分，建立健全应用型实践教学体系，强化应用型人才的实践能力，可扩展课堂空间，改变传统单一的教学内容，激活教学模式，丰富教学方法，促进教师从教师到学生的转变。提高学生的探究和创新精神，将能力培养与素质教育相结合，将第一课堂与第二课堂相结合，将学校与学校结合起来，将生产、教育和研究相结合。实践教学水平的提升可带动科研水平的提升，促进教学经验向教学成果转化，以教学成果指导更多教学实践，提高教师的教学能力，使学生成为教学与研究成果相互转化的直接受益者。实践教学的实施可以避免教师单一地将教科书的知识传授给学生，教会学生如何掌握实践，真正实现认识和做事的统一，理论与实践的统一，它反映了教学和教育人的真正目标，实现了应用型高校教学的目标。

民办本科高校的实践教学是教学过程中比较薄弱的环节，存在一些问题。由于实践教学基地建设不够完善，实用场地、设备有待进一步扩充，实践教学条件难以满足实践教学的需要；由于实践教学体系不健全，实践教学管理服务跟不上，实践教学质量未能得到有效保证，导致实践教学组织管理存在一定问题；由于实践教学评估体系系统性、科学性、可操作性不强，实践教学评估不像理论教学评估那么严格，导致部分教师对实践教学的重要性认识不足。整体而言，实践教学与理论教学体系没有得到有效整合，部分高校仍然存在重理论轻实践的倾向，教学内容以理论教学为主，教学时间以理论教学为先，缺乏对于实践教学本质属性的理解。实践教学工作流于形式，教学效果不甚好，教学作用未得到有效发挥。实践教学体系和理论教学体系没有整合。目前，我国许多民办本科高校仍然注重理论教学，实践教学相对薄弱。虽然民办本科高校教育发展到一定规模，但是多数高校尚未建立系统有效、理论与实践相结合的人才培养模式和运行机制。个别实践教学课程不是正式的，教学效果不显著。实践教学是民办本科高校办出特色，真正培养应用型人才的基本路径，现实存在的问题要求必须改进，系统规范加强实践教学体系建设。

五、文化重塑

（一）概念界定

人类学之父爱德华·泰勒（Edward Burnett Tylor，1871）第一次明确提出"文化"的概念，"文化包括人类全部的知识、信仰、艺术、道德、法律、风俗等以及人们在社会实践中学习到的所有才能和习惯的组合"。[①]随后大量学者对文化的含义进行分析探讨，提出了不计其数的定义，其中较为公认的广义概念是拉里·萨莫瓦尔等（Larry A. Samovar et al.，1981）提出的"文化是人类在实践中取得的一切精神与物质财富的沉淀物。"[②]

---

① （英）爱德华·泰勒著，连树生译：《原始文化》，广西师范大学出版社 2005 年版。

② Larry A. Samovar, R. E. Porter, Nemi C. Jain. *Understanding Intercultural Cpmmunication* ［M］. Wadsworth Publising，1981.

狭义文化含义为某特定范围的思想观念、道德和行为规则标准以及民俗习惯等。①

大学文化是隶属于文化的下位概念，也具有文化"人化"和"化人"的基本特征。眭依凡（2004）认为大学文化是作为主体的师生员工在大学这一载体的长期的办学实践过程中，明辨、整理、吸收各种形式的文化，经过长时间的积淀、自身的努力和外部环境的影响形成的价值取向、思维方式和行为准则的总和，也是大学本身形成和发展的精神文化、制度文化和环境文化的组合。② 民办本科高校文化是指内部师生员工所有活动和活动方式体现出的，经过办学历史中人文积累形成的独特的组织文化，也是与其他社会组织的本质区别，分为精神文化、制度文化和物质文化。三者相互依存，相互作用，不可分割，共同促进大学文化在融合共通中形成独特的内涵。

本研究的文化重塑是指民办本科高校根据当前的社会形势加强大学文化建设，重塑民办本科高校的精神文化、制度文化和物质文化。

1. 精神文化

最初在中文里"精""神"是两个词分开使用的，如"精"在《论语·乡党》"食不厌精"中指的是精细；而在《老子·二十一章》"窈兮冥兮，其中有精"中指的是性格；"神"在《论语·述而》中是指鬼神；在《系辞上》"神而明之"指的是人的智慧和德行的最高境界。最早将两字连用组成"精神"一词的是在《庄子·知北游》"精神生于道"，强调精神对人的作用。黑格尔（1817）认为 Geist 是自我意识的双重化，是以主体间性为内涵的"承认"。③ 张岱年（1943）指出精神在古代是描述形体的；精神在近代是描述物质的。④ 总的说来，"精神"主要是指对人主观上行为状态的描述与定位，是人所独有的一种基本属性。⑤ 彼德·科斯洛夫斯基（P. Koslowski，1999）认为精神文化仅包含人类的伦理和道德部分，与

---

① 中国社会科学院语言研究所词典编辑室：《现代汉语词典》，商务印书馆 2016 年版。

② 眭依凡：《大学文化思想及其文化育人研究》，浙江大学出版社 2016 年版。

③ （德）黑格尔著，杨祖陶译：《精神哲学》，人民出版社 2006 年版。

④ 《张岱年全集》，河北人民出版社 1996 年版。

⑤ 王坤庆：《精神与教育——一种教育哲学视角的当代教育反思与建构》，华东师范大学出版社 2009 年版。

物质和制度文化相对立。① E. 斯普林格（E. Spranger，1953）认为精神文化才能真正表达文化的本质核心，是人的一种内在生活形式。② 毛泽东（1940）则认为其是一种观念文化。③ 梁漱溟（1949）认为其是精神食粮。④ 葛兰西（1935）将精神文化喻为像水泥一样支撑社会。⑤ 企业、学校、影视或军事等不同领域形成各自领域群体认同的精神文化，所以不同学科领域学者在研究精神文化时，赋予其不同的内涵。企业精神文化主要体现在企业中一切员工需共同遵从的价值观念，包括企业经营哲学、员工精神风貌、企业道德伦理、企业信念愿景使命、企业宗旨目标等方面。大学的精神文化是指"高校长期办学过程中形成的一种特定的意识形态和文化氛围，具体体现为学风、教风和校风，是师生员工公认和遵守的道德价值观念、行为准则以及各种认同的文化意识"。⑥ 精神文化分为大学精神和理念等价值层面、三风等实践层面两个部分，精神文化作为大学文化的核心与精髓引领其他部分的方向是大学文化建设的核心和决定性任务。⑦ 民办本科高校精神文化是指学校办学过程中形成的并具有民办本科高校特色的全体教职员工和学生遵守的价值观和行动准则等思想意识的最大公约数。

2. 制度文化

"制度"在凡勃伦（Thorstein B. Veblen，1899）看来实质上是基于某段历史时间或社会发展阶段的物质基础，个人或社会对某些关系普遍存在的一般习惯，会跟随时间或环境发生变化。⑧ 康芒斯（John Rogers Commons，1934）认为制度是一套集体控制规范个人行动的行为守则或规则。⑨ 马克思（Karl Heinrich Marx，1967）认为制度是特定历史时期生产

---

① （德）彼得·科斯洛夫斯基著，毛怡红译：《后现代文化》，中央编译出版社 2011 年版。

② 邹进：《现代德国文化教育学派》，山西教育出版社 1992 年版。

③ 《毛泽东选集》，人民出版社 1991 年版。

④ 梁漱溟：《中国文化要义》，上海人民出版社 2011 年版。

⑤ （意）安东尼奥·葛兰西著，曹雷雨译：《狱中札记》，中国社会科学出版社 2000 年版。

⑥ 李广武：《校园文化建设的实践与思考》，载《内蒙古师范大学学报（教育科学版）》2007 年第 6 期。

⑦ 傅文第：《提高大学文化建设针对性 弘扬中国特色的大学精神》，载《教育探索》2009 年第 5 期。

⑧ （美）凡勃伦著，甘宁译：《有闲阶级论》，商务印书馆 2004 年版。

⑨ （美）康芒斯著，于树生译：《制度经济学》，商务印书馆 2009 年版。

关系和其中人与人相互关系在法律规范中的反映。① 怀特（Leonard D. White，1926）认为当制度以制度安排形式出现必然体现出精神文化内涵。② 国内学者认为制度文化是一段时间人们在社会实践中约定的各种社会规范，形成的对制度的价值判断和对待制度的方式，可以分为各种成文的文本、条例化的体系和不成文的制度等外在形式，以及人们长期以来形成的对制度所做出的优或劣的价值判断和行为方式的内核形式。③ 邬大光（2001）认为大学制度在宏观层面指国家的高等教育系统，而微观层面指的是大学内部的组织结构、运行机制和政策规章。④

本研究采用的是大学制度在微观层面的概念。王永友等（2006）认为，大学制度文化是高校根据自己的大学文化在长期的办学实践过程中形成的各种规章制度组成的整个制度体系与全体大学人对待制度的价值取向和行为方式的总和。⑤ 范跃进（2004）认为大学制度文化对全体大学人的思维、言行方式及生活行为习惯具有引领、约束和定型的作用，主要包含学校组织结构和以文字的形式制定的规范和保障大学人的思想认识和行为规范，例如各层教育教学管理制度、学生行为守则、教师职业道德规范、实验室和图书馆工作制度等各种文件、意见、规定、办法、通知，像只无形的手影响约束着大学人的各种行为，并提供可靠的行动指南。⑥ 作为学校教育与管理职能手段的大学制度中蕴含着学校的价值观念，影响大学人的思想情感和道德行为，体现了大学的办学理念和管理观念，当真正被全体大学人认同并自觉遵守后就成为大家自觉的行为思想，从而确立大学办学运行秩序的观念行为。大学制度文化是大学精神文化的体制保障，是学校教学科研管理的组织文化形态，包含了决策与执行文化、组织与人事文化以及管理制度文化三部分。⑦ 大学制度与大学制度文化的概念有所差别，只有大学制度被全体大学人从内心认可接受，外显成为实际遵循的制度才

① 顾钰民：《马克思主义制度经济学》，复旦大学出版社 2005 年版。
② 竺乾威：《公共行政学》，复旦大学出版社 2014 年版。
③ 季苹、张文清：《学校文化自我诊断》，教育科学出版社 2004 年版。
④ 邬大光：《现代大学制度的根基》，载《现代大学教育》，2001 年。
⑤ 王永友、刘美娜：《大学制度文化的形成机理与作用分析》，载《教育探索》2009 年第 1 期。
⑥ 范跃进：《完善领导体制需从制度设计和创新上下功夫》，载《中国高等教育》，2004 年。
⑦ 王冀生：《论大学之道》，载《复旦教育论坛》2005 年第 1 期。

能成为成熟的大学制度文化，大学制度与大学制度文化相互制约、相互促进发展。[1] 潘懋元（2001）认为应分别在组织机构、决策机制、激励机制、资源配置机制、工作机制和制度创新机制 6 个方面进行大学制度文化建设。[2] 大学制度文化建设包含制定一系列文本化的规章制度和高效执行这些制度两部分。[3] 民办本科高校制度文化是制度文化的亚文化，同样发挥潜移默化作用是大学文化的重要组成部分、重要标识和不可欠缺的保障体系，其重塑的成败决定着民办本科高校转型发展的向度和效度。

3. 物质文化

列宁在《唯物主义和经验批判主义》一书中提出在我国影响深远的物质概念"可以被感知但不依存于感知的客观实在"。[4] 物质文化是物质的特性归诸文化，是物化的知识力量，是可被感知的客观存在的文化属性事物，包含人类创造的生产工具和劳动对象以及创造各种产品的技术。[5] 广义的大学物质文化指的不仅是大学的学校建筑、人文景观、教学设备，还包括学科结构、课程组合、师资队伍等所有的能反映大学的办学历史传统、思想、人文精神和文化内涵的能被人们感觉到的有形事物所形成的文化。[6] 狭义的大学物质文化的存在形式仅指建筑布局、学校建筑、教学设施、学校标识、人文景观等实体。[7] 本研究采用狭义的大学物质文化概念。

（二）文化重塑在民办本科高校转型中的作用

文化育人可追溯到《周易》"观乎人文，以化成天下"。高校是高级知识分子集中的地方，是文化汇集的场所，既吸引文化，也生产和创造文化，具有巨大的文化优势，发挥着显著的辐射力，影响着校内师生和社会公众，是文化育人的主阵地。在建设有中国特色社会主义的新时代，民办本科高校校园文化建设以习近平总书记特色社会主义教育为指导，全面贯

---

[1]　高桂娟：《现代大学制度演进的文化逻辑》，中国海洋大学出版社 2007 年版。

[2]　潘懋元：《走向社会中心的大学需要建设现代大学制度》，载《现代大学教育》，2001 年。

[3]　顾建德、喻志杰：《关于学校制度文化建设的思考》，载《现代中小学教育》，2008 年。

[4]　《列宁选集》，人民出版社 2012 年版。

[5]　吴克礼：《文化学教程》，上海外语教育出版社 2002 年版。

[6]　眭依凡：《大学文化思想及文化育人研究》，浙江大学出版社 2016 年版。

[7]　季苹：《"学校文化"的反思与再建》，载《人民教育》2004 年第 2 期。

彻落实党的十九大和全国教育大会精神，目前，在深化教育改革的关键时期，改革与文化建设息息相关，文化成为高校发展的内动力，是竞争中的软实力，育人于潜移默化之中。民办本科院校的组织者大大提高了对文化建设重要性的理解。高校师生对校园文化的需求日益多样化、层次化，积极参与各种形式的校园文化活动，为构建良好的大学文化提供了支撑。

良好的文化对全体师生有潜移默化的教育及熏陶作用，为学校发展规划提供软环境保障，促进学生在全方位文化感悟中提升综合素质，实现全面发展。健全的精神文化体系以社会主义核心价值观为引导，渗透于多元化的教学手段、丰富的教学内容、到位的管理服务体系中，可充分调动学生的主观能动性，促进学生创造性思维的培养，增强教师潜心教书育人的热情，使广大师生在教育教学及管理服务全过程中增强自身综合能力，实现智力与能力的双重发展。民办本科高校文化重塑涉及学校各个层面、各个主体，最终可实现用共同的愿景引导人，用高尚的人格感染人，用合理的竞争机制激励人，并依靠科学管理来规范人。让学校无论内部外部都传递出独特的文化吸引力、凝聚力和震撼力。高校以多种差异化的方式积极引导师生参与文化建设，诠释校园文化内涵，使校园文化成为高校的灵魂。尽管如此，由于文化建设往往以潜移默化的形式体现，难以取得立竿见影的效果，部分民办本科高校出现重技术、轻人文，对文化建设不够重视的问题，直接影响了人才培养质量，这在一定程度上制约了民办本科高校切实实现应用型发展。

1. 建设精神文化，浸润师生心灵

精神文化是民办本科高校在学校长期实践中的价值和理想追求，通过历史的积累、选择和发展。它主要体现在大学精神和办学理念上。

（1）思想教育，强化价值引领。高校精神文化具有思想引导功能，即在人才培养过程中，通过教育、监督、考评等方式，对师生价值观的塑造进行正确引导，形成符合学校发展的个人发展理念。文化具有多元性，有中西文化之分、传统现代文化之别、精华糟粕之差，高校作为文化的汇集地，处于其中的文化是交错复杂的。而本科时期正是学生世界观、价值观形成的关键时期，在这种环境下，学生接受纷繁交错的文化辐射、价值影响，一旦接受不当，容易出现价值偏差。中国的高等教育以社会主义的核心价值观为指导，将思想政治教育进一步融合进各学科教育，使其与专业、课堂水乳交融。引导学生接受科学正确的价值教育，形成符合立德树人根本目的的价值观念。民办本科高校以"创业、创新、创品牌"的优良传统，提炼独特的大学精神与先进理念，对于高校发展以及高校师生价值及行为有导向功能，有助于引导全体成员个体发展与学校发展相一致。具体来说，高校通过思想政治教育以及"四风一训"对于学校师生的价值取向、行为倾向、道德品质及思维习惯的形成直接影响，于潜移默化中陶冶师生情操，提升师生境界，引导他们更为自如地融入社会，更为全面地认识自我、提升自我，引领教师履职尽责、爱岗敬业，教育学生虚心好学、勤奋刻苦，不断激发他们的主动性、创造性和进取精神，促使他们将个人发展的短期目标与学校发展规划一致，提升全体师生的获得感，真正实现以文化人。优秀的民办本科高校精神文化，可指引学生提升自我意识，准确定位，走出精神迷惘区，抵抗住各种负面影响，科学规划学习、升学与就业，将学校的教育目标内化为个人学习目标，并朝着理想的社会方向发展。民办本科高校构建主流精神文化，使师生形成共同的价值观，在实现个体价值最大化的同时，实现整体价值最大化。

（2）素质涵育，凝练师生品格。人是社会中的人。社会成员具有相近的思维习惯、价值观念和生活理念，这些理念为全体成员所认同，进而能形成持久稳定的向心力和推动力。民办高校精神文化建设将社会的共同价值观内化为校园文化的一部分，并从中汲取教育，以适应学校的发展。体现学校特色的部分，作为学校的发展理念，进而将校内分散的、孤立的个体聚合起来，形成校内独有的风向标，在教育教学知识传授、能力培养、活动开展过程中，涵养师生素质，在微信公众号、微博、社会舆论传播中，增加全体师生的向心力，增强他们对学校的认同感。

（3）媒体辐射，打造品牌效应。企业中的文化辐射力指的是通过企业自身形象塑造、宣传、利益协调等方式，同企业外公众结成的社会关系。就高校而言，文化辐射力的作用主要体现所能获得的社会支持的程度上。我国民办本科高校获得的财政拨款相对较少，经费来源渠道较为单一自主，人事任免、教育发展也有相对较大的自主权，这种自由程度既是民办本科高校发展的机遇，也是挑战。民办本科高校进行文化建设，通过媒体传播，让兄弟院校、政府机关、科研院所、行业企业、学生家长对其有更深的认识，塑造良好的学校形象，打造学校品牌，形成文化辐射，与社会资源进行对接，为学校发展争取人力、物力和财力支撑。同时，民办本科高校也可加强国际交流，形成国际影响力，推进交流、合作，吸引国外专家来校讲学，为本校教师提供更多出国深造的机会，推进校际资源共享互动，使学校与世界同类型特色学校协同互助、共同发展。

2. 完善制度文化，规范师生行为

高校制度文化是文化发展的内在支撑与保障，主要通过大学章程、管理服务制度、岗位职责、行为规范以及校风、学风、班风等来体现，进而约束师生，使其自觉去遵循、落实和维护，确保文化育人有"法"可依，有章可循。

（1）凝心聚力，形成发展合力。高校发展过程中形成的凝心聚力的资源环境，来自基础的制度文化，来自长久以来的历史积淀，来自师生共同的价值观和目标。好的制度文化像一只无形的手，虽看不见，却能让师生感受到其存在。教师、管理服务人员、学生身处其中，建设完善、学习掌握与遵守落实规章制度的同时，也是开展教育教学活动、完成教育目的的过程。但是，部分高校在制定学校章程、制度时，往往以国内外同类型高校制度为参照，而较少深入师生，了解本校管理工作实际，导致制定的制度存在普泛化倾向，可操作性弱，甚至出现学校制度与学校文化，如"四风一训"等存在不一致现象，进而导致学校制度管理落后，制度文化建设滞后。以校园文化为依托的制度文化建设，扎根基层，构建切实可行，有利于规范全体师生言行的制度文化，才能保证学校文化育人落实落地。

民办本科高校作为一种特殊的社会组织，具有公益性、盈利性、知识性复合的特性，其文化建设充分整合这些特点，呈现出既适应自身发展，又能服务于区域经济社会发展。通过构建系统完善的制度文化，增强师生凝聚力、向心力，使得全体师生对于团结奋斗，共同为学校建设发展目标努力的认同感得到强化，使学校整体的文化氛围、工作氛围、学习氛围更为和谐，在共同学习、共同遵守的"同化"过程中增强师生内心的归属感，调动其主观能动性，发挥其创造性，并将这些积极因素转换为教学、管理、学习的自觉性，实现群体作业最大协作效果，形成强大凝聚力，最终转化为学校制度建设的价值效益，促进学校可持续发展。

（2）规范言行，提升综合素养。文化是信仰、道德、习惯、艺术等的复合体，在传播与接受过程中，起到塑造品行的作用，强调人的社会属性。这种传播与接受既来自静态固化的价值理念、社会科学知识，也来自动态形成的行为习惯以及人际关系处理哲学等。高校制度文化便是在动态过程中，影响师生品行，塑造体现高校个性的"文化人"。民办本科高校文化有显著的规范作用，系统完善、内蕴独特、指向明确的制度文化是通过将实践中创造的行之有效的经验以制度形式固化下来，转化为大学文化的载体，约束全体师生的日常行为，规约师生思想观念，使之所思所想所为符合高校整体文化价值取向和学校设置标准，引领校园文化建设与师生行为。

高校制度文化建设植根于基层，作用于基层，渗透于师生学习、工作、生活、就业乃至于创业的方方面面，于日常教育教学和管理服务中对师生产生无形的规范和教育作用，使大家自觉自愿地遵从学校各项制度规定，认同学校管理理念，使自己成为一个具有良好品行和独立思想的人，促进学校政令通达，逐步形成以质量为核心的大学文化。相对于精神文化，制度文化以其明确的导向性、量化的指标，告诉教师和学生可以做什么，不可以做什么，做过之后会有怎样的后果，进而规范教师教学行为、规范学生学习行为，让教与学处于学校整体规划规约的范畴之内，使学校的教育、管理、服务得以规范，教学质量得以推进，学生的学习成效得以提高。

（3）建章立制，提升管理效率。以文化建设提升管理水平，是从价值层面的引领来实现的，是改变官本位、学术服务行政的现象的内在要求。部分高校在人事组织机构设置上受政府行政部门影响，行政机关冗余、行政人员人文素养较低、制度化的管理愈发机械化，它导致人们人满为患，浪费资源，不符合民办本科院校转型的发展需要。通过文化重塑，凝聚来自师生的价值观、发展目标，形成学校特色文化，反而继续影响师生，在师生个体价值言行与学校整体文化互动形成过程中，实现个体发展与学校发展相统一，实现个体计划与学校规划相统一。通过系统的制度建设，改变各单位相互掣肘、推诿工作的现象，将学校统一的核心制度理念以规定的形式融入教育教学和管理服务过程中，体现在具体的管理要求、教学环节上，落实到具体的单位和个人上，整体规划学校各项活动，让教学、管理、娱乐相得益彰，让教务、科研、人事、二级学院等各司其职，像一条无形的线统揽学校各项工作，统筹安排各部门职责。民办本科高校制度文化建设可多借鉴企业制度文化建设，体现效益，追求质量，减少资源浪费，促进管理，更好地为教学服务。

相对于公办高校，民办本科高校因其自主性，更容易形成制度文化建设优势。民办本科高校的制度建设是以学校的顺利运作为导向，借鉴企业和事业单位的管理模式，取其优长，探索现代大学制度，形成符合本校校情灵活管理机制和系统规范的制度标准体系，为发展速度和发展质量提供保证。

3. 打造物质文化，陶冶师生性情

（1）开展特色活动，提升综合素质。开展特色的学生活动等在无形中陶冶学生情操、净化他们的心灵，提升他们的审美能力和审美素养。

（2）打造特色建筑，熏陶师生性情。物质文化展示着大学特有的精神内涵，增加和活跃着校园中的人文艺术和科技氛围。山东协和学院力求校园环境与人文精神体现出特有的文化底蕴，精心把学院办学理想、办学理念和制度规范，具象地展现在校园内部各个空间，形成浓厚的校园文化教育氛围。如学校主体建筑采用红、白、灰三种主色调，寓意传统文化与现代文化的碰撞、融合与发展；精心设计和建造的九个主题公园，以及明德广场和义湖，突出了传统文化和民族精神的精髓……整个校园，文化景观、特色标语、走廊教育格言等都包含着大学文化，使师生们能够享受文化之美。

民办高校对物质文化建设抱有很高的热情，学校的硬件设施逐步完善，为提高整体文化素质提供了基础条件。投入资金进行硬件设施建设，校园环境优美、教学楼整肃、教学设施先进、生活学习条件优良，除此之外，充分利用外部条件进行湖泊、假山改造、注重绿化，整体布局合理、色彩明丽，现代化的大学校园风貌符合年轻人的审美，吸引了很多学生和家长。重点加强优势学科专业实验实训中心建设，为学生实践学习提供了客观条件，形成学校独特的发展优势。

大学是一个具有独特功能和文化属性的文化组织。高等教育是通过文化启蒙进行文化教育的过程，它实现了人的能力、素质和精神境界的全面文化提升。各高校通过营造独特的文化环境，为文化管理提供动力，为学校人才培养提供内驱力。不同高校的文化有其独特的内涵，纵观国内外顶尖大学，它们都有自己独特的大学文化。民办本科高校具有独特的地方和地区利益，其大学文化建设必须被视为建立正确大学文化理念的基础性、战略性和前瞻性的重要工作。积极实施大学文化战略，不断赋予大学文化和时代精神新的内涵，积极构建以人民教育为核心的全员参与和深层次的大学文化；要认真把握大学本身条件，确定文化建设内核，形成文化特色，不断提高内部凝聚力。扩大外部影响力，提升核心竞争力，实现民办本科高校健康、协调、可持续发展。

高校文化建设以渗透的形式产生长远影响，逐步发挥品牌效应，扩大高校影响力，为学校的发展获取更多资源，提高人才培养质量，增强学校的综合竞争力。

第三节 民办本科高校转型发展模型构建及机理分析

前期研究根据组织发展理论及高等教育理论，结合当前教育领域的政策文件、外国应用型大学发展模式，推导出民办本科高校转向应用型的五个一级要素，即领导变革、资源配置、结构重组、教学流程再造、文化重塑；在一级转型要素的基础上，通过德尔菲法遴选出了多个二级要素，并论证了各个要素在民办本科高校转型发展过程中的作用。根据前期研究遴选的转型要素，下面构建民办本科高校转向应用型的模型并对发展机理进行分析，以进一步梳理各要素之间的关系，为民办本科高校的发展奠定理论基础。

一、模型构建

本研究在组织发展理论视域下，对民办本科高校转向应用型的要素进行了分析，运用德尔菲法、李克特量表，对转型要素进行了反复论证。转型要素主要包括五个一级要素：领导变革、资源配置、结构重组、教学流程再造和文化重塑；这五个一级要素分别又包括相应的二级要素。对于民办本科高校转型而言，每一个要素都不可或缺，并且所有要素的整体联动与优化整合才能起到更为有效的促进作用。只有这些要素发生相互作用、形成系统结构或转型结构，才能加强民办本科高校内涵建设，切实转为应用型。以组织发展理论为指导，梳理这些转型要素之间的关系，构建民办本科高校向应用型转型发展模型（见图4-1）。

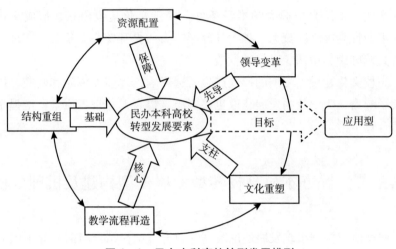

图4-1　民办本科高校转型发展模型

二、机理分析

民办本科高校的转型目标是应用型，不同要素在高校转型发展过程中都起着重要作用。领导变革是民办本科高校转向应用型的因素之一，在民办本科高校加强内涵建设，实现应用型的过程中起先导作用。领导变革包括办学理念、办学定位与战略规划等要素，树立正确的应用型办学理念，做好战略规划，才能引领后续的改革转型工作。资源配置是民办本科高校加强内涵建设，实现应用型发展的保障，只有人力资源、物力资源、财力资源、信息资源得到合理的利用，才能为民办本科高校的教学活动改革提供各种保障性支持。通过机构调整与学科专业建设实现民办本科高校结构重组，有助于重新调整民办本科高校内部职能部门及教学单位的功能和作用，是民办本科高校转向应用型的关键。教学流程再造是民办本科高校加强内涵建设，实现应用型发展的核心，再造过程即对人才培养方案进行重新设计并不断更新设计内容，包括应用型人才培养方案过程中的活动内容、技术方案以及特殊方法等，不断改革、创新、探索、尝试新的人才培养模式，构建应用型课程体系，构建实践教学体系，再造过程必须建立在强化专业实践的基础上，为民办本科高校转向应用型提供专业标准与技术支持。文化重塑是民办本科高校加强内涵建设，实现应用型发展的支柱，大学文化能够提升民办本科高校的软实力，巩固高校的学风、校风，具体而言包括建设精神文化、制度文化和物质文化三个方面。

领导变革、资源配置、结构重组、教学流程再造和文化重塑是民办本科高校深化内涵建设，切实实现应用型的关键要素，这些要素之间存在着直接的互动关系，相互促进也相互制约。领导变革、资源配置、结构重组、教学流程再造和文化重塑的关系是复杂的，一个因素的任何变化都会导致其他因素的变化，这些因素之间存在着多种形式的相互作用。

民办本科高校转型发展模型的建立能够更直观地展现转型要素在深化内涵建设，切实实现应用型过程中的作用，对于转型机理的分析可以更清晰地表达各种要素之间的关系及相互作用，为民办本科高校的转型发展奠定理论基础。

第五章

民办本科高校转型的案例分析

　　地方本科高校向应用型高校转型受到了政府的高度重视。作为地方普通本科高校的重要组成部分，民办本科高校积极响应国家号召，为培养社会需要的应用型人才大力促进转型发展。目前，部分民办本科高校在转型发展道路上取得了显著的成绩。本章以在转型发展中取得显著成效的 3 所民办本科高校为样本，其中山东省样本院校荣获中国民办高校 50 强院校称号，湖北省样本院校获批湖北省首批转型发展试点院校，河南省样本院校获评河南省首批示范性应用技术类型本科院校，通过分析其转型的典型经验为我国民办本科高校转型发展提供借鉴。

第一节　山东省样本院校转型发展的典型经验

　　该样本院校是中国民办高校 50 强院校，办学成绩显著，受到社会各界的广泛认可和高度评价。升本后学校及时推进战略转型，获取了优秀的成效。考察其转型历程，主要经验在于明确学校定位、构建特色专业集群、创新人才培养模式和合理调配资源等。

一、明确学校定位与理念

　　学校升本后，确立了"创建合作成长联盟"的战略定位与"合作、发展、共赢"的管理理念。重视学校与地方、学校与企业、学校与学校、学校与科研院所间的紧密合作，特别是行业、企业和科研院所，强调学校与区域经济、社会的协调发展。与多家企业和科研院所签署合作成长战略联盟，实现了学校与企业、行业的无缝对接，最终构建出了"三个多元化"平台，即"多元化合作主体、多元化协作团队和多元化运作模式的教育、科研、服务一体化创新平台"。

（一）确立学校定位

学校遵循我国高等教育的发展规律，传承优秀文化，结合国家和山东省社会、经济发展的需求，客观认真、实事求是地分析学校的特色条件与潜力，确定了科学合理的办学定位，即学校是以理、工学科为主，协调发展理、工、管、文、教育等学科，持续优化学科专业结构，培育优势学科专业的应用型本科高校。学校以应用型本科教育为主，辅以高职教育和继续教育，积极发展研究生教育，基于社会需求，立足地方，依托行业，辐射全国，服务山东，为企业生产一线培养高综合素质、强创新能力和实践能力的应用型人才。

学校为了更好地适应国家及山东省经济社会发展需要，依据国家和省发展规划，结合学校实际发展需要，对学校定位、办学理念和发展目标制定了合理的规划。规划重点部署了学校发展的首要任务：第一，办学保障。稳定办学规模，拓宽办学渠道，增强办学实力，完善教学质量保障体系和教学制度体系。第二，师资队伍。建设一支掌握高等教育规律、创新教育理念、结构合理、重视教学水平与实践能力提升、素质高、德才兼备的师资队伍。第三，学科专业建设。打造优势学科，重视继续教育发展，优化学生能力培养体系，实现特色发展。第四，科研工作。重视科研合作与交流，更新图书文献资源，加强重点学科、特色学科和实验室、实习实训基地的建设，提升教育信息化水平，培养科研团队，重视大学生科技活动，坚持科研服务教学、科研服务经济建设。

（二）更新办学理念

学校通过研讨会的形式，逐步完善办学理念，先后开展了3次全校性的教育理念研讨会。第一次研讨，主要是围绕学校如何实现"由专科向本科转变和单一教育向综合性转变"展开。研讨会提出，当前的主要任务就是转变教育理念。第二次研讨主要是围绕修订和完善学校的发展规划及目标纲要，经过研讨，学校就发展规划，特别是学校的发展定位、战略、目标等达成共识，为学校的转型发展奠定了思想基础。第三次研讨最终明确了现有的办学理念，即"以本为本，以质为本，以生为本，务本创新，建设有特色的应用型本科院校"。

学校坚持党的教育方针和社会主义办学方向，全面开展素质教育。坚持以德治校和以人为本，以培养应用型人才为首要任务，坚持"应用性、服务性、学术性"相统一，以"巩固、发展、深化、提高"为路径，依托地方，服务经济，特色发展。学校在办学实践中坚持"围绕一个中心、协调两个发展、强化三个观念、做到四个坚持和抓好五项建设"的"一二三四五"办学思路。"一个中心"即以培养应用型高素质人才为中心；"两个发展"即区域经济发展和学校发展；"三个观念"包括本位观念、强校观念和发展观念，本位观念指以本为本、务本创新的观念，强校观念指质量立校、人才强校的观念，发展观念指科学发展、特色发展的观念；"四个坚持"包括坚持质量、坚持稳定、坚持发展和坚持改革，质量是学校的生命线、稳定是保障、发展是主题、改革是动力；"五项建设"指学校基础设施建设、制度建设、三风建设（校风、教风和学风）、学科专业建设和师资队伍建设。

二、构建特色专业集群

专业集群的概念最初来源于高等职业学校的研究和实践。2006 年教育部与财政部联合发布的意见中第一次提出"专业群"的概念，并明确提出国家示范院校中的 100 所高等职业学校至少要建成 500 个"专业群"。建设专业群就是要对学校的特殊专业或者是相关专业进行优化设置，实现师资、课程和基地建设等资源共享，从而提升学校的办学水平和整体实力。专业集群则是基于产业集群提出的概念，是指为了满足产业集群中某一产业链或岗位群的需求，学校确定与产业链高度关联的专业为核心专业，并融合发展与其相关相近互补或具有内在联系的专业，实现资源优化配置的一个有机集合。构建专业集群的依据主要是产业链与岗位群，产业链的思路影响着专业集群的专业选择，即依据产业链的思路选择专业集群的核心专业及与其有机联系的相关专业；岗位群的思路影响专业集群的岗位选择，即依据岗位群的思路确定专业集群内部层次分明、相互支撑的关键岗位、次要岗位和边缘岗位等。2014 年 12 月教育部提出提高人才培养质量，满足人才培养的需求就要完善专业结构和专业布局，进而提高专业和人才培养的契合度。教育部重点强调要参考《产业结构调整指导目录》来完善专业结构和专业布局。专业结构的调整主要是"缩、改、促"即减少甚至取消设置限制类和淘汰类产业相关的专业；改革建设与传统产业相关的专业，重视传统服务产业的低碳化、智能化和高端化发展；促进区域经济社会发展急需的鼓励类产业相关专业和新兴产业相关专业的发展。"优化"专业布局主要是"动态、对接、协同"，即构建人才需求预测与专业设置动态调整机制，形成与区域产业分布形态相一致的专业布局；专业群紧密对接经济带、产业带和产业集群，适应经济社会发展需求，逐步构建区域间协同发展机制。

学校依据 2006 年、2014 年颁布的政策要求，积极构建特色专业集群，主要是通过"改旧—增新—集群"对学科专业进行整合优化。"改旧"主要是指改造与行业发展不相关或者相关性小的传统专业，拓展应用型和特色型方向；"增新"是指增设和发展适应区域产业需要的有就业优势的专业；"集群"主要是优化整合密切关联的相关专业，构建与地方产业链合理对接的专业群。学校对学科建设采用评估考核制度，对于新的学科专业，增设的唯一标准就是能够满足地区经济社会发展的需要；对于新建的学科专业，由于成立时间短，前期基础相对薄弱，学校会集中精力扶持，以培育出新的亮点；对于不能满足区域发展需要的学科专业，学校坚决改革，以优化学科结构与专业结构。

（一）厘定学校专业集群建设原则与特色目标

学校秉持"聚集资源，突出重点，培育特色"的专业集群构建原则，通过发展与地方支柱性产业、战略新兴产业密切相关的专业，带动集群内的其他专业，形成错位发展、优势突出的特色化专业集群。进而以专业集群对接区域产业链，对接技术创新链，在专业集群内汇聚优质资源，形成"多元联动，群链联通"的建设特色，最终以特色专业集群支撑学校内涵建设的不断深化。

（二）优化学科专业结构

学科专业建设是本科高校转型的核心任务。样本院校在转型发展过程中着力加强专业建设，具体包括定期修订人才培养方案、开展专业评估、完善核心专业的建设制度、出台专业带头人管理制度等，加强了学科专业建设。

第一，学校以"链群对接、整合专业、突出特色、重视应用、提升质量"为学科建设基本思路，按照社会科技进步需要改造老专业，推进专业的应用性和特色化发展。如外语专业调整为商务英语专业和旅游英语专业，凸显专业的应用性。

第二，学校紧紧围绕区域主导产业与战略性新兴产业增设新专业，并以与区域经济密切相关、利于就业的新兴专业为发展重点，为服务地方经济发展做出贡献，如增设康复治疗学、财务管理、软件工程、工程造价等新专业，确保人才培养与区域产业的合理衔接。

第三，构建专业集群，确保学校内的专业群能够有效对接区域产业链。学校整合了相对具有优势且关联度较高的专业，形成了四大重点发展专业集群：经济管理类专业集群、信息技术类专业集群、文化艺术类专业集群和土木建筑类专业集群。具体的构建措施是：对于能够直接对接产业行业的专业如管理学、工学、农学、理学等先进行改造，按照产业行业需求开展校企合作与产教融合；对于不能直接对接产业行业的专业，如中文、艺术、政史类专业，则注重其专业内涵建设和学生专业核心能力的提升；对于体育、学前教育类专业，则强化实践教学环节，重视学生解决实际问题的能力培养；对于外语类专业，则结合具体专业，如旅游英语进行重构，以提升学生的实际应用能力。

到目前为止，学校应用型专业已占专业总数的85%以上。学科专业结构的优化推动了学校办学模式、办学基本条件建设、师资队伍建设的转型，可以说，样本院校的成功转型，离不开学科专业结构的优化调整。

（三）完善特色专业集群建设的保障机制

为保障特色专业集群的顺利构建与实施，学校建立了相应的六项保障机制：专业调整机制、合作对接机制、校企共管机制、招生与转专业机制、项目推进机制和改革机制。专业调整机制，即对专业集群内的专业进行动态调整的机制。学校依据"先入群，再调整"的基本原则，先将所有专业纳入专业集群以满足产业链的需求，再在集群建设过程中按照区域产业对人才需求的变化，淘汰与区域产业链关联度不高的专业，增设与产业链需求相关的新专业并纳入专业集群，不断调整集群内的专业与专业方向，推进专业集群的优化整合；合作对接机制，即校企合作机制与群链对接机制。校企共管机制，即学校与企业共同管理二级学院的机制，如以专业集群为基础的校企合作、产教融合的应用型人才培养机制，包括特色学院、行业学院与产业学院等；招生与转专业机制，主要是为了推动分大类招生与相对自有灵活转专业制度的改革；项目推进机制，主要是与重点专业集群建设相关的项目的申报与立项管理机制，通过参照工程类专业的认证标准以及高校评估和专业评估的要求，做好专业集群的内涵建设；改革机制，主要是推动专业集群内的管理体制改革，确保管理体制与专业集群建设和相关改革相匹配相一致。

三、创新人才培养模式

学院依据应用型人才培养的理念和目标，以专业调研为基础，在企业行业参与和支持下，创新人才培养模式。首先，学校在满足企业需求，培养学生能力的基础上，优化人才培养方案以反映学校应用型人才培养的理念，培养学生的实践能力，构建满足企业职位需求和学生发展规划的创新型人才培养模式；其次优化课程体系、强调通识课与专业课的贯通，重视第二课堂和实践教学；最后完善教学内容、教学方法和方式等，重视多样化教学方法和考核方式，如线上线下混合式教学讨论式教学、模拟教学等，突出学生的中心地位，培养其自觉学习和实践应用的能力。

（一）优化人才培养方案

树立发展的理念和前瞻的意识，基于社会和行业岗位能力需要，优化人才培养方案。首先，确保人才培养方案的科学性，与当地的物质条件和社会发展状况相结合。其次，与市场需求相衔接，灵活地结合当地市场对专业人才的变化需求优化培养方案。与此同时，对于毕业生的就业状况，及时、细致的分析，并以自己的方式合理调整其内容，注重分析的结果，将它作为本专业人才培养方案设置及其结构调整的依据。

（二）改革课程体系

为了与社会实际需求相联系，适应将来就业企业的实际需要，学校对课程体系进行改革。通过调整课程设置，增加实践教学的比例等，实现理论与实践的有机结合。重视学生理论知识学习的同时，强化实践学习，学生只有掌握了扎实的理论知识，才能更好地开展实践学习，进而提高其社会适应能力和创造能力。

课程体系主要包括课程名称、课程属性、课程类别和课程结构等。课程体系的构建受人才培养目标与模式的影响，不同的培养目标或培养模式，其课程体系的构建方法与结构也不尽相同。因此，确定课程体系需要依据专业人才培养的规格和培养目标。即课程体系的确定首先要分析本专业的人才培养规格和培养目标，然后依照培养要求层层分解人才培养目标，确定每一个子目标，并对应子目标设置相应的理论课程、实践课程和课外活动，最终形成有机联系的课程体系。具体操作如下：第一步，分解培养目标。即按照素质要求、知识要求和能力要求将专业人才培养目标分解，整合为目标体系。第二步，细分阶段性目标。即在明确人才培养目标体系中素质、知识、能力地位与作用的基础上，将目标体系细分为阶段性目标：专业性目标、拔尖性目标和延伸性目标等。其中，基础性目标是专业的基本要求，提高性目标主要是在专业基本要求之上有较高的深度和难度要求，拓展性目标是超出专业基本要求的横向拓宽，是对学生素质、知识和能力的扩展性要求。通常情况下，第一个阶段性目标是必选目标，而后两个目标是选择性目标，学生可以根据自身需要自主选择。第三步，设置课程体系。即确定课程的名称、课程的性质（必修课或者选修课）、开课的学期、课程的学时、课程的学分、课程的内容以及教学的基本要求等。值得注意的是课程设置过程中要根据培养目标的层次，分层分类划分，是提高性的还是拓宽性的，要做到清晰明了，以便于学生选择，实施因地制宜，从而达到促进学生个性发展的目的。

学校改革课程体系主要从以下几个方面入手：扩大选修课比例、提高实践课程比重、有效衔接第一二课堂和创建实践平台等。

1. 扩大选修课比例

为满足学生不同的兴趣爱好，学校在保证学生学习基础知识的基础上，扩大了公共选修课和专业选修课的比例。如为了满足学生对创业活动的好奇心，学校开设了相关的选修课程，允许大一新生按照学院或者系别参加，这样既培养了学生的创新意识和创业理念，也为学生参加各级大学生创新创业训练计划竞赛储备了人才。另外，学校对于创业类选修课程采用"平台＋模块"的两段制模式，并将课程内容融入基础课程中，增加了课程内容的灵活性，提升了学生的学习主动性，培养通才的同时，重点培养专才，实现了人才培养的多样性。为了实现人文学科与自然学科间的互通互融，学校开设了多门跨学科的综合性选修课程，以期提高文科学生的科技素养以及理科学生的文学素养。同时学校非常重视各专业的职业培训，开设了相关的选修课程，以提高学生对工作环境和工作岗位的适应性。

2. 提高实践课比重

高校在设置课程方面传统的做法是为考试打基础，课程内容以理论为主，知识陈旧，且难以转化为实践操作项目，无法实现培养应用型人才的目标。学校改革传统的课程设置方案，强调学生创新意识与实践能力的培养，重视专业技能的训练。为此，学校提高了实践课程的比重，并强化了对实践课程的考评。学校在现有课程方案的基础上加入了实践性较强的课程，如增加实验学时、延长实习时间、重视毕业论文或毕业设计、赋予社会调查和课外科技活动一定的学时等，通过合理分配实践课程的学时比例，为学生提供足够的独立思考、动手操作与实践应用的空间，进而实现实践教学的目的。另外，学校增设了多门技能操作课程，重视学生解决实际问题能力的培养。

3. 合理衔接第一二课堂

学校在改革课程体系过程中，打破了传统专业课程间的隔阂，通过开设第一课堂和第二课堂，将专业课程内容科学合理地衔接起来，延伸第一课堂的内容，合理融合第二课堂的内容。在学习了第一课堂知识的基础上，学生可以开展更广泛的应用，更好地解决实际问题，发挥实践活动对理论教学的引导、推动和检验作用。利用第二课堂，学生可以增加自主选择的空间，养成主动学习的良好习惯，对学生完善自身知识结构、拓宽知识面、提升实践能力、发展个性及激发创新创业潜能有积极的影响。

（三）完善教学管理与评价

科学的教学管理与评价是人才培养模式创新的重要保障。样本院校通过完善教学评估体系与建立多元化的考评方式，促进人才培养质量。

1. 完善教学评估体系

高等教育的首要任务是培养人才。教学质量决定着人才培养的质量，高等学校的关键工作就是如何提高教学质量。教学质量的提高离不开教学评估，教学评估在评价和监督教学质量的同时，能够保障和提升教学质量。因此，学校首先分析外部市场环境，在了解企业人才需求和就业形势的前提下，逐步优化人才培养目标；然后强化理论教学、实践教学、第二课堂活动和校外市场环境测评等教学过程的管理，以提高应用型人才培养的质量，提升教学管理水平。

2. 建立多元化的考评方式

合理的考评方式能够检验人才培养的质量。因此，学校高度重视对学生考核方式的多元化。高校传统的考核方式主要是期末考试，以学生考试成绩评判其学习质量。这种考核方式的优势就是科学、严谨，但其弊端也是显而易见的，如平时不努力的学生可以通过考前突击或者准备小抄取得好成绩；还有的学生为了应付考试，放弃自己感兴趣的事情，压抑自己的创造性思维等。为了消除传统考核模式的弊端，学校构建了能够满足应用型人才培养需求的集讨论性、开放性与综合性为一体的多元化考核评价模式。如实践考核，即指导学生参与实践环节，关注其在实践过程中的知识运用情况、创新能力的展示情况等；平时表现综合考评，主要是关注学生在课堂上的表现，包括主动演讲、报告、提出疑问情况，回答问题情况以及能否提出创新性观点等，针对学生综合表现进行评价，考察其知识、素质与能力的综合情况，促使学生在注重学习的基础上关注自身创新性思维方式和能力的培养。

样本院校结合学校特点与学生特色构建的多元化评价体系能够对学生进行综合性考核，其考核方式与评价标准均要求多样化，满足了学生个性化发展的需求。这种考核体系以学生全面发展并适应市场人才需求为根本标准，强调理论知识的同时，关注学生的综合应用能力，包括实践能力、发现问题的能力、分析问题的能力以及最终解决问题的能力等。

四、合理配置资源

合理配置资源包括打造双师团队，构建创业平台和开展国际合作。学院重视师资队伍建设，以自有教师提升和企业专家聘任等内外结合的多渠道方式打造双师团队，坚持专家治学。校内教师的培养实施名师化、双师化、硕士化"三化"人才工程，主要通过实施两个计划：一个是每年分批有计划地选派百名专业任课教师和实验人员到合作单位实践学习，时间不少于3个月，并将顶岗实践经验纳入职称评聘考核中；另一个则主要针对学校骨干教师开展的培训计划，以拓展教师的创意空间，提升其实践创新能力。校外专家的聘任主要通过"双聘人才引入计划"，即从企业聘请各行业专家进校开展讲座、培训和交流，既作为兼职教师进课堂也作为指导专家参与学校创新型人才的培养。学校以"专业、行业、企业、职业四位一体"为指导思想，构建出创新创业园区、校外实习实训基地和学生创业孵化基金相互补充、相互支撑的创新创业平台。另外，学校与多个国家和地区的高校合作办学，吸引外籍教师入校任教，同时鼓励本校教师出国培训交流，实施开放式办学。

（一）打造双师素质团队

1. 激发教师自身提升双师素质的动力

组建双师团队需要学校与教师双方共同努力。学校方面，主要是加强对教师的引导，使其正确认识对双师型教师的要求，即教师在从事同时具有高等性与应用型双重属性的教育工作时，自身需要掌握深厚理论知识，还要熟悉本专业相应岗位工作过程的知识与技能，促使其重视双师素质的提升，并作为重要内容列入自身专业发展规划之中。教师方面，要正确认识双师素质，明确教师具备双师素质不是单纯的获得相应的双师资格证书，更需要具备相应的职业素养和职业能力，并能够将其融入日常教学中，以提高应用型人才的培养质量。从另一个层次上来说，要建立并完善评价体系和激励机制。教师双师素养能否充分发挥从很大层面上与评价体系和激励机制有关，所以应与双师素质的提升与工作业绩、年终评奖等挂钩。另外，要给教师充分的时间学习，只有先提升教师的职业能力，才能在师生互动、专兼互动中实现教学相长，为此需要将教师的日常教学工作与其岗位实践有机结合，包括课堂教学与岗位实践的结合、教学改革与岗位实践的结合、学生实习实践工作与岗位实践的结合等，以提升学生解决实际问题的能力。

2. 合理规划教师双师素质的提升

师资队伍建设规划的重要内容是提升教师双师素质，学校对此进行了系统规划和分步实施，其中最重要的是根据师资队伍建设规划来对不同层次、不同水平和不同类型教师的学习内容加以规划。专业任课教师，先了解其能力水平状况，然后有针对性地开设进修内容，以提升专任教师的能力水平；年轻教师主要侧重于掌握专业新的发展方向，如新的生产工艺、新技术或流程，了解企业内部文化，熟悉企业内部管理和相关专业岗位的工作特性等实践内容；而骨干教师与专家则主要侧重于课程的开发和培训等方面的实践内容，如实训课程开发、专业技术研发和对企业员工开展专业理论知识培训等。学校教学质量的提升离不开双师教师，因此提升双师素质是学校所有教职员工，包括专业任课教师、实验教学人员、各级行政管理人员、聘任的兼职教师等的基本职责，只有全校教工都成为双师型教师或者具备双师素质，才能真正提升教师的教学水平和学校的教学质量。除此之外，学校对双师素质提升模式也进行相应的研究，探索并形成了基于教师专业成长的 3 种提升模式，即阶梯性行业实践提升模式、进修学习实践提升模式和交流访问实践提升模式。

3. 做好提升双师素质参与主体的分工与协调工作

首先，在开放的系统中进行并完成学校教师双师素质的提升，这并不仅依靠学校，还需要政府、企业和教师个人几方共同努力实现，并合理分工。政府方面要制定和完善相关政策制度，建立一批可以满足民办本科高校教师培训需要的实践基地；企业和学校努力为教师创造包括时间、交通和实践的良好条件；教师自身积极参加各种实践，提升自己的双师素质；然后，在参与主体间构建沟通协调机制，明确政府机构、行业企业、高校以及教师各自的职责。通过机制的建立，方便了参与主体在提升双师素质工作中的及时沟通，有利于问题的解决，同时也完善了学校、教师与外界主体的沟通制度，便于教师提升双重职业素养。

4. 重视双师素质的文化管理

民办本科高校师资队伍建设与管理的目标追求是，从强制性的制度管理到自觉性的文化管理，这也是专业教师双师素质提升的目标和追求。"以人为本"是学校建设的核心，以专业为基础进行教师队伍建设，以学生成长成才为目标制定教师队伍建设方案，立足于教师成长阶段设计教师社会实践方案，使教师职业发展与专业发展衔接贯通，在职业发展过程中不断培养和提升自己的理想、道德、工作情感以及教师责任感，在专业发展过程中，不断融入职业元素。同时，学校注重引导教师形成科学的教育理念与价值观，树立以学校发展为基础的教师专业和职业成长意识，增加教师参加社会实践的自觉性与责任意识，让教师在教育教学实践中明确认识民办本科高校的内涵，同时将知识重建、知识延伸和知识深化作为自身发展的内在要求，并将相关行为转化为自发自愿的行为。

（二）构建大学生创新创业孵化平台

学校与企业合作，依据"专业—职业—企业—行业"四业统一的建设布局，构建了大学生创新创业孵化平台，包括大学生创新创业园、科技文化街、科技产业园等。园区内有实践经验丰富的企业导师、先进的科技设备及优质的运营项目，形成了"学校建园，企业加盟，产教融合"的孵化模式。目前，学校已经投入使用了2.5万平方米的大学生创新创业园，已有40家企业入驻，园区内有70余个项目，进驻的项目均可与专业有效对接，一般一个专业对接1～2个入驻项目，园区可以同时为1000余个学生提供实习岗位和实训岗位，专业教师与学生都可以参加区内项目，并由企业导师和专业教师联合指导学生实习实训。另外，学校还积极与省内外企业联盟搭建校外实习、实训平台，目前已建成校外基地120个；学校设立了大学生创业孵化专项基金，每年投入50余万元资金，辅助大学生实现创业孵化项目。

（三）开展国际合作办学

1. 指导思想和培养目标

学校在与国际企业、高校等组织合作办学的工作中，始终坚持"以生为本"即"以学生为中心"的基本理念，特别强调要根据学生的专业与个人素质的特点，把自身具备的多元的、丰富的中外合作办学的核心优势完美地发挥出来，因材施教，因人施教。在此基础上，学校还确立了"以生为本"，要重视人在体系的建设当中发挥的作用。这就客观要求学校的管理者必须具备文化思维和人文情怀，即学校管理者在重视物质要素包括学校制度、管理信息、时间、学校设施设备等的同时，更要重视人的精神因素包括世界观、价值观、工作态度、情感关系等，进而构建思想与目标相统一的国际合作办学模式。

学校在开展国际合作办学的过程中，逐步对培养人才的目标加以明确，即培养具有广阔的国际视野和较强的英语语言交流能力、扎实的专业理论基础和基本知识以及对国外最新的专业知识了解和研究热点、能更好地适应未来国际"外语＋专业＋技能"竞争的应用型专业人才。

2. 办学模式

目前，我国高等教育与国际组织合作办学的模式主要有 3 种，完全型、兼容型和简洁型。完全型，指将与学校合作的国际高校的教学模式完全融入本校模式中，完全做到互通互融的一种国际合作办学模式。该模式的主要特点是：第一，学习精华，学校通过引入国际合作高校优秀的教学计划与教学大纲，前沿的教材以及完善的教学手段等方式，学习其教学精华；第二，扬长补短，聘请国际合作院校的骨干教师或专家来学校任教，派遣本校教师去一些合作机构进修；第三，引入方法，在本校教师授课过程中学习国外高校先进的教学理念和方法，并应用于课堂教学，开展双语教学。完全型办学模式推动了我国高等教育教学理念和教学方法的变革，提升了满足国际企业、市场需要的应用型人才培养的质量，同时提高了国内高校与国外高校的融合度。兼容型，是保留合作双方各自教学模式的一种合作方式，双方通过评估所开设课程，彼此认可课程学分，学生只要取得合作双方要求的学分就可获取两个学校的学位。简洁型，是一种"请进来，派出去"的合作模式，即一方面聘请合作院校的教师来学校任教，另一方面将学校专业教师和学生送到合作院校学习，以更好地借鉴国外先进的教学经验，实现国际化教学。

样本院校国际化合作办学模式以完全型为主，也就是在培养人才的过程中将本校的教学模式与国外合作高校的教学模式完全融合。首先，引入合作单位的教学计划、教学大纲、教材、教学手段、教学方法等。其次，推进中外双方教师的互换互访和交流讲学,即派遣中方教师去外方院校进行学术访问交流或进行师资培训,或聘请外方教师来中方讲课;以及交换留学生。最后,允许学生自主选择学习地点,可以在国内学校学习,也可以到国外合作学校学习,学生毕业以后可以同时获得国内高校颁发的文凭和国际合作学校颁发的文凭,双方学校的学分与学历均互通互融。完全型办学模式可以充分发挥中外高校各自的优势,便于国内高校更好地利用国际先进教育资源,进而满足学生接受国际教育的强烈需求;同时,融合型模式可以避免学生国外长期求学带来的经济压力,并缓解国内外文化差异带来的心理压力,使学生能够有效地接受中外混合教育,最终培养出精通外国语、融合中外文化、熟悉前沿专业知识的应用型人才。

3. 教学计划

在国际合作办学过程中,学校将学制4年的本科专业的教学计划分成3个阶段。第一个阶段,即第1学年,是英语强化阶段,主要是有针对性地练习听说读写,并不断强化,以使学生掌握足够的词汇量,以便适应第二阶段和第三阶段的基础知识学习和专业知识学习。本阶段的具体安排:第一,营造浓厚的英语学习氛围,促使学生自觉运用英语参与讨论、公开演讲和撰写报告等,不断强化英语练习,进而提升其英语交流能力;第二,让学生熟悉并掌握本专业相关的术语、词汇、基本概念和重点问题,为进一步提升学生英语水平打下根基,进而提升其专业英语水平;第三,让学生在利用先进信息化技术搜寻、整理、传达英语信息,用英语沟通的基础上,再将英语作为工具,解决日常生活中的英语问题,进而提升其结合先进信息化技术运用英语的能力。第二个阶段,即第2学年,是学习基础知识阶段,主要是通过学习让学生掌握牢固的基础知识,培养其获取知识的相关能力,本阶段由校内教师授课。第三个阶段,即第3~4学年,是学习专业知识阶段,主要是通过系统的学习专业知识让学生掌握熟练、牢固的专业技能,本阶段由校内教师英文授课和国际合作组织的教师进校授课。

4. 教学方式

依据学校自身特点,在与国际组织合作办学过程中,学校吸收借鉴了国际组织先进的教学理念和教学方式,重视互动教学,包括外教与学生的互动、中方学生与外籍学生的互动以及中外信息的互动等。

（1）强调中外师生互动。外籍教师承担了学校国际合作班的部分教学，英语是师生交流的共同语言，大多数课程采用英文原版的教材，外方教师主要以学生为中心的方式。注重提高学生的求知和创新能力，在教学过程中，除了借助多媒体技术 PPT 演示之外，还运用项目化、案例式、启发式、合作式等教学方式来培养学生的创新思维和深入思考的能力，增强学生在竞争与合作方面的认知。这也对学生有了一定的要求，学生不仅要有较高的听写能力，还要由被动变为主动，积极与外教进行互动，参与课余活动，在掌握基础专业知识、了解走在科技前端的农林经济管理的科学知识、感受和融进国际文化的同时，交流互动，合作互通，开阔了国际视野，促进学生寻找与搜集信息、解决实际问题的能力逐步提升。

（2）强调中外学生互动。合作办学强调的就是中外学生的互动，合作双方通过为学生提供足够的交流平台和交流机会，在提高其人际沟通能力的同时，培养融入不同文化的能力，让中外学生能很深入地了解其他国家的历史文化和风俗习惯，更有利于学生在不同学科专业之间进行交流与学习。

学校在国际合作办学过程中，主要通过学生互相访问学习的形式来增加中外学生的互动。比如，与马来西亚高校合作开展的"3 年本科 + 2 年硕士"的五年一贯模式、中国与加拿大开展的"3 + 2"本科合作办学项目和"2 + 2"国际实验班、与美国高校合作开展的培训交流、学术进修假期班等，让中国学生去外国的院校进行学习与交流。

（3）强调中外信息互动。在如今高速发展的信息时代，可以利用信息技术、计算机网络和相关平台在国际合作办学上共享各大合作院校的教学课程资源、师资资源与一些科研资源，这样不仅可以在时间上扩大互动还可以在空间上扩大互动范围。从而有利于对学生在学习中所遇到的问题及时加以帮助与指导，有利于教师获取一系列的反馈，方便开展有针对性的教学，进而呈现"三学结合"的教学模式，即一般情况下的集体授课教学、有特殊需要的针对性教学以及学生能够自行完成的自学。所以，学校在建立国际合作办学体系的过程中，采用互联网、移动通信等很多渠道一并实行的方式，真正实现"移动学习"，也就是通过使用众多移动工具或移动设施开展时刻学习，做到随时随地学习，进而实现双方教学信息的互动。例如，将 MSN、QQ 等交流与沟通平台作为教学工具，采用集群网技术，使各个班级分组分群建立，通过群或集群网发送信息和许多共享资料，并且提供协作交流的虚拟区域、呈现学习内容与记录学习过程的同时将交流平台作为管理课程信息的工具，通过网上的链接或者一些文献为教学提供学习的资源资料。学习者可以通过 QQ、MSN、We Chat 等交流平台获取教师所发布的资料或文件，从平台向老师发送作业或提出疑惑，参与师生发起的讨论活动，或者自己也可以发起某些问题进行讨论与学习等，从而真正构建跨国界学习与交流更具主动、反思、协作和开放等特点的教学模式。

第二节　湖北省样本院校转型发展的典型经验

该样本院校是湖北省首批转型发展的试点院校，学院以"扎根本省、作用国内、指向地方、满足企业"为办学方向，以培养应用型人才创办应用型高校为办学定位，围绕办学理念、专业设置、人才培养模式、师资建设等开展转型发展，取得较好成效。

一、确定应用型的类型定位

（一）更新办学理念

一方面，为引导全院师生转型发展的思想，定期聘请专家进校指导，举办培训班，开展学校转型相关研究和思想动员；另一方面，学院重视创新创业教育，提出"双创"理念，即"创新创业，服务社会"，通过"百家讲坛""创业大赛""大学生创业奖励（风险及投资）基金"等推进创新创业工作，成为首批省级创新创业示范中心和孵化中心。学院确定以"学生为中心、满足学生学习需求"为办学理念，以"区域性、对外性、应用性"为办学定位；明确了人才培养的目标、规格和模式，以"产学研用相结合"的模式培养"一专多能，有特长的合格人才"。

(二) 明确办学定位

明确办学定位是学校顶层设计的重要部分。学院两次党代会都明确提出"把我校建设成为在省内和全国有一定影响的特色鲜明的应用型民办本科高校"。学院办学的基本思路是：服务区域，依托实体，发展规模，优化组织，特色发展，优势办学。学院始终坚持建设应用型高校，培养应用型人才，并不断提升人才培养的质量与层次，以学生为中心，全面发展学生，促进其充分就业。重视改革，通过应用型人才培养模式的改革促进教学内容改革、教学方法改革以及实践教学的改革。重点建设师资队伍，包括教师引入机制建设、师德水平建设、教学能力和学术水平建设、科研团队建设等。教师的引入，坚持优先发展教师队伍，引进培养与使用并重原则；师德水平建设，主要是通过学校特色文化影响教师的价值观，提升师德水平；教学能力和学术水平建设，主要是重视教学改革、教师的社会实践活动以及科研情况；科研团队建设，主要是让教师明确自身发展方向。

二、加强专业建设

学院利用"双百工程"项目发放 1000 余份调查问卷，经过 3 轮研讨后确定增设"汽车服务工程"专业和"物流管理"专业，以更好地服务地方经济；同时，停止招收市场需求量有限的"材料化学"和"化学工程与工艺"专业的学生。在全面分析预测地区经济结构的基础上，为了区域可持续发展，契合专业与市场的对接度，学院划分出 5 个特色专业集群，进行重点培育，包括：经济与管理类专业集群、信息产业类专业集群、生物产业类专业集群、建筑行业类专业集群和装备制造类专业集群。

学院遵循应用型民办本科专业建设和课程改革内在规律与特有价值取向，坚持"办学以教师为本，教学以学生为本"，依据高等教育教学规律与人才发展的规律，在满足企业与社会需要的基础上，重视学科专业建设和人才培养的实践性与应用性，重新构建学科专业结构与人才培养模式，并通过与企业合作的方式深化专业建设，加强内涵建设，提高教育质量。

（一）凝练专业方向

学院加强专业链整合和专业群建设，力促突破重点，将有限教学资源配置在最能实现价值的地方；重组教学资源，对教学单位进行合理的归并、拆分、新设等，统筹学科、专业、师资、课程、教材、实验室等要素，把有限的人力、物力、财力运用在最能实现价值的地方，更好地促进学科专业建设整体效益的提升。学科专业根据实际办学条件，探索第二专业培养制度和与国外高等学校合作办学的新路子，真正做到将人才培养模式改革措施落到实处。第一，提升和改造传统优势专业。学院充分发挥教学资源充裕、办学经验丰富、专业师资力量强等优势，一方面积极改革，在保持传统学科优势的基础上对其进行改造，以带动新学科的发展；另一方面在积极调研的基础上对不适应市场发展需要的专业进行变革、合并甚至淘汰。第二，重点建设新开专业。通过积极调研，了解社会及企业对人才的需求，优化专业布局，对具备办学条件且能利用现有教学资源的新专业应重点建设，在教研经费上重点支持，特别是实验室建设应向新专业倾斜。

（二）优化专业布局

学院力求独具特色，错位发展，对接区域经济发展和产业结构升级需求，培养应用型人才。学院主动将专业建设纳入区域经济产业结构规划的大局中，从全局和长远发展的高度，把"服务地方、需求导向"作为学科专业发展的依据，以"贴近企业，建设重点，发展集群，提升整体"为基本思路，合理规划专业结构，科学建设，提高人才培养结构与产业结构的匹配度。学院系统审视并重组学科专业体系，优化教学资源配置，优先发展与扶持地方经济转型与社会发展的急需专业，结合学院的办学优势和地方经济特色，合理调整专业体系，形成"学科—专业—产业"系统产业链，实现专业建设与区域经济发展有效对接，反哺地方经济。

1. 优化专业体系

学院主动服务区域产业结构调整和转型升级，优化专业体系，完善专业调整机制，强调专业的互通互融，主动寻找新学科新专业的发展点，积极开发和发展与区域公共服务、主导产业及战略新兴产业密切相关的应用型学科和专业。调整专业结构的同时，学院重视专业资源的优化配置，通过开展专业专项改革，优化学科专业体系，确保学科建设与地方产业链、创新链和技术链的有效衔接，提升专业品质，突出专业优势，彰显专业特色，提高专业集中度以及专业服务区域经济发展、技术进步、产业升级和管理创新的能力。

2. 培育新兴专业

学院面向区域创新发展的新产业、新技术、新平台、新模式、新业态，立足于未来五年甚至十年地方经济与社会发展对专业人才的需要，拓展思路与视野，合理规划专业发展方向；在学科建设的基础上，培育适应社会发展需要的专业；重视提升新兴特色专业的比例，科学调整教学资源，优先配置特色专业，逐步把新兴优势专业打造成学科特色专业。

3. 构建专业集群

学院依据地方产业的结构、布局及发展需要，考虑自身实际情况，构建了与地方产业密切衔接、基础知识相关、专业内容紧密联系、互补互融、组织合理、涵盖性强、重点专业突出的特色专业群，形成了"双对接"的特色专业发展模式，即专业链与产业链对接，专业群与产业群对接，特别是专业群与产业群的对接，提升了二者的融合度，实现了群内各专业的优势互补与资源共享，以及专业与产业的互惠互补、互相支持和协同发展。

三、深化课程改革

学院紧跟国家战略性宏观调整，紧密结合地方经济发展需要，真正将应用型人才培养与社会需求相融合。在充分考虑人才培养周期的基础上，学校适时、适度地调整课程目标、课程内容及课程体系，科学、灵活、系统地引入与专业相关的最新知识、技术、方法、工艺等，优化课程体系，适应学生个性化发展的需求，提升学生综合素质。学院还把培养应用型素质人才置于课程改革的核心，构建以提升学生技术应用能力和创新意识为核心的课程体系，促进学生全面发展的同时突出个性化，满足社会及企业对人才的需求。

（一）重构课程体系

学院依据本科人才培养要求，突出应用型人才特征，参照国家通用标准和行业培养标准，研究制定学校培养标准。学校在广泛开展行业调研、校友调研，了解毕业生岗位分布和从业能力要求的基础上，依据从业知识能力要求，设置与职业标准密切对接的课程体系。为突出应用型人才的培养特色，学校在课程设置和实践设计环节联合了企业专业和教育专家进行科学论证，形成了素质培养、理论学习与实践教学并重的"三位一体"的课程体系，并强调素质培养以德育为先，理论学习以应用为本，实践教学以能力为核。学院深化课程的模块化改革以及课程教学方式方法改革和考核方式改革，增强教学吸引力；按照应用型人才培养目标定位，根据专业所面向的特定"服务域"，对学生职业能力、创新创业能力、人文素质、职业素养等因素进行深入研究，深入剖析专业核心科目间的相同点和区别，明确各课程之间的依赖关系，系统设计和构建由通识教育、专业教育、创新创业教育形成的培养应用型人才的"3＋N"课程体系，"3"指3个平台，即通识教育课程平台、专业教育课程平台和创新创业教育课程平台；"N"是实现分流培养的"模块"课程组合。学院依据专业的基本能力标准和行业能力标准，确定人才培养的标准和能力要求，整合教学内容，形成教学模块。同时，学院强化课程标准制定工作，使课程标准更加具有导向性和可操作性，确保专业课程的整体性，避免更换教师或变更教材对专业整体教学质量的不良影响，实现由知识输入向能力输出教学范式的转变。

（二）重组课程内容

学院以应用型人才培养为目标，通过平台搭建与模块设计，处理不同类型课程之间的关系，包括学科间的课程、基础与专业课程、必修与选修课程、课内与课外课程等，强化课程间的逻辑性和结构合理性，使各类课程相互融合成为有机整体。学院的专业课程体系的设计与课程的教学设计应实现无缝对接，形成联动互通的整体，并对各个课程的整体设计与单元设计进行反复讨论和修改，制定最适合学生的课程教学内容。任课教师积极配合课程实施条件的建设，深入分析毕业生就业岗位，以岗位所需的关键能力培养为导向，制定课程标准，准确把握"三层目标"（专业培养目标、模块教学目标、课程教学目标），按照"强化核心课程、整合一般课程、删除过时课程、开发新型课程"的基本思路，强化专业课程（包括专业基础课程、专业核心课程和专业特色课程）建设，重点关注课程内容与岗位需求的适应性以及课程内容的应用性。为此，学校主动引入行业技术标准和职业标准，并将行业核心技术、企业真实任务和案例转化为课程内容，与企业合作开发教学课程，提高了学生的岗位适应能力和职业素养。

（三）开发课程教材

学院重视专业核心课程与实践课程的教材开发和建设，以"双联合"与"双整合"为基本思路，开发突出学生能力本位的优秀教材。"双联合"指校校联合与校企联合，能够有效地整合优质资源，确保教材内容的不断更新；"双整合"主要是指理论知识与实践经验的整合、专业标准与职业资格标准的整合，能够确保学生理论知识运用与动手实践能力的有效结合。教材的开发包括专业课程教材开发与配套教材开发两个方面：对于专业课程教材，学校主要是聘请企业或行业内的一线技术人员与校内专业教师合作，结合专业要求的新工艺与新技术进行编写，重点突出对学生实践动手能力和就业的指导意义；对于配套教材，主要通过课程资源库选用和编写，强调对技术技能人才培养需求的适应性。

（四）改革考核模式

为实现学生专业知识、技能、素质协调发展，学院着力教学环节整体优化，特别是在教材、资料、实训条件等方面的准备。传统工程基础训练课程只注重加工技能和一般工艺，无法满足社会对技能精细化的要求。为克服其局限性，学校提高了设计性、综合性、研究性实践课程的比重，加强先进技术制造和现代工程的综合训练，精心设计学生的能力训练过程，为此，学校将综合实践课程细分为既保持独立，有各自实践重点，又相互融汇，密不可分的若干训练单位。通过综合实践项目训练提高学生技术应用意识和实践操作能力，作为学生贯通有关专业知识、集合专业技能、提升专业素质的综合性教学活动。课程教学按统筹设计"实训项目"和"课程学习"两条线索，课程考核设计是对学生的综合考核和评价。考核项目应该涵盖学生的能力、知识、态度等方面，克服传统考核方式弊端，引进企业参与学生质量考核，突出能力考核比重，设置比例适当、分值配比科学的考核模式。学校强调过程性考核，特别是对学生实践能力、解决问题能力以及创新能力的考核。

（五）推进课程资源信息化

课程资源的信息化主要有三个要求，即构建信息化学习平台、推广信息化资源的应用、强调信息化资源的共享。第一，构建信息化学习平台，学校为满足"互联网＋"形势下社会需要，以"具有针对性，强调应用性和突出创新性"为基本指导思想，建设开放的课程资源共享平台，提高课程资源建设的信息化水平和信息化学习的机会。第二，推广信息化资源的应用。学校在教学改革过程中全面融入现代化的信息技术，健全与完善专业教师教学过程中使用信息化资源的机制要求，强化信息化教学资源的广泛应用，包括数字仿真实验、虚拟现实技术、在线知识支持与在线教学监测等。第三，强调信息化资源的共享。学校充分发挥专业核心课程的资源共享系统对专业集群内相关课程的示范性作用，重视信息化课程资源在专业集群内的共享，进而构建信息化专业资源库，实现教学资源成果对其他高校的共享性与辐射性，最大限度地提高信息化教学资源的共建共享，提升课程建设整体水平。

四、改革人才培养模式

学校明确提出，在应用型教育理念指导下，正确处理人才培养过程中的各种关系，形成体现应用型人才培养特征的指导性原则和建构应用型人才培养的方式和方法。这种方式和方法明确应用型人才培养目标、培养规格和基本培养方式，指导课程与教学设计和人才培养的实施。

学校倡导产教融合，改革人才培养模式，为此学校成立专业委员会指导完善人才培养方案，加大实习实训比重，引入学分制度，深化德育改革，实施德育负学分制，培养学生的综合素养。通过"校中厂"和"厂中校"模式构建校企实践平台，学校明确规定了不同专业实践学时的比例，理工类实践学时不低于总学时的50%，人文社科类不低于40%。与企业合作过程中，学校探索出合理的实践教学评价体系，即包括双实习基地、双师、双教学体系、学生双证、校企双研、校企双管理和实习基地必须满足"八有"标准的"六双八有"实践教学评价体系。学校非常关注与企业、政府间的合作情况。目前，学校已与本区域的 42 家企业开展了合作，并建成了密切的合作联盟关系；与当地行政部门也构建了合作伙伴关系，双方签订了相关合作协议，并建成了当地第一个创业孵化基地。近期正在以学校为组织者和发起者，联合其他高校及企事业单位，以合作建设"产教合作协同发展联盟"为主题进行广泛调研和论证。

（一）明确应用型人才培养目标

应用型人才培养的第一要务就是确定培养目标，即明确两个主要内容：培养什么样的人和这类人需要具备什么样的素质与能力。应用型人才培养目标就是指人才培养的类型定位和规格定位。

1. 类型定位

学校顺应当前地方经济社会发展对人才的新需要，确定了培养适应一线工作需要的高级应用型人才。这是因为科技发展一方面推动了岗位技术含量的提升和知识掌握难度的增加，提升了企业对人才学历的要求；另一方面，也推动了市场经济的转型，产生了新的工作岗位，这类岗位大多数是复合型的，需要越来越多的本科生从事一线工作。学校为满足区域经济社会发展的需要，将培养能够在生产建设、管理服务等一线工作的应用型人才确定为学校人才培养的目标。

2. 规格定位

学校对于应用人才培养目标的质量规格，采用三要素标准来定位，即"知识、能力、素质"，这是高等教育界达成共识的标准。但是学校对于规格定位有自己的内涵解释：知识，重视理论基础知识、经验性知识以及工作实践中形成的隐性知识；能力，实践应用能力与专业关键能力并重；素质，强调职业道德与专业素养之外的素质养成。

（二）制定校企合作培养人才方案

学校围绕岗位需求和职业发展需要，成立了包括企业、专家、同行和毕业生在内的专业指导委员会，在强调产学结合与工学交替的基础上，对专业建设方案和人才培养方案进行指导。经过专业指导委员会的评议，学校确定了符合应用型人才培养的人才培养方案——"3＋1"模式。"3＋1"模式加大了专业实习和毕业综合训练的力度，完善了学生校内实验实训、暑假实习及企业实训等相关制度。同时，学校提高了实践性教学学时在人才培养中的比例，明确规定不同学科类别的实践学时比例：人文社科类不低于总学时的40％，理工农医类不低于总学时的50％。学校积极推行学分制管理，为了培养学生的全面能力，学校将学生学分按照德智体美劳等方面分为四大模块：德育、智能、体育和其他综合素质。每个模块进一步分为理论和实践两部分，建立学分银行，引入德育负学分制，提高学生的基本素养和职业技能。

（三）创新实践教学体系

学校重视实践教学，不断创新实践教学体系，包括教学环节创新、教学环境创新和教学团队创新。教学环节创新主要是分类创新和安排创新；教学环境创新包括硬环境创新和软环境创新，其中硬环境主要是指实践教学过程中的硬件投入，软环境主要指校企合作开发的实践教学项目和相关课程设计。学校按照专业实践要求，明确规定学生集中实践学时不能低于8周，以便于学生更好地掌握实际应用能力并提高综合素养，同时学校强化集中实践所需的软、硬环境建设；教学团队创新主要是学校重视教学团队建设，强调团队实践教学的胜任能力。

为有效开展教学做一体化，学校采用自创企业、引入企业和共建企业的形式构建校内外实践教学平台，建立了"校中厂"和"厂中校"两种典型的实践教学模式。校中厂，主要是在校园内，由学校提供场所、校内指导教师和管理工作，企业则提供设备支持、技术支持和专家支持，这样学生可以在校内直接与企业对接，掌握企业先进的技术、工艺和设备操作方法等；厂中校，主要是学校与企业共建实践中心或者学校直接与企业签订实践合作协议，派教师到企业锻炼，让学生到企业实习。

（四）实施"启发式"和"行动导向"的教学方法

人才培养模式的改革要求教学方法随之改变。目前，培养应用型人才的主要教学方法包括启发式教学方法和行动导向的教学方法。其中，启发式教学方法主要应用于理论教学中，主要是教师在课前准备好案例和相关问题，课堂上从案例入手，引申出问题，结合问题讲授理论知识，讲授过程中引导学生思考问题，参与课堂讨论，进而掌握解决问题的逻辑思维方式和处理方式。行动导向的教学方法则主要应用于实践教学中，强调教学过程中学生与教师共同确定实践教学项目，共同设计实践过程，学生通过主动参与教学过程能够提高解决实际问题的应用能力。这两种方法对于激发学生的学习积极性和实现课程目标有极大的促进作用，学生通过亲身实践，亲自动手，实现"做中学"的理念要求。

（五）促进产学研协同育人

学校高度重视科研工作，强调科研对教学、对地方经济与社会发展的服务作用，并以此为突破口促进产学研结合。目前，学校整体科研实力较强，有多项高级别的基金项目，只近 3 年就已经获批 13 项国家自然基金项目，学校的科研水平位居民办本科高校的前列；学校关注特色学科专业的发展，引入高学历的教师，截至目前，其特色学科专业的教师中 2/3 以上具有博士学位，这为学校凝练学科特色，提高办学实力奠定了坚实的基础。尽管如此，学校仍存在与同类高校相似的共性问题——各环节间的关系不够密切，典型的如学校培养的人才和企业需要脱节，科研工作不能很好地服务教学，也起不到实际应用价值等。为了解决这些问题，学校组建了由百位博士和教授构成的团队，通过为外界提供服务如相关咨询服务、培训服务、技术服务以及合作研究等掌握社会需求动态，另外，团队还积极联系企业、事业单位、科研组织以及其他高校，深入其中，寻求合作机会，提高学校科研项目的应用价值。

五、重视师资队伍建设

学院重视对师资队伍的培训，专门成立了培训处，负责师资培训。培训处以服务本地经济、支柱产业和新兴产业为目标，以"一个基地、一个中心和一支队伍"的"三个一"为指引，重点培训教师的实践指导能力和专业技术技能。一个基地，指与专业相匹配的教师技能培训基地；一个中心，是教师线上学习培训中心；一支队伍，是由校内双师与校外专家构成的高实践能力的师资队伍。学校定期选派 30 名教师进企业挂职锻炼和系统培训，为此，学校每年投入 400 余万，并出台了专门的管理规定和管理办法，要求一个专业至少对应一个能够为教师提供专业技能培训的基地或者平台。

（一）调整人才引进政策

学校坚持从高校或科研院所引进高层次的教学人才和科研人才，优化学校的师资队伍结构，提升师资队伍的整体水平。对于所引入的高层次人才，学校充分调动其主动性，助推学校转型发展。充分发挥其具有深厚教研功底的优势，促使其参与到本校的教学工作和研究工作中，参与到制定和修正人才培养方案的工作中，参与到培养青年教师的工作中，推动学校教书育人水平和学术研究能力的提升。因其来自不同高校或者科研院所，在人才使用和管理过程中，学校充分展现对特殊专业人才的关爱和尊重。如，对所引进的高层次人才实行低职高聘，即具有副教授职称的按照教授职称聘用；为其职称评定工作提供必要的咨询和服务；改革对人才的评价方式，不片面的过分强调科研评价，为其开展科研活动提供宽松的环境和氛围；另外，按照高层次人才引进政策，通过提供安家费、住房、科研启动基金等特殊福利加大人才引进力度，吸引更多的人才，提升学校的人才引进质量。

学校重视企业高级人员的引进，特别是企业实践经验丰富、专业素质强的高层管理者及具有特殊技能的高级技术人才，并让他们参与到学校改革发展与教育教学的重要工作中，充分发挥其在理论与实践、课堂与企业间的衔接作用，如参加学校专业建设论证会、关于人才培养如何与企业需求对接问题的讨论等。学校引进高层次技能人才主要考量两个问题：第一个问题是，由于绝大部分在企业从业的高层次技能人才不重视职称，未参加职称评审，无相关的职称，对于这些人才，对他们的引进主要采用低职高聘或者直接聘任，以表明学校的诚意和对他们的认可；第二个问题，即对高层级技能人才薪酬的确定，学校除了采用低职高聘的方式付给他们薪酬外，还采取特殊薪酬制，如采用年薪制，并完善学校的高层次技能人才的引进办法，如通过提供安家费、住房、解决配偶就业等，提升他们的获得感。

学校采取"柔性引进"的方式获取具有省级以上人才称号的高层次人才和海外高层次人才，并拓宽人才柔性引进渠道，吸引一批专业造诣高、热心民办教育事业发展的高层次人才，通过给予"名誉教授""终身教授"等荣誉称号，提升其对民办高等教育的关注度，强化沟通与交流，争取更多的合作。另外，学校努力发掘各种人才引进的方式，包括到学校双选会招聘应届毕业生、参加有针对性的行业招聘会或者综合性较强的招聘会等，特别是对于有企业工作经验的专业人员，学校提供了优惠的招聘政策；关注网络招聘，通过网络招聘选择能满足学校实践教学需要的教师，增加学校实践教学人员的数量，提升实践教学质量，进而不断优化"双师型"师资队伍的结构。

（二）建设双师型师资队伍

通过建设"双师型"师资的行动计划盘点教师队伍，学校可以把握现有的师资队伍状况，针对后续学校发展状况做出需求分析和需求预测。为了有效推进师资建设行动计划，学校从三个方面健全了"双师型"教师优先发展的保障机制。

1. 明确组织任务分工

学校构建了合理的教师管理工作运作体制，同时将教师管理工作所要实现的目标融入对干部考核的指标体系中。教师队伍的建设管理不单纯是人力资源部门的工作，更是全校的工作，应该作为学校战略的一部分高度重视，要求学校各个机构、组织协调合作，共同建设。为此，学校各级领导包括董事会成员都要从可持续发展的战略视角，明确教师队伍建设的必要性，特别是明确"双师型"教师在建设过程中的核心地位，在学校转型过程中，优先考虑教师队伍的转型，构建有效的保障体系，包括制度保障、组织保障、人员保障、资金保障等，最终实现在校领导有效指挥下，人事部门主管，职能机构与二级学院合理分工、紧密合作的教师队伍建设局面。在建设过程中，要合理划分各个组织机构的具体任务和职责，制定明确的工作规范和要求，完善领导班子，提升师资队伍建设的工作力度，将建设工作落到实处。同时，考核建设目标实现情况，即在全校范围内构建目标考核体系，特别是对校领导及各部门领导要有明确责任目标，并尽可能地细化指标，提升考核强度，并把考核成绩作为对领导干部评优的硬性指标。

2. 增加人力资源投入

学校从自身实际情况出发，增加了建设教师队伍的专项投入预算，包括工资预算、绩效预算及引进预算和培养预算等，具体措施如确保工资稳定提高的保障机制，采用绩效管理，增加教师管理的专项费用等。赫茨伯格的双因素理论认为工资福利是保障因素，一旦得不到满足，人们对工作的不满情绪就会产生，工作积极性就会降低，进而影响绩效水平；相反，保健因素得到满足时，不满情绪就会消除，人们愿意踏实工作，工作绩效会保持在正常水平，不会下降。对于多数民办高校的教师来说，由于工资水平普遍偏低，物质激励是有用且高效的调动其工作积极性的方式。学校根据本地的市场状况、工资水准及物价情况，参照公办高校的薪资水平，建立了有效的薪资增长机制，逐步增加"五险一金"的上缴额度。同时，对教师的薪酬实行绩效管理，将教师的工资与个人绩效挂钩，多劳多得，并采用科学的考核方式，全面考核教师的业绩水平，包括学术方面、教师水平、个人素养、教改能力等，激发教师的工作积极性，不断实现自我、发展自我，提升绩效水平。此外，增加教师引进的投入以及教师培训的预算，为教师队伍建设提供必要的保障措施。

3. 营造尊师重教的校园文化

学校确立了"帮助每一位老师获得成功"的理念，大力宣传工作优秀的典型教师，发挥示范引领作用，营造全校范围的尊师重教的校园文化，通过优化教师工作的文化环境，提升其职业责任感和获得感。

（三）培训师资队伍

学校按照应用型本科高校的办学要求，完善师资培养体系，纠正体系中侧重科研评价的指标，完善教师培训制度，并将突出培养教师实践能力的项目纳入培训制度体系。

1. 畅通渠道，搭建类别教师培训平台

由于学校的教师类型多样，有直接从高校到高校的应届毕业生，他们强于理论知识但弱于实践经验；有强于实践经验但弱于理论知识的实践教师；还有理论知识过时，实践技能落后，需要重新进修的教师等。按照战略规划的要求，学校重视师资建设管理的细微化，鼓励教师坚持学习进修，优化相关培训机制，构建系统化培训制度，以实现教师的不同培训要求，进而提高教师队伍的整体素质，实现师资队伍建设的成效。从短期安排看，组织教师有目的性地参加相关培训活动，加快师资队伍结构的优化。

2. 重点倾斜，完善中青年教师培养制度体系

学校教师队伍的一个显著特征是青年教师所占比例较大，因此，为了降低教师队伍的流动率，学校重视对青年教师的培养，通过努力，使他们发展为促进学校转型发展的坚强力量。青年教师有自己的优势，如年轻，有精力，朝气蓬勃，创新意识强，有冲劲，学历水平高，专业理论知识扎实等。同时，青年教师也有自己的劣势，如参加工作时间较短，缺乏相应的工作经验，实践能力相对较弱，对学校历史延革、组织调整、人事关系以及转型等基本情况了解不透彻，导致对学校转型发展的认同感不强。因此，在设计教师培训制度时，学校特别强调青年教师的培训提升工作。在入岗培训时重点讲解学校的情况及发展史，增强青年教师对学校转型发展的认同感，设计形式多样的培训课程，提升课程的吸引力，促进青年教师积极参与培训项目，同时，按照学校定位，选择模范合作单位作为案例开展参与式教学，提升培训课程的应用型与可参与性。实施助教制，并建立合适的考核方式，在导师的帮助指导下，出现问题及时解决，保障助教制的有用性。支持青年教师提升学历水平，定期组织教师深造，规划性地组织青年教师进修博士学位，同时完善相应的管理办法，重视与攻读博士的青年教师之间的沟通与交流，强化管理，确保进修结束后继续为学校所用。

（四）合作伙伴共建发展平台

学校加强与合作的企事业组织沟通，互通有无，实现学校与合作单位的密切衔接，共同构建"校企合作"的"双师型"教师成长平台，具体包括以下几方面。

1. 重视合作办学

学校重视与企业、事业单位、科研院所的合作，强化合作办学，着力将合作办学覆盖所有专业集群，促成合作双方资源的互通有无，实现互融互补。利用合作办学，解决了学校面临的实际问题：一方面解决了人才培

养与产业衔接的问题，确保了学校培养的人才是为产业发展需求服务的；另一方面，解决了学校授课与实践分离的问题，与学校合作的企事业单位拥有众多实践技能强的专业人士，这些专业人士可以充实"双师型"师资队伍。

2. 构建共融文化

文化共融是学校与企业共同办学的合作高点，是合作双方共同建设"双师型"教学队伍的核心要素，是促进合作办学可持续发展的必要因素，同时也体现了合作办学的基本诉求。基于学校文化与合作办学的企业文化构建"双师型"教学队伍培育文化，再细化为合作的物质文化和精神文化。其中，与师资相关的专业、课程及教学等属于物质文化，双方合作的宗旨、目的、精神等属于精神文化。

（五）规范外聘教师管理

师资队伍建设是一项长期、艰难的任务，特别是民办本科高校，受多种因素影响，其师资队伍建设更难以做到一蹴而就。因此，除了引进与培养自有专任教师外，学校还非常重视聘用兼职教师的使用和管理。首先，学校规范了对外聘教师的管理，制定了管理外聘教师的专项办法，包括外聘教师的任职资格审查办法、聘期管理办法及期满后管理办法等；其次，学校重视与合作企业、高校、社会组织及个人的合作关系，不断与其加强联系与沟通，寻求能够更好地满足学校培养应用型人才需求的、实际工作经验丰富而又具有过硬专业知识的外聘教师，并长期与其合作。

第三节　河南省样本院校转型发展的典型经验

一、注重学校顶层设计

该样本院校立足于区域经济、社会和科技特色，结合自身实力，从学校管理理念、人才培养方案和多元合作入手，推动学院转型为应用型高校。学校重视先进的教育理念，重视学生和教师的需求，以"全心全意为学生服务和全心全意为教师服务"为办学理念，以培养应用型创新创业人才为目标，积极构建多元办学格局。为此，学校定期开展教育理念大讨论，倡导以教师和学生为本，关爱学生，理解尊重教师，成立专门的组织——战略发展规划中心、战略管理与创新管理研究中心，以更全面、更准确、更具前瞻性地制定学校战略发展决策。

（一）革新办学理念

学校一直注重用先进的教育思想和教育理念引导学校健康发展，在办学实践过程中不断总结典型经验，革新办学理念。学校为了适应形势发展的要求，定期开展关于教育思想与教育观点的大学习大讨论大调研，以推动学校向科学化、和谐化发展。早在建校之前，学校创办人就明确了办学目的，提出了"分国家之忧，解民众之忧，服务现代化建设"的办学宗旨。办学宗旨体现了学校核心教育理念，是学校最高的教育目标与教育思想，是全校教职员工的行动指南，体现了强烈的爱国主义情怀。

学校办学理念不仅注重以学生为中心，也体现对教师的重视。以学生为中心就是时刻服务学生、关心学生、爱护学生，具体体现在服务于学生思想，服务于学生学习，服务于学生就业，服务于学生创业，服务于学生升学。在全心全意、全员全域服务中践行爱岗敬业、爱校如家、爱生如子。对教师的重视体现在对教师的充分理解与尊重，帮助教师解决生活与工作的困难。

学校重视校企合作，将校企合作项目纳入学校教育事业发展规划中，并将其视为培养应用型人才的关键战略支撑。为保障校企合作的健康稳定与可持续发展，学校基于合作双赢、合作办学、合作育人的理念，建立了校企合作的长效运作机制，包括互动机制、激励机制和保障机制。学校和企业双方将培养满足企业岗位需求的高素质应用型人才作为双方合作的结合点，形成了双赢的互动机制。校企双方定期对在校企合作各领域做出突出贡献的部门和人员进行表彰和奖励，形成了有效的激励机制和保障机制。

（二）明确办学定位

近年来，河南省经济快速发展，社会事业全面进步，经济总量连续多年位居全国前十，人均国内生产总值居中西部地区前列，但河南高等教育毛入学率低于全国平均水平。作为全国第一人口大省，河南提出大力发展高等教育事业。促进民办高等教育发展，是河南振兴高等教育事业，推动经济建设和社会发展的必然要求。

基于对地方经济社会发展和高等教育事业发展形势的判断，结合学校自身条件和办学基础的实际，样本学院制定了学校总体目标：经过 20 ~ 30 年的努力，把学院建成一所立足河南、辐射全国，服务地方经济建设和社会发展需要，以培养应用型人才为目标，以应用学科为主，多学科协调发展，多元化、开放式、高水平，特色鲜明、优势突出，具有应用型高校特征的全国一流民办大学。

（三）制定战略规划

学校高度重视战略规划，围绕科学发展观，在国家与地区经济发展规划的指导下，针对学校面临的新任务与新形势，结合学校实际条件和长远发展的需求，制定并实施了相关战略规划，包括教育事业发展规划、师资队伍建设规划、学科与专业建设规划、校园建设规划等。战略规划明确提出要重视优秀教育资源的使用；要建设数字化、生态化、现代化的校园，突出学校特性，提高校园品质；要深化管理体制改革，推动管理创新，完善大学制度等。学校重视规划的实施，每年都依据规划提出详尽的工作计划，并将任务层层分解，和责任单位签订任务书，计入年度考核。学校的各项措施有力地推动了战略规划的实施，取得了显著的成绩。

二、完善人才培养方案

学校结合自身定位，确定了兼顾本科学历教育和职业基本技能教育的人才培养模式，强调应用型人才的基本特征：即道德品质高尚，理想信念坚定，身心素质健康，人文修养良好，外语和计算机应用能力强，专业知识扎实，创新意识强烈，学习能力、动手能力、适应能力、整合能力和抗挫折能力等实践能力强等。

学校重视学生创新创业教育，将相关课程纳入课程体系，构建了包括创新创业课程在内的四大课程平台和实践教学体系。其中，实践教学内容体系以"一条主线三个层次"为主旨，即以职业生涯规划为主线，包含基础层次、综合层次和创新层次三个层次。同时，明确要求创新创业课程的学分不能少于总学分的 15%～20%，实践教学平台的课程比例不得低于90%。教学过程中，学校始终坚持"学生为本，学以致用"的理念，充分利用广阔的网络资源和现代教学技术，运用过程体验式、项目驱动式和问题探究式等教学方法，改革和完善现有的教学方法和教学模式。教学评价方面，推行第三方评价（企业测评和行业测评），学校通过融合学生毕业设计和顶岗实习、职业资格考试（模拟测试）、职业技能鉴定等将企业、鉴定机构和行业组织引入考评体系，作为第三方考评主体，以夯实学生的理论知识基础，提升学生的实践能力和职业素养。

（一）重视创新创业教育

近几年，学校目标转变为通过提升学生创业素质和能力来提高毕业生核心竞争力。学校为了做好大学生创新创业教育工作，采取了一系列措施：营造良好的创业氛围、搭建创业平台和企业实践基地、提升学生创业技能、构建长效机制等，取得了显著效果。

1. 确定培养人才的目标定位

学校为明确创新创业人才培养的目标定位，强化人才与区域经济、社会发展之间的联系，联合多个机构如政府部门、行业协会、企业、校友会等共同调研，进而共同论证和分析创新创业型人才应具备的素质、知识和能力，最终确定人才培养的规格和目标。分析和论证创新创业人才培养要求时，要特别重视其素质构成与能力构成的分析，具体包括：第一，分析并确定职业任务要求的专业理论、专业知识和专业技能；第二，确定包括专业应用能力、实践操作能力、合作意识、承受压力能力等在内的职业素养；第三，强调适应岗位变动或职业变动的应变能力及弹性能力；第四，突出创新意识和开拓精神，全面提升创新创业人才在实践应用领域中的核心素质和综合能力，实现学生社会生存能力与持续发展能力的长期平衡。

2. 改革课程体系和教学内容

改革课程体系，即对课程体系的整合与重组，主要包括以下五个方面的内容：一是重视知识结构和知识点布局，做到系统性和全面性；二是统筹好必修选修的关系；三是把创新创业教育纳入课程体系；四是注重能力的培养；五是发挥课外教学的重大作用。

（1）注重知识点结构的系统性和布局全面性。在有效实现课程体系的价值取向和重组的前提下，注重知识点结构的系统性和布局全面性。为此，学校摆脱了传统课程体系和结构的制约，突破了不同学院、不同学科、不同专业的界限，整合优化课程体系，实现了课程间的有效衔接，融合互通以及共建共享。学校的具体做法如下：第一，转变传统按照自然科学、社会科学和人文科学分类并按照等级结构设置的课程思路，打破专业与专业之间、课程与课程之间的壁垒，摆脱学科间知识体系的束缚；第二，保证课程内容专业性的基础上重视其综合性，因此，在选择、组织和整合课程内容时强调跨学科，注重不同学科间的知识渗透、融合、吸收及利用，从而实现了知识结构的系统性、综合性和完整性；第三，综合考虑课程细化问题与内容重复问题，既避免课程设置过于细致而导致课程体系缺乏整体性又避免课程内容的交叉重复性，为此，学校减少了课程门类，缩减了必修课程的比例。学校对于知识结构和知识点布局的重视，保证了知识的系统性和全面性，优化了课程体系的整体结构，提升了学生的知识、能力和素质，同时促进了三方的协调发展。

（2）科学统筹必修选修的关系。必修课和选修课在规定学制下的关系是统一性和多样性之间的矛盾，能否处理好这一矛盾关键是选修课的学分占总学分的比例。选修课比例的高低关键受四方面要素影响：一是高校毕业生的择业区域。择业区域越广泛，面对的市场选择就越多，也能更灵活自由地运用知识、能力，由此看来，选修课的比例应该加大。二是市场对毕业生需求的多元化程度。多元化程度与选修课成正比。三是学生自身的个性化水平。学生的个性化程度越高，对选修课的需求也就越多。四是高校有条件提供课程资源水平，这是起到决定性作用的因素。

学校通过先确定选修课的比例，然后规定必修课和选修课的课程范围来协调好选修课与必修课的关系。必修课课程的确定比必选课容易，学校在培养应用型人才的过程中，摸索出了最基本、最共性的要求，并以此作为必修课的依据。必修课的学科范围也比较广泛，公共课、基础课和专业课都包括在内。必修课的课程和学科范围为选修课界定了界限，全面统筹的考虑知识结构的系统性和知识点布局的全面性。

（3）创新创业教育纳入课程体系。学校构建了新的课程体系以促进学生持续发展能力与职业生存能力的平衡发展。该课程体系由四个课程平台及融贯其中的实践教学体系组成，四个课程平台包括基础教育课程平台、学科核心课程平台、专业核心课程平台和创新创业选修课程平台。

学校把创新创业教育作为进行教学改革的核心部分纳入课程体系中，关注学生创新创业精神的培养，分阶段、有针对性地进行创新创业教育。大学一年级，学校对入学新生统一进行网络职业测评，根据测评结果指导学生自主确定职业发展方向，并在教师指导下制定自己的职业发展规划方案；大学二年级，学校面向所有学生开设创业教育课程，一般 10 个学时，包括 8 学时的理论学习和 2 学时的实践学习，涵盖创业理论知识、创业意识培养、企业创办流程、商业计划书的制定以及创业典型人物访谈五个方面内容，内容比较全面。另外，学校为满足学生的学习需要，组织教师编写了《大学生创业理论与实践》教材，并将创业学作为公共选修课，共开设 16 个学时。学校明确提出，创新创业性选修课是人才培养方案的第四个课程平台，占 4 个学分，其中集中实训的学分和课外创新学习的学分之和要达到总学分的 15%～20% 以上，目的是培养学生的创业意识、创新能力、自我学习能力与解决问题的能力。

（4）注重能力培养。以往的课程知识单纯地把获取知识、拥有知识作为主要目标。实际上，得不到应用的知识，就难以内化深化为能力，知识也就容易被遗忘掉，教育的目的也就难以达到。所以，能力成为课程的主要培养目标，也成为应用型人才培养中最重要、最具难度的任务。针对这种情况，学校明确提出将提升学生能力作为人才培养中的一项核心目标，每门课程都要体现出能力要求，并贯穿整个课程体系。

学生只有自发自动地学习课程，成为学习的主体，才能提升自身的各项能力。而其能否积极主动地学习取决于自身对知识的渴求、对学习的爱好以及面对困难的勇气和解决问题的成功感。为此，学校采取以下改革措施强化学生能力的培养：

第一，结合现实问题、企业案例与具体工程项目改革课程教学内容，学生可以通过分析问题、讨论企业案例、参与工程项目等与同学开展合作，与老师沟通互动，在问题导向下的互动交流中提升学生发现问题、分析问题、解决问题的能力，培养其创新意识、创新理念和创新能力以及沟通交流能力、合作能力和竞争意识，这项课程改革建立了学生自主参与课程开展全过程的学习机制。

第二，重视理论结合实践，课程知识衔接现实社会。这项改革措施提高了学生运用理论知识解决实际问题的能力，培养了其面对社会复杂现象的应对能力以及生存发展能力，体现了学以致用的思想和理论知识的有用性与价值性。

第三，注重顶岗实习及期间的课程学习。学校强调顶岗实习的重要性，并合理安排与实施阶段性课程学习，通过在企业的实习与阶段课程学习，学生完善了自身的各项能力与素质，包括在校学习期间未能实现的相关能力要求和素质要求，如自身发展能力、专业能力与综合素质等。

第四，开设具有实践创新性项目的课程，这类课程需要学生在专业教师的指导下自主完成。完成实践创新项目需要学生首先充分表述自己的主观意愿和积极性，寻找到处理所设情境的合适路径与方法；其次利用所掌握的渠道获取解决问题所需的各类资源，包括与他人的合作与协调，同时处理好与各方的关系。这项课程改革提升了学生综合运用所学知识处理复杂情境的能力。

第五，重视课程间的协同关系。学生能力的培养是一个持续的过程，不能一蹴而就，需要通过开设多门课程进行连续训练和综合培养，这样学生的某种能力才能逐渐形成并得到提升。为此，学校在整合重组课程体系时重视课程的相关性和承接性，构建课程群。

（5）发挥课外教学的作用。培养应用型人才离不开课外教学，这是因为，课外教学的特点能够满足应用型人才培养的要求。第一，因材施教的特点有利于培养有特长、有突出优势、综合素质高、能够满足企业与行业多样化需要的人才；第二，具有灵活性的特点，有助于学生更好地利用校内资源以及在企业学习的机会，根据不同的时间不同的地点，灵活地开展教育教学活动；第三，课余教学主动性特点能够填补课堂教学的缺失，促进学生根据自身需要主动选择合适的成长方向与路径；第四，实践创新性特点有助于提升应用型人才培养的针对性，同时提高学生的实践动手能力与创新能力。为此，学校在培养应用型人才的课程体系中纳入课外教学的内容，确保了课内教学与课外教学的有效统一。具体实施就是整合与协调学校掌握的各类课程资源，既包括自己拥有的学校内部资源，也包括与学校合作的企业、行业、事业单位、科研院所以及其他高校的资源，组合成不同类型、不同样式、不同层级的课余教学活动，如开展前沿学术讲座、专业竞赛、工程实践、创新训练、社会实践、公益活动等，并将其作为第二课堂进行统一管理与规划，同时将第二课堂与学分挂钩，配备经验丰富、责任心强、实践水平高的老师，强化学生课外学习指导。

3. 强化实践教学

（1）构建实践能力体系。学校与合作企业经过商讨、论证，构建了培养应用型人才的实践能力体系，即"实践动手能力＋综合应用能力＋创新创业能力"。按照实践能力体系，学校设计了相应的实践教学内容——"一主线三层次"，推动实践教学的改革。一主线就是指学生的职业生涯规划，学生从刚入校就开始接受职业生涯教育，并在不同阶段的实践教学过程中贯穿相关专业的职业规划指导、专业理念教育以及就业指导等。三层次主要指基础层次、综合层次和创新层次，三个层次的实践教学环节。基础层次实践教学环节包括课程相关实验、认识实习等；综合层次实践教学环节包括专业实习、专业课程设计、综合实践等；创新层次实践教学环节包括毕业设计、毕业实习、职业实践、顶岗实习、各类创新大赛等。

（2）实践教学紧密结合产业发展。学校将企业与产业的新技术要求融入实践教学内容中，重视实践教学与行业、企业发展转型需求密切结合，具体措施包括：鼓励学校实践教学教师联合企业骨干技术人员，通过整合与完善产业发展的新理论、新技术创新实践课程内容；重视开发综合性和设计性的实验课程，目前，学校已开发的有综合性实验和设计性实验的课程所占比例超过了90%；强调课程设计的连续性、综合性和真实性，学校依托相关性强的多门课程理论知识，模拟企业真实项目设计课程内容，以培养学生的初级设计能力；重视大学生创新实践训练计划的实施，特别是与企业生产实践和产业发展转型密切相关的课题与项目，学校提供重点支持，并实行"双导师制"，即"校内专业教师＋企业技术导师"共同指导学生。

（3）共享实践平台。学校与协作的企业、社会组织、高等院校等共享实践平台。体现在：第一，全面开放学校实验室和实训基地，并配备好所需资源，包括实验实训指导教师、实验所需元器件及耗材；第二，联合企业开展职业资格认证，聘请行业专家进校开展知识讲座，开阔学生视野，拓展专业范围；第三，引企进校，开展深度合作，与企业共同建设情境真实的校内外实习实训基地，并选聘企业骨干人员进校任实践教学教师；第四，开展"以赛促学"活动，鼓励学生积极参加各类大赛，包括学科类竞赛和创新创业大赛，学校不但承担全部参赛费用，还设立了专项奖励基金，仅近三年，学校提供的竞赛基金和奖励已达 158 万元。

（4）有机结合创业教育与社团建设。学校把社团建设和创业教育紧密结合，成立了创业社团——大学生创业协会，并提供了独立的创业场所，同时专门委派 2 位专业教师进行创业指导。创业协会不断成长壮大，取得了很好的成绩。第一，协会开展了多类创业项目，包括管理咨询、小语种培训、服装零售及餐饮连锁加盟等；第二，协会组建了 16 个创业团队，开辟出独立的创业园区，孵化项目多达 27 个；第三，协会创办了各类校内创业平台，包括在校园内的商业街创办的爱心商店和二手交易平台，其中爱心商店在经营管理上独具特色，二手交易平台则是学校大学生创业的楷模。另外，学校与省内其他高校的创业园区以及多家企业合作建立校外创业孵化基地，以便为学生提供多渠道、多种类的创业实践平台。

（二）改革教学模式和教学方法

学校一直坚持"学生为本，学以致用"的授业方针，把教学质量作为重点，合理充分应用现代网络信息技术，打造开放式网络资源库，指引教师探索利用教学规律、授课特点和教学艺术，探究适应应用型人才培育的优势授业模式和授业方式。

1. 教学模式

学校在探索改变教学模式的过程中，把侧重点放在过程体验式教学模式、问题探究式教学模式和信息化教学模式。

过程体验式教学模式强调培养学生的专业技能。即教师在传授知识过程中，依据专业特点与人才培养目标，让学生参与到模拟实践或工程实例中去，深入体验企业的实际操作过程。具体流程为，任课教师首先利用工程实例或应用实践引出授课命题，然后让学生参与解决问题，教师再根据课程内容的特点，选择合适的教学方法，如案例分析法、情境模拟法等。通过过程式体验教学，可以帮助学生理解操作的基本原理和基本环节，提升其解决实际问题的能力。

问题探究式教学模式重点培养学生的创新能力，即学校通过采用基于问题启发、探索的教学模式，提升学生的创新思维能力。具体方式包括，小组讨论、情境模拟、实地考察学习及主题汇报等。这种教学模式一般没有指定教材，需要任课教师结合重点问题自行整理授课内容，考核手段则以过程性考核为主，重点考核学生独立分析问题的能力、自主探究能力以及解决实际问题的能力等。

信息化教学模式，是 21 世纪人类的新发明，对国内外大学本科教育造成日益强烈的冲击。学校顺应信息科学技术进步潮流，对互联网和云计算给大学本科教学带来的挑战与机遇十分重视，开发和应用了较多信息化授业手段，改造授业环境和教学科技，组建了基于信息科技和网络系统的新的授业模式，不仅加深了本科教学的内涵，还增大了本科教学的范围，完成了本科教学从学校至社会的伟大进步，使本科教学的时空范围发生了巨大扩展。比如公开课程在服务于本校学员的同时，还向大众免费提供优质的课程和有关的学习素材；"电子学习和数字文化"大范围开放晚上课程，受到校内外大学生的一致好评；运用"学习周"的方法，专门利用一周的时间让学生随时随地借助网络学习，充分地将网络在线教学应用到了校园课堂教学；"连接主义慕课"，既教授知识，更注重学生之间的相互沟通交流。

网络开放课程在丰富大学生学习资源的同时，为大学生提供了崭新的学习体验，增加了优质教学资源的使用效率，网络开放课程是一种崭新的教学模式，学校始终关注校园教学与单纯的网络在线教学之间的平衡。在充实学校教育教学形式，提高学校教育教学水平的同时，学校开始在网络在线教学课堂与学校课堂的结合上做文章，争取发挥和运用两者的长处，为提高应用型人才的培养质量提供有力保障。

2. 教学方法

影响教学质量的因素多种多样。其中，最核心的要素，是教学的方法与形式，而学校也一直针对这个因素进行不懈的探索。经调查，现今，学校有 83% 的教师在采纳讲授法开展授课。然而，讲授法并不是唯一的。通常情况下教师在课堂上，运用讲授法的时候，也会同时运用多种教学方法，如情景模拟法、案例分析法、实验法、项目导向法等。现今老师讲课非常注重课堂讨论和交流，并开设了各种形式的课堂讨论课，其中甚至包括了本科生讨论课，主要的目的就是促使本科生与老师就课题进行"互动式"的讨论；而专门为刚入学的新生开设的特殊课程叫作新生建议讨论课，除此之外，学校也设有实验室课程和"实验研究小组"等。

在不断探究如何提高课堂教学效果时，学校同样也十分重视教学形式的多样化并以这种方式来增强教学的社会性。比如，通过加强与社会企业的合作的方式来利用国际化的教育资源扩展教学空间。通过开办了新生/校友暑期实习计划、工程实习计划、本科生夏季工作计划和本科生实践机会计划等方式来开阔本科生的视野，丰富学生的经验和阅历，着力培养学生的实践能力。学校不仅与国内企业合作，还放眼国际，与国外企业、高校、研究机构等组织合作，派遣本校学生去学习观摩。比如学校开设了全球范围的研讨课，让学生在研讨过程中学习世界各地的知识、文化，并将大学生派到相关企业或组织实习见习；另外，学校为了丰富学生的国际经验，提升其国际素养，经常利用寒暑假时间，开设形式各异的国际交流班和学习班。通过国际合作交流互通，着力提升学生的国际化素养。

（三）完善教育教学质量监控体系

学校十分重视教育质量监控，围绕培养应用型人才所必需的专业理论知识、实践能力、创新精神和职业素养等要求开展了系列教学质量评价方法的探索与实践，完善了人才培养质量监控体系。围绕应用型社会经济需求，引入第三方评价机构开展教学质量评价工作，例如行业测评和企业测评等，完善了人才培养质量监控体系。

行业测评重视学生的专业知识与专业技能。学校以应用型人才培养模式为基础，将职业资格认证和行业准入制度与应用型人才培养的质量监控紧密结合，引入行业评价组织、技能鉴定机构等第三方评价者，通过职业资格考试、资格模拟测评及专业技能鉴定等方式实施人才培养质量的评价工作。到目前为止，学校引入的职业技能鉴定工种有56个，行业准入的职业资格考试60多种。行业测评受到了学生们的高度认可与评价，认为其综合性强，通过行业评价能够有效地测评学生掌握理论知识与基本操作技能的情况，能够合理引导学生确定自己的技术定位，对培养应用型人才有明显的推动作用。

企业测评重视学生的职业素养和实践动手能力。为了强化企业单位对学校人才培养质量的评价监督工作，学校开展了模拟企业招聘、情境模拟及毕业设计"真题真做"活动,所谓"真题真做"即学校要求本科毕业设计要与企业顶岗实习紧密相关,设计题目由企业确定,设计成果由企业鉴定。通过企业测评,学生掌握了解决实际工程问题的能力,养成了自我思考、自我设计的良好习惯,提升综合实践能力,培养了创新精神。

学校构建的人才培养质量监控体系内容包括完善教学管理的规章制度、建立科学合理的教学质量标准、形成较完善的教学质量监控体系等三个方面。

1. 完善教学管理的规章制度

学校依据我国民办高等教育发展改革要求及自身的实际情况,修订与完善了教学管理的相关规章制度,通过引入课程管理、教改管理、实践管理、学籍管理及教学质量监控等制度,逐步健全了教学管理制度。二级学院又依据自身实际情况、学科特点和专业特点,制定适合各教学单位的规章制度与实施细则,形成了学校与二级学院的两级教学管理系统,确保了教学工作的顺利开展。

2. 建立科学合理的教学质量标准

学校在国家教育发展观的指引下,依据自身定位与发展目标,构建了合理、规范的教学质量标准,并根据实际开展情况不断进行修订与完善。学校特别重视主要教学环节的质量标准建设,包括教学计划环节、授课环节、学生实习环节、实践教学环节以及毕业设计环节等,均建立了相应的教学质量评估标准和指标体系。理论教学环节,制定了系列教学文件,包括教学大纲、内容简介等,从教学的课前准备到授课过程到课后辅导,各个环节都有相应的质量标准;实践教学环节,从实验环节到实习实训环节均有相关教学文件明确提出质量标准;课程考核环节,对出试卷、答案标准、考场安排、阅卷、试卷分析等环节均提出规范的质量标准;毕业设计环节,对设计和论文的选题、指导、评阅、答辩等环节均有明确、规范的质量要求。

3. 形成完善的教学质量监控体系

(1)建立教学质量管理监控机构。学校建立了两级监督组织,校级监督组织和系级监督组织。校级教学质量监督组织是决策组织,负责重大问题的决策与管理,主要组织有教学委员会和监查组。系级监督组织是教学质量管理监督的实体机构。这两级监督机构根据各自的职责权限,开展不同层次的质量监督。另外，学校为了进一步提升教学质量出台了众多实施意见、管理办法及相关文件，如强调本科教学管理工作的实施意见、提高本科教学质量的实施意见、教学改革文件等，完善了学校的质量监控体系。

（2）完善教学信息收集制度。学校为了提升教学质量，十分关注教学信息的收集，构建了相对完善的教学信息收集制度，包含课堂随机听课制度、教学督察组督察制度、评教评学制度、教学专项检查制度以及专项评估制度等。课堂听课制度，规定学校各级领导包括职能部门和二级学院领导、普通教师每个学期都要进课堂听课，以便及时了解教师的授课情况和学生的学习情况；教学督察组督察制度，主要是学校成立了专门的教学督察组，负责检查、监督和评估学校的教学管理工作、教学秩序情况以及教学质量情况等，制度明确规定督察组成员要不定期进课堂听课，并在考试时开展巡考工作，通过深入教学第一线了解学校各个教学环节的工作开展情况；评教评学制度，即学生评教师，教师评学生。为了促进教师教学水平的提升，学校从学生中选拔出教学信息员，让他们在日常学习过程中评价教师的教学质量，学校集中教学检查时再把评价情况反馈给教务处，教务处根据评价结果对教师进行全校排名，对于排名靠前的教师提供奖金奖励，对于分数过低的教师则开展跟踪听课。同时，任课教师要对授课班级的学生进行日常评价，包括课堂纪律、课堂氛围、预习复习、作业完成等情况，教师还要对学生的考试情况开展分析，撰写反映考试情况的分析报告，归纳分析学生的学习情况以及教师自身的教学情况；教学专项检查制度，主要包括期初教学检查、期中教学检查、期末教学检查、实验教学检查和实习教学检查等，如检查实习计划、实习大纲的实施情况，学生态度、实习准备工作、教师现场指导情况及实习效果等；专项评估制度，包括专业评估、课程评估以及毕业设计或毕业论文评估，掌握核心教学环节的教学质量情况。除此之外，学校建立了领导参与教学质量监控制度，如设立了领导接待日和教务处长信箱等，以便学校领导能够全面长期地了解教学相关信息，有效处理后，统计分析反馈给各二级学院、管理人员和教师。

（3）完善教学反馈与控制机制。学校对各项检查和评估都及时进行总结与反馈，检查工作的主要方式是教学简报、听课、教学巡视、教学工作会议等，检查之后将结果反馈给教师本人或者相关管理部门，提出整改意见和建议，并进行公示与通报，表扬先进单位和个人，通报检查评估过程中发现的教学问题、教学事故和结果。特别是教学工作会议，学校规定要定期召开，由掌管教学事务的副校长组织，相关部门的负责领导均需参加，主要围绕教学检查情况展开，包括对检查结果的总结、处理意见和反馈情况。另外，学校规定对任课教师实施教学质量一票否决制，并将其教学情况与师德考核、年终考核以及晋升资格和培训学习资格挂钩。

三、重视科研转化能力和社会拓展能力的提升

学校以应用科技为重点研究方向，特别是能够服务区域经济建设和产业转型的领域，与科研院校、企业联合组建科研团队，成立研发中心，共同研发。已与企业联合组建了 3 个研发中心，9 个科研团队，共同研发了 8 大系列 39 个新产品，承担了 2 项国家自然科学基金项目和 3 项省科技基金项目，部分成果已经应用于市公安局交警支队运输处，效果显著。学校重视学生社会拓展能力的提升，为此，学校构建了"校企互融，多元共建"的校企合作模式。包括与企业合作共同建设校内外实训基地，现在已经建成的校内实训基地有 15 个，校外实训基地有 208 个；"引企入校"，让学生感受企业真实的生产经营情况，目前已与机电设备、煤机、纺机、客车等行业合作，利用校内条件为企业生产加工所需产品；学校与学生、企业签订三方协议，开展订单培养，"工程师班""营销班""重工班""交建班"等受到企业、学生、家长和社会的一致认可；与企业联合创办公司，学校提供厂房，企业提供设备，双方人员共同参与，已形成了一个集人才培养、技术研发、科研转化为一体的科研基地。

（一）组建科研团队

进行科研合作首先要组建科研团队。民办本科高校要提高学校的整体科研水平，就要组建具有一定科研实力的团队，以科研团队的形式完成科研任务。而民办本科高校科研基础较为薄弱，整体科研水平相对较低，组建团队时面临的问题更实际、更棘手。因此，学校在组建团队时要结合自身实际情况，且与学校的总体发展目标保持一致，体现出针对性、导向

性、实效性和前瞻性。科研团队应是一个长期的、固定的组织，而非只为完成某一课题而设立的临时团队。科研团队的管理则要借鉴英格兰 Tavistock 学院提出的"技术结构干预"理论，即组织在技术与结构方面的变革，重视科研团队内部结构的管理及长期发展规划管理。① 具体而言，民办本科高校的科研团队主要从充分论证科研团队的组建、引入契约机制管理科研团队、多元化认定科研成果等方式进行组建。

1. 充分论证科研团队的组建

成立科研团队包括以下三步：第一，申报科研团队。学校的科研管理部门先要在全校范围内发布文件鼓励各部门选择团队成员、组建科研团队、确定团队方向和目标、明确团队成员任务与分工等。民办本科高校的教师多为中青年，因此，团队组员不应过多强调职称高低、年龄大小和梯队结构等硬性条件，学校依据自身现实情况，重视科研团队任务的实施及实现情况，弱化职称、学历等硬性要求。为了科研团队的持续有效发展，团队成员的学科背景要和团队的研究目标与方向有关联性，可以是同专业，也可以跨专业或者跨学科；科研团队要有明确的团队方向和团队目标，要有 5～7 年的长期目标、2～3 年的中期目标和 1 年的短期目标，以便后期对科研团队的验收；科研团队还要明确组员的主要任务，并确定好组员之间的分工协作关系。第二，专家论证科研团队的合理性。对申报的科研团队，学校科研部门要组织专家进行论证，论证形式主要是"审阅申报书＋团队负责人汇报"，即团队负责人结合团队的实际情况，如成员构成是否合理、团队目标是否明确、任务分工是否清晰等向专家以演讲的形式汇报，然后专家再依据申报书开展全方位的综合论证，最后决定是否建成科研团队。第三，建立团队档案。专家论证通过的科研团队，学校科研管理部门要为其建立管理档案进行系统的科研管理，如制定规章制度大力支持科研团队，保证团队费用准时发放，同时形成特定的实施方案，对团队实施按期审核等。

2. 引入契约机制管理科研团队

订立契约是管理科研团队的一种有效的办法。科研团队组建后，要与

---

① 王俊德、吴瑞玲：《独立学院科研团队管理模式创新策略》，载《国家教育行政学院学报》2015 年第 8 期。

学校科研管理部门就科研目标、科研进度、完成情况、考核内容及奖励措施等签订契约书。其中，科研目标要细化为短期目标、中期目标和长期目标；奖励措施可以和科研经费挂钩，对于按计划完成任务的科研团队发放足额科研经费，对于未按计划完成任务的科研团队则按照契约扣除相应经费，对于提前完成科研任务要求的团队则发放额外奖励。另外，奖励措施要综合考虑群体绩效和团队成员个人贡献，即评估整个团队绩效的同时，要特别奖励团队中有突出贡献的成员，这样既可以避免搭便车和大锅饭问题，又能够激发团队组员的科研热情与激情。为了解团队成员的贡献情况，团队带头人要在团队与科研管理部门签订的契约基础上与每一位团队成员签订子契约，规定成员在契约期内要完成的学习任务、数据收集任务、论文撰写及发表任务、各级别相关课题申报任务等。在此基础上，定期汇总每位成员任务完成情况，在考核周期结束前提交给学校科研管理部门，审核完成后确定奖励方案。

3. 多元化认定科研成果

学校科研成果的认定主要依据学术论文、著作以及科研课题的研究报告或实施情况。其中，重要的学术论文与影响较大的学术专著是难点，特别是对于民办本科高校的科研团队，难度更大。因此，民办本科高校应采用多元化的科研成果认定方式，重视重要学术论文、影响力大的学术专著和高级别课题的同时，将那些通过论证的成果，包括主要成果和非主要成果，以及针对学生和课程开发出的教材、辅助教材、教学改革成果、补充材料和实践方案等均等同于科研成果，并制定成专门的科学成果认定的制度文件，优化科研团队管理办法，量化科研团队考评体系，促进学校科研发展。

（二）开展全方位校企合作

学校经历多年的实践与探索，在学生到企业参加顶岗实习合作的基础上，以培养人才为目标，以共享资源为途径，建立了适合应用型人才培养的全方位校企合作模式，包括"全订单""后订单""嵌入式""校中企、企中校"和"园区校企"等合作模式。全方位校企合作模式转变了以往的"学校培养，企业使用"的单一培养模式，实现了校企交流、工学交替、理践一体及人才培养期限的长短结合，促进了学校与企业的零距离对接。

1. "全订单"培养模式

学校与企业合作，实行订单培养，组建了"工程师班""重工班""营销班""交建班"等定向培养班级。学校以校企双方签订的合作协议为基础，按照企业的相关要求，如人才需要方向、需要数量、素质等，把学校有关专业的班级划分为企业的专项培养班级——订单班。这种订单定向培养班级的学员是新生，在入学前，学生要参照企业的招生简章自愿报名，经过培养企业的各个方面考验包含笔试环节、口试环节以及体检环节等，最终成为订单班的正规学员。企业与学员及其监护人就定向培养问题签订协议，协议内容包括企业的责任即免费培养学员和学生的义务即不能随便退出培训班。培训班的教学计划与课程内容由学校和企业双方合作确定，学生的理论课程和实践课程分开完成，即在学校学习包括基础课程和专业课程在内的理论课程，在企业的培训中心或者企业专门的培训学校学习实践课程。培训班的学生不单纯是学生，还是企业的准员工，因此，在企业内进行实践学习时，学生不但要学习与生产相关的技术技能，还要学习企业的文化。学习期满后，学校与企业共同考核学生，对于顺利通过考核的学生，学校向其颁发学历证书，企业则颁发技能等级证书。考核合格的学生正式进入企业顶岗实习，实习期满后，与企业直接签订劳动合同，成为企业正式员工。"全订单"的培养模式缓解了学校与企业间合作力度不强、学生职业方向不明等系列问题。

2. "后订单"培养模式

"后订单"培养模式是相对于"全订单"模式而言的，仍属于订单培养模式范畴。这种模式按照企业实际工作岗位对人才培养的要求，让相关专业的学生自主参加申请，再进行层层审核，包括班级审核、院系审核等，择优选取品学兼备的学生成立订单培养预备班。针对订单培养预备班的学生，学校与企业合作制定培训计划，使用企业自编的专业教材，由合作企业派遣专业人士进课堂上课，或者组织学生直接到企业参加教学见习。教学过程中，兼顾企业课程与校内课程，但以企业课程为主，校内课程为辅。培训一段时间之后，对学生进行考核，包括笔试、面试和体检，考核通过者才能进入企业进行顶岗实习。其间，实习企业会继续定期考核学生，并淘汰考核成绩不合格的。实习期结束，企业对考核合格者开展见习鉴定，并录用到企业正式工作。"后订单"培养模式的特点有两个：一是学习时间不长，一般校企合作培训时间为一年或者半年，且实践学习统一布置在最后一年或最后一学期；二是重视考核，培训前需考核，考核及格者才能进入企业实习，培训过程中需考核，及格者才能继续实习，培训后需鉴定，鉴定及格者才能与企业签订劳动合同。这类合作避免了传统校企合作出现的不足，如协作程度不足、师资沟通不畅及学生个人发展生涯目标不清等问题。

3. "嵌入式"合作模式

"嵌入式"合作模式是指学校利用机动时间安排企业课程，主要有两种形式：一是邀请合作企业内擅长职业规划与指导的专家到学校开展特定的讲座，指导学生进行职业规划或者讲授相关培训课程，如应聘礼仪、职业礼仪等的培训；二是邀请企业内擅长专业技术指导的专家到学校讲课，主要讲解专业实践知识，以促进学生专业技能的提升。学校从合作企业中遴选了西门子公司、爱立信公司等一些优秀企业的专业人士和企业行家进入学校、教室为学生培训与讲解。"嵌入式"合作模式的特点是，不单独组班教学与培训，学生就业去向也不明确，但企业能走进校园课堂传授行业的新知识、新技术以及企业文化等，能够促进企业实践和学校课程有效对接，同时帮助学生了解职业特点，通过与企业人事的接触，了解企业的真实运作，进而提升自己的专业素养和实践能力，并可以迅速地顺应社会变动以及企业变革。"嵌入式"合作模式缓解了学校与企业沟通不顺畅的问题，解决了大学生对企业缺乏认知和感知的问题。

4. "校中企、企中校"一体化产教结合模式

校企合作的初始目的与本质要求是互利共赢。企业进校，能够减少企业的投入费用，享受更优惠的政策，进而获取更大的盈利空间；而学校则可以利用企业的先进技术、设备、管理模式和管理机制，结合企业实际问题开展实践教学，提高教师与学生的实践能力，推动学校应用型人才的高效培养。具体操作流程是，确定要与企业合作的项目，然后选择适合的企业，与其签订校企合作契约，成立专门管理部门——校企合作管理委员会，两边协作联手拟定合理的人才培养方案及其详细的实施方案和教学实践计划，企业在学校内利用校方提供的相关技术设备或者携带自己的设备开展正常的生产运营活动，并合理有效地安排学生到运营场所参与生产管理，进行实习实训。实训期满后，学校与企业共同对学生的实习情况开展考核，颁发企业实践合格证书，并给予优秀学生一定的物质奖励。校企一

体化产教结合的模式实现了工学结合，实现了多重合一，即车间即教室、学生即徒弟、教师即师傅，以及作业即产品；实现了学校与企业间合理的人力资源流通；实现了校企间的优势互补与资源共享；缓解了学校与企业之间合作力度不强、交流不顺畅以及学生学习与实训轮换有阻力等问题。

5. "园区校企"协作的人才培养模式

"园区校企"协作的人才培养模式是校校协作，也是校企协作。"一园"指科学园；"三区"指三个开发区；"五校"指五所民办本科高校。依托地方政府部门的协调与支持，学校与科技园内的企业、行业协会等组织建立联盟，与其他的兄弟院校资源共享，发展更多的合作企业，并不断提高合作企业的层次，使与学校合作的企业多达 100 余家，其中世界 500 强企业约 20 余家。园区内企业和学校定期开展交流活动，企业向学校反馈关于市场对人才需求的动态及企业对毕业生的评价等。这种模式实现了学校与政府、行业、企业、科研院所、其他院校的互联互通和全方位合作，突破了校企协作不够深入的瓶颈，解决了校企协作程度不足、校企互通有无不顺的难题，构建了校企协作的对话机制，促进了资源共享与整合。学校与企业行业互联互通，有助于学校明确发展定位和设置合理的专业；校校互联互通，有利于构建人才培养的信息共享机制，最终形成学校依托企业办专业，抓好专业推动产业的校企协同发展、互通有无的新局面。

第四节　对我国民办本科高校转型发展的启示

在民办本科高校转型发展方面，山东省样本院校、湖北省样本院校和湖南省样本院校的成功转型经验，给我们带来以下几个方面的启示：

一、明确办学理念与定位

确定学校办学定位是学校转型发展的首要前提。[①] 3 所民办本科高校

---

① 李海莲、叶美兰、洪林：《地方应用型本科高校转型发展的思考》，载《黑龙江高教研究》2017 年第 10 期。

转型发展的实践表明，学校的办学理念和办学定位是转型成功的关键。高等教育要加强社会服务能力，全方位提升教育质量，民办本科高校是高等教育不能缺少的重要构成，应以提升服务地区经济社会发展能力为目的，以地方产业经济结构和市场人才需求为依据明确学校定位和战略发展规划。目前，我国许多民办本科高校尚未立足区域特色，不能与地方经济发展相融合，导致社会应用型人才岗位的空缺。因此，我国本科高校转型，首要任务是树立立足地方、服务社会的理念，明确培养满足社会经济发展需求的应用技术型人才的定位，树立为地区经济发展服务的战略规划。

（一）革新办学理念

办学理念代表了民办本科高校的基本办学思想，是学校办学价值取向的直观反映，是学校办学行为的引导力量。高校办学理念必须立足校情，切实可行，避免盲目跟风、用词普泛、指向不明的倾向，例如"标语式"和"观念式"等，切实做到以理念引领发展。3 所样本院校的办学理念分别是：山东省样本院校——合作、发展、共赢；湖北省样本院校——创新创业，服务社会的"双创"理念；河南省样本院校——一心一意为学生办事和诚心诚意为教师办事。将这 3 所样本院校的办学理念进行对比，可以看出其共性：办学理念明晰。正是由于确定了明晰的办学理念，这 3 所学校形成了鲜明的办学特色，迅速赶超了其他民办本科高校的发展，分别荣获中国民办高校 50 强院校称号，湖北省首批转型发展试点院校，河南省首批示范性应用技术类型本科院校。明晰的办学理念有利于大幅度提升学校在人力、财力和物力资源使用上的效率，推动学校步入了迅速成长的轨道。要树立立足地方，服务社会的理念，民办本科高校应做到重视对办学基本价值的体现、强调对办学实践的指导作用。

1. 重视对办学基本价值的体现

民办本科高校的办学者应重视办学的基本价值，围绕办学基本价值确立自己的办学愿景并明确把学校办成什么样的大学，避免出现寻利至上的思想，确保办学理念与实际办学行为间的密切衔接。由于民办本科高校在经济上的特殊性，即自主经营、自负盈亏，办学者应时刻注意办学的目的是为了培养人才，不能把学校视为营利机构，以获取经济利益为根本目的，更不能无视教育发展规律，把办学看作一种经营，完全学习企业的经营管理思想、理念和经验，盲目扩大办学规模，最终造成不可补救的负面影响。尤其是在形成自己的品牌之后，为了获取持续竞争优势，学校更应该强调和重视办学的基本价值。

2. 强调对办学实践的指导作用

办学理念对学校的办学行为具有重要指导作用，是学校管理者、教职工和学生等全体人员教育教学行为的灵魂。民办本科高校在转型发展过程中，首先要革新办学理念，围绕应用型人才的培养目标，强调办学理念对办学实践的指导作用。民办本科高校的办学理念均强调特色化优势发展，有的强调理工类优势，有的强调商科类优势，有的强调外语教育优势，无论学校强调哪类优势，都要重视办学理念对办学实践的指导作用，在实践中突出办学优势，避免办学理念的形式化与理论化。

（二）明晰办学定位

定位理论产生于 20 世纪 70 年代的美国营销领域，"定位"就是一种思想，它的精髓是：按照实际情况接受某种观点，并把这些观点重新构建组合，以实现所希冀的情境。[①] 民办本科高校的办学定位明显不同于公办院校，因为民办本科高校的办学主体和办学资金具有特殊性：相对于公办院校，民办本科高校的办学主体更加多样化，更加灵活，其资金来源主要是学生交付的学费。因此，学校的运营情况是民办本科高校确定办学定位时要充分考虑的关键要素。

1. 掌握高等教育发展规律

2010 年 12 月 5 日，国务院办公厅印发了《关于开展国家教育体制改革试点的通知》，通知中明确指出要"优化民办教育发展氛围，深化办学体制改革"。[②] 通知为民办本科高校转型提供了罕有的时机，也为其成长指明了方向。民办本科高校的发展首先要遵循高等教育的发展规律，因此，作为重要主体的办学者需要熟悉教育理念和相关理论。民办本科高校的创办者大致由两部门成员组成：一部门是负责出资金筹备办学的成员，

---

① ［美］艾·里斯、杰克·特劳特著，王恩冕、于少蔚译：《定位》，中国财政经济出版社 2002 年版。

② 国务院办公厅：《关于开展国家教育体制改革试点的通知》，2010 年。

另一部门是负责学校具体运营管理的成员。出资方多半没有教育背景知识，因此，对其开展高等理论教育，培养其树立先进的教育理念和正确的发展理念是促进民办本科高校可持续发展的必要手段。民办本科高校要实现可持续发展，必须遵循高等教育发展规律，把握发展的关键时机，并明确科学合理的办学定位。

2. 比较中定位

在明确学校办学定位之前，民办本科高校要先分析本校与其他民办本科高校各自的优劣势，做到知己知彼。首先，分析学校自身所面临的内外部环境，包括学校的服务区域、办学特色、学校层次、学校类型及学校的人才培养目标等，明晰学校的优劣势；其次分析其他民办本科高校的办学定位，特别是与本校特色相似或相同的学校，比较其优劣；最后在定位时以其他学校的劣势为突破口，充分发挥自身优势，以实现特色定位。

3. 办学定位制度化

教育家夸美纽斯明确提出：制度是学校一切工作的"灵魂"。[①] 明确办学定位不仅仅是一个过程，还是一个需持续坚持才能实现的结果。因此，办学定位的确定要做到科学化、规范化和制度化。特别是民办本科高校，学校董事会掌握了决策权，其决策能够影响办学理念和办学实践。为了避免董事会根据主观意愿或者个人经历影响学校定位，使定位偏离现实，阻碍学校发展的情况发生，学校应该将确定办学定位的程序制度化，以章程制度的形式固定下来。

二、重视师资队伍转型

三所民办本科高校在转型发展过程中，均重视双师型教师的培养与引进，鼓励教师进企业提升实践教学技能，鼓励企业人员进课堂开展教学工作，通过内部培养和外部引进的方式扩大双师型教师的比例，建设成一支理论知识扎实、实践操作能力强的双师型师资队伍；与企业、科研院所联合构建实习实训基地，开展企业进校、校进企业，实现教育和科技资源的共享，促进民办本科高校与区域经济间的良性互动，包括人才培养对区域

---

① 夸美纽斯：《大教学论 – 新1版》，人民教育出版社1979年版。

经济的服务、项目研发对区域经济的服务以及基地建设对区域经济的服务；同时，学校高度重视科学研究成果转化能力的提升，加强与国外高校的合作与交流，吸引外籍教师入校任教，同时鼓励本校教师出国交流培训。我国民办本科高校教师队伍的高效使用，需要政府引导。首先，国家需明确应用型学校的地位与作用，为高校转型发展提供顶层支撑；其次，地方政府则需就资源配置问题向民办本科高校提供合理的行政管理与必要的政策指导，避免其在转型过程中遇到一些政策性的制约因素或者体制性的障碍。

（一）重视理念创新

理念是转型的先导，民办本科高校师资队伍的转型，首先需要摆脱传统思想观念的束缚，创新理念，深化"两个发展"建设理念，加强教师职业发展规划统筹引导。

1. 优先发展教学队伍

师资队伍转型处于高校转型发展的重要地位，因此，要做好规划工作，确保"三个优先"：规划优先制定、政策优先到位、经费优先保障。[1]对于民办本科高校而言，因其属于应用型且处于转型初期，更要重点强调教师的教学能力。2012 年，教育部在《关于启动国家级教师教学发展示范中心建设工作的通知》（以下简称《通知》）中将名称定为"教师教学发展"而不是"教师发展"，其意义就是强调要优先发展教师教学能力，重视其突出地位。[2]

2. 分类发展教师个体

高校的主要功能是培养人才、科学研究、服务社会、传承与创新文化等。但是，目前绝大多数高校均出现重科研、轻教学的现象，主要原因是高校将本该自身承担的功能与责任分派给了学校教师，并采用单一的教师评价体系。这样，教师在承担教学和科研双重压力的情况下，只能选择对自己相对有利的方面，最终导致顾此失彼。因此，民办本科高校要兼顾学

---

[1]　邢琦：《应用型本科高校师资队伍建设的方法与路径》，载《教育探索》2018 年第 2 期。

[2]　李小娃：《高校教师发展中心建设的制度逻辑与理论内涵》，载《中国高教研究》2013年第 12 期。

校转型与教师的协调发展，就要采用科学的方法，即对教师发展进行分类指导，要将责任均摊转变为因人而异，各有侧重，明确教师个体的发展方向，实现人尽其能。

3. 加强职业发展规划设计

教师职业发展规划是指教师对于自身职业发展方向的提前谋划，合理的职业发展规划有助于教师提升自身的综合能力，促进教师综合发展。民办本科高校要对教师职业发展提供合理的规划和科学的指导，畅通教师职业发展渠道，以促进教师的转型发展，提高民办本科高校核心竞争力。如出台关于教师职业发展规划的实施意见，明确规定教师的职业资质、职业发展及科研成果等各方面的要求，以便教师明晰自己的职业发展方向；民办本科高校也可以制定相应的政策或规定，明确条件要求和年限规定，引导教师在规定的时间内完成学历提升、职称评定等职业规划的目标，以便教师明确自己的职业发展目标。

（二）重视方法创新

民办本科高校师资队伍转型不仅需要新的理念，还需要新的方法。因此，民办本科高校要依据师资队伍的转型需要，创新教师发展的方法。

1. 设置"功能性、全员化"的组织机构

2011 年，教育部下发《意见》要求"指导各类高校成立能够体现学校优势的教师教学发展机构，适时对教师进行培训，为教师开展教改事务、科研事务、学术交流、教学质量评价及相关咨询提供服务，以实现教师的专业化成长和个性化成长，同时满足学校培养特色人才的需求。"[①] 这就要求高校重视能够促进教师持续发展，形成良好教学文化氛围的规范化的组织结构建设，实现教师的专业化管理和规范化发展。为此，民办本科高校可以采用以下 2 个措施设置组织结构：

（1）机构专门化，功能双重化。民办本科高校转型的核心任务是师资队伍转型，而教师教学发展又是重中之重。因此，民办本科高校应依据转型需要建立专门的发展教师教学水平的机构——教师教学发展中心，为教

---

① 教育部：《教育部财政部关于"十二五"期间实施"高等学校本科教学质量与教学改革工程"的意见》，2011 年。

师教学发展提供专业的服务。教师教学发展中心不是由已存在的职能部门转化而来，而是一个完全的新生部门，具有独立的建制，具有为教师提供管理服务和促进教师发展研究的功能。教师教学发展中心区别于仅强调服务管理的教务处或人事处，又不是仅强调发展研究的研究单位。它强调管理服务与发展研究的双重属性，既重视为教师提供日常服务管理，又强调开展满足教师转型需要的新理论研究。

（2）全员参与，全面覆盖。促进教师教学水平提升的专门机构，应面向全校教师开展多样化活动，不能仅限于年轻教师。该机构就是要确保通过不同年龄段和不同层面的教师发展外部需求，激发其内在发展需要，以达到全员参与和全面覆盖，充分调动教师参与积极性的同时，提升专门机构的影响力。首先，重视专门机构的建设，确保组织机构的设备齐全，内部人员齐全，能够独立运行，明确组织的功能定位，即服务、研究与管理三位一体的综合性定位。其次，明确专门机构的目标，为了实现其特有的功能，机构要强化顶层设计，注重理论研究和部门间协调。同时，要重视"两个转变"，即培训模式的转变与工作模式的转变，培训模式转变主要指教师培训由碎片化向系统化转变；工作模式转变主要指机构的工作由探索性向创新性、单独性向多元协同性转变。

2. 构建"分类型、分阶段"的培养体系

虽然基础教育的教师发展研究是个热点，但是高校教师发展研究仍然存在为人们所忽视的倾向，原因是一直存在的高校教师发展研究"多余论"和"替代论"。[1]"多余论"认为高校教师均是经历过系统训练的学科专家，强调专业化培养纯属多余。"替代论"认为高校教师尽管需要职业化培养，但学术能力的提升就是要提升教学能力。显然，这种把教师职业发展仅定位于学术能力提升的观点是不妥的。其实，美国著名教育家欧内斯特·博耶于1990年在《学术水平反思——教授工作的重点领域》中已经提出"教授的事务要改变'唯科研是从'的局面，其核心领域应该包含觉察、概况、使用、教学，相应应该分四类学术"。[2] 教学学术概念的

---

[1] 别敦荣：《高校教师教学发展中心运行状况调查研究》，载《中国高教研究》2015年第3期。

[2] 王志军：《应用技术型大学教师发展的实践路径——基于博耶的"多域学术观"》，载《高等工程教育》2015年第3期。

提出意味着高校教师发展研究非常重要且不可替代，对于以教学为主体、以应用为目标的地方本科高校尤其如此。因此，民办本科高校应坚持学科学术与教学学术并重的原则，转变"标准刚性、全员统一"的传统思路，以"多元化发展、个性化定向"为指导，采取两大措施，加强教师成长的高层设计。

一是分类定向，明确路径。学校要坚持"突出教学为主、强化应用性"，设置教学型、应用型两类岗位，确定各类教师所占比例、发展目标和培养路径。教学为主型占比为55%，主要包括公共基础和部分专业基础课教师，其培养路径与发展目标为优秀青年教师—中青年骨干教师—教学名师。应用型教师占比为45%，主要是专业课教师，特别的可以从重点建设学科中遴选，其培养路径与发展目标为双师型—学科骨干。分类定向可以兼顾人才培养、科学研究、社会服务的办学功能，实现由办学"功能均摊"向教师"各有侧重"的转变，解决教师发展顾此失彼的问题。

二是分段评价，持续提升。学校可以依据不同发展类型，为教师建立发展档案，制订相应的培养方案，因循不同发展路径，组织相应培训活动，规定年度必修学分，实施阶段目标考核。如对教学为主型教师，将其发展路径分为前期、中期、后期等三个发展阶段，前期发展定为5年，主要任务是使教师树立正确的职业观和教学观，熟悉学校的教学规则，基本要求是掌握教学技能并胜任教学工作，评价要求是按校级优秀青年教师标准衡量，其达成度不能低于70%。中期发展定为25年，主要任务是强化自身的教学学术能力，基本要求是能够主持开展教学研究和教学改革工作，评价要求是按校级骨干教师标准衡量，其达成度不低于80%。后期发展定为10年，主要任务是组织引领教学发展和培养中青年教师，评价要求是50%成为校级教学名师。可以说，目标明确、重点突出的分段培养与评价，能够强化发展意识，营造发展生态，促进可持续发展。

3. 采取"模块化、个性化"的培训模式

高校教师的发展是个系统工程，既要体现学校的制度安排，又要考虑不同高校、不同教师、不同阶段自我实现的各种诉求。[1] 从某种意义上说，教师发展类似学生培养，应突显培养培训中教师的主体地位，解决目前因

---

[1] 李联卫：《我国高职院校师资队伍结构与优化》，载《教育与职业》2015 年第 12 期。

为培训形式单一、人员统一导致的"陪绑"或"陪读"问题，强化培训活动的针对性，激发教师的内驱力，实现教师的主动参加和有效参与。

民办本科高校的教师教学发展中心应该考虑师资队伍培养的共性要求和个性需求，以"一德三能"为总体目标，对培训内容、组织形态、学习方式进行改革创新，形成以"模块化项目、多样化方式、特色化指导"为特征的"1＋X"培养模式。"1"是指所有教师必修的入职教育和师德教育模块。"X"是指按照分类培养计划设计的包括教学能力提升、实践能力提升、教研能力提升、师生研讨、专题研修等五大模块。其中，入职教育模块为新进教师必修，其内容不予赘述。师德教育模块为所有教师必修，采用管理制度解读、学术规范讲座和优秀教师事迹介绍等方式，旨在强化教学规范性和教书育人自觉性。教学能力提升模块主要面向青年教师，采用名师讲堂、教学沙龙和观摩教学等方式，旨在强化教学设计、教学方法和教育技术等能力。实践能力提升模块主要面向专业课教师，采用技术发展讲座、定期下厂挂职、承担横向课题等方式，旨在强化实施项目教学的能力。教研能力提升模块主要是让教师自主进行选修，通过专家讲座、教研方法交流、教研室经验介绍等方式，针对教学改革共性问题进行研究，实现研以致用、及时推广。师生探讨模块要求所有课程都要开两次师生研讨会，即开课前教师要解读教学大纲，让学生了解学习要求；考试后对照教学大纲，审视学习成效，师生面对面相互反思。专题研修模块是针对推广 MOOC、项目教学和考试改革等设计的培训模块，教师可自选参加。在项目实施中，为避免教师上课与培训时间的冲突，除了入职教育模块培训时间是固定的以外，其他项目均采用组班与自修相结合、网上培训与现场培训相结合、整体培训与个别指导相结合的灵活方式进行。为确保质量，所有项目都有考核要求，考核结果均记入教师发展档案。

（三）注重机制创新

民办本科高校的师资队伍建设与转型不但是系统工程，而且是艰难工程。首先，应加强对师资队伍转型必要性的宣传，使教师认识到办学内涵的转变决定了自身转型不是顺势而为，而是势在必行，通过教师的主体性觉醒实现主动转型。其次，需要在政策机制上予以引导，如依据分类发展确定的不同方向，制定相应的岗位聘任条件，实施必要的考核机制，通过利益分配的杠杆撬动固化的思想观念和发展模式。此外，还要明确规定相关行政部门与教学机构各自的职责，界定职权范围，形成"横向联动，纵向支撑"的协同机制。横向联动是指教师发展中心与人事处共同建立的信息互通机制，年终向人事处报送教师发展考评结果，作为年终综合考核的依据。与质管部门建立联合考评关系，每学期初，由质量办向教师发展中心提供教师质量评价数据，以便能有针对性地开展相应培训。纵向支撑是指注重发挥教学单位对教师发展的直接推动作用，组织教师开展在职学习，了解教师对教学发展的需求。同时，应强化教师发展中心的服务意识，为教师发展提供及时、到位的个性化服务。民办本科高校可以发挥"互联网＋"的独特作用，设立网上服务平台，开设了政策制度、培训计划、网络课程、经验交流、咨询服务、理论研究等栏目，汇集校内外以及国内外名校、名师、名课等优秀教学资源，搭建"四位一体"的在线服务平台，其中"四位一体"指服务平台包括了教师职业生涯规划、教师培训、教师评价及相关咨询服务，教师可以开展自助式线上培训和交流研讨，提升平台服务水平的同时推动了教师的转型。

1. 把好教师准入口径

做好教师引进工作是建设好民办本科高校师资队伍的首要任务。人才引进应依据本校的发展战略及总体建设目标，在发展战略的指导下进行科学的学科规划，进而对人才引进作出规划。一是畅通用人渠道，拓宽教师来源，引进有足够实践经历的专业人员，不断优化师资结构；二是从师资队伍实际出发，明确引入人员的类型、级别及总量，瞄准眼前目标的同时考虑中长期规划；三是确立人才引进标准，增加对教师实践经验的要求，同时保证人才所具备的知识、能力、素质与应用型本科院校的特点相契合；四是招聘环节中注重对教师品德、教学、科研、实践应用能力等方面的考察，严把教师准入关，既保证教师质量，也为师资队伍注入活力；五是打造一支优秀的兼职教师队伍，通过聘请具有实践经验的专家、技术人员到学校进行实践指导，一方面能够缓解"双师型"教师数量不足的问题，改善教师队伍的能力结构；另一方面可以节约教学资源，提高实践教学质量，从而打造一支符合民办本科高校需要的专兼结合的师资队伍。

2. 重视师资培训

师资培训是教师职后发展的主要方式，民办本科高校的特殊性对教师职后发展提出了更高的要求，需要了解科技前沿，掌握前沿技术，及时更新教学内容，培养符合时代要求的应用型人才。因此，高校首先应着重强调教师的职后培训，从保证新教师入职培训全员覆盖做起，鼓励青年教师进行学历进修，优化学历结构，更重要的是注重实践教学能力及实践应用能力的提升，建立企业挂职锻炼周期，使教师获取实践经历，提升自身实践能力；其次，开展科技前沿讲座，请实践经验丰富的专家进行培训指导，使教师及时掌握科技前沿动态；再次，及时了解教师发展需求，开展具有针对性的培训活动，例如针对高学历教师的培训应了解其需要提升、感兴趣的点，选择适当的培训内容，提升其参与度并优化培训效果；最后应加大教师培训的资金投入力度，丰富培训形式，增加外出学习机会，到国内外进行短期学习、培训以开阔眼界、了解专业前沿、引进先进经验，从而保证教师的职后发展。新教师步入工作正轨，需要一段适应时间，采取"以老带新"的非常规培训方式，有利于新教师尽早了解教学环境、上课时间及流程，进入工作状态。通过学习"老"教师娴熟的教学技能，获得教学经验，同时得到老教师教学与科研方面的指导，比靠自己摸索经验用时短、成长快。

3. 加强应用型特色教学团队建设

教师成长的核心是促进教学发展，尤其是实践教学水平的提高，教师教学水平的提升是高校教学质量的首要保证。目前促进高校教师教学水平提升的有效途径是教学团队的组建，因此民办本科高校应努力打造具有应用型特色的教学团队。首先，从领导层到教师都应意识到教师教学发展的核心意义，建立教师教学发展的观念自觉与行为自觉；其次，增强教师的团队教学意识；最后，学校应鼓励教师进行实践型特色教学团队的组建，团体协作机制的构建有利于教师凝聚力的提升，不仅增进教师间教学经验尤其是实践教学经验的沟通，而且增加教学研讨的时间与空间，优化教学内容、方法，从而提升教师的理论、实践教学水平。

4. 建立评价指标体系

对教师进行评价是高校评聘教师的主要依据，也是高校对教师管理的一种手段，考核评价的根本目的是提升教师的能力，促进其自身发展。教师评价过程是一个综合的过程，不能单纯地把教师当成管理对象进行考评。因此，民办本科高校在教师评价过程中要构建一套合理有效、优势突出的指标体系。该指标体系应满足以下要求：第一，评价定位要明确，即与民办本科高校的战略目标和办学定位相符；第二，评价内容要有针对性，应突出民办本科高校教师的特征，特别是对其实践能力的评价，包括教师的实践教学能力、教师自身的生产实践能力、应用专业知识解决现实问题的能力、到企业挂职锻炼的精力、学习新方法与新技术的能力、应用型科学研究能力等；第三，评价周期要合理设置，特别要考虑教师进企业挂职锻炼的时间问题；第四，评价结果要合理运用，既要重视教师评价的管理功能，又要注重教师评价的本质意义，即促进教师的快速发展与成长。

5. 营造良好的学术氛围

教师发展的一种体现方式就是提升其科研能力。提升教师的科研能力，民办本科高校首先要为教师创造浓厚的科研氛围，包括：组建科研团队、与企业建立科研合作关系、加大支持力度等。通过组建科研团队，可以方便教师之间进行学术交流，进而合作申报科研项目并顺利完成研究；与企业建立科研合作关系，可以加深学校与企业间的沟通，形成长期稳定的合作关系，提高教师获得横向研究课题的机会；加大科研的支持力度，对所取得的科研成果进行有效的激励，可以提高教师的科研积极性，进而形成和谐、进取的、互助的良性学术氛围。

三、构建专业集群

在转型发展过程中，3 所民办本科高校的专业设置均依托区域经济发展需求，确保专业人才与市场需求、产业结构及社会经济结构的有效衔接。当前，我国民办本科的专业设置绝大多数仍是根据校内资源情况设置，偏离市场需求。学校方面，学生就业难，企业方面，招工难，人力资源市场需求与供给严重不均衡，出现了有效供给不足和无效供给过剩并存的现象。[①] 因此，我国民办本科高校转型发展过程中，应以学科专业设置为着手点，优化或取消陈旧学科专业，增设能够满足区域新兴产业和主导

---

① 中南大学课题组、张尧学：《地方本科高校内涵式发展的主要制约因素及改革建议——以某省 20 所地方本科高校为例》，载《现代大学教育》2014 年第 2 期。

产业人才需求的专业，重点体现专业的应用型，确保专业设置与行业需求有效衔接。[①] 对与行业发展联系密切的专业，可以通过校企合作的方式，深化产教融合及产教对接；对与行业发展间接联系的专业，要重视学生实践能力和应用能力的提升，注重实践教学。构建专业集群的重要性主要体现在 4 个方面。

第一，有利于形成学校适应地方产业发展的竞争优势。民办本科高校不同于公办院校，本身受教育资源和生源的约束。为了获取竞争优势，民办本科高校必须依靠区域特色，依托地区产业，融入地区经济社会的建设和发展。专业集群通过一个核心或特色专业汇聚相关周边课程、实践项目、教育资源的模式，能够实现利用协同合作的优势优化集群内部资源配置和形成以专业教育为主导的专业集群综合优势，防止在激烈竞争中被排挤。[②]

第二，有利于共享教育资源，特别是实践教学资源。应用型人才培养重视学生的实践能力，建设实践课程需要投入大量的教学资源，包括教师资源、硬件资源等，而民办本科高校所掌握的资源相对匮乏，这就需要学校寻求一种集约型发展模式，即发展专业集群。发展专业集群能够避免相对独立的不同专业间各自建设造成的投入资源浪费和建设资源利用率低，确保民办本科高校可以整合更多教育资源，改变资源浪费现状的同时，满足学校的教育实践需要。[③] 因此，对于民办本科高校而言，要形成以校企合作为平台、专业实践技能训练为核心、应用型人才培养与地区产业发展无缝契合的办学特色，通过发展专业集群形成学校与学校、学校与企业、学校与其他社会组织间的资源互通与人才交流网络。发展专业集群的人才培养模式是民办本科高校向社会培养与输送应用型人才的最简洁途径。

第三，有利于组建优势师资队伍。民办本科高校可以产业集群为依赖构建专业集群，采用学校与企业协作以及产学研相结合的方法，构建具有较强实践能力的特色师资队伍——"双师型"师资队伍。[④] 通过校企合作，可以定期选派优秀教师到合作企业挂职锻炼，这样专业教师就有机会

① 杨钋、井美莹、蔡瑜琢等：《中国地方本科院校转型的国际经验比较与启示》，载《国家教育行政学院学报》2015 年第 2 期。

② 朱中伟：《新常态下地方应用型院校专业集群建设》，载《教育与职业》2017 年第 6 期。

③ 刘丽梅：《基于经济学视阈下的高职院校专业集群建设》，载《对外经贸》2014 年第 10 期。

④ 苏志满：《专业集群对接产业集群的探索与实践》，载《吉林省教育学报》2013 年第 4 期。

到企业从事与专业集群内专业相关或相近的工作，并将所学习的专业理论知识用来解决企业的实际问题，从而获取足够的实践锻炼，积累实践经验。这就形成了具有双重身份的教师队伍："教师 + 专业技术人才"，在学校仍是教师，在企业则是专业技术人才。另外，通过校企合作可以聘请企业的高层管理人员或专业技术人员为校外企业导师，到校指导学生学习专业理论知识或者指引学生到企业参加实践活动。通过校企合作构建的特色师资队伍可以缓解民办本科高校的资金压力，密切校企间的联系程度，强化专业集群内各专业的特色优势，满足应用型人才培养的本质需求。

第四，有利于培养"一专多能"应用型人才。当前，民办本科高校仍依据学科分类划分专业，培养的人才大多数是只掌握了单一的专业技术技能，很难满足社会对高素质人才的需求。[①] 构建专业集群，可以根据行业或企业内不同的职位要求，聚集相似与相近专业的理论课程、实践课程和教学资源等，使学生在掌握本专业主导学科知识的同时，能够接触和了解与本专业相近领域的专业知识和特定技能，把学生教导成为掌握多种技能的，满足地方经济社会发展需要的应用型人才。

构建专业集群的必要性体现了专业集群与区域经济产业集群间的内在联系，因此，民办本科高校构建与其办学特点、办学结构和办学规模相匹配且能够对接区域服务产业发展的专业集群，是促进其自身特色发展的关键路径。[②]

（一）依托地方支柱性产业

民办本科高校构建专业集群首先要摆脱传统观念的束缚，转变办学理念，明确办学特色。进而把握区域经济发展趋势，依托地方支柱产业，以服务地方产业内相关需求为指导，实现专业集群内的"三个衔接，一个融合"，也就是专业与产业链衔接，教学内容与行业职业规范衔接，实习实训场地与工作车间衔接，学校专业教师与车间专业技术人员融合。

---

① 张向华、马正兵：《新建地方本科高校专业集群建设的背景、缘由及思路》，载《重庆第二师范学院院报》2015 年第 3 期。

② 谢冬：《基于产业集群的江苏省高职教育发展策略研究》，载《中国成人教育》2011 年第 4 期。

（二）以"双创"为驱动力

目前，国家经济发展正值转型的重要时期，为了提高转型发展的动力，政府相继出台了能够推进双创工作顺利开展的相关政策和法规。民办本科高校在建设专业集群的过程中，应把握好这一契机，顺应社会发展趋势及传统产业改造升级和新兴产业孵化发展的需要，以现代化服务业为依托，以学校内的优势学科为支撑，特色专业为核心，构建具有特色的专业集群以服务人才培养。如：在网络商务和网络营销成为主导产业的宏观背景下，构建以网络商务和网络营销为中心，相关专业为辅的专业集群，包括会计学专业、市场营销专业、物流管理专业、人力资源管理专业以及企业管理专业等，以实现构建专业集群和培养人才的基本目标。这样既可以满足地区经济腾飞的需要，又可以合理统筹高等教育的各项资源。

（三）积极开展校企合作

构建专业集群离不开学校与企业间的合作。因此，民办本科高校要构建科学合理的专业集群，就应主动联系行业内企业，探索共建实践基地群，深入开展学校与企业间的合作。如采用聘任企业高层管理人员为兼职导师进课堂授课、派遣学校专业教师进企业实践锻炼、与合作企业开展订单培养、选派学生到企业顶岗实习等形式，深化学校与企业间的合作，强化专业集群的优势效应，突出应用型人才的培养特色。为了推动专业集群的实现，民办本科高校要不断完善学校与企业间协作培养人才的机制，包括：学校与企业共同建设"双师型"师资队伍，合作制定修订应用型人才培养方案，共同完善教学监控体系等。通过学校与企业共同培育人才，提升学校专业集群培养的人才满足产业集群的需求度，进而提升二者的契合度。

（四）优化专业集群的课程设置

专业建设的主要内容是课程设置，一般的课程设置都围绕学科这条主线展开，分为公共类课程、基础类课程、专业类课程和实践类课程四大模块。专业集群要体现出其独特优势，即人才培养与区域产业发展能够有效、合理对接，因此，需要对专业集群内各个专业的课程设置进行整合与变革。群内的课程改革主要是围绕专业类课程与实践类课程展开的，公共类课程与基础类课程可以基本保持不变。因此，学校可以围绕区域产业发展的需要，依据企业真实情景，把重点培养学生的职业能力与实践能力作为本位，与企业合作开发综合性较强，又能提升学生专业技能的相关课程；也可以与企业协同制定到岗实习项目，由企业安排专业人员作为学生的企业导师进行指导，做到学校与企业联合开发专业与实践课程，并在专业集群内共享。通过课程体系的共享，实现集群内资源的集约化建设，更好地培养应用型人才，为地区产业和区域经济社会发展提供完善的服务，凸显学校的办学优势与特色。

四、优化人才培养模式

3 所民办本科高校非常重视人才培养模式的优化，通过改革人才培养理念，完善人才培养方案和重构课程体系等实现学校的转型发展。我国民办本科高校的转型，创新人才培养模式是重点，是关键，是转型发展的主要内容。民办本科高校要以培养应用型人才为己任，以市场需求和学生就业为导向，构建具有针对性、实用性的应用型人才培养理念、培养方案和课程体系。

（一）变革人才培养理念

民办本科高校应立足于地方经济和市场发展的需要，不断精炼办学定位和办学特色，在培养应用型人才的基础上，倡导符合学生特点的人才培养理念，进而形成系统化的能够满足应用型人才要求的人才培养模式。变革后的人才培养理念应强调学科交叉、学生自主和特色成长以及实践创新。

1. 学科交叉

应用型人才需要复合型知识，培养应用型人才需要对知识结构进行整合与创新。[1] 学科交叉能够实现创新要求，能够改变学校专才的教育思想，提高学生的专业互动性、复合型和社会适应性。因此，民办本科高校应打

---

[1] 李克武：《以学科交叉路径培养本科拔尖创新人才的探讨》，载《中国高等教育》2011年第7期。

破传统按学科专业招生、培养的模式，实行"公共基础教育＋专业教育"的大类培养。入学第 1 年，按照专业大类设置公共基础教育课程，扎实基础知识；1 年后进入专业教育阶段实施专业分流开展专业教育，其间要开设专业选修课程以拓宽学生视野，夯实理论基础。

2. 学生自主和个性发展

创新人才培养需要打破统一化的培养方式，避免固化思维与学习模式的形成，充分释放学生的个性、想象力和兴趣。[①] 民办本科高校应改变传统的流水线式培养模式，坚持以学生为中心的基本思想，根据学生特点和需求大力开展教学改革，探索适合的人才培养模式，增加学生自我选择、自我发展的机会，促进学生毕业后多元化发展。如，学校可以在第一课堂之外设置多元化的教学活动：各种形式的科技活动项目、第二学位辅修项目、企业实践项目、国内外名优高校访学计划项目等，同时建立逐层递进学生成长辅导模式，即先适应教育、再专业教育（包括专业渗透教育和专业学习辅导）、最后职业规划指导，以满足学生各个成长阶段的需要，促进学生个性化发展。有条件的民办本科高校还可以依托特色实践平台或国家级特色专业，建立校企融合行业的高水平应用型人才培养实验班，提供"三名"服务，即名师、名教材和名校交流，满足学生的不同学习需求，并且在专业分流阶段设置学生自选机制，让学生根据自身特点，如个性特征、意愿、学习成绩和志向等，自主选择适合的主修专业。

3. 实践创新

民办本科高校要坚持以应用型人才培养为目标，重视学生实践能力培养，重构理论教学、实践教学和课外科技活动等各个教学环节，强调实践创新的系统化设计，依据行业或者岗位要求设置课程，采用突出实践能力的教学方法，培养学生解决一线或基层实际问题的能力与素养，提高学生在生产一线或者企事业单位基层工作的适应性。

（二）修订人才培养方案

人才培养方案是高校培养人才的宏观规划，是人才培养理念转为实际

---

① 陈初升、蒋家平、刘斌：《个性化　长周期　三结合　致力于拔尖创新人才培养》，载《中国高等教育》2010 年第 21 期。

运作过程的核心环节。① 民办本科高校应该以此作为着手点，积极践行民办本科高校的转型发展。人才培养方案的完善，可以从以下几个方面入手：

1. 明确转型发展核心

潘懋元指出，教育的本质内涵就是发展。② 就高等教育转型发展而言，其关键就是以学生为中心的教师转型发展，即关注学生的自主发展与教师的转型发展。而不管是学生自主发展或是老师的转型发展均与专业发展有关系，专业发展是老师与学生发展的依托平台，专业发展的核心是人才培养方案。③ 结合民办本科高校发展的国内外现状与趋势，我国民办本科高校人才培养方案的制定应围绕"一个定位，五个强化"的基本指导思想。一个定位，强调民办本科高校培养的人才是具有一定理论修养和实践能力的应用型人才；五个强化，包括强化专业化聚焦、强化专业技能学习、强化关注教师发展、强化数字化建设、强化系统内外资源整合，通过"五个强化"合理设置课程，改善实践条件，建设专业人才队伍，进而实现民办本科高校应用型人才的培养目标。

2. 倡导宽松灵活设计

高等教育是一项复杂的工程。在经济社会快速发展的时代，教育思维一定要体现复杂性，特别是面对学校发展过程中的各种变动，更要采用复杂性的思维灵活处理，以符合教育发展规律和人才培养的要求。学校的人才培养方案也是一样，要体现复杂性思维和灵活性设计。人才培养方案是学校开展教育事业的指导性文件，是为学生专业发展和教师自主发展服务的。但是指导性文件不代表是刚性的、无法变动的，恰恰相反，人才培养方案要根据学生与教师发展的需要进行适当调整。特别是民办本科高校，更应该时刻关注企业需求与行业变动，以避免人才培养方案调整的滞后性及其带来的消极影响。因此，民办本科高校的人才培养方案要倡导宽松灵活的设计，以更好地与社会实际需要相结合，确保学生能够有足够的时间开展高效率的学习，同时能够有更广阔的机会发展自己，提升其适应社会

① 张婷、黄静：《高等教育内涵发展背景下高校人才培养方案修订的问题探析——以特殊教育专业为例》，载《中国成人教育》2014 年第 3 期。

② 潘懋元：《如何理解高等教育的内涵发展及评价?》，载《大学（研究版）》2009 年第 10 期。

③ 胡晓玲：《论高等教育内涵建设与发展的核心》，载《江苏高教》2011 年第 6 期。

需求变动的能力。如减少理论课程的学时与学分，优化理论教学方式，增加实践课程，突出课程的应用性以及学生实践能力和适应能力的培养。具体包括精简公共必修课的学分，强化延伸性与可选择性；破除课程间瓶颈，统筹兼顾课程的相通性与融合性；划分多个方向与维度的模块，强调综合性人才培养等。人才培养方案的修订对教师而言是一项巨大的挑战，教师需要调整自己的教学模式、教学方法、教学内容等，也是教师强化自身专业能力的难得机会，通过应对挑战，教师可以提升自己的职业素养与能力。

3. 提倡多元化参与

高校人才培养方案对人才培养的质量有着重大的作用，高校必须制定并不断修订人才培养方案。人才培养方案的合理修订离不开高校的科学决策，即多元化群体决策。因此，在修订人才培养方案的过程中，民办本科高校可以聘请相关人员共同参与，包括相关专业的专家、学者、特级教师等，还包括其他民办本科高校的校长、教育系统工作人员、企业工作人员等，还可以让学生参与修订。另外，民办本科高校可以派遣本校专业教师到其他国内外相关学校交流学习，积累修订人才培养方案的经验，实现多元化的群体决策。为了提高人才培养方案的科学合理性及可执行性，民办本科高校在提倡多元化参与的同时要客观公正地对待各参与主体针对专业发展做出的评估和对人才培养方案提出的修订意见。

4. 坚持整体优化

为了提高人才培养方案的可行性，在确保方案科学合理之外，还需要一系列能够保障方案实施的措施。如，与专业相关的办学经验、教学队伍建设、实践基地、配套设施包括仪器设备、图书资料和管理措施等都要符合人才培养方案的要求。人才培养方案的修订涉及众多程序，是一个持续改进、动态提升的过程。为此，民办本科高校要以发展、动态的思路修订与完善人才培养方案，以便更好地为学生自主发展和教师专业发展提供服务。

（三）重构课程体系

为确保人才培养模式的有效实施，民办本科高校要以培养学生的通用能力—专业技术能力—综合实践能力—综合应用能力为主线，与合作企业共同构建课程体系。[①] 民办本科高校应与企业共建课程体系，在合作过程中，学校首先要了解企业的实际岗位需求，然后再以岗位实践需求为基础，科学合理地设置学校的学科、专业和课程体系，真正实现理论与实践的统一，进而聚焦特色资源，构建特色专业，提升学生的实际应用能力与综合素养。实现理论内容和实践内容的相互融合，要求学校实现以下两个方面：首先，理论教学方面，民办本科高校要以学生自身特点以及行业与企业的实际需求为基础，突出课程设置的特色和课程内容的重点，改进教学方式，强调应用型人才的培养目标，即提升学生的实践能力与综合素养；其次，实践教学方面，学校要重视学生实际解决问题能力的培养，与合作企业共同构建实践课程和实践平台，以便给学生供应更合适的校外实践机会，培养学生解决实际问题的能力。因此，民办本科高校要以实践能力为指导重新构建课程体系，即构建课内课外"四结合"和校内校外合作"四融通"的培养应用型人才的课程体系。

1. 课内课外教学"四结合"

（1）理论教学结合实践教学。培养应用型人才综合能力的核心环节就是理论与实践的有效融合。应用型人才培养既关注学生专业基础知识的积累，更关注实践应用能力的培养。为实现理论与实践的有机结合，民办本科高校要做好以下工作：第一，理论与实践对接。即课程设计以培养学生能力为主线，在基础学习阶段将认知性、演示性和验证性实验穿插到基础课程中，激发学生学习理论知识和开展实际操作的积极性，实现做中学；专业教育阶段，则重视实践操作，突出实践课程，要求实践课程的学分不能少于35分，且设计性实践内容与综合性实践内容占实践内容的比例不能低于50%。第二，融入课外科技创新项目。即将课外创新项目融入应用型人才培养方案中作为课程体系的一部分统一规划，在教学过程中全程贯穿对学生实际操作能力、综合应用能力等的培养和团体协作精神、创新精神等精神的培养。第三，加深校企合作。即民办本科高校要重视与企业的深度合作，充分调动企业的资源优势为学生提供实习岗位，主动与企业共建实习基地，同时与企业共同完善实习制度，在有效保护实习学生合法权

---

① 杨冰、谢飞雁、杨积堂：《地方高校实践创新型人才培养模式研究》，载《实验技术与管理》2017年第12期。

益的基础上为企业创造最大的经济效益，进而提高民办本科高校应用型人才培养的质量。第四，建立实践基地。主要是指条件较好的民办本科高校可以独立在校外建立实践基地，增强学生的实践能力。

（2）课堂教学结合学生竞赛。民办本科高校要重视课堂教学与大学生竞赛的有效结合，并将竞赛作为学生阶段性考核的重要组成部分，使所有学生都参与到竞赛中来，构建"学—练—赛"一体化的能力培养模式。学生通过参加竞赛，可以将基础知识、专业理论知识和实践知识有机地结合起来，实现课程间知识的贯通和对知识系统的有效整合，进而提升创新创业意识、实践动手能力与问题处理能力。

教师也要积极参加企业实践活动，细心观察、模仿企业专家的行为，学习、揣摩企业人士的行业术语，并按照企业的行为标准要求自己的言行举止。这样，教师就能够逐渐掌握企业内相关专业术语、行业知识、从业经验和技能等，进而得到熏陶、发展、磨炼与提升，丰富实践知识，提升实践技能，并根据经济发展与市场竞争的需要进行教学内容开发和课程开发，对教学方法进行改革，更好地指导学生实践学习。

（3）专业教育结合创业教育。1998年联合国教科文组织明确提出高等教育的基本目标就是培育大学生的创业精神和创业技能，进而提升学生的实际应用能力。[1] 因此，民办本科高校要按照激发意识、培养兴趣、体验实践、孵化项目的基本链条，将专业教育与创业教育有效地结合，设置相关特色课程或者优势课程，如创业研讨课、创新思维训练课程、创业管理等，为大学生提供学习创新创业基础知识的机会，同时，配合学校的专业课程教育持续激起学生的创新意识与创业积极性。[2] 另外，邀请企业内具有足够实践经历的专业人士进校作为指导教师与学生互动交流。通过授课、开设论坛或讲座的形式，学生可以与企业指导教师直接面对面接触，更深刻地理解、领会所学知识的真实应用情境，激发学生的创新创业意识，提高其专业素质和职业素养。

（4）科学研究结合教学。科教融合是民办本科高校转型发展的重要方

---

① 杨晓慧：《我国高校创业教育与创新型人才培养研究》，载《中国高教研究》2015年第1期。

② 施冠群、刘林青、陈晓霞：《创新创业教育与创业型大学的创业网络构建——以斯坦福大学为例》，载《外国教育研究》2009年第6期。

向，是人才培养模式变革的核心理念。科教融合倡导教师正确合理地解决教学和科研间的协调问题，强调教学与科研同样重要，相互促进，重视学生主动探究意识和应用技能的提升，注重课程内容的更新以及教学方法的变革，特别支持研究性教学、研究方法训练和本科生科研。教学和科研是民办本科高校教师的主要职责。以科教融合促进科研与教学相长能够满足"以学生为中心"的教师转型要求。教师在教学的同时深化科学研究，不但有助于教师知识积累和科研能力提升，也有助于教师随时掌握专业数据和文献资料，了解学科发展动态，扩展教研范畴，进而更好地满足学生的心理预期。

因此，民办本科高校要非常重视科教融合。首先，变革理念。教师要改变教学与科研相分离的观念，树立学术育人的理念，以此为指导，明确学术育人的含义、路径及评价方法，在教书与培育学生的过程中始终贯穿学术育人的思想；其次，创新方法。为确保完成授课和科研的统一，老师要尝试和运用新科学方法。课前备课时，教师要重视教案的内容，将课程或专业领域的最新进展融进教案之中。课中，教师要将与课程相关的科学前沿问题引入课堂，引导学生积极探索。课后，教师要为学生布置能够扩展其学科知识范畴的作业，丰富学生知识面，同时拓展其知识结构；最后，当好导师。在指导学生学习方面，教师更具有专业权威性，能够针对专业发展前景为学生提供符合专业发展和个人发展的建议，同时，在指导过程中，学员与教师之间联系频繁，能够帮助学生提高自身的学习热情和学习意愿，强化学生的学习兴趣。

2. 校内校外合作"四融通"

（1）融通课程模块与行业需求。为提升学生的实践创新能力和社会适应能力，民办本科高校要结合行业发展需求培养应用型人才，将行业岗位需求融入专业课程的模块设置中。如，财务专业与会计学专业为满足行业相关岗位对国际职业资格证书的需求，可以在专业课程教育模块中融入美国注册管理会计师考试要求的相关课程；金融学专业可以在专业课程教育模块中融入相关课程如金融外包、中小企业金融服务等以满足中小企业的金融服务要求和地区金融行业的新增长需求。

（2）融通课程教学内容与企业实践工作。为提高学生能力培养的针对性和有效性，民办本科高校应重视将学校的教学内容和企业实际岗位的工作内容相融合。学校通过与企业集团的对接，将企业实际岗位的工作要求融入课程教学内容中，改革综合实践的内容，并形成系统的讲授方案与考核标准。为提高学生运用综合知识解决企业实际问题的能力，学校还可以派专业教师到企业集团内部，联合企业导师指导学生在企业基地完成实习任务。

（3）融通学生竞赛与企业实际问题。大学生竞赛如市场营销大赛、电子商务模拟大赛及虚拟招聘创新赛等能够提升大学生的创新意识与综合实践应用能力，但大赛的设计、内容等要和企业的真实情境相融通。因此，民办本科高校组织开展各类竞赛都要依托合作企业，以企业的真实情境为背景，以解决企业实际问题为核心。然后，组织学生参与科学研究，以提升其实际应用能力培养的深度和层次性。

（4）融通校内与校外教学资源。培养应用型人才不应单纯地依赖课内授课，而需要真实的实践与创新环境。[1] 因此，学校可以与行业、政府主管部门、其他高校或科研机构以及企业建立合作网络学院，构建校企合作平台，并聘请行业或企业内具有丰富实践经验的专业人士进校与校内教师合作组成教学团队和学业导师团队，为提高学生的综合能力与素养提供有效的智力支持。

---

① 袁赞礼、林建成：《产学研合作教育与创新型人才培养研究述评》，载《生产力研究》2010 年第 11 期。

----- 第六章 -----

组织发展理论视域下民办本科
高校转型路径与实践

本章在前期研究的基础上，从领导变革、资源配置、结构重组、教学流程再造、文化重塑等方面进行有效路径设计，促进民办本科高校转型发展。

第一节 领 导 变 革

一、办学理念变革

（一）办学理念变革相关研究基础

我国学者对高校办学理念的研究分为具有较强普遍性的理论阐释，以及针对不同类型高校的办学理念研究。王国炎（2007）认为高校办学理念必须明确应该坚持的办学方向、遵循的办学方针、教育哲学、教育价值观层面问题。[1] 徐萱春（2008）强调了并非仅指教学过程中坚持以学生为主而是在高校各项工作中都需要贯彻这一理念。[2] 有的学者对美国、加拿大、新加坡等国外著名高校和我国高校的办学理念进行个案研究，进而对我国

---

[1] 王国炎、饶国宾：《用科学发展观审视高校办学理念》，载《思想理论教育》2007 年第 23 期。

[2] 徐萱春：《对高校"以学生为主体"的办学理念的思考》，载《教育探索》2008 年第 4 期。

高校办学提出了诸多建议。卓泽林（2017）分析了美国文理学院办学理念，得出小规模高质量的博雅教育是其最大的特点的结论。[①] 李大伟（2018）认为应用型高校的办学理念至少要包含育人、市场化、合作办学、特色化和服务性五个方面。[②] 学者们对特定于民办本科高校的办学理念变革的研究还不是很充分。

我国教育家在创办和管理高校的实践中提出了各自的办学理念。梅贻琦在 1931 年出任清华大学校长的就职演讲中就提出了"大学者，有大师之谓也"的办学理念，后期又提出了"师资为大学第一要素"的观点。同时代的北京大学校长蔡元培提出了"兼容并包"的办学理念和原则。我国一流高校都在办学过程中形成了独特的办学理念（见表 6 - 1），为民办本科高校办学理念的变革奠定了基础。

表 6 - 1　　　　　　　　　中国九大高校办学理念

高校名称	办学理念
清华大学	大学者，有大师之谓也
北京大学	思想自由，兼容并包
浙江大学	以人为本，求实创新，追求卓越
复旦大学	文理教育为特色，通才教育为目标
中国人民大学	立学为民、治学报国
上海交通大学	自强首在储才，储才必先兴学
武汉大学	创造、创新、创业
中国科技大学	全院办校、所系结合
华中科技大学	育人为本、创新是魂、责任以行

资料来源：各大高校官网。

[①] 卓泽林、杨体荣：《当前美国文理学院的办学理念和模式研究》，载《复旦教育论坛》2017 年第 5 期。

[②] 李大伟：《地方应用型高校办学理念与教育扶贫路径选择》，载《中国成人教育》2018 年第 11 期。

（二）办学理念变革的基本原则

1. 方向性原则

民办本科高校办学理念变革必须坚持方向性这一首要原则。一个国家的高等教育必然与其特定的社会政治、经济、文化甚至科技发展水平相适应，既受这些因素的制约也为其提供服务。高等教育不仅是向大学生传授理论知识和立德树人使之成为全面发展的人才，还应满足社会和国家的要求，高等教育发展的方向必须与国家发展的方向一致并与历史的发展紧密联系在一起，为我国社会主义现代化建设服务做出应有贡献。民办本科高校作为中国特色高等教育的重要组成部分，同样需要坚持社会主义的政治方向、主动适应经济建设和社会发展的需要、全面落实党和国家的教育方针，持续探求摸索符合我国特有的社会发展规律的办学之道。

2. 以生为本原则

民办本科高校办学理念变革要坚持以生为本原则。"本"字出自《说文解字·木部》中"木下曰本"，原指草木的根，在以生为本语境中取事物的本原、根源，极重要的部分之意，与"末"相对应。"生"是指学生。以生为本是指以学生为办学根本。以生为本最初出现在教学领域，谁获取知识谁就是课堂的主体，这打破了过去强调教师权威性的满堂灌，变为教师在课堂上因材施教、启发引导，学生主动思考提问，师生间进行平等对话和自由讨论，最终形成和谐平等的新的师生关系。教师由传授课本知识转为教授如何自主学习的能力，实现以教为主向以学为主的转变，直到学生形成终身主动学习的习惯和质疑创新思维，培养应用型人才。在传授专业知识的基础上，实行素质教育，把立德树人落到实处，促使学生形成正确的三观和较高的道德水平。后来随着对以生为本原则研究的深入，渐渐延伸到学校内部管理中的各个方面。学校全体教职员工都必须坚持一切为学生服务的观念，从事任何岗位都要站在学生的立场，尊重其意愿和行为，努力为他们的学习、生活和全面发展提供更加舒适且有成长空间的环境。学校是为了培养学生而存在的，如果没有学生，教学管理就没有存在的必要，学校也丧失了存在的理由，所以学生是民办本科高校生存发展之本。民办本科高校办学理念变革应坚持以生为本原则，满足学生个性化全面发展的需要，提高学生创新实践等综合素质能力，才能取得向应用型高校转型的成功。

（三）办学理念变革的路径

民办本科高校校长对办学实践进行深刻的理性思考，根据校外环境和校内情况的变化，对办学理念进行提升和变革。民办本科高校校长在变革办学理念时应从以下几个方面进行理性思考。

1. 遵守政策法规

民办本科高校校长在变革办学理念时应以国家法律法规、政策、教育方针为指导。民办本科高校校长首先要充分掌握遵守相关的法律法规，自觉遵守《宪法》，中国教育工作根本大法的《教育法》，根据宪法和教育法专门为高等教育发展制定的法规《高等教育法》以及保障和支持民办本科高校发展的《民促法》等，绝对不能触犯法律规定这条行为底线，自觉规范办学实践中与各级政府和主管部门、社会组织和个人、教职员工和学生之间所产生的法律关系，例如教师的权利、义务、考核、奖励、处分甚至开除；招收学生相应的学籍管理；学校固定资产和设施的建设维护管理；食堂超市等后勤物业管理等。在自觉遵守法律法规的同时，要随时关注法律法规政策方针的修订，及时跟随修订变化而变化。例如随着我国民办本科教育的迅速发展 2003 年颁布实施的《民促法》已经不能完全满足符合现实情况，在 2013 年和 2016 年对落后的部分进行了两次修正。法律修改之后各级政府根据修改精神为鼓励民办本科高校发展出台的相应的政策法规，如财政部出台了针对捐赠民办本科高校企业的税收优惠政策，有的地方政府划拨专项款项用以促进民办本科高校发展。民办本科高校校长需要在这些变化引导下，调整办学理念，变革办学行为，接受各类挑战，抓住新的机遇。

另外，民办本科高校校长需要坚持党的教育方针。党的教育方针在我国各个历史阶段经历了多次的修改与整合，随着社会发展阐述方式也有些差异。这就要求民办本科高校校长紧跟党的教育方针理念变化，转变观念切实落实党的十九大报告提出的最新教育方针。

2. 遵循教育规律

民办本科高校校长变革办学理念还需要把握高等教育规律，树立与改革开放、中国特色社会主义现代化建设相适应的现代教育观。民办本科高校应了解和掌握高等教育活动科学的方法规律和路径，按照高等教育教学、科研和服务的三大职能，提高工作的有效性和规范性。民办本科高校应明确自身的任务是培养符合国家社会经济要求的高层次应用型人才，营造自由严谨创新的学术氛围，服务地方社会经济发展和升级。民办本科高校首先需要对本国的经济、科技、文化发展现状和趋势进行调查研究，才能制定与当前社会尤其当地区域经济发展实际情况相适应的办学理念。

民办本科高校应树立的现代教育观，包括教育时空创新和质量观、服务产业观，以及德育为先和以人为本的人才培养观等。民办本科高校要改革创新教学模式和教学手段，营造全校创新创业氛围，建立创新型双师双能教师队伍，培养具有创新创业能力的人才。民办本科高校应具有教育时空观，运用信息技术打破时空限制，建立学习型组织，营造时时可学习、处处可学习的优良环境，培养学生终身学习的能力和学习的兴趣。民办本科高校应树立的教育服务产业观，是学校提供的高质量的教育服务，满足家长、学生和社会三方的要求，将提高教学质量作为学校最核心的追求。民办本科高校要树立适于社会经济需求，具有自身办学特色的教育质量观。培养的全面协调发展的学生应具备专业知识和人文素养等深厚的基础；学习知识、应用实践、创新应变以及自主提升等较强的素质能力；爱国敬业精神、诚信合作精神等高尚的品格；广博扎实的学识才能等，成为完全适应当代社会经济发展和竞争的新一代接班人。民办本科高校要充分认识到大学生的道德教育直接影响我国社会的素质面貌并且决定着我国最终的前途命运，是党对于高等教育根本任务的新概括，进而改进创新德育教学方法模式提升学生学习思政课的兴趣和积极性，有效组织大学生参加知识竞赛、社会活动等德育实践课程，使大学生完善健全的积极向上人格。民办本科高校应把以人为本的理念贯穿到全校各个方面，覆盖从新生进入校园开始到毕业离开的全方位全过程，全心全意为学生成才努力，全面提升学生素质能力，促进个性自由发展，成为一流应用型人才。

3. 继承优良传统

民办本科高校校长在变革办学理念时应以自身办学的先进经验为根本，在发扬特有优良传统的基础上，在已有的教学和管理特色上再创新更上新台阶。民办本科高校从无到有，从有益补充发展到高等教育的重要组成部分，取得阶段性成功的原因就在于坚持面向经济与社会需求办学，培养综合素质高、适应能力强的社会紧缺人才的办学理念。民办本科高校在加速我国高等教育大众化普及化进程，培养高层次应用型人才方面具有独特的优势和成功的先进经验，以市场需求为导向，急区域之所急，根据经济发展阶段和产业结构的升级灵活调整人才培养方向和模式。因此民办本科高校在转型时应将办学理念与其办学历史紧密相连，充分利用自身的有利条件，继承原有的优良传统，打造自身特色。

4. 借鉴外校经验

民办本科高校校长在变革办学理念时应借鉴外校先进办学特色和经验，以开拓办学管理思路，提升思想高度。民办本科高校首先应以开放的心态走出去对已选择的外校进行深入的考察。考察调研的外校既包括国内公办院校和优秀的民办本科高校，也包括国外高校，尤其是美国等发达国家的应用型私立高校。民办本科高校对这些调研对象在先进办学理念、办学模式和管理运行经验等方面进行重点考察和调研，再结合本校实际，认真分析查找本校的不足之处，合理借鉴应用到本校办学实践中。

山东协和学院以我国各级法律条例、政策规定、高等教育方针为指导，遵循高等教育发展和办学规律，树立现代科学教育观，制定了坚持以学生为学习主体和以教师为主导的以人为本原则，突出实践管理能力培养，全面贯彻以德育为先的素质教育；坚持为山东省社会经济发展培养人才，在服务地方社会经济过程中持续发展壮大。校领导多次到美国、马来西亚、新加坡等国外私立高校和国内兄弟院校交流考察，结合校情明确树立依法、诚信、规范、开放的办学宗旨。

二、办学定位变革

（一）办学定位变革相关研究基础

自 2000 年起，高等学校办学定位问题成为我国学者研究的热点。眭依凡（2001）认为大学校长的管理必须从办学定位开始，进行确认自己身份的类型定位和确定自己目标的水平定位。① 潘懋元等（2009）认为应根据所培养的人才类型把我国高等教育学校基本办学类型定位分为学术型大学、应用型本科高校和职业技术高校。② 研究者对相应类型的高校的办学定位分别进行深入研究。除了定性研究以外，杨海燕（2017）提出由定位程序、定位信息和定位矩阵组成的综合分析框架，首次用定性与定量相结合的方式对高等学校进行办学定位。③ 有的研究者还对国外一流高校的办学定位进行分析总结，从而对我国高校办学定位的制定方面提出建议。孙进（2013）分析了德国高等教育机构的分类与办学定位，建议我国高校应进一步细分形成自身特色以满足不同类型学生的需求。④ 我国学者对民办本科高校办学定位的研究较少，缺乏高层次深入的探讨和成果。

（二）办学定位变革相关理论

标杆管理理论自 1979 年美国施乐公司首创以来，如今已成为世界上绝大多数企业持续发展和获得核心竞争优势的管理方式。标杆指的是榜样，标杆管理理论研究分析行业内最优秀最强大的企业在产品、服务、生产设备或流程等方面的标准与实施措施为基准，与本企业相对应方面一对一进行比较分析评价，从而使本企业重新思考进而对生产经营活动进行调整和改进，对组织流程进行创新和再造的过程。⑤ 该理论的核心就是学习，体现了企业在市场中追求核心竞争优势的本质特性，随后应用到教育部门等各种管理方面。在民办本科高校办学定位变革中的应用需解决两个问题难点，一是标什么样的杆，就是选择办学的类型定位；二是如何标这个杆，也就是如何科学准确地选择办学的类型定位和目标，找到与国内外同类顶尖高校的差距后再进行赶超，最终成为行业领导者。

---

① 眭依凡：《大学校长的办学定位理念与治校》，载《高等教育研究》2001 年第 4 期。
② 潘懋元、董立平：《关于高等学校分类、定位、特色发展的探讨》，载《教育研究》2009 年第 2 期。
③ 杨海燕：《我国高等学校办学定位参考方略——基于高校定位综合分析框架的系统解读》，载《复旦教育论坛》2017 年第 4 期。
④ 孙进：《德国高等教育机构的分类与办学定位》，载《中国高教研究》2013 年第 1 期。
⑤ （美）哈里顿、杨燕绥：《标杆管理完全操作手册——工商管理经典译丛管理技能与方法系列》，中国人民大学出版社 2004 年版。

（三）办学定位变革的基本原则

1. 职能实现原则

民办本科高校变革办学定位应以实现高等教育职能为原则。2017年，《关于加强和改进新形势下高校思想政治工作的意见》中我国创造性地扩展了高等教育的五大职能，根据当今高等教育新的发展特点在传统的人才培养、科学研究、社会服务三大基本职能基础上增加了文化传承创新和国际交流合作两方面。培养专门人才是大学最早也是最基本的社会职能，是决定高校生存的生命线。高校是进行科学研究工作最理想的场所，而科学研究是培育专门人才的前提条件和重要方法。高校在进行教学与科研工作的同时，代表了当时科学技术最先进的水平，为人类发展提供了先进的科学技术和生产力，满足社会发展的客观需要。以德育为核心的文化传承与创新职能使大学变为社会道德的风向标。国际交流合作就是高校在国际范围内取长补短，交换知识、人才培养和学校管理等方面经验。这五大职能是一个有机整体，相互依托、相互影响、相互促进，应该协同发展，不能厚此薄彼。民办本科高校作为我国高等教育的重要组成部分，同样需要实现这五大职能，所以在变革办学定位时要遵循职能实现原则。

2. 比较优势原则

民办本科高校变革办学定位应遵循比较优势原则。比较优势原则原是指在国际贸易中，每个国家应该优先生产并出口的产品具有与其他国家的产品相比生产成本较低廉的竞争力，而进口与其他国家相比生产成本相对较高的产品。① 后来延伸为企业组织或个人只有在市场上发挥专长，才能人尽其才、物尽其用，创造价值。民办本科高校必须形成核心竞争力，发挥自己专长，集中运用全部资源在某一方面取得竞争优势，才能在激烈的同行业竞争中生存发展，所以在变革办学定位时必须遵循比较优势原则。

---

① （英）大卫·李嘉图著，郭大力译：《政治经济学及赋税原理》，光明日报出版社2009年版。

（四）办学定位变革路径

1. 自我评估与认识

民办本科高校变革办学定位第一步也是最关键的一步就是要对自己有正确的认识。不同的民办本科高校具有不同的发展历史、资源条件、服务领域以及特色优势专业等，所以应该进行全面的自我评估。自我评估包括两方面，一是对学校所处的外部环境进行分析，如国内外社会经济文化环境情况、高等教育发展状况、同类高校的信息等；二是对学校自身情况进行自我分析和冷静审视，特别是自身核心竞争力分析，如优势专业、校企合作研发培养人才等办学历史中的传统优势。

2. 成立专门团队

民办本科高校应该成立专门的团队来负责变革办学定位。在成立专门团队的过程中，要注意以下几个问题。首先，要适量增加专门团队成员数量和代表的广泛性，尽可能地吸纳学校的中层干部参加，能充分代表各职能部门和二级学院的需求，充分协商、群策群力可以最大程度上减少个人主观性决策失误和内部利益团体的反对；其次，还应该建立有序的参与保障机制，确保团队与学校各职称部门和二级学院之间的信息传递，团队充分了解各部门的情况和信息反馈，各部门能深入理解办学定位，从而也减少了定位实施过程中由于教职员工的理解不充分引起的失误。

3. 拟定初步意见

民办本科高校成立的专门团队对所收集的国情、省情、市情和校情等情报信息进行分析整合，合理运用基本方法，提出变革办学定位的初步意见。

（1）变革办学定位的方法。民办本科高校专门团队变革办学定位的基本方法有落实指令法、比较借鉴法、办学总结法、调查研究法和重点突出法等，既可以选择使用单独一种方法，也可以综合搭配选择使用几种基本方法。

一是落实指令法。落实指令法是指民办本科高校完全按照国家和上级主管部门颁布的办学宗旨和施政方针来确定学校的办学定位。民办本科高校主要在以下范畴运用该方法，即学校的类型、发展目标、服务面向、规模等方面的定位均追随国家和上级主管部门的政策变化来变革。

二是比较借鉴法。比较借鉴法是指民办本科高校选择国内外的同类优秀高校进行比较分析，参照借鉴目标高校的竞争优势做出定位。民办本科高校采用比较借鉴法，就是在国内外寻找标杆和榜样，并对其优势特点进行分析，再与自身相关部分进行比较找准自身在高等教育体系中的位置，找出自身的不足和缺点，再进行改正。民办本科高校除了参照国内高校还要把目光放远扩大到美、德、新加坡等发达国家的优秀私立应用型大学，学校转型定位为应用型，并围绕该目标确定学校的其他定位如类型、功能、层次和特色等。

三是办学总结法。民办本科高校对自身办学历史和现状进行系统的分析总结并预测未来学校发展的各种可能，从中选择可能性最大的趋势做出定位选择。民办本科高校使用该法时与比较借鉴法相反，不关注或较少关注其他高校的情况，而是根据历史背景、环境特点、优势学科专业特色和资源配置情况等自身条件和需要而作出定位选择。

四是调查研究法。调查研究法是指民办本科高校通过考察了解校情省情国情，通过抽样的基本步骤，通过问卷、访谈等方法直接获取有关材料，并对这些材料进行分析，对学校所处的区域情况进行周密系统的了解和考察，从而确定办学定位。采用此法时民办本科高校首先全面掌握校内外的各种环境条件的历史和发展变化，再变革办学定位。

五是重点突出法。民办本科高校在各种微观办学定位中经过慎重考虑挑选出最能体现自身优势的一种定位或特色，再根据这一重点突出的定位制定其他办学定位。例如有的民办本科高校突出培养某一传统特色优势专业定位，继而确定自身的发展目标定位、学科定位、人才培养定位和发展规模定位等。

上述五种确定办学定位的基本方法本身各有优缺点，没有明显的优劣之分，民办本科高校选择的方法或方法组合必须适合自身情况，并与外部环境相适应。

（2）提出初步意见。民办本科高校专门团队提出的初步意见中变革办学定位的内容至少应包含以下四个方面。

一是民办本科高校职能定位。民办本科高校可以根据高校职能分为教学型大学、研究型大学和社会服务型大学，具体类别可以选择一种类型、也可以选择综合型。民办本科高校在详细分析自身软硬件条件，与公办高校和其他优秀民办高校进行对比后，做出准确的定位。虽然民办本科高校发展迅速，在纯理论科学研究方面与公办高校相比还比较薄弱，反而在培养应用型职业人才、服务区域社会经济发展方面有独特优势，公办高校在培养学生动手能力等实践方面却难以满足社会实际需求，因此大部分民办本科高校应发扬本身优势、利用与公办高校之间的差别，将办学职能定位为应用型高校，培养具有实践动手能力、特色专长的实用型专业技术应用人才，满足区域社会经济和产业转型的需求。同时随着我国民办本科高校多样化发展，也会像美国那样出现更多的研究型高校。如新成立的西湖大学借鉴美国加州理工大学的规模并秉承了斯坦福大学小规模精英教育的办学理念，本科至博士高层次人才培养研究型民办高校的办学定位。

二是民办本科高校办学规模定位。民办本科高校的办学规模定位要与学校办学条件联系起来，妥善处理好规模、质量和效益三者的关系，坚持规模以保证质量为前提。民办本科高校不能因为目前大部分的主要经费来源是学杂费收入，政府对民办本科高校的拨款较少，社会对学校的捐赠风气还未形成，有办学规模才能生存发展、才会有效益的现实，以及抓住国家鼓励民办本科教育发展、社会上急需高级应用型人才的机遇，实施超常规扩张发展，盲目追求招生数量的提升。民办本科高校在制定办学规模定位时首先要根据自身的办学条件，特别是师资队伍和办学的基础设施两方面。民办本科高校要避免招收超过承受办学限度的学生，否则必然会造成培养的学生质量出现滑坡，学生学习生活质量降低，最终影响学校的声誉和发展。其次，民办本科高校制定办学规模时，在保证培养人才质量的前提下，要尽可能的扩大规模，从而有能力建设更好的教学和学习设施和环境，同时良好的财政状况也可以吸引更多更优秀的师资和人才，以及为非经营性民办本科高校办学者带来更为丰厚的经济回报。民办本科高校只有制定合理的规模定位，使量的扩张与质的保证达到和谐统一，才能使不够充裕的人财物以及信息资源物尽其用，提升办学的整体水平。

三是民办本科高校人才培养定位。民办本科高校变革人才培养定位主要是制定学科专业发展特色定位，建设特色优势专业学科以及培养模式和方案，形成办学特色和核心优势。首先，民办本科高校要正视与一流公办高校的差距以及自身发展的初级阶段情况，拾遗补阙选择特色专业制定人才培养定位。民办本科高校应在广阔的教育供求市场里，积极寻找一流公办高校在人才培养方面的空白，把人才培养目标定位在培养生产第一线急需的基层高技能应用型人才，给考生们提供更多的本科层次人才的选择方向。其次，民办本科高校人才培养定位时要扬长避短，发挥自身优势。民办本科高校根据学校所处区域社会经济的实际情况，把全校有限的力量集中在优先发展的学科专业上，以求质的突破，形成比较优势，构建科学合理的专业体系，形成个性化的办学特色，避免在专业建设中盲目贪大求全，分散了本就不占优势的资源。最后，民办本科高校人才培养定位时要以区域市场需求为导向，使学校培养的人才适应社会需求。民办本科高校要增强对高层次人力资源市场需求信息的深入了解，再结合本校的办学条件和主要优势，找出社会人才需求与本校特色专业或其他差异化优点的交叉点，制定最具可能性的最优人才培养定位。

四是民办本科高校服务区域定位。民办本科高校制定服务区域定位，就是积极主动为区域经济升级发展服务，不断增强社会适应性，形成核心竞争力，实现自身内涵建设和可持续发展。民办本科高校应定位为区域经济发展输送大批急需的基层高素质应用型人才，以地方产业的技术和管理难题为主要科研方向，取得研究成果推进区域产业升级。另外，地方产业为学生提供实践实习基地，为科研成果的转化提供平台，从而既保证了民办本科高校的生存，更能争得地方政府和产业界对学校的支持和保障，促进学校取得进一步成功。

4. 确定办学定位

民办本科高校变革办学定位团队完成讨论稿后，首先应集思广益从微观层面审视讨论稿使之更符合学校的实际情况，更具有可行性，降低变革实施过程中遭遇的人为障碍和困难。其次，组织相关专家进行论证，在社会发展和高等教育体系层面审查变革的办学定位。最后，提交校长办公会议和董事会，最终确定变革后的办学定位。

山东协和学院根据二十多年的办校历史、各类资源配置和服务山东经济的特点，制定了适合自身条件和发展前景的办学定位。山东协和学院的办学定位是服务于山东社会经济发展和产业结构升级，优先发展学校传统优势医学护理学专业使之成为学校的核心竞争力，培养全面发展的具备牢固基础专业知识和实践能力的创新创业素质的高层次应用型人才。随着学校教学科研水平提高，现阶段的本科教育为主向研究生教育发展，进入全国民办本科高校的第一梯队，引领山东省民办本科高校前进的方向。

三、战略规划变革

（一）战略规划变革相关研究基础

国外对高校战略规划的研究最初主要集中于学校建筑设计方面。乔治·凯勒（George Keller，1983）的《大学战略与规划：美国高等教育的管理革命》是公认的高校战略研究的里程碑，随后战略研究的范围逐渐扩大成为高等教育领域研究的热点。欧美学者率先对高校战略进行研究，HEFCE（2000）发布的《英国高校战略规划指南》是世界上第一份关于高校战略规划的正式指南。大学战略规划经历了权威性、定量技术、实用主义和前瞻性战略年代，内容也逐渐从学校的总体发展规划扩展到学科和教师队伍建设，以及校园建设规划等各个具体方面。

20 世纪 70 年代开始，我国学者对大学战略规划进行正式系统研究，在分析编译了美国、英国、澳大利亚、俄罗斯世界一流高校的战略规划基础上，进行总结分析，为我国高校战略规划发展提供经验借鉴与措施参考。1990 年 11 月，清华大学首次出台了直接带有"规划"字样的发展规划纲要。在新世纪随着 211 和双一流工程的实施，高校自主权的扩大，我国大学战略规划工作全面铺开以适应学校内外部环境的急剧变化。别敦荣（2015）分析了我国高校战略规划作用不大的原因，提出了战略思维、环境研究、目标参照研究、功能结构设计和重点功能设计等方法。[①] 我国学者对大学战略管理的研究较多，针对战略规划变革的研究极少，对民办本科高校战略规划变革方面的研究成果较少。

（二）战略规划变革相关理论

1. 目标管理理论

目标管理理论是彼得·德鲁克（1973）创建的一种新管理理论，在《管理：任务、责任、实践》首次进行了详细阐述，是以目标为导向的管理，企业的愿景和使命必须转化为明确的各层级相应目标，用自我控制的

---

① 别敦荣：《高校发展战略规划的理论与实践》，载《现代教育管理》2015 年第 5 期。

软性管理代替外力规定强制的硬性管理。① 组织中的不同目标对应各级人员分为战略目标、策略目标以及方案和任务三个层次使每个员工都有属于自己的明确的目标，根据不同层级的目标确定每个人员的工作内容和性质。其中，高级管理层针对组织根本性长期性问题制定和执行战略目标，低层次管理人员和工作人员了解组织目标并分解为自身部门的分目标，组织中上级和下级协调一致为实现总目标共同努力，激励全体员工发挥最大的能力把事情做好。目标管理理论对民办本科高校战略规划变革具有重要指导作用，要用目标牵引行动，高层管理者明确学校的总目标，随后根据总目标制定战略规划，并且在制定规划时强调实现的时间性，保证按时达成目标。

2. 全胜战略思想

全胜战略思想出自我国也是世界上最古老的军事理论著作《孙子兵法》，"上兵伐谋，下政攻城"，包含了诸多对主客观、知彼此、物质精神、个人与集体等矛盾关系的正确认识，在全球范围内应用最广泛的首要谋划指导方针。全胜战略思想广泛运用于政治、经济、外交等众多方面。在经济领域，企业为了能在激烈的市场竞争和瞬息万变的环境中生存下来并能取得持续的发展，必须要站在全局角度来调控组织前进的方向和发展目标。随后在制定企业战略规划时首先要总结和提出企业每一个员工都必须认同并成为精神动力的经营理念，其次战略的制定者再分析环境，把握未来发展趋势，制定出包括对企业未来前景的期望、实现这个目标的产品市场战略、明确行动具体步骤、合理配置各种经营资源等内容的企业长期发展战略。② 全胜战略思想是民办本科高校战略规划变革的指导方针之一，要求战略规划制定者必须谋全局、谋长远、勇于创新、争取主动、灵活善变、避免办学过程中的短期行为。

（三）战略规划变革的基本原则

1. 集中优势原则

"集中优势兵力原则"是古今中外战争中克敌制胜的通用法则，是毛

---

① （美）彼得·德鲁克著，许是祥译：《卓有成效的管理者》，机械工业出版社2007年版。
② 华杉：《华杉讲透孙子兵法》，凤凰文艺出版社2015年版。

泽东十大军事原则之首，贯穿于其整个军事人生，是赢得抗日战争和解放战争最终胜利的决定性战略。只有集中自身优势兵力才能进攻并战胜各方强大敌人。这个集中兵力并不仅指字面上的总体数量优势，而是主动集中自己局部的如数量，装备、人员素质和士气等各种战略资源的优势，然后各个击破敌人的劣势部分，自身力量越弱越要集中优势针对对方某一劣势。在经济领域，集中优势原则就是要通过满足特定群体的需求或降低成本，取得市场优势，提供产品服务，只有具备这样的优势或是同时兼具两种优势企业才能赢得市场上同行业竞争取得超过行业的平均赢利水平，形成企业的核心竞争力。民办本科高校战略规划变革时按照集中优势原则，在确定办学目标后，根据自身能集中的特色优势制定战略规划形成核心竞争力，才能成功转型发展。

2. 系统性原则

任何组织皆是一个由若干相互联系作用的要素组成的不断运动变化的整体，同时该系统也分为具有不同要求和相互关联目标的多个层次。系统由各个要素或层次组成，但是整个系统的功能要大于各要素或层次功能的罗列加成。民办本科高校变革战略规划时应用系统性原则，从系统的观点出发着眼于整体内部的协调，全面完整地制定战略规划，明确组织内各个部门目标责任实现整个学校系统的最优化。

3. 持续稳定原则

民办本科高校进行战略规划变革是因为学校的外部环境和自身发展状况发生变化，不适用原有的战略规划，修改制定了新的战略规划，但是变革后新的战略规划依然面对的是学校的 5 年、10 年甚至更长时期的未来。战略规划一旦编制确立，就是民办本科高校总的发展蓝图，是学校内部的立法，所以编制的战略规划需要持续、系统、稳定，不能朝令夕改随意变动。然而也不是说制定的战略规划完全一成不变，当环境等因素变化时，经过评估等学校章程规定的特定程序，战略规划也可以进行进一步的完善调整。

（四）战略规划变革的路径

1. 树立危机意识

民办本科高校进行战略规划变革时，首先要在全体教职员工心中树立必须进行战略规划变革的危机意识。战略规划变革虽然是学校高层领导决定制定的，但为了更好的执行，就需要全体教职员工统一认识，对学校所处的危机有共同的了解和看法。

民办本科高校的校长和校领导处于学校顶层，对全校的发展运行状况有整体的掌握，对学校所处的外部环境、竞争对手情况和国家地方政府政策也有较深层次的理解。这些信息是基层教职员工所难以掌握的，基层员工通常只对自己部门和工作接触到的范围内的信息有所了解，对学校总体资讯难以确实掌握。这就造成了高级领导层与中低层教职员工掌握的资讯和情况不相同。尤其是部分导致需要战略规划变革的因素不太明显，中低层教职员工接触不到或是不能完全理解意识到这些因素会对学校未来发展产生重大影响，甚至关乎学校的生存，感觉不到变革的紧迫性，进而可能会对变革产生抵触情绪。

在这种情况下，民办本科高校的高层领导认识到必须向应用型高校转型，确定要进行战略规划变革时，首先就要做好变革的准备工作，通过各种沟通手段使全体教职员工都认识到变革的重要性，在学校内部形成必须进行变革、不变就要落后的紧迫氛围。能够消除这种信息不对称、达成共识的沟通手段方式总体上分为正式和非正式两种。高校可以采用动员会的形式，举办需要学校高级领导层参加的，发动参会教职员工参与变革工作的会议，鼓舞激励参会人员，使大家充满激情、团结一心、全力以赴干好工作。动员会切忌空喊口号，流于形式，反而形不成动员激励教职工的目的和效果。民办本科高校可以召开少数专家参加的专门针对变革进行研究讨论的研讨会。研讨会需要专门的会议室，还需要具备白板和多媒体等设备进行演讲。相对于其他形式研讨会专业性极强，所以能够参加会议的人数较少，当小于五十人时建议使用圆桌以便于平等交流。民办本科高校还可以组织员工培训学习，从而树立完成变革工作所必须具有的统一的正确认知，汇聚成进行变革工作的力量源泉。民办本科高校对教职员工培训得越充分，越能增强员工对变革工作的主动性和支持率，对工作目标的理解更深刻，还能形成对变革的统一认识，提高凝聚力，形成团队精神。民办本科高校还可以印发向教职员工宣传变革信息的简短的内部小报，分为会议简报、情况简报和工作简报三种。这类简报既不是文章题材也不是一种刊物，而是由一两张纸装订起来的刊登具有报纸新闻特点的简短的一篇或少量几篇专业性文章的内部阅读小报。文章内容必须真实准确，数据支撑材料必须翔实可靠，不允许凭空想象、弄虚作假。文章结构必须简短，文章内容必须简明扼要，尽可能用少量的篇幅和精简的语言文字对某一方面突出主题进行专门说明。民办本科高校还可以围绕变革开展教职员工问卷调研。设计的调查问卷必须具有每一个问题都是有必要的和每个问题都能使被调查者愿意并能提供准确答案两方面要求减少非人为性误差。宣传栏是每个学校都具有的进行自我宣传的常规工具，民办本科高校可以在宣传栏上设计吸引人的有关变革的内容。宣传栏一般设立在学校内部主干道两侧或教学楼等建筑的走廊上，路过的人员能被动阅读，达到强制性大范围宣传目的。这种宣传方式制作工艺简单，制作成本较低，可以随时或定期进行内容变化，时效性较强，是号召全校人员的动员器。非正式沟通方式形式种类多样机动性强，不需长时间准备，氛围轻松地缩小管理者与教职工的间距，减少层级隔阂，能潜移默化地让参与者改变观念，坚定变革信念。但是非正式沟通形式也有运作过程中很难精准控制、引起需要传递的信息失真有误的缺点。民办本科高校需要通过综合运用各种形式的沟通，争取全体教职员工对变革的理解和支持。另外，这种沟通并不是在变革准备期完成就结束了，而是必须贯穿于变革全过程。

在沟通的过程中还要注意度的把握，导致变革的因素解释得轻了，员工就会认为没必要变革，对变革不重视；如果解释得过于严重，引起过度恐慌会使教职员工丧失对学校的信心，影响到学校的凝聚力，导致日常教学管理失序，也有可能使教职工直接离开造成人才流失。经过有效沟通要在民办本科高校内部达成变革的共识，同时又要避免造成大的震荡，影响学校的正常运行。

2. 组建变革团队

民办本科高校战略规划变革在统一思想、树立危机意识后，应该成立组织变革团队。战略规划变革不是领导者可以凭借一个人的能力完成的，需要群体的智慧和力量把变革当作一个项目来完成，组成一队得力的坚定工作小组来负责领导变革。

首先，为了确保变革的顺利实施，民办本科高校必须赋予这个变革团队足够大的权利，变革团队在变革过程中具有组织性、权威性和公正性。变革项目团队的建立不仅为变革的实施提供了组织保障，也标志着变革的正式开始，向全体教职员工传递了一个强烈的信号，那就是变革是至关重要的。任何的变革革新都需要民办本科高校高层领导者的强力支持，这是变革成功的前提条件。只有高层领导者直接表明对学校现状的不满和对推行变革的决心与支持的热情，使全体教职员工都明确知道学校对变革的态度和坚定的信念，才能齐心协力攻克过程中的所有难关，取得变革的最终胜利。运用变革团队的优点在于学校的高层管理者不直接面对基层教职员工，团队出面实施可以避免双方直接的面对面敏感性对话，减少冲突，但是各方又都清楚这是学校的态度意见。团队先出面实施处理，无论工作的结果如何，学校高层领导再出面，这样就可以照顾好各方利益者的心理，减少无谓的消极情绪障碍。

其次，民办本科高校在组建这个变革团队时，应选取忠实拥护变革、具备创新意识、杰出沟通能力，能够妥善处理在变革工作中出现问题的人员。专门小组负责领导变革，这就要求小组成员首先是变革的忠实拥护者，只有自己坚定变革信念和方向，才能领导变革取得成功。变革就是推翻原有的战略规划，重新制定新的适合当前环境、满足学校未来发展的战略规划。这要求小组成员必须具备创新意识和能力，才能打破原有秩序和规则，改进或创造制定新的战略规划。创新意识就是求新求变意识，是在一定的社会历史条件下，有识之士为提高社会各方面，对创造新兴事物的重要性的认知水平和形成的价值追求、思维定式、动机、态度，并成为唤醒、激励和发挥人所蕴含的潜在本质力量，以及规范和调整自己的活动方向的一种稳定的、积极的、精神态势和重要精神力量。① 创造人员必须同时具备强烈的变革动机、浓厚的兴趣、激烈的情感和不惧失败的创造意识。创新能力是人在科技等社会各方面不断创造经济、社会或生态等价值的新的思想理论、方法或发明的能力。只要变化就会打破原有秩序，必然会触及学校方方面面的利益网，会损害到一部分人的切身利益，就会形成变革的阻力和各种矛盾冲突。部分人员认为变革的结果具有不确定性或是认为变革不是为了学校更好发展的最佳选择，也会形成对变革的阻力。因此，在变革过程中，团队需要处理好这些层出不穷的各种矛盾和冲突，这就要求团队小组成员必须具备良好的冲突管理的能力和沟通的技巧。

---

① 孙敬全、孙柳燕：《创新意识》，上海科学技术出版社2010年版。

最后，在实际操作中民办本科高校还可以聘请外部的咨询公司。咨询公司积累了大量变革经验，比学校拥有更多相关专业知识的专业人才。咨询公司作为外部力量与民办本科高校内部教职员工没有任何人际关系和直接利益关系，能够始终保持客观公正的立场，受到的干扰较少，可以更彻底的贯彻变革。

3. 革新战略规划

民办本科高校在成立了变革项目团队后，高层领导首先要与变革项目团队充分沟通，准确传递变革意图、目的以及解答学校要变成什么样子这个根本性问题。这个答案是战略规划变革的核心灵魂，一切的变革计划和实施方案都要以此为指导和最终目标。团队在战略规划变革时要坚定不移地坚持变革的大方向。确定方向是前提，方向是校长带领高级管理层根据收集来的大量校内外数据，做深入细致的分析而制定的。变革的过程中，很多人容易陷入混乱失去方向，这就需要变革团队坚定不移的高举方向大旗，凝聚全体教职员工，从而保持一致性。

变革项目团队确定了变革的方向，根据变革的目标和民办本科高校变革所需资源的实际情况，进行风险分析，确定变革工作的策略、进程安排和实施策略，协调沟通，最终制定新的战略规划。

变革项目团队，首先，要明确民办本科高校主观上不能控制的却产生负面影响的不确定因素，再对这些因素进行分析，确定由于这些因素变化产生的影响程度和敏感性大小，得出各种风险情况时产生的损失和机遇的概率。根据分析结果，选择和实施方案减少风险出现的可能性和程度，做好风险的控制和管理。

其次，变革项目团队应确定变革工作的进程安排，并按照计划实施策略。把制定新战略规划分解成可以明确计量和执行的相对独立的时间段或任务，必须有合理的节点或开始时间和工作周期等，以备检验和进程控制。实施计划时要严格按照计划表行动，不可以随意调整变动或延迟。在每个节点和周期结束时都要进行严格的考核，并对原计划进行再次评估以确定是否需要修正。取得的阶段性成果不断刺激鼓舞团队人员树立变革的信心，为顺利完胜下一步安排和目标提供良好的起点和基础。

再次，变革项目团队在战略规划制定的全过程中，都要把沟通工作放在极其重要的地位。一方面项目团队需要全面深入领会民办本科高校高层领导指导意见，不断修正实施方案；另一方面需要发挥承上启下的作用，与基层管理层和教师职工进行充分的交流，全面掌握基层的情况以及教职工们的情绪变化，为变革计划的顺利推进创造有利的舆论环境。尤其在开展变革工作的开始阶段，最容易出现一些预想和计划之外的不适应改变带来混乱和偏差，高级管理层应坚定改革到底的决心，项目团队做好沟通工作，使变革顺利推进到下一阶段。

最后，民办本科高校根据外部新环境和自身状况，面对高等教育领域的激烈竞争，向应用型高校转型时，应充分利用与竞争对手的差别优势。民办本科高校培养的学生和服务在某些领域优于竞争对手，具有竞争优势。民办本科高校需要密切关注该领域变化情况，随时进行调整以保持这一特定的竞争优势。毕业生的质量和就业的情况决定了学校在高等教育行业中的地位和生存状况。民办本科高校的差异化战略就是学校运行中根据国家政策和企事业单位对毕业生的需求培养出具有明显差异化优势的毕业生，促使招聘企业单位看重学校所培养的学生，扩展学生的就业面，提高就业率。差异化不仅单指学生，还指学校一系列的差异优势，如学校在社会上企业和学生家长心目中的形象。民办本科高校还可以建立在社会上明显有别于其他学校的品牌形象。个性鲜明的民办本科高校品牌是学校发挥吸引力和影响力的独特因素，彰显和传递着学校的精神，可以提高学校的认知度和忠诚度，在校园内外形成强烈的认同感、影响力、吸引力、凝聚力。

山东协和学院根据变革后的办学理念和办学定位，在圆满完成"十二五"战略基础上变革制定了适合山东省经济产业转型升级发展和自身实际情况的，由学科专业建设、双师型建设、校园建设等部分组成的"十三五"战略规划。新战略规划明确了高素质层次应用型人才的培养模式，侧重于创新创业教育。在学科专业建设方面，根据学校办学历史和特色优先建设护理和医学专业，重点建设机械和自动专业以支持地区经济发展支柱，协调建设旅游工商管理等经管类专业和计算机类专业以满足地区新兴经济发展。在人才培养方面，培养面向基层的医学护理应用型人才是山东协和学院特色培养优势模块。这是由校情校史决定的，山东协和学院发轫于医学护理培训，并持续贯穿于整个办学过程；已获得了山东省级特色专业称号和山东省特色名校项目支持专业；双师型教师队伍中有多个省级教学团队和个人；在实践中首创了国家级教学成果二等奖和省级教学成果一等奖的"职前三结合四经历五环节培养—职后五位一体培训"人才培养完整体系；投入大量资金建成了国家级实验教学和虚拟仿真实验教学中心以训练学生的实践水平。面向基层所培养的高质量医护毕业生深受医疗卫生、康复保健美容以及器械生产销售企事业单位的欢迎，大量优质企业来校进行校招，毕业生供不应求，多数学生还未走出校门早已落实就业岗位。山东协和学院在全国民办高校医学专业排名中连续多年位列第一名，护理专业更是在2015年全国所有高校护理学专业排名中历史性的以民办本科高校身份进入前十。

在培养全面发展的应用型人才过程中，对学生从进校就开始进行贯穿整个学习生涯的创新创业教育，总结出了注重进行学校办学历史教育，优先提出了创新创业的重要性和定义，形成了立体的"12345"教育体系，并在全体学生和教职员工的协同合作下获得了丰硕的成果和奖励。近几年来山东协和学院立项国家级大学生创新创业项目近300项，在国家级各类竞赛中获得包括多项特等奖和一等奖的近200奖项。特别是计算机、机电、经管类专业学生在国家级和省级举办的"互联网+"、科技创新以及市场营销大学生大赛中取得了丰硕的成果，领队教师团队亦获得了大量的获奖经验。学生在参赛的基础上借助学校的创业孵化中心平台孵化出大量自主创新创业成果，成立的公司有的年均销售额高达四千余万元。山东协和学院在全国普通高校中毕业生就业和创新创业排名都进入了前五十强。学校制定的完整的创新创业体系受到了省内外多家高校的青睐，纷纷邀请校长举办讲座或到学校实地考察取经。

在品牌形象建设方面，山东协和学院树立了公益性教育品牌。山东协和学院连续十几年对山东省和贵州省三万余名乡村医生进行免费培训，受到国家和省部级多位领导的认可和批示，多家国家级媒体同时跟进采访和报道，显著提升了学校品牌认知度和忠诚度。山东协和学院通过对基层乡村医生的培训，更详细地了解基层医疗机构的运行现状，改革了学生应用型能力培养模式和目标，使学生直接与未来就业企业部门接触增加就业机会和成功率。山东协和学院连续12年为山东省境内高考学子免费提供放心的2B铅笔等高考文具套装，已逐渐成为山东省最为知名的公益品牌之一。

第二节　资　源　配　置

本研究从优化人、财、物及信息资源配置路径入手，探索优化民办本科高校资源配置的一般思路和具体措施，以准确把握提高资源配置效率的方式，为民办本科高校转型发展，培养应用型人才提供借鉴。

一、人力资源配置

（一）人力资源配置相关研究基础

高校人力资源配置研究成果较多，视角不同。佟瑛（2016）从人力资源开发视野，提出系统科学的职业生涯教育，促进学生全面发展，提高就业质量。[①] 张鑫、吕敏（2016）以吉林省为例，指出人力资源配置存在的总量不足、结构不合理等方面的问题，强调形成资源合力。[②] 郭俊峰、李炎（2017）基于人力资本产权视角，分析了高校人力资源流动现状，提出建立人力资源流动机制，创新人力制度管理方式。[③] 王晓路、倪丹悦（2018）从区域性入手，提出校地合作有利于双方为对方发展提供支撑，并在此基础上提出了高校与地区的人力资源共享与培养互动机制。[④]

民办本科高校关于人力资源的研究以问题对策研究居多。黄嘉庆（2014）在《民办高校人力资源战略研究》一文中指出，民办高校办学要按照社会需求来，应该面向社会，面向实际，面向实践，主要突出应用，

---

① 佟瑛：《人力资源开发视野下的高校职业生涯教育研究》，载《中国成人教育》2016年第3期。

② 张鑫、吕敏：《高校人力资源优化配置的经济学分析——以吉林省属重点高校为例》，载《税务与经济》2016年第6期。

③ 郭俊峰、李炎：《人力资本产权视野下高校教师流动机制构建策略研究》，载《中国成人教育》2017年第14期。

④ 王晓路、倪丹悦：《高校人力资源与区域经济互动机制研究》，载《江苏高教》2018年第5期。

明确学校的目标定位、规格定位，根据实际需求制定人力资源政策。[①] 赵欣（2015）在《民办高校人力资源管理存在的问题及对策》一文中明确地指出，管理理念落后、人力资源逆向流动大、激励措施与考核机制不健全。[②] 冷岩松（2016）指出从加强培训、考评激励等方式提升教师水平，建设应用型师资队伍。[③] 任芳、张星奇、郭鹏江（2017）从民办高校人力资源留存、流失影响入手，通过对陕西5所代表性民办高校进行调研，并以 logistic 回归模型进行分析，得出在应用型民办高校转型中，职业发展前景、精神激励对于稳定教师队伍具有重要作用。[④] 张霞、胡建元（2018）基于 OBE 理念，针对人力资源管理专业，提出构建实践教学体系，培养符合市场需求的应用型人才。[⑤]

综上所述，多数研究者倾向于对优化高校人力资源配置进行理论分析和个案研究，理论与实践相结合的应用型研究有待进一步加强。

（二）人力资源配置相关理论

1. 人力资本理论

人力资本理论是美国经济学家舒尔茨（Thodore W. Schults）1961 年提出的，他指出："人们获得的有用的技能和知识是一种资本形态，这种资本在很大程度上是慎重投资的结果，这种结果同其他人力投资结合一起，是造成技术先进国家生产优势的重要原因。"[⑥] 该理论认为，劳动力对于经济增长具有重要意义，教育培养劳动力，形成人力资源，是促进经济发展的关键因素。民办本科高校资源配置遵循市场规律，将人力资源配置放在资源配置的首要位置，充分发挥人力资源对生产力的创造及对经济的推动作用。

---

① 黄嘉庆：《民办高校人力资源战略研究》，载《管理科学》2014 年第 10 期。
② 赵欣：《民办高校人力资源管理存在的问题及对策》，载《河南教育》2015 年第 7 期。
③ 冷岩松：《应用型高校教师人力资源能力提升途径》，载《职业技术教育》2016 年第 32 期。
④ 任芳、张星奇、郭鹏江：《民办高校人才激励机制的构建》，载《西安财经学院学报》2017 年第 5 期。
⑤ 张霞、胡建元：《基于 OBE 理念的人力资源管理专业实践教学体系设计》，载《实验室研究与探索》2018 年第 6 期。
⑥ 舒尔茨：《人力资本投资：教育和研究的作用》，商务印书馆 1990 年版。

2. 现代人力资源理论

现代人力资源理论源于 20 世纪 20～30 年代的霍桑（Nathaniel Hawthorne）实验，之后产生了以梅奥（George Elton Mayo）教授为代表的人际关系学说，该理论认为，工人是"社会人"，具有能动性，管理者应重视工人工作态度及工作环境对生产率的影响。现代人力资源理论的核心观点是以人为中心，强调满足个体需求。民办本科高校要高度重视人的作用，充分认识人的个性与主动性，尊重人的个体价值和个人发展。

（三）人力资源配置的基本原则

人力资源配置应在立足教师基本准则基础上，着眼于人力资源增长点，遵循德才兼备、能级对应、用人所长、动态调节等基本原则。

1. 德才兼备原则

我国高等教育以立德树人为根本任务，高校必须处理好立德与树人的关系，引导师生坚定政治方向，夯实理想信念，弘扬社会主义核心价值观。大学阶段正是学生世界观、价值观、道德观形成的关键时期，只有教师品格高尚，才能真正做到以德立身、以德立学、以德施教、以德育德。

2. 能级对应原则

能级对应原则是指个人能力、个人职务和岗位要求相适应。由于个人发展经历与教育背景的差别，个体能力水平或多或少都存在差异，按照这种差异性，在纵向上合理配置人才，做到能级对应，既可激发人的主观能动性，也可促使高校整理人力资源配置实现"整体大于部分的总和"的效果。

3. 用人所长原则

用人所长原则是指充分发掘个体长处，并将这种长处与岗位需求相结合，将人员配置在最有利于其发挥所长并实现个体价值的岗位上。民办本科高校在选聘人才过程中，要尤其注重全面客观评析人才特性，充分发挥人才作用。

4. 动态调节原则

动态调节原则是指当个体或岗位要求出现变动时，要及时进行人事调整，确保人适其岗。民办本科高校要根据人员流动性大、岗位需求多变的特点，构建系统的动态调节机制，促进个体发展的同时，确保工作进展有序。可充分利用用人自主、职称评聘自主的优势，向优秀人才倾斜、向教学人员倾斜、向基层倾斜，在岗位流动中强化竞争与动态调节，晋升表彰能力突出、履职尽责的优秀教师，淘汰工作能力平庸、态度消极的冗余人员。

（四）人力资源配置的路径

民办本科高校人力资源配置系统是一个复杂系统，既有管理对象较为综合、结构层次较高、人员流动较强、人力资源具有教育性等高校人力资源配置的普遍特点，也有自身的独特性，例如教师队伍多样化、流动性强、市场特色鲜明、约束性强等。

优化配置民办本科高校人力资源，必须立足实际，以应用型办学定位和发展目标为导向，调整数量，根据在校生数量确定师资总量；优化结构，提高教职人员和高层次人才占比；提升质量，提高教师教学科研水平，充分发挥人力资源在人才培养和科学研究中的作用。

1. 转变观念，树立现代大学人才理念

观念正确与否是人事制度改革成败的重要因素，山东协和学院高度重视师资的基础地位，确立了基于柔性管理的"以人为本"观念，着力探索新时代教育背景下人力资源管理新路径。

（1）强调人的核心地位。高水平高素质的师资队伍是高校的核心竞争力，民办本科高校在资源配置过程中要改变将人力作为成本考量的错误倾向，视人力为资源，正本清源，优先考虑师资投入。在人力资源管理过程中，要树立柔性管理理念，改变传统的"刚性"引进"用一世"的观念，多方考量，专兼职相结合、短期与长期相结合，重视所有人才，破除身份、单位、时空壁垒，用人所长。例如，山东协和学院将人才战略作为发展建设的首要战略，打造了一支专兼结合的教师队伍，稳步推进教师队伍建设。随着发展，学校加强顶层设计，转变思想，由"招生导向型"向"师资导向型"改变，采取更好更有效更全面的措施把教师队伍建设落到实处。

（2）尊重人的个体价值。尊重教师的个体差异性。高校对于人才的要求具有复合型，通常包含教学、科研、管理三方面的技能，而人力有限，因此必须按照教科研和人才发展规律，尊重教师的个体差异性，发挥其所长。对于各方面能力较为均衡的教师，可促进其在教研相长上的发展，对于教学能力特别突出的教师，可鼓励其参加各种形式的教学大赛，对于科研能力特别突出的教师，可创造平台，组建团队，使其将主要精力放在科研攻关上。

支持教师的个体发展。教师的个体发展可分为职业和精神价值两个方面。高校要营造公平、开放的竞争环境，提高教师教书育人能力，提升教师科研水平，鼓励其参加与个体利益相关的制度制定和民主监督的管理过程，进而为优化整体结合奠定基础。要注重构建科学的保障机制，激发教科研人员的内在潜力和创造精神，为教科研成果转化与应用提供平台，促进个体和团队发展。

促进教师的沟通交流。教师是"社会人"，高校要充分考虑个体的社会化需要，营造人员之间的和谐、信任、自由的氛围，组织活动，促进教师与行政管理人员的双向沟通，既有利于教研类人力资源理解学校政策，也有利于行政管理人员提高业务水平，相互促进，形成持久不竭的高校发展的精神动力和智力支持。

高校学术氛围浓厚，精神环境宽松，个体发展有更大弹性。因此，高校人力资源配置要充分重视教师本身对于工作意愿的表达，调动其工作的主动性，提升其职业素养。

人力资源决定着高校办学水准，以人为本是深化改革的必然要求，在高校中以人为本的首要要求是高校管理者要具备这种观念，并在管理中部署落实。

2. 转变目标价值，优化队伍结构

高校教师队伍整体素质与队伍的年龄、学历、职称、知识及能力等结构密切相关，民办本科高校应充分利用管理自主权，减少科层级结构，促进各单位之间的资源共享。

（1）优化知识结构。加强"双师型"队伍建设。选拔管理人员、聘请行业中的技术能手，通过专业培训、骨干研修、校企合作等方式加强双师队伍建设。例如，山东协和学院实施"双师工程"，建立"双师"教师培训基地，鼓励教师通过脱产、半脱产或假期挂职等形式深入行业企业一线，了解行业企业实际情况，学习生产技术，进行专业实践锻炼，不断增强实践教学和社会服务能力。

促进教师学科知识融合。从知识结构的内部逻辑来看，各学科知识是相互融合、互为补充的，学科交叉、知识融合有助于深化教师教科研事业，深化理论研究内涵，发挥更大作用。鼓励教师参加各层各类学术活动，多看多听多学，拓展思路。高校可充分利用多学科优势，建立校内学术交流机制，鼓励不同学科之间的教师开展学术交流，进而完善知识结构，进行跨学科研究。

（2）优化年龄结构。根据学校发展和学生数量，科学设置岗位，明确职称评聘办法。视情减少离退休老教师比例，加大中青年教师招聘培养和激励力度，着力培育青年教师，改善年龄两头小、中间大的局面。尤其要重点加强对最佳年龄教师的聘用培养，并给予适当的政策倾斜，做好最佳年龄区教师队伍稳定提升工作。

（3）优化学历结构。学历结构在一定程度上可体现教师队伍的整体素质。民办本科高校可在招聘政策、经费上适当向高学历教师倾斜，通过招聘外校高学历人员、提升在职教师学历优化学校教师学历结构。

（4）优化职称结构。专业技术职称结构指高校人员初、中、高级职称的组合结构，民办本科高校相对于公办高校，职称结构优势不够明显，存在初高级职称少、中级职称多的问题，有待进一步优化。民办本科高校应结合本校师生比，确定本校职称结构，该标准既符合专业学科建设和学校发展的需要，也符合教师自身职业发展规划的需要。要充分利用弹性用人优势，打破传统的职称聘任制度，根据教师教科研成果及工作表现，放宽标准，破格晋升优秀青年教师。通过开展各种形式的培训、外出访学等方式加大青年教师培育力度，提高中级职称教师队伍占比，优化整体结构。

（5）优化岗位结构。精简行政机构，严格控制并逐步压缩非教科研人员比例，减少因行政管理人员过多造成的资源浪费。提高行政管理人员业务水平和学历层次，根据教育教学需求设岗立人，确保人员精干，避免人浮于事。

3. 转变管理方式，落实评聘机制

健全、科学的管理制度有利于保障队伍稳定。要构建适合民办本科高校的人才配置管理体系，必须从完善人才选聘、培育、考核、激励制度入手，构建"竞争、激励、流动"长期良效机制。

（1）选聘。

第一，做好前期规划。参照国家标准、行业标准，根据学校师生比等实际要求，了解人力资源需求，制定人力资源引进计划。为提升引进人才与工资岗位的契合度，首先核查学校人力资源现状、保障条件、社会资源情况，以学校未来资源需求为切入点，制定选聘计划，使学校招聘行为与学校长期规划相吻合。

第二，实行岗位聘任制。建立人才自由流动和双向选择的人力资源市场化配置机制，发挥市场中价格、竞争等机制的优势，为优秀人才提供更为合理的评聘渠道。实行"弹性任期"制：低层次岗位采取较短任期，利于年轻教师消化应聘判断，减少高校承担的风险；高层次岗位采取较长任期，利于高水平人才在教学能力提升、学术研究、自身发展上与学校发展规划相一致，避免资源浪费。聘任人员按人事代理方式进行管理，增强学校、二级院部及学科带头人用人的自主权。

第三，推进人才共享。根据学校特色专业、优势学科以及发展规划需求，重点引进符合学校需求的学科带头人、高水平管理人才，并单列专项资金予以经费保障。多方了解人才信息，视情加强与国内外优秀人才的联系，通过高水平待遇、荣誉聘任、兼职聘任等多种方式引进人才、留住人才，营造良好的教研氛围，带动提升整体科教水平。聘请知名专家学者、学科带头人、行业专业技术人员来校任教，构建内融外协的人才资源共享体系。

（2）考评。考评制度要根据不同高校类型、不同层次的岗位、不同学科分类分层次分学科进行，考核指标设置要定量与定性结合。民办本科高校可根据合同签订情况，根据聘期，制定任期中考核方案，连续考核不合格者可采取解聘等措施。本研究结合民办本科高校实际提出了完善教师职务评聘体系，坚持按需设岗、按岗择优评聘的原则，完善竞争机制，建立适合各学科、各系列特点的多维考核体系，不同学科的教师、教师与科研、行政人员分别采用不同的考核指标和方法，注重结果运用，将考核与工资、职称结合起来。

（3）激励。激励分物质激励和精神激励，是对考评结果的运用，也是对考评机制的补充，科学合理的激励机制可充分调动教师积极性，发挥人力资源的能动性，最大程度地创造价值。根据学校实际情况，设计制定资助年轻教师的计划，构成针对不同层次、衔接有序、成效显著的资助和激励体系。民办本科高校结合学校转型发展需求，明确激励重点，按照优劳优酬的原则，改善学术骨干、管理骨干的工作条件和工资待遇；加大对教学业绩突出的教师奖励力度，在专业技术职务评聘、绩效考核和津贴分配中把教学质量和科研水平作为同等重要的依据，确保为教学中心地位服务，优化人才成长的内部环境。

二、物力资源配置

（一）物力资源配置相关研究基础

国外研究者对于高校物力资源配置的研究始于 1966 年科尔曼（James S. Coleman）的《教育机会平等的报告》，以统计分析法为主，侧重于强调物力资源合理配置的重要性。

国内研究者对高校物力资源的研究视角不同，可概括为三类：以物力资源的某个单体为研究对象；以物力资源整体为研究对象；将物力资源作为高等教育资源的一部分为研究对象。首先，将物力资源的某个单体为对象的研究中，以对图书馆、实验室及设备、体育场馆等公共设施、教室等公共用房的研究为主。其次，将物力资源整体为对象的研究中，邵新民（1999）分析了当前高校物力资源管理现状、问题及成因，提出了加强高校物力资源管理的对策。[1] 张思强（2008）提出健全物力资源管理制度，优化会计核算规定，实现物力资源核算与绩效核算的对接。[2] 刘义荣（2009）指出通过优化房产配置、加强设备管理、推进后勤改革提升物力资源利用效率。[3] 陈军、陆书星（2013）提出建立符合校情的公有房和仪器设备绩效考核指标体系，以提高资源利用率。[4] 最后，将物力资源作为高等教育资源一部分进行的研究中，贾少玲等（2011）在对我国高校教育资源利用现状深入分析的基础上，从教育投入的要素着手，根据各要素的

---

① 邵新民：《引入市场机制，加强高校物力资源管理》，载《实验技术与管理》1999 年第 4 期。

② 张思强：《基于绩效预算的高校物力资源价值核算探析》，载《财务与金融》2008 年第 3 期。

③ 刘义荣：《多校区高校物力资源优化配置的效率与路径》，载《江苏高教》2009 年第 4 期。

④ 陈军、陆书星：《高校物力资源保障体系构建》，载《实验技术与管理》2013 年第 10 期。

不同性质，分别提出了利用市场机制提高人才资源利用效率，建立资源共享系统，提高物力资源利用效率及形成适度规模，充分发挥经济效益等几点建议。[①] 王科（2011）通过文献梳理，介绍了高校资源配置现状，提出目前高校资源配置中存在的不同问题，并提出优化这种资源配置的路径。[②]

从现有研究来看，国外研究者侧重于外界对高校内资源配置的影响研究，以定量分析为主；国内研究者更侧重于高校内部物力资源配置优化路径研究。

（二）物力资源配置相关理论依据

1. 边际效用理论

在经济学上，边际效用是指在一定时间内消费者增加一个单位商品的消费量所得到的效用量的增量。[③] 该理论主要强调商品效用对价值的影响，效用决定效益，两者成正比。在本研究中，将效益最大化运用于物力资源配置中，指投入民办本科高校的物力资源所能产出的教育成果最大增量，也就是物力资源所能发挥的最大作用。民办本科高校在考虑物力资源投入时，应首先论证投入效用，根据政府评价指标体系，按需投入，量化效用，在此基础上，探索优化配置路径。

2. 教育资源利用效率理论

教育资源利用效率指教育过程中的投入与产出比，即劳动成果与劳动耗费之比。民办本科高校由于物力资源相对紧张，在资源配置过程中，效用提高尤为重要，应注重提升利用率、降低损耗度。

（三）物力资源配置的基本原则

1. 厉行节约原则

厉行节约指的是物力资源配置要坚持节约，做到以少投入发挥大作用，提高物力资源的使用寿命、重复使用率。例如，可通过有偿使用机

---

① 贾少玲、刘家瑛：《提高高校教育资源利用效率的几点思考》，载《中国成人教育》2011年第 19 期。

② 王科：《高校资源配置现状、问题及优化策略》，载《湖北经济学院学报（人文社会科学版）》2011 年第 6 期。

③ 高鸿业：《西方经济学（微观部分）》（第 4 版），中国人民大学出版社 2007 年版。

制，以使用者付费、保养、维修进行有偿使用方式管理，减少购置经费。

2. 效用最大化原则

效用最大化指的是物力资源配置要统筹谋划、合理投资，发挥各单位特长，要充分发挥社会服务职能，加强与行业企业合作，盘活现有资源，以最少投入取得最大效益。高等教育作为一种非义务性教育，它所提供的"产品"从经济学角度讲属于"准公共产品"的范畴，它所提供的服务劳动创造了"文化性价值"，同时还创造了"经济性价值"。[①] 民办本科高校物力资源配置要实现效用最大，边际成本应等于个人收益与社会收益之和。

3. 突出重点原则

民办本科高等教育正处于转型的关键时期，突出重点指的是物力资源配置需向教学倾斜，确保教学中心地位。优先保障教学需要的屋舍、仪器设备、图书资料等物力资源。

4. 可持续性原则

可持续性指的是资源配置既要考虑好当前的发展，也要兼顾到未来发展的需要，达到保证资源可持续利用的目标。在民办本科高校的转型发展中，资源始终处在持续的消耗当中，要破解投入相对不足的难题，必须转变思路，由缩减资源投入向提高资源利用效率转变，为学校顺利转型，实现可持续发展提供物质保障。

（四）物力资源配置的路径

物力资源是高校运行的物质基础，民办本科高校物力资源相对紧张，资源配置重点在节约、提效，构建集采购、使用、维护、监控、再利用一体化的良性机制。

1. 强化共享融通，合理分担成本

从消除当前制约资源共享实现的障碍入手，正确看待共享与竞争之间的关系，将教育资源共享系统纳入学校发展规划中。探讨实现校内无缝对接与校地协同、校企协同、校校协同、校所协同相结合，构建校内高度融

---

① 宋毕明、范先佐：《高校教育资源优化与办学经济效益》载《教育与经济》2005 年第3 期。

合、校外深度合作的内融外协的物力资源配置体系。

第一，学校内部，改善因各子系统分割造成的资源浪费现象，打破校、院、系之间的界限，盘活现有场地、设备，改造闲置的场所，提高设备、信息资源的共享程度，发挥物力资源多重利用功效。例如，山东协和学院设置开放性实验室，逐步扩大实验室开放范围，2016～2017 学年教学计划内实验数 3027 个，150 余万人时；承担教学计划外开放实验数 323 个，40 余万人时（见表6－2）。

表6－2　　　　　　　　　　　　实验室利用情况统计

学年	计划内实验室利用情况			计划外实验室开放情况			总人时数
	实验个数	实验学时数	实验人时数	实验个数	实验学时数	实验人时数	
2014～2015	2327	7087	1775650	309	6434	627129	2402779
2015～2016	2847	8688	1830847	369	7767	543396	2374243
2016～2017	3027	8801	1516532	323	11008	404918	1921450

第二，校与校之间，探索实现合作共赢，发挥各自的资源优势，根据需求调整资源配置重点。数据、文献等网络资源可逐步实现与兄弟院校的共享，互通有无，以相对固定的投入共享更多的文献资源。例如，为避免部分民办本科高校为满足教学评估标准，购进大批量图书，造成图书质量参差不齐，院校之间购置重复的问题，争取实现网上数据库的共享共建，还可增强采编协调，使图书购置朝着多样化、功能化的方向发展。为科学控制实训基地成本，有针对性地满足不同群体需求，根据不同院校学科优势，取长补短，合作共建新型复合基地，解决文科、工科高校实训基地投入重复、分配不均的问题。

第三，学校与地方，建立学校内部物力资源外租信息发布平台，将学校校舍教室、图书馆、体育馆、实验室对外开放，充分利用富余要素为地方服务，实现学校与地方的物力资源共享。深入推进校企合作办学，推进现代学徒制，推进政校行企合作共建产业学院，企业可借助高校的智力资源为单位发展提供技术支持，可借助高校的教育资源为企业进行人才培训，在双方合作交流中强化应用型研究，以联合技术攻关和科技成果转移转化服务于区域经济建设和产业升级。民办本科高校深入加强校企合作，以学生为"教育产品"，细化市场需求，完善订单式的交流培养机制。

2. 完善配置机制，提高利用效益

民办本科高校要在明确物力资源产权的基础上，构建系统化的物力资源清查、购置、使用、保养和维修体系。

（1）建立物力资源清查机制。构建动态化的物力资源年审机制，对校内物力资源进行全面摸底清查，实时监控物力资源运行状态，根据运行状况以及需求情况随时调整物力资源配置，建立与学校核心部门的信息共享渠道，变被动为主动，由按各部门需求报告进行配给转变为根据学校管理服务改革及人事变革主动配给。

对学校物力资源进行年度审核，做好基础清查工作。每年年底对学校物力资源进行登记，充分利用清查结果，科学评估现有物力资源价值，根据人事及工作需要重新调整配置；充分利用信息化手段，建立信息化校内物力资源清单，动态监控物力资源使用者、运行状态、维护需求、逐步实现所有资源的满负荷利用、整合再利用。

做好物力资源统筹规划工作，按照各部门各管其事、个人负责的原则，对资源利用效率进行评估考核，并作为下一年度资源配置的参照标准之一。

（2）明确物力资源统筹购置机制。建立物力资源效益评估体系，当产生物力资源需求时，科学评估应购置还是租用，哪种方式能取得最大效益。设立物力资源购置监管制度，确保物力资源购置按需进行，减少因人事私心造成的资源购置不科学、购置价位不合理等现象。

（3）完善物力资源利用机制。强化动态管理。完善物力资源配置系统，根据每年招生计划及学生数量合理配置教室、宿舍、设备等，根据教科研要求动态调整教舍、设备配置，实现最大限度利用现有资源。

突出配置重点。优先保障教学需求，真正实现由行政机关"管理"教学到"服务"教学的转变，分清行政部门和教学院部的物力资源配置优先顺序，提升教科研的物力配置比例；视情补充资源到基础学科、弱势学科当中，促进各学科协调发展，提升学校的整体水平。

3. 制定权责清单，落实责任主体

完善管理体制，确定物力资源配置的责任主体，即谁使用，谁维护，谁收益，制定权责清单，对责任主体产生动力和约束力。

建立物力资源购置、使用、维修、赔偿责任制，将责任主体落实到具体单位、个人。物力资源购置决策者负终身责任，所购置的物力资源出现严重使用问题时，承担相应处罚；物力资源阶段性使用者负责其使用环节的安全，使物力资源使用发挥最大效益；物力资源主管部门负责大型公共物力资源的使用、出租和修缮。做好物力资源使用维修知识普及，延长物力资源使用寿命，提高物力资源使用效率。

三、财力资源配置

（一）财力资源配置相关研究基础

国内学者对高校财力资源配置的研究视角不同，以优化配置研究和提效指标研究为主。

财力资源优化配置研究中，章跃（2001）从建立高校教育经费使用的效用、边际效用、总效用的概念入手，运用经济学理论，并提出了定量计算的思路。[①] 宋华明、范先佐（2005）界定了高校资源和办学经济效益的内涵，提出提高办学效益的几点建议。[②] 白雪峰（2009）从构建经费预算体系、加强财务管理分析、扩大资金来源渠道三个方面提出了优化财力资源配置的路径。[③]

财力资源提效指标研究中，研究者就高校财力资源利用效率进行了分析，并提出一些评价指标。唐万宏（2007）从高校财力资源利用效率的内涵和评价指标出发，梳理各部高校和各省属高校财力资源利用效率的现状，分析了影响财力资源配置效率的内、外部因素。[④] 韩素贞（2008）对

---

① 章跃：《边际效用理论与高校财力资源的优化配置》，载《江苏高教》2001 年第 6 期。
② 宋华明、范先佐：《高校教育资源优化与办学经济效益》，载《教育与经济》2005 年第 3 期。
③ 白雪峰：《关于高校财力资源合理配置的几点思考》，载《商业会计》2009 年第 21 期。
④ 唐万宏：《绩效评价：高等教育投入机制改革的政策导向》，载《中国高教研究》2007 年第 6 期。

某一高校财力资源现状进行了实证分析，并提出相应建议。孟卫东、黄波（2009）指出全面预算管理实施流程：明确目标任务→制定预算目标→编制预算、报学校汇总、复核与审批→预算执行与管理→执行报告及差异分析→预算指标考核。[1]

综上所述，现有研究侧重于从提高财力资源利用效率的路径及影响财力资源配置效率的影响因素入手分析财力资源配置，针对各层各类高校对财力资源进行配置的实证研究及精准化收支结构研究的还较少。

（二）财力资源配置相关理论依据

1. 帕累托最优境界理论

帕累托最优境界理论由意大利经济学家帕累托提出，该理论认为如果经济社会处于最优状态，表明经济最有效率，消费者达到最大程度的满足。民办本科高校财力资源配置帕累托最优境界，指学校财力资源配置处于最佳状态，使所有成员得到最大程度满意，任何其他形式的重组分配都会打破这种均衡状态。这一理论强调"适应"特性，强调要素之间的最佳组合，可以判断财力资源配置是否最为合理，可被看作判断宏观经济整合是否达到最优状态的客观标准。民办本科高校财力资源配置要充分考虑应用型人才培养模式的需求，将财力资源配置到最适宜于市场需求取得最大化收益的地方上。

2. 范围经济理论

所谓范围经济，是指在相同的投入下，由单一多产品企业生产联产品比多个不同企业分别生产这些联产品中每种单一产品的产出水平要高。联产品是两种或两种以上的可以使用共用设备、技术、管理等资源条件的技术特性相同或相近的产品。[2] 高校是一种包括教学、科研和社会服务三个方面的多产出组织。民办本科高校的教育投入和产出相对复杂，政府财政投入比例相对较少，投入以举办者投入及学费收入等形式居多，人才产出更强调市场适应性，具有市场经济体制下收益性的特征。因此在进行财力

---

[1]　孟卫东：《基于全面预算管理的高校资源优化配置机制设计研究》，载《重庆大学学报（社会科学版）》2009 年第 15 期。

[2]　侯龙龙：《不同类型高校的内部效率——从范围经济的角度》，载《清华大学教育研究》2006 年第 2 期。

资源配置时应更注重投入的质量效益，须量化投入与产出，且量化的值充分反映投入与产出的数量和质量；应不仅使用横截面数据，充分考虑统计结果是否存在异方差，综合考虑科研、教学与社会服务产出；应考虑成本函数的动态变化，即考虑时间变化对成本函数的影响。

（三）财力资源配置的基本原则

1. 总量增值原则

总量增值是指财力资源配置应保证民办本科高校资产总量增值。由于国家政策暂时缺少对于民办教育发展提供必要的、平等的支持，民办本科高校普遍面临着财力资源总量短缺、存量相对分散，且区域性差异较大，学校必须拓宽融资渠道，增加财力资源收入总量。

2. 科学性原则

科学性是指财力资源配置符合国家教育政策要求，符合本科教学基础地位要求，符合人才培养中心地位需求，符合全校师生、家长、社会多方需求。民办本科高校财力资源科学配置既满足投资者实际需求，也满足人才培养需求，在财务预算、决算的制定实施上有章可循、有理可依、条理分明。

3. 兼顾性原则

兼顾性指在财力资源配置过程中，坚持效率优先，兼顾公平，努力实现效率公平的相互促进。这是由社会主义市场经济体制以及经济发展规律决定的。加大教育投资，营造更为宽松的环境，应将投资重点置于资金投入的增长点，置于可以产生最大效益的方向，确保学校始终有充裕的资金来源，同时，要考虑校内财力资源配置的基础保障性，促进学校整体实力的提升。

（四）财力资源配置的路径

1. 统一财务管理，整合潜在资源

（1）统一财务收入。规范财务收入与管理，是保障财力资源的基础工作。民办本科高校要明确各部分财务收入比重，适时调整收入结构，增加培训收益、校企合作收益、横向科研经费比例，适当获取银行借款、职工集资、校区置换收益。要通过梳理收入结构，在协调沟通中充分调动各方面积极性，使学校的预算收入及时到位，结合民办本科高校实际，制定行之有效的奖惩制度，充分调动各二级学院和各机关处室的积极性，确保预算收入如数实现，为各项工作支出提供有力支撑。

（2）规范财务管理。

第一，统一领导，分级履责。学校制定财务政策，健全财务制度，明确各单位经济责任，确保财务预算、决算规范落实。在明确权责的基础上，合理划分财务责任。

第二，统一管理，归并账号。由学校统一银行账号、预算决算、开支标准，将附属单位、产业部门等独立账户封存，由财务处统一核算管理。

2. 拓宽融资渠道，提高经营效益

美国教育行政专家罗森庭称学校的教育经费是教育的脊梁，高校的财力资源主要来自学生学费款项、银行借贷、自筹和财政拨款。民办本科高校的经费来源主要是靠收取学费，以学养学，在转型期，既要以提升质量为核心走内涵式发展道路，加大教学投资力度，又要同时面对因学费过高导致的招生压力，必须变相对单一的经费来源渠道为多元化，多方筹措经费，扩宽融资渠道，为优化资源配置结构提供充足的财力支持。

（1）凸显绩效尺度，调整投资方向。民办本科高校投资主体较为多元。与之相适应，民办本科高校应用型人才培养应更偏重于市场导向，随时了解市场动态，精准把握市场动态，充分利用市场规律，为学校更好的发展寻找突破口，在满足市场需求的同时提高学校实力。在日常管理中，抓住机制灵活的特点，按照市场规律确定学校定位、学生培养目标、教学计划、专业设置等，以特色发展对接区域经济社会需求，实现供给侧对接需求侧。

（2）打造品牌效应，吸引社会投资。民办本科高校在提升教育教学质量的同时，要突出办学特色，打造品牌效应，吸引社会化的投资。

第一，高校领导层必须具备大局意识、创新能力和高层次办学水平，使学校工作有层次、有重点。具体体现在发展规划的制定、学科专业的建设、教学质量的把控、师资队伍的打造符合学校可持续发展的需要。

第二，办学特色要有积淀、有特色，区别于其他院校，在某个领域出类拔萃，辐射出很强的社会影响力。具体体现在办学特色要对接行业新趋势、对接地方经济新需求、对接人才市场新要求，将学校的特色建设真正转化为办学效益。

第三，办学特色必须贯穿到教育教学的全过程中，尤其要调动师生的积极性主动性，引导全体师生共同参与，让这种特色在师生身上内化于心、外化于行，师生理解特色所在，致力于特色建设，服务于特色发展，以特色为引导凝练向心力。

民办本科高校资源具有双重属性，作为准公共物品而兼具"私立性"与办学"公益性"双重性质，从资金来源看，投资是私立的，从办学方向和性质来看，办学是公益性的，与公办高校一样承担着培养专门人才的作用。因此，民办本科高校必须处理好协同与质量发展的关系，通过校企、校院、校地、校校协同构建内融外协的资源配置机制，加强与兄弟院校的联络，引进"第三部门"，利用其介于政府、私企之间，以实现社会公共利益最大化为宗旨的特性，弥补政府资源配置不足的弊端，有效分担学校财政压力，分解政治舆论压力，争取其他形式的资源。此外，妥善处理好校企双利益主体的关系，以校企共赢诉求为导向，充分借鉴企业经验，提高资源配置效率。

（3）适度举债经营，建立成本分担机制。拥有一定资金规模的高校，在学校转型发展或跨越式发展的关键时期，通过借贷融资等方式适度举债可促进学校尽快达成目标。民办本科高校要结合学校发展战略规划需要，成立由财务处长和专职人员组成的筹资小组，以贷款融资、租赁融资、校内融资等形式加强与各专业银行的合作，推进教学融资，为学校转型发展提供资金保证。

在当前民办本科高校日趋激烈的市场竞争环境下，高校必须激发自身潜力，利用外部机遇，提高自身的融资能力和经营效益。根据国家政策、地方需求和学校发展规划，视情调整投资重点，以校企合作、创新创业、信息化等为突破口，以提升人才培养能力为核心，确保投资用在刀刃上。

3. 优化收支结构，压缩寻租空间

民办本科高校在财力资源配置上应尤其注重科学性，提高规范性，按照公平、公开的原则，制定统一的分配政策。

（1）调整劳动力成本开支。精简行政机构，精简人员，减少不必要的行政费用。学校对学生人数、教职工人数进行摸底排查，根据学生数、学校工作任务需求设岗，裁减冗余人员，调动全体教职工的积极性。

（2）优先投入教学经费。坚持教学经费优先投入，增加教学经费总量投入，平衡好各学科之间的投资比例，按照保证重点，兼顾一般的原则向教学、重点学科、重点专业倾斜。在制定年度预算时，财务处要重点加强与教务处、相关教辅单位及二级学院的沟通，确保预算满足教学需要。

（3）减少管理成本开支。规范管理食宿、办公用品等费用开支。随着城市扩建的步伐，教职工居住地愈趋分散，班车费用支出愈多。既要确保教职工上班方便，又要压缩交通费用，需采用定点、定时、压缩班次的方式，并视情向政府相关部门申请，优化公共交通路线，缓解班车压力。

规范办公费用。根据各单位职能差别、人员多少量化办公费用使用标准，构建经费使用动态管理与监控机制，减少资源浪费与报销不规范的现象，严格落实报销标准和报销程序，实行包干制，杜绝漏洞和浪费。

降低公共消费开支。从科学规划、措施到位、师生主动参与三方面展开，制定公共消费开支标准并严格执行，落实节约责任制，降低公共消费资源开支比例。

4. 强化预算落实，严格资金调度

推行全过程预算管理，由传统年终制定预算、决算变为年终多方协商制定预算、随时监控掌握预算使用情况，适时按需调整必要预算，做到财务管理事前预算，事中把控，事后核对，根据预算运用情况调整下一步分配比例。

完善决策机制，通过议事制度对学校领导层、各单位进行财力资源配置与使用进行规定，明确责任主体，促进财力资源决策、配置科学化、透明化，细化各执行层的责任，构建控制体系，完善预算考评体系，实施经费考核，落实经济责任制。

5. 发挥审计作用，完善监督机制

财力资源是学校的关键资源，学校的发展离不开稳定的经费支持。民办本科高校管理者在优化财力资源配置过程中，要充分考虑学校财务的自我平衡、加强监督约束。要建立以风险管理为导向的内部审计制度，将审计贯穿于财务决策、方案设计、资源使用、绩效评价全过程中，全面规划预算和经费执行情况，以保证学校资金的安全使用，提高办学效益。

完善机构绩效评估体系，对专项拨款的经费进行绩效评估，落实奖惩制度，奖励评估效果较好的，处罚评估效果差的，甚至视严重程度追回已拨付款项，留案备用。

加强监督，逐步形成预算—监督—成效反馈的良性循环格局。规范经费监督方式，运用法律、校章、制度等提供监督依据，细化监督程序，增强监督的可操作性、程序性，构建完善的监督体系。运用新闻媒体进行舆论监督、网络教育，对于贪腐现象进行警示教育，对于出现的严重贪腐行为严肃处理，以儆效尤，营造风清气正的环境。

四、信息资源配置

（一）信息资源配置相关研究基础

研究者从不同层面对高校信息资源进行了探索，可概括为两大类，以高校信息资源整体作为研究对象和以高校信息资源中某一具体信息类别作为研究对象。

对高校信息资源整体进行的研究中，以信息公开、传播、管理为主。查自力、熊庆年、李威（2016）认为，高校信息公开可促进高等教育有效治理，可借助构建第三方评估机制来实现。[1] 冯奎（2016）通过对公开的信息分析，可判断高校的优势与劣势，为政府作决策提供依据。[2] 彭浩晟（2016）建议从营造信息化建设的文化氛围、组建信息化管理队伍、整合校内各部门信息资源入手，提升高校信息管理能力。[3] 程显静（2018）基于"双创"背景指出，通过运用"理论—实践　理论"模式，提升学生利用信息化技术的水平。[4] 李峰、郭兆红（2017）指出信息素养教育是多个信息组织和多个学习主体参与的互动式教育，可从搭建多维度信息平台、构建动态化的网络组织、细化信息接受者需求精准供给多个层面构建信息教育系统。[5]

对高校信息资源某一类别进行的研究中，以图书馆、档案信息资源研究为主。张卫华（2017）提出将图书、档案信息整合到一个平台上，重点

---

[1]　查自力、熊庆年、李威：《我国高校信息公开第三方评估机制研究》，载《现代大学教育》2016年第2期。

[2]　冯奎：《高校信息公开与办学水平社会评估》，载《高教发展与评估》2016年第6期。

[3]　彭浩晟：《论大数据技术推动下的高校信息管理能力提升》，载《高教探索》2016年第6期。

[4]　程显静：《"双创"背景下成人高校信息素养教育的模式创新》，载《中国成人教育》2018年第18期。

[5]　李峰、郭兆红：《高校信息素养教育生态系统构建路径研究——基于ACRL〈高等教育信息素养框架〉的视角》，载《情报理论与实践》2018年第3期。

开发满足需求的针对性资源，提升资源建设的目的性。[①] 刘峰（2017）基于服务经济视域，提出通过构建数字档案、提升服务构建高校档案信息资源服务平台。[②] 卞咸杰、卞钰（2018）提出在大数据时代，整合高校档案资源，建立档案联盟，为实现档案信息资源共享提供了可能。[③]

从现有信息资源研究成果来看，具体问题及应对措施研究居多，以应用研究为主，信息资源配置理论研究有待进一步深化和系统化。

（二）信息资源配置相关理论依据

1. 大数据理论

大数据的概念是随着信息技术不断发展而逐步形成的，指解决海量数据问题的新技术。2008年，美国自然杂志推出大数据专刊，研究大数据问题。关于大数据的界定，各方研究及维基、谷歌、百度百科等有不同的解释，共同点都指出，当今时代是大数据时代。大数据时代背景下的信息资源呈现出颗粒细小、分析技术多样的特点。民办本科高校信息资源配置应打造大数据平台，着重从加强信息资源共建共享、开展协同分析、深度融入教学三方面展开。

2. 开放信息资源共享理论

信息资源开放共享各类信息服务机构在平等互利前提下进行信息资源合作、共享，满足需求。在大数据时代背景下，信息呈现自发性、爆发性增长，这就使得单一的个人或组织无法凭一己之力完成信息收集、处理、整合、运用、传递和再生。民办本科高校必须加大信息化投入，深化信息资源共建共享，以技术提升带动资源配置效率提升，实现信息资源最大限度地使用。

（三）信息资源配置的基本原则

1. 标准化原则

标准化原则指使用统一的数据格式、语言标准和安全技术保障标准。

---

① 张卫华：《高校图书与档案信息资源整合的策略与价值》，载《档案管理》2017年第3期。
② 刘峰：《服务经济视域下的高校档案信息资源平台构建》，载《山西档案》2018年第5期。
③ 卞咸杰、卞钰：《试析高校档案信息资源共享的发展轨迹》，载《档案管理》2018年第3期。

民办本科高校进行信息资源配置，减少资源浪费，提高资源共享度，必须按照统一标准进行信息处理，减少信息整合过程中的阻碍，避免"信息孤岛"现象的产生，保证信息资源的共建共享。①

2. 适用性原则

适用性原则指信息资源必须满足师生、家长、社会等多个主体的信息需求。信息资源配置要充分体现灵活性，结合不同的服务对象，精准选择服务内容、服务手段，既全面系统，又在最大程度上避免重复，使配置体系客观科学。尤其要考虑到民办本科高校信息资源是面向全体师生、家长以及社会的，而大众在计算机操作方面存在很大程度的个体差异性，难以实现对所有使用者的统一培训，因此在信息资源共享设置、平台构建方面要尽量采用最简单便捷的方式设计操作页面，并为用户提供相关的技术服务与支持。

3. 先进性原则

先进性原则指信息资源配置必须在立足本校信息服务与服务对象基础上，体现出一定的前瞻性和指导性。信息完善是一个动态的过程，民办本科高校信息资源配置仍处于建设初期，信息资源基础和技术手段都处在大数据时代背景下，不断变化。因此，信息资源的配置内容和手段，不仅在时间上有所延续，内容与技术上也应及时维护与更新，随时了解用户的需求与建议，与时俱进，开放延伸。信息管理与策略制定要做好摸底排查工作，了解现有信息资源建设情况和信息技术掌握水平，了解师生信息需求，进而有重点、有目的地决定下一步配置的方向与重点，从而在不断规范和改进学校信息资源配置结构的基础上，使信息配置服务长期稳定的良性发展。

4. 安全性原则

安全性原则指运用技术手段、安全策略确保信息资源平稳使用、避免外泄。大数据环境下信息资源共建共享存在着各种形式的安全隐患，例如黑客、软件炸弹、计算机病毒等，给信息资源的使用、传递带来了很大的安全威胁，甚至在一定程度上影响到工作的有序开展。日常教学管理信息使用要注重防护，强化安全意识，采取安保措施，关键数据在网络传输中

---

① 马大川、杨红平：《信息资源的集成整合研究》，载《中国图书馆学报》2004 年第 3 期。

要做好加密、签名等安全保护措施，避免机要信息以及师生基础个人信息泄露。

（四）信息资源配置的路径

新时代高等教育四十条重点强调了信息技术在教育教学中的运用。新时代背景下，以信息化推动传统的教学模式改革，推动传统的学习模式改革，推动传统的管理服务模式改革，推动人才培养模式改革，构建"互联网＋教育"的教育教学新形态，必须将信息化建设提到学校发展规划的重要日程上来。民办本科高校应准确把握大势，立足自身，寻找信息化建设与教育教学相融合的突破口，深入推进教育教学形态转化，提升人才培养质量。具体来说则是以网络平台为依托，建立能够整合教学、科研及公共信息资源的资源库，形成资源层，以此为基础服务于教学与行政管理体系。例如，山东协和学院建有万兆主干校园网，4G 出口带宽，有线信息点 12208 个，无线 AP712 个，两校区间实现联通、电信双千兆链路捆绑，校园无线全面覆盖，有线无线一体化管理，网络运行安全稳定，2014 年被列为山东省高校首批教育信息化试点单位。

1. 建立信息资源规范化标准

标准化是提升信息资源共建共享的基本要求。目前民办本科高校信息资源建设存在一定程度上的不规范，各信息系统兼容程度不够，应参考国家相关标准化文件，设置统一的建设标准，对外符合社会信息处理规范、使用要求，对内加强标准化宣传，确保校内信息合规合标，全面整合分析用户信息需求，分层分类做好标准规范，将各种信息统纳学校信息库，对接校外资源，实现最大程度上的信息存取、管理和共建共享。

2. 规范信息资源管理体制

民办本科高校的信息资源管理以提供服务，被动解决各单位问题为主，信息管理的科学化水平相对较低。应建立健全信息管理机构，统一布局，合理规划，提高信息技术从业人员的综合素质，充分调动各方面的积极性。

（1）统筹领导，积极推进。信息涉及校内校外各方面的内容，信息资源配置涉及人员、单位及其他资源配置，是一项系统工作。做好这个工作，必须加强顶层设计，统筹领导，成立由校领导牵头负责，信息主管部分具体实施，其他单位密切配合的管理体系，实现信息资源共建共享、责任共担。

（2）科学规划，分步实施。信息资源配置要统筹安排，分步实施。第一，对学校各项信息资源进行摸底调研，充分了解学校信息资源基本情况。第二，优先建设公共服务平台、教学系统、管理系统信息库。第三，着力建设师生互动平台、校内校外对接平台，让信息系统真正用起来、活起来，完善系统功能。在分步实施的过程中，要合理统筹职称部门与各二级学院，例如在夯实资源基础阶段，重点发挥基建处和网络信息中心的作用，在重点建设阶段，充分调度教务处、图书馆等相关部门参与，在系统建设阶段，加大推广力度，调动全体师生参与共建。

（3）扎实培训，稳步落实。加强对信息技术人员的培养培训，支撑学校整体信息化利用水平的提升。

第一，完善队伍结构。引进高水平专业信息化人才，加强对学校信息岗位工作人员的培训力度，打造学校信息化建设技术高地，以他们为引领带动全体师生信息化水平的整体提升。

第二，加强队伍培训。通过对相关工作人员进行技术培训、鼓励他们进行学位提升，使培养的人员能够熟练掌握信息技术，促进管理水平与技术水平双线提升，为教育教学工作提供保障。

第三，开展用户科普。加强对师生的基础培训，通过提供学术资源导航、网络教学课程等对教师和行政人员进行培训，使他们更便捷地检索、选择和使用信息，将信息技术运用到教科研当中。通过编制推广学习软件、整合提供常用下载软件、使用案例教学课件等方式提高学生信息意识及信息能力，提升他们的信息化利用水平，提高学习效率。

3. 深化信息资源共建共享模式

重塑教育教学形态，着力构建多元协同、应用广泛、服务精准的高校信息服务体系，推进信息技术在教育教学管理中的运用。

（1）高校校内信息资源共建共享。第一，合理安排建设任务。由学校信息资源管理责任部门和分管校领导统筹分配信息资源建设任务，对于师生信息等基础信息建设完善任务由单一部门承担，相关部门共享使用，打通校内教学、学生、人事、办公自动化等不同系统的平台壁垒，提升信息同步水平，减少信息资源内容的重复建设，提升信息资源的统一性、规范性。

第二，统筹整合数据信息。建立校内信息资源共享中心，运用精准采集技术，有效解决第一、第二课堂数据来源广泛、实时动态、融合困难等问题，实现将不同机关、二级学院的信息统一存储管理，形成校内信息检索、使用公开的信息化环境。解决不同系统模型的一致性、技术路线及软硬件平台的异构问题（见图6-1），实现数据实时共享，业务全线对接，重构业务逻辑。积极调动各方力量加强数据库建设，及时更新资源，把握最新动态和前沿成果。适当加大投入比例，跟进软硬件和技术支持，确保信息系统平稳有序运转。推进各种各类信息技术在教育教学管理中的运用，探索推进智能化、数字化、个性化教育，形成"互联网＋教育"形态，以技术创新突破资源瓶颈。根据学校实际情况，参照兄弟院校经验，建设一批高质量慕课，推出一批精品在线开放课程，推动课程建设水平的整体提升，并加大宣传力度和应用力度，鼓励教师多模式应用，鼓励学生多形式学习，提升公共服务水平，构建时时、处处可学习的泛在化学习环境。

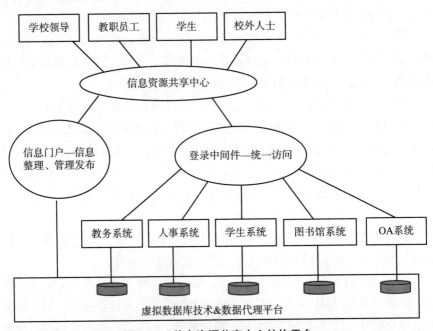

图6-1　信息资源共享中心结构平台

第三，视情分配使用权限。民办本科高校信息需求主体具有多元化的特点，通过调查问卷等形式，深入调研，统计分析校内各需求主体的资源需求取向，合理分配教师、学生、行政管理的信息资源使用权限。做到用80%的信息资源满足20%的重点用户需求。①

第四，上下联动服务师生。民办本科高校以信息化建设为突破口创新管理服务机制，着力构建"技术—制度—管理—服务"协调联动机制，按照"方便、快捷、高校"的原则，整合职能部门与二级学院的业务数据，创办师生事务网上服务大厅，提供始终处在动态优化中的业务流程，逐步形成"零时差"为导向的公共服务，为师生提供"线上线下"一体化服务。

（2）高校之间信息资源共建共享。充分利用对外开放的通用信息资源，加强与兄弟院校的联系、互通有无，减少不必要的额外支出，提高信息资源配置的精准度。高校之间可以联合组建数字校园，共享统一的校园平台，共同开发精品课程、试题库、媒体素材，实现协同办公。优先加强文献信息的共享共用共通，克服民办本科高校文献资源薄弱的困难，发挥不同类型高校的优势，促进文献资源共享。

（3）高校与社会信息资源共建共享。信息公开不仅要面向校内师生、组织等，也要面向校外的家长、组织等。通过有效的信息交流，各方都可以获取自己或组织需要的信息，表达自己的诉求，通过各种信息的透明度，提升全体教职工和学生以及家长对学校的了解度，增强他们的获得感，提高他们参与各项活动的积极性。

4. 增强信息系统安全防范

（1）树立安全第一的意识。增强师生的安全意识。由学校信息主管部门牵头负责，保卫处、学生工作处、宣传处及二级学院等密切配合，加强宣传。请学校网络中心负责人和技术人员进行安全辅导，邀请行业专家举办专题讲座，营造良好的安全氛围，增强全体师生教职工的安全意识，引导师生自觉防控信息漏洞，使学校的信息安全教育由以强化实施安全策略为主向打造师生愿意接受、自主防范的安全文化环境转变。

---

① 刘丽：《高职院校图书馆信息资源配置及其效率分析》，载《沙洋师范高等专科学校学报》2012年第6期。

（2）建立信息安全框架。信息安全涉及学校的方方面面，必须构建全员参与、全过程监控、全方位配合的全域信息安全治理机制。学校成立信息安全管理工作小组，由分管校领导任组长，网络信息中心负责人任办公室主任，提供技术支持，各机关相关处室负责人任组员，并提供管理支持，将小组作用落到实处，将安全策略融入教育教学全过程，并监督落实。民办本科高校应重视网络信息中心的人力资源配置工作，打造技术达标、管理经验丰富的信息安全管理和工作队伍，将信息安全工作责任到人，使信息安全治理得到人力资源上的保证。

（3）提供信息安全技术保证。信息环境具有动态性，信息安全同样处在长期的攻防关系中，民办本科高校在信息安全技术上可充分借鉴运用信息安全行业内领先技术，充分利用学校人力资源优势加强与相关信息行业合作，获得技术支持。着重加强信息内容保密、系统平稳运行、软件使用推广三方面的安全指数，尤其注意信息资源共享可能产生的数据漏洞，注意各方面关联性，构建系统科学的校内网安全体系，实现学校信息由内到外的防护。

（4）进行信息安全审核。信息流朝夕生变，加强信息安全必须随时应对信息变化，信息策略的制定必须适应信息动态性特征，随时调整。根据学校信息建设进度，定期进行学校信息安全审核和风险评估，适时调整信息安全策略，针对涉密信息进行专题防护，提高信息安全的弹性防御指数。

第三节　结　构　重　组

一、民办本科高校机构调整

（一）机构调整相关研究基础

现有关于应用型本科高校机构调整的研究成果相对较少。国内外关于大学组织结构以及高校机构改革的研究为本研究奠定了一定基础。

关于大学组织结构的相关研究成果较为丰富。关于其含义的研究，学者们提出了各自观点。任少波（2004）、郑文（2006）认为，大学组织结构主要指大学管理组织架构，是大学内部设置的职能部门、层级以及它们之间的职能规范和相互关系，其设置目的是保障大学内部组织有效运行。[1,2] 伯顿·克拉克（2001）认为，高等学校内部结构的一个重要特点在于，它的系或者二级学院这一级组织是一个由学科和事业单位组成的矩阵结构。[3] 综上所述，大学组织结构是指大学为了完成组织目标，在职责、职权等方面的分工、协作体系。

学者们对大学组织结构与设计也进行了专门研究，季诚均（2006）提出了大学组织的三重属性，即学术、行政、产业三重属性，认为不同属性中大学组织结构具有不同特征。[4] 程勉中（2009）认为高校组织结构应该向扁平化和虚拟化发展，扁平化指缩减行政部门的编制和规模，以使其管理层级和管理费用减少、管理幅度和管理效率增加，虚拟化是各组织成员间没有固定的层级关系，具有富有弹性的合作关系。[5]

关于高校机构改革的研究取得了一定进展。袁祖望（2002）针对高校机构改革存在的思想禁区、利益调整阻力大、改革理论指导匮乏等症结，提出更新观念，遵循功能齐全、实在必要、权责明确等原则，以解决实际问题。[6] 刘小鹏（2014）提出高校学术性组织的一种形式是跨学科研究机构，应通过构建科学有效的管理机制，强化其组织定位、资源配置以及支撑服务等内容，最终实现组织机构的持续发展。[7]

综上所述，关于应用型本科高校机构改革的研究鲜有成果。应用型本科高校具有鲜明的应用性特质，一方面，其人才培养的基本目标以及人才

---

[1] 任少波：《重构细胞——大学管理组织架构改革的基础》，载《高等教育研究》2004年第5期。

[2] 郑文：《大学组织结构——权力的视角》，载《高教探索》2006年第3期。

[3] （美）伯顿·克拉克著，王承绪等译：《高等教育新论：多学科的研究》，浙江教育出版社2001年版。

[4] 季诚均：《大学属性与结构的组织学分析》，人民教育出版社2006年版。

[5] 程勉中：《大学组织结构的创新设计》，载《成都理工大学学报（社会科学版）》2009年第3期。

[6] 袁祖望：《高校机构改革的症结及其开解》，载《清华大学教育研究》2002年第6期。

[7] 刘小鹏：《高校跨学科研究机构的动态管理机制》，载《研究与发展管理》2014年第10期。

培养方式方法，强调校地校企协同育人，凸显应用型本科高校的社会服务特征；另一方面，其教学和科研中又必须表现出较强的学术性和学科性，因此，民办本科高校必须审视自身实际，依据外部区域社会环境，深入研究民办本科高校组织机构改革，积极探索契合本校持续、健康发展的内部管理体系以及相关制度规范。

（二）机构调整相关理论依据

1. 权变理论

权变管理理论（contingency theory of management）是 20 世纪 70 年代形成的管理学理论。该理论主要关注两方面的内容，从组织外部而言，重点关注组织及其所处环境的密切关联，从内部而言，重点关注组织中各个子系统内部要素之间以及各个子系统之间的密切关系，并因此而确定关系类型与结构类型。该理论强调依据组织的内外部条件选择最科学有效的管理模式与方式方法对组织进行管理。

该理论为民办本科高校组织结构调整提供了重要启示。该理论主张把高校的工作目标及任务、工作流程以及职责整合优化，通过进行组织结构设计或组织结构变革（再设计）提高组织运行效率。民办本科高校应依据学校目标及任务，在对人力资源、物力资源等调整优化的基础上，构建科学合理的管理模式，优化工作流程，进而实现资源效益最大化及持续发展。即在最大限度实现在人、财、物等有限的条件下，通过组织结构优化设计增强组织的工作能力。民办本科高校应重点将组织的各要素进行排列、组合，确立明晰的管理层级，厘清各部门、岗位的职责以及相互协作关系，促进其在学校的战略目标实施过程中，发挥应有职能，取得最佳工作业绩。

2. 利益相关者理论

利益相关者（stakeholder）理论是由美国经济学家弗里曼（Freeman）于 20 世纪 80 年代提出的，该理论主要是针对企业管理领域。利益相关者主要指对实现组织目标具有重要影响作用的团体或者个体。[1] 随着该理论

---

① R. E. Freeman. *Strategic Management——A Stakeholder Approach* ［M］. Pitman Publishing Inc, 1984.

的蓬勃发展，其应用范围逐步拓展至高等教育领域。美国学者亨利·罗索夫斯基（Henry Rosovsky）以对大学目标实现的影响程度的大小为基础，将大学利益相关者分为最重要群体、重要利益相关者、部分拥有者的利益相关者、最边缘的利益相关者等四个层次。[①] 并在此基础上探索了如何通过满足组织利益相关者的需求，实现大学目标。利益相关者理论对民办本科高校的启示在于，协调组织分工，关照相关各方利益，并争取更多资源，以期全面提升整体管理及办学水平。

众多理论观点为民办本科高校机构调整奠定了基础。审视民办本科高校机构设置的基本原则，探索机构调整及运行路径，是民办本科高校转型的重要环节。

（三）机构调整的基本原则

1. 稳定性与适应性相结合原则

在民办本科高校组织机构调整过程中，注重稳定性与适应性相结合原则主要指，一方面，民办本科高校作为独立组织能够在外界环境与自身目标任务有所变化的情况下，依然正常有序的运行；另一方面，民办本科高校在运行过程中又必须依据实际情况进行合理的调整与改革，以体现出其适应变化的属性。因此，民办本科高校作为一个有机组织，应建立明晰的组织形式、责权关系以及规章制度，选择有效的组织运行措施，保障民办本科高校在变动的环境中，实现自动调节。

2. 协同组织分工原则

民办本科高校作为一个有机整体，不仅具有强大的工作量，也具有很强的专业性，通过设置各个部门，既明确其职责分工，又有效实现各部门协同合作，才有助于实现民办本科高校工作目标与任务，提升民办本科高校管理的质量及效率。因此，加强部门分工与协作，各环节相互配合是民办本科高校组织机构调整与具体实施推进过程中应该重点关注的内容。也就要求民办本科高校在组织安排与设计时注重有利于各部门的横向协调，发挥最大程度的协同优势。

---

① （美）亨利罗索夫斯基著，谢宗仙等译：《美国校园文化——学生教授管理》，山东人民出版社1996年版。

3. 服务性原则

民办本科高校作为学术研究与人才培养职能于一体的组织，其组织机构与工作人员工作的核心是围绕教学、科研以及广大学生服务。因此，民办本科高校在进行组织机构改革与调整的过程中，必须以服务为宗旨，将指挥性机构有效缩减与整合，以期实现各司其职又互相配合，不仅利于横向协调，也能方便纵向服务。

（四）机构调整及运行的路径

山东协和学院在机构调整及运行方面，践行了稳定性与适应性相结合、协同组织分工以及服务性等原则，取得了较好效果。学校着力深化内涵建设与加强应用型人才培养，在机构改革与运行等方面开展了深入研究与探索，2019 年以人事制度改革和机构精简优化为突破口，拉开了新一轮综合改革的序幕，推进学校管理科学化、规范化。

1. 机构结构调整

（1）促进教学与科研单位革新。学校在应用型人才培养理念的指导下，逐步革新二级学院（部）。一方面，学校在重视各学科基础性作用的前提下，着力加强各相关学科之间以及各学科与校外相关研究机构的密切联系，以某一具体的研究问题或项目为契机，促进相关学科的有机融合，如建立各类综合性实验室、建设学术研究基地等；另一方面，学校管理层级力趋实现扁平化，重点加强二级学院（部）层面的中枢功能，充分调动二级学院（部）应用型人才培养的能动性，从而真正发挥二级学院（部）在应用型人才培养过程中的主体功能，实现学校管理集权与分权的平衡状态。

（2）强化跨学科研究组织建设。学校依据自身实际，以需求为导向，着力扶持跨学科研究组织的建设，通过学科交叉，建立跨学科科研中心，其主要以研究所、课题组或项目计划等方式组织。在项目研究、科研课题研究的基础上，促进跨学科跨领域的专家相互交流、共同切磋，以期找到解决问题中的最优视角与方法。

（3）加强校内外相关机构互动。学校在保证各学术机构独立性的基础上，通过促进其与校内外相关机构的交流互动，实现其开放性，促进知识创新生产及应用转化。一方面，学校设置专门的技术转移办公室，其主要负责外联、信息收集以及反馈追踪等事宜；另一方面，学校着力建设大学科技园区以及孵化中心、技术咨询公司等组织，促进学校优势或特色成果迅速转化。

2. 机构运行创新

民办本科高校的机构运行创新，主要体现为以学科发展为依托，促进教学、科研和服务功能的创新运作。通过实施应用型教育，培养学生应用能力，以专业实践基地为基础，促进学生学科知识技能与职业活动紧密结合。

（1）强化校企协同育人。转变思想观念，完善校企合作协同育人机制。主动深入学习国家关于地方普通本科高校转型发展的文件精神，深刻认识产学研合作的战略意义。通过专题教育思想研讨、专家辅导等方式，强化产学研合作教育理念，增强推进产学研合作的积极性和主动性。制定产学研合作发展实施方案，出台加强产学研合作的若干意见，成立"服务地方与合作共建办公室"，统筹协调全校产学研合作教育工作，利用各方资源，借助地域优势，争取地方政府、企业对学校的支持，形成政府推动、校企联动的运行机制，建立健全"政府为主导，学校为基础，行业企业为载体"的合作育人机制。具体运行措施体现在以下方面。

第一，协同培养人才。首先，学校驻地济南临港经济开发区，比邻济南高新技术开发区，建有多个国家级专业产业园区，比如齐鲁软件园、大学科技园等。区域内产业涉及电子信息、软件设计、机械加工等各类企业数千家，是技术开发和企业集聚地，具有开展协同育人的天然优势。学校充分利用行业企业资源，挖掘合作潜能，构建政府、学校、企业三方合作联动机制，推进协同育人深入开展。其次，完善相应激励政策，鼓励各专业根据自身特点，积极寻求与行业企业合作的认同点、结合点、切入点、着力点、利益点，拓宽合作的广度。确保每个专业有2个以上相对稳定的合作企业，更好地发挥行业企业在专业设置、人才培养方案制定、课程教学资源开发、学生创新创业与实习就业等方面的作用。

学校与企业建立了校企合作协同育人机制。校企双方协同修订人才培养方案、应用型课程体系改革、实践教学体系强化。企业人员通过授课、举办讲座、论文指导、实习指导、就业指导等多种形式参与人才培养。《校企协同育人教学质量保障体系的研究与实践》和《应用型本科院校创新创业教育体系的构建与实践》获批山东省教育厅教学改革立项项目。

第二，联合建设专业。政府投入资金，支持学校与山东华伟液压科技有限公司等企业合作共建机械电子工程专业。在机械工程师培养体系构建、顶岗实习实训、课程及资源研发等方面开展合作，共同打造自主学习、综合素质培养、创新创业、技术资质培训认证等四个平台，培养学生的应用能力及创新能力。

第三，共建教学资源。首先，学校于2007年建设完成网络课堂系统，该系统是学校教务处与网络中心合作而研发的在线学习平台，为教师教学、学生学习提供了丰富、优质的课程共享资源，增强了学生的学习体验。平台具备网上备课、发布讲义、答疑讨论、作业上传、在线测试等功能，按照学科专业分类，在以传统教学为主的教育模式下，充分利用校园网配合教学，教师将大量的校内自主开发的课件、各类学习资源放在校园网上，实现了资源的有效共享。为进一步提高混合式在线教学水平，充分利用社会优先课程资源，学校引进智慧树优质课程、高校邦智慧学习、超星尔雅慕课开放共享课程在线学习平台，共开设公开选修课门和通训课。同时，于2007年与超星公司合作，利用超星泛雅网络教学系统建设学校新一代网络教学平台，将学校的优质教学资源进行整合，教师开辟个人教学空间，进行课程建设、教学监控、资源共享，开展交互式、体验式、混合式教学活动，打造贯穿"教、学、练、测、评"一站式学习服务。其次，学校与行业企业联合建设实验室，联合编制实验教学大纲、实验指导书，为实践教学质量的提升奠定了基础。

第四，合作促进就业。学校广泛开展校地、校企合作，同20余地市人才服务机构建立紧密关系，校外实习实训基地不仅能为学生提供专业综合实习和毕业实习，还能为学生提供就业机会，构建了校地、校企协同促进就业机制，实现了学校、地方、企业、学生多方共赢。

（2）注重科教融合与合作研究。民办本科高校在科研领域中，应更加重视应用科学的地位和作用，强调科教融合以及科研成果的转化和经济效益。

第一，重点促进科教融合。鼓励教师把科研与教学密切结合，把自己最新的科研成果转化为教育教学内容，作为课堂知识向学生讲授，通过拓宽学生视野，增强学生的创新意识；倡导省级科研成果以学术讲座形式服务教学的措施，省（部）级以上课题结项后，课题组主要成员开展面向学生、同行教师或全校教师的学术讲座，及时讲授本学科领域的重要研究成果；支持学生参与教师科研活动，鼓励教师将学生的毕业论文（设计）与指导教师的在研项目相结合；鼓励教师结合自己的科研活动，指导学生参加各级各类科技文化竞赛，培养学生创新能力，实现教学与科研的良性互动、协调发展。

第二，大力开展合作研究。通过制定《横向科研项目管理暂行办法》《科技成果转化管理办法》，增强教师承担企业横向课题能力，推进成果转化，建立科研共享开放平台，共同承担科研课题，共同申报研究成果，共同研发产品，共同制定企业标准。截至 2019 年，着力与企事业单位合作开展横向课题研究，搭建了 2 个省级科研平台，分别为"智能装备与结构工程协同研发中心""民办高等教育研究中心"，联合建设了 1 个省级重点实验室——"医学免疫学重点实验室"。牵头成立环渤海高校科研与学科建设专家指导委员会，借助校外平台交流研讨产学研合作办学模式。

（3）强调社会服务。社会服务是民办本科高校的重要职能之一，在此过程中，一方面，学校通过指导与培训、人才输送以及搭建平台等功能，主动为各部门、行业提供智力服务；另一方面，学校积极拓展服务范畴，引领区域经济发展，逐步成为促进社会发展与进步的坚实阵地。学校因此而彰显出应用性特征。

第一，充分发挥学校人才优势，主动利用教育资源，最大限度地在咨询指导、员工培训、企业文化等方面为企业提供服务。

第二，主动适应企业行业需求，深化教育教学改革，为企业输送高素质应用型人才。

第三，充分利用当地政府和社会组织资源。首先，主动寻求与政府合作，积极争取政府支持。其次，借力山东省社会组织总会平台优势，扩大学校社会服务力。在政府部门的宏观管理和指导下，为政府与社会组织沟通互动、交流合作搭建有效的平台。

二、学科专业调整

（一）学科专业建设相关研究基础

国内外关于学科与专业含义的相关研究，取得了较为丰硕的成果。潘懋元等（1994）认为专业是根据学术门类划分或职业门类划分，将课程组合成的不同的专门化领域，课程的不同组合形成不同的专业。[①] 伯顿·克拉克（Burton R. Clark）提出，学科是不同知识门类或是围绕这些学科而建立的组织。[②] 周光礼（2016）提出学科与专业分属不同领域，学科属于科学学的概念，而专业属于社会学的概念。学科既指知识体系，又指学术制度，而专业是专门学业或专门职业。[③] 沙鑫美（2016）提出，学科是面向科学领域所形成的、相对独立的知识体系；专业是依据社会需求所划分的、综合多学科知识所形成的学业门类。[④] 综上所述，本研究认为专业是以相关学科为依托，依据社会分工需求划分的学业门类，是应用型高校人才培养的基本单位。

关于学科与专业的关系，研究者们大都认为尽管学科与专业具有明显差异，但两者关系密切。高校学科水平决定了其人才培养的质量，决定其培养的学生的素质，研究者们普遍认同学科建设是专业建设的基础，提高学科建设水平，有助于培养出高质量的师资、产出高质量的研究成果，建设实力雄厚的教学基地，有助于最新的科研成果转化为教育教学内容。在此基础上，专业建设的重要任务是确定专业设置口径、制定人才培养方案、设置专业培养目标与规格等。吴仁华（2015）认为学科建设与专业建设均是地方高校务必重点建设的工作任务，二者不可偏废。[⑤] 钟秉林、李志河（2015）认为，从学科角度看，课程是依据培养目标对学科知识进行归纳梳理后形成的知识传播载体。从专业角度看，学科建设的有效成果，以课程为载体，实现了向教育教学内容的转化，而专业依据社会需求，持续更新课程内容，从而促进学科发展。[⑥] 学科建设与专业建设对人才培养均有重要作用，两者的相互依存关系决定着二者不可偏废。

国外对高等教育与区域经济发展之间的关系研究较为重视，开展了深

---

① 潘懋元、王伟廉：《高等教育学》，福建教育出版社 1994 年版。

② 伯顿·克拉克：《高等教育新论》，浙江教育出版社 2001 年版。

③ 周光礼：《"双一流"建设中的学术突破——论大学学科、专业、课程一体化建设》，载《教育研究》2016 年第 5 期。

④ 沙鑫美：《应用技术型大学学科专业建设的三个基本问题》，载《中国大学教学》2016 年第 12 期。

⑤ 吴仁华：《提升服务能力是地方新建本科高校加强学科专业建设的基本路径》，载《中国大学教学》2015 年第 1 期。

⑥ 钟秉林、李志河：《试析本科院校学科建设与专业建设》，载《中国高等教育》2015 年第 22 期。

入的研究；国外没有与"专业"一词完全相同的说法，但其"课程计划"等实质含义与我国"专业"含义较为一致，对高等教育、专业课程与产业经济关系的研究起步也比较早，形成了较为丰富的研究成果。近几年我国关于地方高校学科专业建设的研究逐渐增多，主要体现在学科建设、专业结构优化、学科专业与经济结构研究等方面。学科建设方面，吴文清、高策等（2013）提出，地方高校为实现服务社会的基本职能，应从三方面进行调整与改革，即学科结构、学科组织以及学科管理，以促进人才培养与区域经济的契合度。[1] 专业结构优化方面，刘凯（2012）提出为实现专业结构的调整与优化，高校应从加强组织建设、加大经费投入、提升内涵建设以及完善调整机制等方面构建专业结构优化的保证体系。[2] 章瑞智等（2015）认为，高校应从传统专业的改造及新兴专业的拓展等方面，设计具有比较优势的发展道路。[3] 学科专业与经济结构研究方面，研究者们注重高等教育学科专业结构与产业结构的相关性研究。[4] 研究者们普遍认可高校专业建设会依据社会产业结构的调整和人才结构需求而做出相应的调整。胡仁东、费春（2013）提出在遵循学科发展规律的基础上，必须依据社会经济发展需求，进行学科专业调整。[5]

目前，学者们关于学科专业建设的研究已积累了一定的理论基础，然而专门针对民办本科高校转型过程中学科专业建设问题的研究成果不足，相关研究亟待展开。

（二）学科专业建设相关理论依据

1. 差异化战略

差异化战略（differentiation/differentiation strategy）是哈佛大学教授迈克尔·波特（Michael E. Porter）针对企业竞争提出的，其主旨是以增强

---

① 吴文清、高策、王莉：《地方高校学科建设与区域经济转型适配性研究》，载《清华大学教育研究》2013 年第 1 期。

② 刘凯：《专业结构优化的对策刍议》，载《社会科学战线》2012 年第 1 期。

③ 章瑞智、徐春梅、刘晓宇：《地方高等师范院校本科专业结构调整优化的探索》，载《教育理论与实践》2015 年第 21 期。

④ 王成端、王石薇：《区域高等教育学科结构与产业结构相关性分析：以四川省为例》，载《高等教育研究》2017 年第 12 期。

⑤ 胡仁东、费春：《走出困境　优化大学学科专业结构》，载《中国高等教育》2013 年第 11 期。

技术创新能力、营销能力，提供优质优价的一流产品和服务，使产品因一种或者多种特征而优于其竞争对手，从而在市场竞争中取胜于竞争对手。在高等教育领域，差异化战略体现为，顺应高等教育的多元化发展形势，强化高校自身的独特性，减少同质化竞争，形成自己的比较优势，即进行所谓的差异化定位。[①] 在民办本科高校学科专业建设战略中，差异化战略指实现专业错位发展，形成民办高校自己的独特性和竞争优势。[②]

国外学者单独阐释高校专业建设和发展问题的学术成果较少，但能从其办学思想、办学理念中体现出对专业差异化、个性化发展的追求。伯顿·R. 克拉克（Burton R. Clark, 2001）认为高校应在服务以及外部支持等方面力争独特性，在专业建设与发展中突显优质、特定的品质。[③] 国内相关研究伴随高等教育大众化的纵深发展而逐渐增多，主要是在阐释差异化战略内涵的基础上，或以整个职业教育专业建设为研究对象，或以高校某一类专业为研究对象，探索高校专业差异化建设的实现路径与策略。曾宪文（2012）认为在特色专业建设中，差异化战略主要指理念、培养模式、课程体系、实践教学、办学资源、专业方向等方面的差异。[④] 然而，专门将差异化战略与民办高校专业建设相结合进行的研究较为缺乏，难以满足破解民办高校专业建设问题的需求。

鉴于此，将差异化战略与民办本科高校学科专业建设相结合，探索民办高校学科专业建设之路，有助于形成专业特色，提升专业竞争力。因此，以差异化战略指导民办高校学科专业建设，依据民办高校内外部条件，实施专业的错位发展，依据市场需求的差异化，强化专业内涵建设，确定差异化培养目标，实现专业错位发展，形成差异化比较优势，主动探寻自身持续发展的路径，避免同质化恶性竞争，提高人才培养质量，满足社会发展需求。

---

① 刘向兵、李立国：《大学战略管理导论》，中国人民大学出版社 2006 年版。
② 王培英：《差异化发展战略：民办高校应对选择教育的重要举措》，载《现代教育管理》2009 年第 5 期。
③ 迈克尔·波特，陈丽芳译：《竞争战略》中信出版社 2014 年版。
④ 曾宪文：《高校特色专业建设的理论溯源及其启示》，载《济南大学学报（社会科学版）》2012 年第 4 期。

2. 协同理论

协同理论（synergetics）创立于 1976 年，其创立者是联邦德国斯图加特大学教授、著名物理学家赫尔曼·哈肯（Hermann Haken），该理论从属于系统科学，是其重要分支。协同理论的核心观点是，客观世界存在各种各样的系统，这些系统又都是由各个要素组成，组成系统的各个要素之间、各个要素与系统之间、各个系统之间以及系统与它所处的环境之间存在"协同作用"，协同作用主要指合作、同步、协同与互补。协同导致有序，不协同引起无序。[①]

协同理论为本研究提供了处理复杂问题的新思路。民办本科高校是众多学科与专业构成的复杂的学科专业建设系统，民办本科高校在学科建设与专业建设的过程中，应避免只注重专业建设而轻学科建设的弊端，反之亦然。民办本科高校应强化学科建设与专业建设之间的协同关系，通过二者的协调发展，提升办学水平及育人质量。在产业转型升级、社会经济以及科学技术日新月异的当下，知识创新不断深化，在协同理论指导下，探索民办本科高校学科建设与专业建设协同发展关系，能够有效促进二者协同发展，从而充分发挥民办本科高校学科建设与专业建设的育人功能。

（三）学科专业建设的基本原则

社会需求与学生专业成长是民办本科高校学科专业建设必须重点关注的两个方面。民办本科高校学科专业建设，应遵循适切性、体现前瞻性、注重协同性、凸显特色化。

1. 遵循适切性

适切性主要体现在两个方面，一是适应区域经济发展需求；二是适应学生专业成长需求。首先，培养应用型人才，服务区域经济发展，是民办本科高校的基本办学定位，因此，只有增强与区域经济发展的契合度，才能提高应用型人才培养质量；其次，专业建设必须契合学生专业成长需求，强化学生专业能力的培养。一方面夯实通用知识，为学生的职业选择和后续发展奠定基础；另一方面依据学生最近发展区域，强化学生职业素养与职业岗位胜任力、专业技能的培养，最终实现学生的全面可持续发展。

[①]　赫尔曼·哈肯：《协同学：大自然构成的奥秘》，上海译文出版社 2001 年第 8 期。

2. 体现前瞻性

前瞻性主要体现在通过分析区域经济发展及人才需求趋势，增设或优化调整现有专业方向，使学科专业建设不仅能够满足区域经济发展需求，契合区域经济与产业结构发展的变化，更能够引领产业结构发展方向，从内涵上实现专业建设与产业发展对接。

3. 注重协同性

协同性指学科专业之间的关联度及相互扶持，民办本科高校应通过资源共享与优势互补，增强学科专业的相互支撑，促进整体发展。坚持协同性，实现多元协同、借力发展是民办本科高校学科专业建设的重要途径，协同主要体现为高校内部的协同和高校外部的协同。民办本科高校内部应增强各教学要素的关联度及相互扶持，注重各教学要素的系统改革。民办本科高校学科专业建设的外部协同主要是校际合作、校企合作以及国际合作三个方面。首先，校际合作的开展，有助于民办本科高校引进优质师资，发挥学科建设的带头作用。其次，校企合作的开展，党的十九大报告将"产教融合、校企合作"上升为国家教育改革和人才资源开发的制度层面，通过校企合作、产教融合，能够将教育活动与社会生产活动紧密联系，促进工学结合、双向参与。同时，有助于解决民办本科高校横向科研项目来源以及实现科研成果的及时转化等问题。最后，通过国际合作，有助于拓展民办本科高校的学科视野，掌握最新的学科发展态势。

4. 凸显特色化

特色化主要体现在专业内涵建设与专业结构优化两方面，指增强特色专业建设，优化专业结构，凸显民办本科高校学科专业建设的独特性。民办本科高校在学科专业建设中要紧紧围绕办学定位，对学校学科专业进行科学规划，立足自身的优势与特色，集中优质资源，实施专业错位发展，对前期发展基础较好且具有一定竞争优势的学科专业实施政策倾斜，扶持特色专业。

（四）学科专业调整的路径

学科专业建设水平不仅是衡量民办本科高校办学水平的重要指标，也是民办本科高校人才培养质量的决定性因素。民办本科高校学科专业建设应立足学校实际，完善学科专业规划；以区域经济需求为导向，强化专业设置机制；对接区域产业发展，推动学科专业结构动态调整；践行差异化战略，实现专业错位发展；加强内涵建设，突出专业特色。

1. 立足学校实际，完善学科专业规划

专业规划是高等学校专业建设整体设计，体现高校专业发展的科学性、长远性与可持续性，对高校专业结构调整优化具有宏观指引作用。因而，立足高校现有资源与整体发展规划，合理地制定学科专业建设规划，是民办本科高校优化学科专业建设的重要环节，有助于民办本科高校构建科学合理的学科专业体系，提升学科专业内涵建设。

山东协和学院对接地方经济社会发展和产业行业需求，结合学校办学定位，按照优化结构、强化重点、培育特色的原则，制定了学科专业建设"十二五""十三五"发展规划。修订《本科专业设置管理办法》，明确了专业设置标准，建立了专业动态调整机制。近年来，围绕国家创新驱动发展战略和山东省"两区一圈一带"经济发展战略，紧密结合社会需求，依托学科专业优势，扩大了英语专业招生规模，新上了电气工程及其自动化、数字媒体技术、康复治疗学、医学影像技术等专业，稳定了护理学专业。

截至2017年，学校建有本科专业30个，其中工学类专业14个，管理学类8个，医学类5个，形成了工学为主体，医学为特色，工、管、文、医、教育、艺术等多学科协调发展的学科专业格局。在学科专业交叉发展的基础上，协调校内外优质资源，围绕省级特色专业，构建了三大专业群，即以机械设计制造及其自动化为核心的工学类专业群，以护理学为核心的医学类专业群、以旅游管理为核心的管理类专业群（见表6-3）。

2. 以区域经济需求为导向，强化专业设置机制

民办本科高校应以区域经济需求为导向，实现专业建设与区域人才需求的零距离对接。深入调研区域经济与产业发展需求，加强学术专业、行业产业专家的参与深度，严密论证新上专业、学科专业结构优化等环节。通过吸纳区域经济产业、行业的多方力量，促进学科专业建设的可持续健康发展。

表6-3　　　　　　　　　"十三五"学科专业（群）建设规划

序号	学科基础	专业群	核心专业	对接行业	建设专业
1	工学	机械工程专业群	机械设计制造及其自动化	制造业	机械工程、汽车服务工程等
		土木工程专业群	土木工程	建筑业	交通工程、道路桥梁与渡河工程等
		电气信息工程专业群	自动化	信息行业	电子科学与技术等
			电子信息工程	制造业	
		计算机工程专业群	计算机科学与技术	信息行业	信息工程、软件工程、数字媒体技术等
2	医学	医护专业群	护理学	医疗行业	养老服务与管理、医学影像技术、口腔医学等
3	管理学	经济管理专业群	旅游管理	服务业	财务管理、物流管理等
			会计学		
4	文学	文化教育专业群	学前教育	文化教育业	早期教育、教育技术学等
	教育学		英语		

　　山东协和学院从专业准入制度、专业预警与退出机制方面加大建设力度。首先，严格专业准入制度。坚持依据教育主管部门专业设置调控原则，依据学校办学实际，主动适应地方产业转型升级与社会发展需求，严格申报程序，确定开设或调整的专业。其次，实施专业预警与退出机制。以招生、就业情况为重要指标，开展专业动态调整，依据录取率、就业率以及专业评估结果，制定科学的专业预警与退出标准，并定期公布预警与退出专业。

　　3. 对接区域产业发展，推动学科专业结构动态调整

　　民办本科高校应在自身办学定位的基础上，对接区域产业发展，制定既具有科学性又具有可行性的学科专业发展规划。规划不仅应重点明确，更要突出特色；不仅要体现对区域经济发展的适应性，也应具有引领经济发展的前瞻性，有目的、有计划地进行专业动态调整。

　　山东协和学院依托区域经济发展需求，加强专业建设，调整优化学科专业结构，增强学科专业设置与职业岗位需求的无缝对接。学院围绕山东省产业创新发展和转型升级、提质增效、打造现代产业新体系的目标任务，培养高素质应用型人才，服务区域经济社会发展。对接山东省支柱产业和战略新兴产业发展需求，重点发展机械类、自动化类等专业；对接山东省医疗卫生事业发展需求，优先发展护理学类、医学技术类等专业；对接山东省现代服务业发展需求，协调发展旅游管理类、工商管理类、电子商务类、物流管理与工程类、计算机类、电子信息类、教育学类等专业（见表6-4）。

表6-4　　　　　　　　　本科专业对接行业统计

所属行业	专业类别	专业名称
制造业	机械类	机械设计制造及其自动化、机械电子工程
	自动化类	自动化
	电气类	电气工程及其自动化
建筑业	土木类	土木工程
	管理科学与工程类	工程造价、工程管理
信息传输、计算机服务和软件业	电子信息类	电子信息工程
	计算机类	计算机科学与技术、网络工程、物联网工程、软件工程、数字媒体技术
医疗卫生与社会保障业	护理学类	护理学
	医学技术类	康复治疗学、医学影像技术
旅游服务业	旅游管理类	旅游管理
工商管理与商业服务业	工商管理类、电子商务类、物流管理与工程类	会计学、市场营销、财务管理、电子商务、物流管理
其他服务业	教育学类	学前教育
	外国语言文学类	英语

4. 践行差异化战略，实现专业错位发展

　　民办本科高校坚持差异化发展战略，主要体现在两方面：一方面体现在学科专业结构布局的错位发展。依据社会经济发展的需求，避开布点多的专业，加大力度建设新兴专业；制定科学政策，各项资源向优势学科专业以及特色学科专业倾斜，打造品牌专业，促进学科专业非均衡可持续发展。另一方面体现在各专业内涵建设方面。部分专业建设存在培养目标趋同、培养模式相仿等同质化现象，践行差异化战略，能促进民办本科高校学科专业建设的良性发展。山东协和学院护理专业在加强内涵建设过程中，实施差异化战略，取得了较好的效果。

护理专业是山东协和学院最早设置的专业之一，学校充分发挥民办高校机制灵活的优势，在护理专业建设中践行了差异化战略，专业特色发展初见成效。主要从如何确定培养目标、探索培养模式等方面，形成了系统推进民办高校护理专业差异化建设的实践策略。

首先，错位厘定培养目标。人才市场化与其需求的差异化，为专业培养目标的错位厘定提供了契机，民办高校应主动契合社会多元化需求，使培养目标不断向多元化方向发展，避免培养目标的雷同。学校在剖析自身学科专业建设的基础上，研究国家有关医疗卫生行业发展政策文件，面向山东省及济南市基层医疗卫生行业、养老服务行业开展护理人才需求调研和毕业生跟踪调研，邀请护理专家对省内基层医疗卫生服务机构各类护理岗位（主要包括县级医院为主体的临床护理岗位、社区护理岗位、养老机构护理岗位）所需能力进行深入分析，确定基层医疗卫生机构护理人员应具备的能力和素质，从而明确人才培养目标和培养规格，较好适应了社会需求，获得了比较竞争优势。近年来，护理专业人才培养质量逐年提高，毕业生职业技能达标率100%，护理学院学生以娴熟的护理技能和优良的职业素养受到用人单位的认可和赞誉。

其次，实施差异化培养模式。根据人才培养目标，以岗位需求为导向，整合校内外教学资源，在充分调研的基础上，完善护理人才培养模式。学院护理专业在长期实践中形成了内涵丰富的"211"应用型护理人才培养模式，即"2年基础，1年院校共育，1年实践"。该模式以培养面向基层的应用型护理人才为出发点和主线，强调理论与实践结合，岗位能力与人文素质融合，学校与医院、养老机构合作，实现人才培养目标。

该人才培养模式分为三个培养阶段，各阶段的培养任务和目标依次递进。第一阶段：2年基础，即一、二年级打基础。该阶段主要学习通识课程、专业基础课程和护理基本技能课程，进行社会通用能力和岗位通用能力培养，夯实专业基础，提高人文素养。第二阶段：1 年院校共育，即三年级进行医院与学校联合培养。该阶段主要学习临床技能课程，聘请医院护理专家来校承担实践性课程教学任务，安排学生到医院进行见习，强化专业知识与临床实践的结合，培养临床护理能力和素质。第三阶段：1 年顶岗实践，即四年级进行顶岗实习，在临床护理岗位进行综合实践训练。该阶段要求学生在医院各科室进行轮岗实践，或在养老机构护理岗位进行实践，着力提升学生面向专业岗位的实际工作能力。

在差异化战略践行过程中，学院护理专业自 2003 年以来，专业内涵建设稳步提升，不仅人才培养质量逐步提高，也取得了诸多荣誉。2008 年被评为省级特色专业，同年护理实验（训）中心被列为中央财政支持建设的实训基地；2011 年开设护理学本科专业，同年护理学专业被列为山东省高等学校特色专业建设点；2012 年，该专业承担的"'211'应用型护理学人才培养模式创新实验区"项目被列为省级建设项目；2014 年，被评为山东省民办本科高等教育特色名校立项建设项目重点专业、中国民办大学一流专业；2015 年，全国排名第十位（艾瑞深中国校友会网），评为五星级、中国民办大学一流专业，同年护理学实验教学中心被评为国家级实验教学示范中心；2016 年，医护虚拟仿真实验教学中心获批国家级虚拟仿真实验中心。

5. 加强内涵建设，突出专业特色

特色专业是高校专业发展的领头雁。培育重点学科专业与特色学科专业是民办本科高校学科专业建设的重中之重。民办本科高校在规划重点学科方向时，要考虑到现有学科基础以及人力、物力、财力的限制，这就不可能涉及过多学科研究方向，而是选择有一定基础的学科方向，确保重点学科专业的建设做到有的放矢。优势和特色专业的建设不仅是民办本科高校优化专业结构的重要举措，也是提高专业发展水平和人才培养质量的有效措施。首先，优势和特色专业建设要顺应区域经济的人才需求及变化趋势；其次，重点专业和特色专业建设应与地方大学的办学定位、办学层次、教学资源和办学特色相适应。一般而言，专业建设有两个目标，一是促进学科的发展和成熟；二是为经济发展提供充足的人力资源。民办本科高校在建设特色专业时，必须密切联系当前社会背景、产业结构以及经济发展趋势，采取错位竞争策略，选择最适合自己的特色专业方向，避免与其他高校特色专业的正面竞争，彰显出与其他高校不同的特色专业。

具体而言，民办本科高校应根据区域经济、产业发展优势、岗位需要以及错位发展的要求，以特色名校建设和优势特色专业建设为契机，提高专业服务产业发展的深度和广度，提高人才培养的适应性和服务区域经济的能力。

首先，加强现有特色专业建设。对现有特色专业统筹规划，完善专业与区域相关行业、地方、企业密切合作的体制机制，形成具有特色的人才培养理念和模式；通过培养教学名师、完善专业带头人管理制度等措施，加强师资队伍专业化；通过加强名师主讲精品课程、与行业企业合作开发教材，形成具有特色或明显优势的专业课程和教材，增强特色专业示范带动作用。

其次，扶持新兴特色专业。通过加强师资队伍建设、教学基本条件建设、教学管理改革、实践基地建设等方面的基础奠定，对目前条件偏弱，但适应优势产业要求具有良好发展前景的专业进行重点建设，加强扶持力度，重点突破，提炼特色。

最后，强化专业群建设。专业群建设，有助于集成优质资源，增强学科专业之间的相互渗透与互相支撑，以点带面，形成集群效应，提高人才培养能力。一是加大对产业行业需求的研究力度，强化专业群建设。对接产业行业需求完善设置和建设专业，构建适应经济社会发展需要、与生产一线密切联系的学科专业体系。强化专业群建设，重视不同学科专业间的相互联系、相互支撑，以产业需求为导向构建主体学科专业群与辅助学科专业群。对接地方经济社会发展需求，进一步完善工学类、医学类、管理学类三大学科专业群学科专业体系。二是整合学科专业资源，奠定坚实学科专业基础。整合学校人才队伍、科学研究、实验（实训）室等各项资源，调整学校学科布局和管理体制，牢固树立学科建设服务于专业建设和人才培养的学科建设思路，将学科资源与专业建设资源有机结合，构成具有学科和专业内在紧密联系的学科专业一体化建设体系。

山东协和学院通过整合优势资源，展开了品牌特色专业培育工作。学校依托自身优势，适应地方经济社会发展需求，制定了《特色专业建设实施办法》，按照统筹规划、突出优势、重点建设、示范引领的思路，加强专业建设，积极培育特色专业。截至 2016 年，建有省级特色本科专业 1个，省民办本科高校优势特色专业支持计划资助专业 6 个，省级卓越工程

师教育培养计划项目 2 个（见表 6 - 5）。积极开展金牌专业建设，构建
"校级—省级—国家级"建设体系，截至 2019 年，建成校级一流专业 11
个，省级一流专业 8 个，国家级一流专业 1 个（见表 6 - 6）。

表 6 - 5　　　　　　　　　　省级特色本科专业统计

序号	专业名称	学科门类	专业类别	获批时间（年）	专业特色	备注
1	护理学	医学	护理学类	2011	依托国家级实验教学示范中心、国家级虚拟仿真实验教学中心，加强学校与医院合作，注重技能培养	省级特色专业
				2014		省民办本科高校优势特色专业支持计划资助专业
2	自动化	工学	自动化类	2014	坚持校企合作之路，增强学生实践能力	省民办本科高校优势特色专业支持计划资助专业
3	旅游管理	管理学	旅游管理类	2015	一参、二创、三结合	省民办本科高校优势特色专业支持计划资助专业
4	电子信息工程	工学	电子信息类	2015	课堂教学与课外实践教学相结合，积极开展社会实践活动；开展开放实验室项目，创建良好实践平台；建立高年级学生导师制，鼓励学生参与教师科研；创新创业教育与专业培养相结合	省民办本科高校优势特色专业支持计划资助专业
5	土木工程	工学	土木类	2016	实践教学体系完善，坚持校企合作，注重学生实践能力的培养	省民办本科高校优势特色专业支持计划资助专业
						省级卓越工程师教育培养计划项目
6	机械设计制造及自动化	工学	机械类	2016	实验条件较先进完善，学生实践动手能力强，优化课程内容，改革教学方法，课程建设成效显著	省民办本科高校优势特色专业支持计划资助专业
						省级卓越工程师教育培养计划项目

注：一参指企业全程参与教学与管理；二创即创业与创新。旅游管理专业将创新与创业教育
融入专业教育中，为学生创业活动提供媒介与平台；三结合：即旅游管理与医护、互联网的相互
融合。

表6-6　　　　　　　国家级、省级一流本科专业统计

序号	专业名称	学科门类	专业门类	级别	年度（度）
1	机械设计制造及其自动化	工学	机械类	国家级	2019
2	护理学	医学	护理学类	省级	2019
3	学前教育	教育学	教育学类	省级	2019
4	电子信息工程	工学	电子信息类	省级	2019
5	土木工程	工学	土木类	省级	2019
6	自动化	工学	自动化类	省级	2019
7	旅游管理	管理学	旅游管理类	省级	2019
8	会计学	管理学	工商管理类	省级	2019
9	物联网工程	工学	计算机类	省级	2019

第四节　教学流程再造

一、应用型人才培养方案优化

（一）应用型人才培养方案优化相关研究基础

现有关于人才培养方案的研究主要是以某一高校为例，梳理其人才培养方案制定的路径选择实践探索。比如，蔡忠兵等（2013）以广州大学为例，从制定理念及实践操作等层面，剖析了本科人才培养方案及培养体系的构建路径与实现机制。[1] 蒋胜永等（2010）从人才培养方案构建的原则、总体框架以及人才培养方案实施的思路与措施等方面阐释了绍兴文理学院人才培养方案构建的理论研究与实践探索。[2] 故此，关于民办本科高

---

[1]　蔡忠兵、罗三桂、郭碧乃：《地方高校应用型人才培养方案制订的路径选择》，载《中国大学教学》2013年第10期。

[2]　蒋胜永、杨慧瑛、刘世荣：《地方院校应用型人才培养方案构建的实践探索——以绍兴文理学院为例》，载《中国大学教学》2010年第10期。

校人才培养方案的理论研究与实践探索有待于展开。

（二）人才培养方案优化相关理论基础

1. 整体论

整体论是著名心理学家 E. C. 托尔曼（E. C. Tolman）划分的一种行为理论，该理论把各要素按照相互协调一致的完整行为来研究。该理论认为，行为具有整体性、目的性、选择性以及可教育性。该理论提出，探究任何事物，都应注重其整体性，强调系统内部诸要素的和谐共存、有序运行，注重事物与其所处外部环境的协调一致、持续发展。对于民办本科高校人才培养方案的制定而言，人才培养方案的制定与实施应注重教育绩效的提高，在具体实施过程中要注意各种要素的优化组合。

2. 加涅的教学设计观

美国著名教育家罗伯特·M. 加涅（R. M. Gagne），提出了独特的教学理论体系。加涅提出，学习是内外部条件相互作用的结果，学习条件的不同会致使不同学习结果的产生。教学的真正目的是科学合理规划安排外部条件，也就是对教学过程进行整体规划设计，对教学的准备、实施以及结果评价、反馈等流程作出科学筹划，以此指导、保障、激发、促进学生学习的内部条件。加涅关注对教学过程进行有效的设计，认为教学必须考虑影响学习的全部因素，注重将合理安排教学事件作为教学的重要外部支持条件。提出教学设计是规划教学系统的合理有序的过程，其中包括定义教学系统、说明学习结果、考察学习者特征、确定业绩目标、分析学习任务，排列教学顺序，选择教学方法、媒体及形式、评定学习业绩等环节。

加涅的教学设计观阐释了学习外部条件及教学在保障、推动、支持学生学习中的重要作用，对提高教学的有效性具有重要的指导意义，通过深化教学设计理论为教学理论进一步发展开拓了研究思路以及应用性框架。加涅的教学设计观，为民办本科高校人才培养方案的设计奠定了深厚的理论基础。

（三）人才培养方案优化的基本原则

人才培养方案是民办本科高校开展人才培养工作的根本性指导文件，

是提升学校办学水平，促进人才培养质量提高的基础与保障。民办本科高校人才培养方案的制定要紧密围绕学校的人才培养目标定位，遵循协调一致；重应用、强技能以及开放性、灵活性相融合原则。

1. 协调一致原则

坚持通识教育课程、学科基础课程及专业课程协调一致的原则，构建理论课程体系。课程体系的规划与设计，课程内容的设置与整合是人才培养方案制定的重点与难点所在，对于以培养应用型人才为主的民办本科院校而言，课程体系的优化要依据社会经济与产业发展需求，反映区域经济发展和产业结构发展的需要。民办本科院校应紧密围绕应用型人才培养目标，课程体系构建强调应用型，构建完整、系统的理论课程体系，科学地处理通识教育课程与专业课程、理论课程与实践课程、课内教学课程与第二课堂的关系，不断加强课程体系和教学内容的建设与改革。

2. 重应用、强技能原则

重应用、强技能的原则主要指，一是人才培养"重应用"，在充分考量社会经济与行业产业发展对应用型人才实践能力的要求的基础上，科学设定实践教学学分学时在个人才培养方案总学分与总学时的比重。优化实践教学内容，注重实验实训教学与课外科技活动、生产实际以及教师科研项目相结合。二是人才培养"强技能"，结合专业特点和应用型人才培养的目标，将能力素质拓展与创新创业课程纳入人才培养方案之中，真正把知识的获得与能力的提高联系起来。实践教学课程应在人才培养方案中进行专门设计，并规定相应学分，制定专门的管理办法，以促进学生社会交往能力、适应能力、团结协作精神等综合能力的培养与提高。

3. 开放性、灵活性相融合原则

民办本科院校在人才培养方案制定的过程中，应注重开放性和灵活性相融合的原则，引进行业企业经验丰富的专家参与研讨，促进人才培养内容对接就业需求。一是坚持"依托区域经济发展需求、强化实践育人"理念，鼓励各专业根据学科特点自主修订人才培养方案；二是要鼓励各专业在课程模块框架内对课程进行革新，赋予各二级学院充分的自主权，积极践行"协同育人"；三是为促进学生多样化发展，依据学生就业创业、升学、出国等不同需求，为学生搭建平台。

综上所述，民办本科院校人才培养方案的制定必须要切合自身的人才培养目标和特点，才能培养出更符合地方社会经济发展需要的人才。

（四）人才培养方案优化的路径

山东协和学院在深化内涵建设的过程中，从适时修订人才培养方案与严格执行人才培养方案两方面加大力度。首先，不断修订完善人才培养方案。制定《人才培养方案管理办法》，发布《关于制（修）订本科专业人才培养方案的指导意见》，规范人才培养方案的制定修订工作。为有效促进学校转型发展，对人才培养方案进行了两次全面修订，第一次依据教育部新颁布的本科专业目录要求和"高教三十条"精神修订，重在专业调整规范，突出实践能力培养；第二次根据学校办学定位、服务面向和应用型人才培养目标，结合国家关于高等教育转型发展、创新创业教育、综合改革等方面的文件精神和省教育厅的相关要求，坚持"需求导向、服务地方、能力本位、终身发展"的原则，强化应用能力的实践性、理论与实践的融合性、创新创业教育的融入性，在全面调研的基础上，修订人才培养方案。人才培养方案严格依据学校办学定位，体现学校应用型人才培养需要和创新创业教育的要求，能够较好地促进专业培养目标的实现。其次，严格执行人才培养方案。《人才培养方案管理办法》明确了培养方案的制定、执行、调整、修改程序，确保开课有计划、调整有论证、过程有监控、变更有申请。严格按照培养方案下达教学任务，编排课程表和课程教学进度计划。具体而言，从坚持应用型人才培养定位；构建系统的理论教学体系；构建多类型的实践教学体系；构建素质拓展训练体系四个方面开展了深入探索。

1. 坚持应用型人才培养定位

民办本科院校要坚持应用型人才培养定位，坚持在应用型本科教育办学过程中，彰显应用型人才培养特点，培养地方经济建设和社会发展所需要的人才，服务区域经济发展。

2. 构建系统的理论教学体系

构建系统的理论教学体系，依据人才培养目标，构建"平台＋模块"课程体系。"平台"主要指构建公共基础课程与学科基础课程两个平台，其中公共基础课程平台为全校通用，学科基础课程平台依据学科大类或一级学科进行构建；"模块"主要指专业课程与公共选修课程两个模块，其中专业课程模块搭建重点参照行业产业对学生职业能力的需求，应包含专业核心课程、专业限选课程以及任选课程等子模块；公共选修课程模块重点体现跨学科特点，应参照职业岗位对学生综合素质的需求进行设置。民办本科高校应整合优化"平台＋模块"课程内容，促进应用型人才质量提升，适应应用型人才个性化、多样化发展需求。

3. 构建多层次的实践教学体系

加强实践教学各个环节间内在关联与有机融合，实现其不断完善和创新，才能有效实现应用型人才培养的目标。为激发学生学习兴趣，培养学生创新精神和实践能力，鼓励学生个性化发展，民办本科高校应依据社会与区域经济发展对应用型人才实践能力的具体要求，优化实践教学内容，增加实践教学所占比例，构建多层次的实践教学体系。即包含基础层、提高层和综合层的实践教学体系，强调实验教学与科学研究、生产实际、课外科技活动的有机结合。在激发学生学习潜能的基础上，促进应用型人才创新精神与实践能力的提升，实现学生差异化、个性化发展。

山东协和学院在人才培养过程中，长期致力于完善"实践—实务—实战"实践教学体系。学校搭建了"实验实训—科技创新—孵化实战"双创实践教学平台，该平台包含实验实训平台、科技创新平台、孵化实战平台。其中实验实训平台依托国家级实验教学中心、虚拟仿真教学中心等构筑；科技创新平台依托省级科研平台打造；孵化实战平台依托创新创业人才培育园区构筑，为培养学生创新创业能力提供了有力保障。

4. 构建素质拓展训练体系

素质拓展训练体系主要体现在三结合，一是与产学研结合；二是与各级各类竞赛、资格证书获取等结合；三是与学生社团工作结合，培养学生相应的能力与素质。结合产学研工作，通过加强学生参与教师科研课题等形式，激发学生参与科研的积极性与主动性，提升其科研能力与创新能力；指导学生积极参与各级各类大学生竞赛、资格证书考取，切实锻炼学生专业知识的应用能力与技术操作、开发能力；结合学生社团工作，促进学生广泛参加各级各类科技、文娱活动，提高学生的沟通、交往、团结协作等综合能力与素质。

二、应用型人才培养模式构建

（一）应用型人才培养模式构建相关研究基础

现有关于应用型人才培养模式构建的研究重点在对国内外应用型人才培养模式的比较研究、对应用型人才培养模式存在问题及改革对策的研究等两个方面。

一是对国内外应用型人才培养模式的比较研究。应用型本科教育，在西方发达国家出现较早，是伴随着社会经济的发展和产业结构的调整而产生发展的，其发展也较为成熟。虽然在不同的国家，应用型本科高校的具体名称存在差别，比如，"应用科技大学""工程技术教育"等不同称谓。但各国在其建设与发展过程中形成了独具特色的应用型人才培养模式。博尔顿和罗伯特（Boltont and Robert）指明校企合作是学校和企业之间的咨询关系的基础与起点，进而分别从学生与企业两方面深入阐释了校企合作模式的优势，比如学生利用假期到企业工作，在增强专业技能的同时还能有一定经济回报；企业雇用大学生作助理工作，可以提高工作效率和工作质量。[①] 艾玛（Emma）对英国的"理实理"或"实理实"的"三明治"教学模式进行了深入分析，提出该模式注重引导学生在校期间获取技能证书，并以此为衡量标准，强化学生应用能力培养。[②] 朱士中（2010）通过阐述与分析美国辛辛那提大学、麻省理工学院、哈佛大学等高校的发展历程，总结出"本科生研究计划"型、"工学交替"型及"校企合作"型等特色化应用型人才培养模式，并在分析我国人才培养模式具体情况的基础上，进行经验借鉴。[③] 魏银霞等（2011）、卢亚莲（2014）阐释了美国"合作教育式"人才培养模式、英国"市场导向型"人才培养模式、德国

---

① Bolton，Robert. A Broader View of University-industry Relationships ［J］. *SRA Journal*，*Winter* 1994/Spring 1995（26）.

② Emma Copeman. Analytical Services，Development for Education and Employment Estimating Participation in Education ［J］. *Training and Employment*，2001（06）.

③ 朱士中：《美国应用型人才培养模式对我国本科教育的启示》，载《江苏高教》2010 年第5 期。

应用科技大学（FH）"实践型"人才培养模式，在经验分析的基础上，提出我国高校应用型人才培养模式构建与完善的具体策略。[1,2]

　　二是对应用型人才培养模式存在问题及改革对策的研究。学者们从应用型人才培养实践教学、师资队伍建设、培养目标定位不清晰、人才培养理念更新不及时、教学方式不够多样化、师资队伍建设欠优化、专业设置缺乏特色性、教学制度不够完善等方面提出了应用型人才培养模式存在的问题（沈宏琪等，2009；莫惠林等，2009；冯东，2012）。[3,4] 赵建红等（2011）从实践教学、课程设置、教学方式及专业设置等方面提出对应的完善策略。[5] 李国毅等（2015）提出高校应从制度建设、管理、实施等方面优化人才培养模式，实现以"学生为中心"的特色化办学。[6] 常静（2014）强调目标定位清晰化，专业设置特色化等，提出构建提高学生综合素质的以"学生为本"的新应用型人才培养模式。[7] 也有学者从微观视角，针对某一具体专业对其应用型人才培养模式进行了探讨。张天蔚等（2016）提出了"四证一体"的财务管理专业应用型人才培养模式，该模式的课程依托职业资格证书而设置，资格证书依据社会岗位而确定。毕业后可获取学历证书、学位证书、从业资格证书和教师资格证书四个证书，通过强化职业资格证书的获取，加强对应用型人才的培养。[8,9]

　　纵观国内外相关研究，内容涉及应用型本科人才培养模式的诸多方面，主要涵盖课程体系优化、实践教学体系改革、双师型师资队伍强化等

---

① 魏银霞、彭英：《英、德、美高校的应用型人才培养模式》，载《教育评论》2011 年第 6 期。

② 卢亚莲：《德国应用科技大学应用型人才培养模式及其启示》，载《职教论坛》2014 年第 13 期。

③ 沈宏琪、麦林：《应用型本科实践教学探讨》，载《中国成人教育》2009 年第 19 期。

④ 冯东：《地方本科院校应用型人才培养的若干问题》，载《教育评论》2012 年第 2 期。

⑤ 赵建红、汤颖：《应用型人才培养模式下实践教学体系的构建》，载《黑龙江高教研究》2011 年第 5 期。

⑥ 李国毅、王为一：《对地方高校应用型人才培养模式优化的思考》，载《高教探索》2015 年第 6 期。

⑦ 常静：《关于地方本科高校应用型人才培养模式研究》，载《中国职业技术教育》2014 年第 20 期。

⑧ 张天蔚：《应用型财务管理本科专业人才培养模式构建——以吉林工程技术师范学院为例》，载《中国管理信息化》2016 年第 19 期。

⑨ 甄银红、王娟、张天蔚：《应用型本科财务管理专业"四证一体"人才培养模式的探索与实践——以吉林工程技术师范学院为例》，载《中国大学教学》2012 年第 1 期。

内容。民办本科高校应用型人才培养模式相关理论研究与实践研究依然不足，人才培养模式的改革是实现院校转型的重点与难点所在，因此，从微观角度进行研究，吸取成功经验，从厘清应用型本科、人才培养模式等基本概念开始进行研究，把握定位，明确培养目标和规格，结合区域经济与行业产业发展情况与民办本科高校特点，提出具有操作性的路径选择，对民办本科高校实现内涵发展具有重要意义。

（二）人才培养模式改革相关理论依据

1. 马克思主义关于人的全面发展的理论

马克思主义认为，人的全面发展，即指人的体力和智力的充分、自由、和谐的发展。该理论落地到我国实际，就是要坚持人的全面发展与社会的全面发展相统一。就民办本科高校应用型人才培养模式而言，秉承人才的全面发展与社会需求相统一，培养出契合职业岗位需求，符合社会发展需要的应用型人才，才能真正实现学生的全面发展。①

2. 高等教育分流观点

高等教育分流是教育分流中的重要组成部分，也是教育分流的最高层次。"教育分流"即人才培养的分流，主要指通过不同层次与类型的教育，实现依据社会需求培养人才的教育活动，其分层主要是学校教育系统依据社会需要与学生意愿、自身条件两个重要指标，将需要完成一定阶段教育的学生有计划、分层次、按比例分成几个流向。②

高等教育分流观点对民办本科高校人才培养模式改革具有重要指导意义，为民办本科高校专业内分方向提供了借鉴意义。其一，能有效促进学生和谐发展。专业内分方向能充分考虑学生的知识基础、专业爱好等条件，发挥因材施教的功能，促进学生知识、技能及兴趣的全面发展。其二，能有效促进应用型人才培养的社会适切性。应用型人才培养，取决于社会经济发展水平、产业结构及社会分工状况等因素，是社会经济发展对专门人才需求的真实反映。从分方向培养的任务看，在培养目标、岗位适应上有所侧重，强化了理论知识和实践技能的培养。

---

① 王明伦：《民办高校人才培养模式重建之思考》，载《教育研究》2012 年第 6 期。
② 董泽芳、陶能祥等：《高等教育分流的理论与实践》，华中师范大学出版社 2010 年版。

（三）人才培养模式改革的基本原则

1. 秉承学生全面发展与个性发展的统一原则

秉承学生全面发展与个性发展的统一主要包含三方面内容。首先，加强学生道德品质、人文修养以及综合素质的教育。其次，强调学生实践应用能力的培养。应用能力是应用型人才的关键特征，实践能力与职业素养是其主要表征，应用型人才培养模式的构建，必须既注重理论教学又加强实践教学，既注重能力培养又关注素质教育。最后，注重创新创业教育，增强学生创新创业能力培养，强化学生特长。

2. 强化因材施教原则

因材施教指在遵循"育人为本"教育目的的基础上，在教育过程中不仅关注学生的整体性特征，也强调学生的个性化优势，促进学生的健康发展。强化因材施教，在学校教育过程中，要充分体现以学生为本，尊重学生的个性、理想以及愿望，承认学生个体差异，让学生潜能得以激发，充分发展学生的个性特长，满足学生的教育需求。

对于培养应用型人才的民办本科高校，应注重因材施教，实施专业内分方向培养人才。社会发展的多元化对人才的需求、对人才培养提出了新要求与挑战，随着社会经济发展与进步，社会分工日益细化，各种岗位工作必然需要不同特长的工作人员共同完成。为培养出适应社会岗位需求的各具特长的学生，必须强化因材施教。

3. 注重协同性原则

在应用型人才培养过程中，协同性体现为地方本科高校内部协同和外部协同两方面。首先，地方本科高校内部应增强各教学要素的关联度及相互扶持，注重各教学要素的系统改革，以提高应用型人才培养的质量。其次，地方本科高校应用型人才培养的外部协同主要是校企合作。党的十九大报告将"产教融合、校企合作"上升为国家教育改革和人才资源开发的制度层面，通过校企合作、产教融合，能够将教育活动与社会生产活动紧密联系，促进工学结合、双向参与。坚持协同性，加强内涵建设、借力发展是地方本科高校应用型人才培养的重要原则。

（四）人才培养模式改革的路径

在长期发展与实践中，山东协和学院探索人才培养思路，并深入开展了教学方法与学习评价改革。首先，"1234"人才培养思路。立足地方经济社会发展和行业企业对人才的需求，围绕办学定位，探索实践了"一个目标、二个结合、三个能力、四项改革"的应用型人才培养思路。其中"一个目标"指，应用型人才培养目标；"二个结合"指双创教育和专业教育、学生综合素质教育与个性化成长两个结合；"三个能力"指学生自主学习能力、实践应用能力、创新创业能力；"四项改革"指深化教学内容、方法、评价、管理四项改革。培养思路有利于促进人才培养目标、人才培养过程、人才培养方式、人才培养质量的统一，突显社会服务能力、实践应用能力和创新创业能力培养等方面的特色，保证人才培养质量不断提升，契合山东省经济社会发展需求。其次，教学方法与学习评价改革。在教学方法改革方面，通过制定《教学改革立项项目管理办法》，积极推进。对教学方法改革成绩突出的教师在评先评优、职称评聘等方面给予倾斜。秉承"质疑重于聆听，理解高于记忆，反思高于理解，体验高于经验"的理念，教师积极采用启发式、参与式、混合式、讨论式、问题式教学，做到"教师既是导演又是演员，学生既是观众又是演员，师生同台唱戏"。截至 2019 年，承担省级教学改革研究项目 33 项，校级 247 项；获得国家级教学成果二等奖 4 项，省级教学成果奖 18 项。在深化学习评价改革方面，实施"一多二加三结合"的考核评价方式。一多是采取笔试、口试、上机操作、实践操作、技能达标、案例分析报告、调研报告、艺术作品等多元化方法进行考核；二加是增加过程考核权重、增加非标准答案考试比例，总评成绩由期末成绩和平时作业、实验、课程设计、社会实践、读书报告、阶段测试等成绩构成；三结合是笔试与面试相结合、日常考试与期末考试相结合、知识考查与能力考核相结合。改革考核内容，适当增加能力考核的内容和比重。

现以学校护理专业人才分类培养模式为例进行重点阐释。护理本科教育确立了以应用型护理人才培养为目标，培养基础知识扎实、操作技能熟练、人文素养较高，并具备自主学习能力、创新创业能力和良好职业素养的高素质应用型专业人才。在人才培养目标定位基础上，结合应用型人才培养要求和现代护理需要，学院提出"夯实基础、强化技能、注重人文、拓展创新"的人才培养理念，以此为指导开展全员育人。

1. 确定人才分类培养含义及分类原则

（1）护理专业人才分类培养内涵。人才分类培养不仅强调适应经济社会发展需要，也强调符合学生个性化发展以及多元化选择的需求。因此，护理专业人才分类培养指护理专业内分方向对人才进行培养，即在充分调研社会对护理专业人才需求的基础上，确定护理专业内分方向培养方案、设置与培养目标相适应的课程体系、构建促进培养目标形成的培养模式与教学模式，通过学生自主选择专业方向，实现护理专业多样化人才培养。

（2）护理专业人才分类原则。伴随社会经济的发展，护理由针对疾病变为注重健康，由临床护理扩展到预防、康复、保健、养生等诸多方面，护理的职能转为帮助、治疗、指导、教育、咨询等。依据社会对护理人才多元化需求，护理教育必须拓展人才培养方向，开展不同方向的特色教育，从临床护理拓展为老年护理、心理咨询、家庭护理、社区康复、营养调剂等多方向，依据专业服务面向对护理专业人才进行分类，培养适应各个护理岗位的专业人才，正是护理专业人才分类的基本原则。

2. 制定体现专业方向差异性的培养方案

（1）培养目标体现专业方向的多元化。人才培养目标是构建分类培养模式的基本依据，应主动适应社会需求，使培养目标不断向多元化方向发展，构建人才分类培养模式，调整、改造、重组现有知识结构和课程体系。在护理专业基础上设置多个培养方向和相应的人才培养规格，制定可供选择的灵活课程模块，使学生具有扎实的临床护理知识的同时，能在某个领域有深刻的掌握。具体讲，护理专业的培养目标要从培养临床护理专门人才向社区康复、老年护理等多元化拓展，即在德智体美全面发展，具备良好的职业道德、职业素养，较强的职业技能、专业知识基础上，具有临床护理、社区康复、家庭护理、心理咨询和营养调剂等不同岗位所需要的相关知识和能力的护理专业人才。

（2）培养规格体现培养目标的多样性。随着培养目标的重新定位，培养规格也将发生相应的变化。在对护生能力培养上，除要求具有临床护理岗位所需基本素质和能力、专业知识和技能外，应着重要求具有社区护理、家庭护理、心理咨询和营养调剂等知识与能力，如具有开展健康教育和卫生保健指导的能力；能参与有关社区卫生状况的调查，对地方病、慢性病等进行监测，并提供连续预防、保健的能力；应对老年人急性突发事件的能力、老年人康复与保健能力等。

3. 构建与培养目标配套的课程体系

以社会需求的职业能力为导向，进行课程重组与优化，构建融知识传授、素质提高、能力培养为一体的课程体系。将护理专业课程按"低年级夯实基础；高年级分流培养"的原则整合为 4 个模块，即通识教育课程模块、专业课程模块（由专业基础课程和专业核心课程组成）、专业方向课程模块和专业实践课程模块，前期基础课趋同，后期专业方向分化。

（1）课程设置。

第一，通识教育课程模块。包括文化知识和人文知识等课程。培养学生具备相应的文化素养、道德素养、法律知识、人际沟通能力，基本的英语和计算机应用能力。

第二，专业课程模块。突出专业课程针对性、实用性，打破传统的课程体系，按照社会需求，将临床护理课整合为"母婴护理学""儿童护理学""成人护理学"和"老年护理学"，通过课程优化整合，除旧纳新，增设适应社会发展需求的"社区康复""心理咨询"等课程。

第三，专业方向课程模块。学生根据自身兴趣和未来择业方向自主选择方向课程模块，分别强化临床护理、老年护理、社区康复、家庭护理等能力和素质培养，以适应社会需求，满足学生多样化发展。

第四，专业实践课程模块。体现临床综合实践和专业分方向实践相结合，促进学生熟悉各护理岗位业务范围和工作职责，提升职业能力。

（2）框架结构。上述 4 个知识和技能教学模块，搭建了"四个平台"，即通识教育教学平台、专业培养教学平台、专业方向教学平台、实践教学平台。其中，通识教育教学平台和专业培养教学平台设置部分选修课程，学生根据自己今后的发展方向自行选择；专业方向教学平台均为选修课程，学生可根据自己的意愿和发展方向选择相关的课程。1～3 学期使用通识教育教学平台与专业培养教学平台，第 4 学期使用专业方向教学平台，5～6 学期使用实践教学平台。分类培养的课程体系有多个课程模块，课程既有必修又有选修，能够满足人才培养的多样化、个性化需求。

（3）运行方式。教学管理采用学年制与选课制相结合的方式，课程分为必修课和选修课，按学年安排课程。教学组织采用行政班级和选课班级相结合的方式，必修课按行政班级授课，选修课以年级为平台按选课结果重新分班组织教学。

4. 探索"学程分段、方向分流、突出实践"的分类模式

针对社会需求、不同人才培养方向和成长规律，构建以技术应用能力和基本素质培养为主线的理论教学体系和实践教学体系，为护理专业人才成长"量身定做"特色鲜明的分类模式，即"学程分段、方向分流、突出实践"的人才分类模式，培养专业应用能力强、人文素质高的护理人才。

"学程分段"体现为三个阶段，第 1～3 学期，主要完成通识教育、专业基础教育和专业核心教育，第 4 学期进入专业方向教育，第 5、6 学期进入实践教学；"方向分流"体现为分流培养，通过设置专业选修课方向，培养社区康复、老年护理、营养调剂、心理咨询等相关知识与能力。"突出实践"体现为，在实践教学不断线的基础上，第 3 年集中安排实践性教学环节，临床实习与选择专业方向实习相结合，首先在医院实习半年，然后按照专业方向走向不同工作单位实习半年，比如社区、老年服务机构等，充分体现人才分类培养的特点。

5. 实施理论教学与实践教学并重的教学模式

（1）加强理论教学与实践教学的融合。由护理专职教师或医疗行业兼职教师承担临床护理课程教学，精心挑选课堂学习内容，在教学方法上，围绕分类培养目标，根据不同的教学内容设计促进提高学生的综合分析能力、解决问题能力、自我发展能力和创新能力培养的教学方法，如以问题为中心的讨论法、情景教学法、案例教学法等，加强专业课教学的形象性和应用性。

注重理论教学与实践教学并重，第一学年起即有 2 周的基础护理见习，主要在校内实验室、实训基地进行单项技能的模仿实训，使学生初步了解医院工作环境、工作特点，明确医务工作者的基本素质要求以及与工作对象沟通的重要性和技巧；第二学年见习 4 周，内容依然是基础护理，学习如何观察工作对象及给予其简单的日常生活援助；从第三学年起进入各专科实习，内容包括临床护理、社区护理、老年护理等各专业方向。其授课内容决定了学生的实习场所不仅限于医院还包括社区、老年服务机构

等。实践教学贯穿整个学习阶段，不仅保证学生尽早尽快接触临床，也体现了教学过程的循序渐进，让学生通过实践教学充分掌握护理工作的基本能力与职业技能，培养职业素质和综合应用技能。

（2）拓展实践教学方式。构建"课内外结合＋校院（医疗行业）合作＋课证融合"的实践教学网络，促进理论教学与实践教学的有效衔接，实现"学中做与做中学"，突出学生实践能力培养。

第一，课内外结合。充分利用课外学时，开展第二课堂，如成立老年服务团队，定期奔赴养老院、社区为老年人提供生活照料、健康教育、精神慰藉等服务；分方向短期培训；分方向创业项目训练等，强化学生应用实践能力培养。

第二，校院（医疗行业）合作。通过教师参与医院和医疗行业服务机构管理、聘请护士长等业务骨干走进课堂参与日常教学、共建实训室、资源库，联合出版教材、申报科研课题等合作途径，达到人才培养和行业发展双赢的效果。

第三，课证融合。根据社会对护理人才的需求状况和多样化人才成长的需要，以职业资格标准为依据，优化整合课程内容，将职业资格要求融入专业教学中，实现"课证融合"，满足职业能力培养的要求。为学生提供可选择的专业方向，选择与临床护理、社区康复等相关的1~2个工种，如护理员、养老护理员、公共营养师、妇幼保健员、育婴师等进行职业技能培训和鉴定，畅通学生就业渠道，提高学生的就业能力，满足不同的护理岗位需求。

（3）实行多元化考核评价方式。实施分类培养，不同专业方向人才在知识结构、技能要求和综合素质方面的要求存在差异性，因而在学生评价的内容、过程、方式方法及其管理等环节应该体现多样性。在全面考核学生系统的专业知识的基础上，应结合护士执业资格考试和职业技能鉴定考试大纲要求，完善考评标准和考评内容，体现对专业方向不同要求的考核；强调过程考评的差异性，在综合素质、教学活动、实践操作考评中体现不同专业方向的特点，并将过程考评与期末考评相结合；注重评价主体多元化，如学生自我评价、小组评价、教师考评、病房护士长（护士）评价、实习单位评价等。

以社会需求为导向，探索护理专业人才分类培养的策略，提高护理专业人才培养质量，有助于护理专业教育为社会输送急需的应用型人才，满足医院、社区、老年服务机构、家庭等各个领域对护理人才的需要，满足人民大众在临床、保健、康复、心理、餐饮等各个方面的护理需求。但护理专业实施人才分类培养是一项复杂、系统的工程，其培养方案、课程体系、培养模式及教学模式须在实践中不断修正和完善，需要护理专业教育工作者不懈探索。

三、应用型课程体系构建

民办本科高校通常都将"培养应用型人才"作为学校的办学定位，但却普遍存在办学定位与人才培养实际不契合的现象。其主要原因在于部分高校课程设置没有真正实现围绕职业能力及岗位需求构建，且缺乏科学长远的规划，难以适应应用型人才培养的需求。[①] 课程是高校人才培养方案中最基层的单位，是人才培养的基础和保证，应用型人才培养的目标，必须在应用型课程体系构建及课程教学中才能得以落实。[②] 课程改革是高校教育改革的核心环节，为顺应转型发展的时代背景，解决课程设置难以契合办学定位需求的问题，民办本科高校应依据现实需求，构建应用型课程体系。科学主义课程观、经验主义课程观、结构主义课程观、后现代主义课程观以及德国"双元制"等理论，为应用型课程体系构建提供了依据，民办本科高校应关注职业岗位需求，以学生发展为中心，以学科课程知识为基础，树立融职业需求、学科课程系统性以及学生发展需求于一体的理念，从课程体系架构、课程体系内容、课程体系授课时序、网络教学资源平台、双师型教师队伍的整合优化五个方面进行探索与实践。

（一）应用型课程体系构建相关研究基础

学者们对课程理念与课程设计进行了潜心研究。课程理念即课程思

---

① 刘耀明：《民办高校课程建设须向内涵型转变》，载《中国高等教育》2010 年第 6 期。
② 牟延林：《普通本科高校转型进程中课程改革的思考》，载《中国高教研究》2008 年第 12 期。

想、课程观，课程理念是课程设计以及实施的认识论基础。部分学者提出，理性主义和功利主义课程理念因其非此即彼的单一性、绝对性，在该理念指导下进行的课程设计，难以满足社会对多样化人才的需求。也有学者认为结构主义课程观因其注重学生对学科知识结构以及高深学问的主动构建，是指导应用型课程建设的重要理念。[①] 但目前学者们关于课程理念的研究，依然存在争议，并没有形成定论。课程设计方面，研究者也形成了各自不同的观点。关于课程目标存在"实基础"与"厚基础"的不同主张。[②] 也有研究者认为课程目标定位应考虑"学科—行业—职业"之间的密切联系[③]，既强调理论基础培养人文素养，又对接行业产业培养实践能力与创新能力。[④]

应用型本科课程体系构建的实践研究中，学者们也提出了诸多有益的观点，具体来说有以下三种代表性观点。观点一，以职业能力、应用能力、技能教学为导向构建课程体系，注重深入分析各专业未来就业岗位群所需的职业能力、应用能力设置相应课程。[⑤,⑥,⑦,⑧] 观点二，以社会需求、行业产业发展需求为导向构建应用型课程体系，体现知识的社会性、实用性，这类课程体系注重学生学习期间进入企业实践，并注重依据社会

① 潘懋元、周群英：《从高校分类的视角看应用型本科课程建设》，载《中国大学教学》2009 年第 3 期。

② 周建平：《应用型本科教育课程改革亟待解决的几个问题》，载《大学教育科学》2009 年第 2 期。

③ 陈新民：《应用型本科的课程改革：培养目标、课程体系与教学方法》，载《中国大学教学》2011 年第 7 期。

④ 夏建国：《技术本科创新型人才培养：定位、特征与思路》，载《中国高教研究》2011 年第 7 期。

⑤ 张纯荣：《职业能力为导向重构应用型本科课程体系——以市场营销专业为例》，载《职业技术教育》2010 年第 35 期。

⑥ 叶时平、陈超祥、徐萍等：《面向能力需求的应用型计算机软件类专业课程体系建设探索》，载《中国大学教学》2017 年第 4 期。

⑦ 刘杰：《高职专科与应用型本科课程体系的协同构建》，载《中国高教研究》2016 年第 5 期。

⑧ 陈飞、谢安邦：《应用型本科人才应用能力培养之探索——基于课程体系构建的思考》，载《现代大学教育》2011 年第 4 期。

需求、技术进步及时调整和完善课程设置。①·②·③·④ 观点三，模块化课程体系建设模式，构建课程设置框架，搭建课程体系平台，加强模块化课程群建设，增强学生的社会适应性和职业方向意识。⑤·⑥ 另外，学者们对编制课程的主体也进行了一定研究，认为应吸纳具有实践经验的行业企业专家，与校内专家共同研讨，从而实现课程学科理论知识与实践知识的合理设置，并促使理论学习与实践学习时间分配科学有序。⑦

课程体系的建构不仅要注重课程内容的组织，更要考虑各部分内容的相互关联及作用，其基础是找寻应用型课程体系构建的理论依据，厘定应用型课程体系构建的理念，从而在高校教育教学实践中深入探讨应用型课程体系构建的路径。

（二）应用型课程体系构建相关理论依据

纵观课程发展的历史轨迹，斯宾塞科学主义课程观、杜威经验主义课程观、布鲁纳结构主义课程观、多尔后现代主义课程观、德国应用技术大学的"双元制"课程等，各种课程观的冲突与融合，为应用型课程体系的构建奠定了理论基础。

1. 斯宾塞科学主义课程观

赫伯特·斯宾塞（H. Spence）是 19 世纪后期英国著名的教育家，斯宾塞是科学主义课程观的代表人物，他的教育思想在其著作《教育论》中

---

① 叶树江、张洪田、李丹：《应用型人才培养模式视阈下课程体系的建构》，载《黑龙江高教研究》2011 年第 10 期。

② 周建平：《应用型本科教育课程改革亟待解决的几个问题》，载《大学教育科学》2009 年第 2 期。

③ 张君诚、许明春、曾玲：《新建本科院校的转型发展与应用型课程体系构建》，载《长春工业大学学报（高教研究版）》2014 年第 2 期。

④ 李占国：《技术应用型本科院校课程体系的逻辑建构》，载《职业技术教育》2008 年第 19 期。

⑤ 余国江：《课程模块化：地方本科院校课程转型的路径探索》，载《中国高教研究》2014 年第 11 期。

⑥ 刘焕阳、韩延伦：《地方本科高校应用型人才培养定位及其体系建设》，载《教育研究》2012 年第 12 期。

⑦ 潘懋元、周群英：《从高校分类的视角看应用型本科课程建设》，载《中国大学教学》2009 年第 3 期。

进行了充分的阐释。他提出的科学知识价值论，促使科学教育在英国学校的课程中占据重要地位。斯宾塞的科学课程论是其教育思想的核心内容，其科学教育课程观认为，课程是学校教育的中心内容，教学是实现教育目的的手段。斯宾塞科学教育课程观对世界各国教育教学改革以及近代科学教育的进展具有重要而深远的影响。其主要观点体现在围绕科学知识构建课程体系与依据教育目的实施教育教学原则与方法两方面。

（1）围绕科学知识构建课程体系。斯宾塞科学主义课程观主张将科学纳入学校课程，强调将科学内容设置到学校课程设置中，构建以科学为主的课程体系。斯宾塞重视科学知识对人类的重要意义，在研究科学兴起至蓬勃发展、社会生产力发展以及随之而兴起的科学教育实施趋势的基础上，认为科学是最有价值的知识，人类存在于世界上的各种活动都离不开科学知识，并从各方面论述了科学知识对人类各项活动的引领作用及价值。比如，充分阐释了科学知识在维护人类生命及健康、完成父母职责以及完成宗教、道德、智慧等方面都是最有价值的。

（2）依据教育目的实施教学方法与原则。基于怎样生活是人生最重要的问题这一观点，斯宾塞提出"为完满生活做准备"这一教育目的，进而又指出了应针对这一目的选择对学生施教的内容与教育教学方法的观点。斯宾塞认为科学知识是课程体系中最重要，占有主导地位，但仅有科学知识并不一定能够促进学生顺利的掌握知识，并发展心智能力，他认为心智能力的充分发展，必须通过科学正确的教学原则与教学方法，才能有效教育学生，并促进其心智能力大发展。斯宾塞教学原则与方法的观点主要体现在遵循学生认知能力、激发学生学习主动性以及注重学生学习兴趣三个方面。

斯宾塞科学主义课程观认为科学知识对学生成长和完满生活具有重要影响，将为完满生活做准备的程度作为评判教学科目的唯一合理标准，认为课程设置应包含自然科学和社会科学全部学科，应体现实用性，并依此制定相应的教学原则与方法。[1]

---

[1]　张文毅、于晓敏：《西方课程知识观的演变：选择、组织与呈现》，载《中国大学教学》2016年第3期。

2. 杜威经验主义课程观

约翰·杜威（John Dewey）是20世纪美国著名的教育家，他的课程观建立在对教育现象及问题的理论研究与实践探索的基础上，杜威提出"课程即经验"与"做中学"，认为经验是"有机体与环境相互作用的过程和结果的统一"，强调经验的动态发展及学生的主动性，提倡建设与生活密切相关的经验课程。[①] 杜威的经验主义课程观对课程理论的发展和课程实践的探索具有深远影响。其主要观点体现在课程价值体现实用与发展相协调、课程内容体现经验与环境相统一、课程实施体现活动课程与学科课程相结合三方面。

（1）课程价值体现实用与发展相协调。杜威重视学生在教育以及课程中的中心地位，重视学生的生活及认知规律、成长与发展，认为学校是传授学生知识、学生习得课业或养成习惯的场所，是一种社会生活，教学是学生社会生活经验的一部分，课程教学的目的是改造现实生活。基于此，杜威提出课程设计必须关注学生现实生活的需要和经验，符合学生的本能以及兴趣，实现学生、知识和社会相一致，通过课程教学激发学生主动性和创造性，实现学生自我发展，为完满生活做准备。

（2）课程内容体现经验与环境相统一。杜威认为课程的主要内容是经验，但课程经验的选择有一定标准，必须具备两个基本条件才能成为课程的内容，首先，"经验"必须按照学生直接需要选择，必须能够促进学生成长的经验，而不是对学生成长具有阻碍作用的经验。具有教育意义及价值的经验，能够让学生从经验中学习，通过行动，发现事物之间的联结；其次，经验应体现连续性。互不关联的经验，难以使人形成系统的习惯，难以使人习得未来的经验，因此没有教育意义与价值，不能成为课程内容。[②]

（3）课程实施体现活动课程与学科课程相结合。杜威的经验主义课程观，不仅提出活动课程的中心地位，也注重活动课程与学科课程的密切结合。杜威认为活动是连接学生和社会的桥梁，是学生认识社会的重要途

---

① （美）约翰·杜威著，王承绪译：《民主主义与教育》，人民教育出版社1990年版。
② 蒋雅俊：《杜威的经验课程观》，载《学前教育研究》2008年第1期。

径，明确了活动在课程中的核心地位，倡导活动课程，即主动作业。① 学校教学应注重考虑学生的经验和实际能力，创设一种适合学生学习的环境，为学生提供一种与在学校以外进行的活动类似的活动形式，促进学生主动进行游戏和工作，通过主动探究，发展智力与道德。② 课程设计围绕学生的生活经验，突破严格的学科边界，以学生生活密切相关的生活题材作为学习单元，将学科知识还原到学生的经验水平，有计划、有步骤地拓展学习单元，强调在活动中实施课程。

3. 布鲁纳结构主义课程观

杰罗姆·S. 布鲁纳（Jerome Seymour Bruner）是美国心理学家、教育学家，是学科结构运动的发起人和领导者，其主旨是促进教育内容现代化。他致力的改革运动，提倡围绕各门学科的基本结构，设计课程、革新教材，变革教育教学方法，具有重要影响力。

（1）课程设计强调学科知识结构。课程设计重视学科知识结构。布鲁纳认为课程内容需兼具广泛性与激发性，不是任何学科知识都能成为有效的课程内容，强调学科知识结构重要于基本事实与技巧等细枝末节的知识，认为课程及各项训练应围绕知识结构展开。提出任何学科教学，必须帮助学生理解学科基本结构，即掌握一门学科领域中科学知识体系的基本概念、原理及其相互关系，也包括掌握该学科知识体系的基本态度与方法。

（2）课程设计注重学生智力开发。为解决有限学习时间与无限知识增长之间的矛盾，布鲁纳提出，课程设计应注重学科知识结构与智力发展结合。课程教学应开发每个学生的智力，不仅向学生传授已有的人类文化知识，以形成学生的生活能力，还应探索发展学生智力以促进学生习得革新现有文化知识，构建自身内在文化体系的能力。故此，课程教材不仅应包含学科发展的新知识、新成果，还必须适合学生现有接受水平与能力。为促进课程实施，课程内容的传授强调运用发现法，帮助学生通过亲自尝试与经历，探索知识，体验发现的过程，从而习得学科知识发展智力。

结构主义心理学家布鲁纳的课程观强调学科知识结构性、系统性的重要意义，认为其是学生理解和掌握学科知识的关键，有助于学生解决问题

---

① 侯怀银：《杜威的课程观评述》，载《课程·教材·教法》1999年第10期。
② （美）约翰·杜威，陶志琼译：《民主主义与教育》，中国轻工业出版社2014年版。

能力的生成。① 对于应用型课程体系构建而言，结构主义课程观忽视了职业岗位需求，但却强调了学科知识系统性教授的重要性，即对高深学问理解基础上的运用。

4. 多尔后现代主义课程观

后现代主义产生于 20 世纪 60 年代的西方国家，以怀疑和批判为特征，提倡多元价值观，否定单一化、终极性的价值认同，将"过程、对话、生成、流动"等作为价值选择，也称为"后现代运动"。"后现代运动"对课程领域的重要影响是促进了开放的课程范式的产生与发展，后现代主义倡导的开放性、不确定性、非线性、丰富性、回归性、关联性、严密性等特征，既对课程内容的设计，也对课程的实施方式具有重要的建构意义及启示。在后现代课程理论领域，最著名的是美国路易斯安那州立大学课程与教学系教授小威廉姆·多尔（William E Doll）。

多尔后现代主义课程观认为，教育目标是促进学生自我解放，提高学生主体意识以及反思批判、对话的能力，激发和拓展学生的发展潜能，培养学生认可多元价值文化，具有个性和批判能力。② 社会变化与发展日益迅速，日新月异，学校课程的设计也应更多关注社会生活中的不确定性，而不仅仅是关注预先设定的课程目标。本就不存在永恒的真理与一成不变的法则，社会生活的诸多不确定因素决定了课程内容和课程知识的不稳定。因此，课程不是单纯的知识灌输，而是教师与学生通过交流互动和积极参与，拓宽认知界限，掌握知识的产生过程以及实用价值，从而成为知识和课程的开发者。

多尔提出了开放灵活的新课程观理念，在教育目标、课程内容、课程组织、教学过程、课程评价等方面均有所体现，在此基础上，多尔设计了课程的 4R 标准，即丰富性、回归性、关联性和严密性。③

多尔建设性后现代主义课程观主张课程通过参与者行为的相互作用而形成，认为教学是师生共同建构知识和价值观的过程，该观点尊重学生多样性与独特性，重视学习经验和实践，提出课程具有建构性、非线性和不

---

① 布鲁纳著，邵瑞珍译：《教育过程》，文化教育出版社 1982 年版。

② 小威廉姆·E. 多尔著，张华译：《后现代课程观》，教育科学出版社 2000 年版。

③ 刘祥辉、程家福：《从泰勒到多尔——后现代课程观的解读及启示》，载《继续教育研究》2008 年第 5 期。

断展开的动态性等特点。①

5. 德国应用技术大学的"双元制"课程

德国应用技术大学的"双元制"课程为应用型课程体系构建提供了更为直接的参照。所谓"双元"主要是指学校为"一元",企业为"一元",其中学校的主要职能是传授与职业有关的专业知识,企业作为校外实训场所主要职能是让学生接受职业技能方面的专业训练。"二元"在人才培养中密切配合、相互作用,从而实现人才培养目标。其主要特点是围绕职业活动选择设计教学内容,由校企双方共同完成教学任务,既重视通过基础教育培养学生适应性,又重视实践教学,强调教学与职业岗位的无缝对接,以提高学生实际操作能力。② 双元制课程的特点具体表现在以下两个方面。

(1)课程编排围绕职业活动。双元制课程设计以职业需求为核心,课程内容的选择围绕职业活动这一中心展开,不仅重视从事某种职业所必须具备的相应知识与技能,也关注某一职位所必须具有的关键能力。其课程以职业实践为中心,强调职业经验,以宽厚的专业训练为基础,由宽泛到精细、从浅显到深入进行设计,呈阶梯式结构。其理论课程知识面广、难易适中、综合性强,目的是培养学生发现问题、分析问题以及解决问题的实际应用能力。提高学生职业技能、职业知识以及方法能力、社会能力等综合职业能力和关键能力,以增强步入社会的就业力、竞争力以及发展能力。其本质在于使学生掌握职业能力,不仅注重基本从业能力、社会能力而且强调综合职业能力的培养。

(2)课程实施注重校企合作。为实现培养学生的综合职业能力和关键能力的主要目标,双元制课程围绕职业实践选择课程内容并进行课程编排设计,校企双方协调合作共同实施课程。理论课程的教学由学校实施,学校依照各州总体计划制定自己学校的教学计划,在学校内完成理论教学;实践课程的教学则由企业完成,企业按照联邦培训条例设计可执行的培训计划,在企业内部开展实践培训,理论教学与实践教学并重,基础教育与职业教育对接,实现教育目标。

---

① 施良方:《课程理论——课程的基础、原理与问题》,教育科学出版社1996年版。
② 陈霞:《德国双元制课程模式》,载《职业技术教育》2000年第19期。

综上所述，这些著名理论观点从不同视角，为民办本科高校课程转型奠定了重要基础与支撑，并为民办本科高校应用型课程体系构建提供了思路与方向。在理论指导下，重新审视民办本科高校课程建设的基本理念，厘定民办本科高校应用型课程体系构建的原则，探索构建应用型课程体系的对策，解决课程设置与应用型人才培养目标不一致的矛盾，是民办本科高校课程转型的核心环节。

（三）应用型课程体系构建的基本理念及原则

课程是民办本科高校教育教学的基本依据与准绳，构建应用型课程体系，是实现应用型办学定位与人才培养职业化取向相一致的关键。民办本科高校人才培养目标是培养应用型人才，该类人才特征主要是在为服务区域经济文化发展中，实现理论知识向实践能力的转化，能够胜任特定职业与岗位，并能够通过创造性地开展工作，实现职业发展。因此，对于应用型人才而言，扎实的学科知识素养与运用知识发现问题、解决问题的职业能力同等重要。结合斯宾塞科学主义课程观、杜威经验主义课程观、布鲁纳结构主义课程观、多尔建设性后现代主义课程观以及德国"双元制"课程观，民办本科高校课程体系构建应依循以学生发展为本的基本理念，即融职业需求、学科课程系统性以及学生发展需求于一体。其构建基本原则体现为以下四个方面。

1. 学生知识体系构建与学科课程系统性相结合原则

应用型人才培养不仅要发挥学生主体作用，依循认知规律，强调学生知识体系的构建，关注学生实践能力、创新精神以及自主学习能力的培养，又要注重课程的系统性，使学生在有限的时间内学习更为有价值的知识。

2. 职业岗位需要与学科课程知识逻辑相协调原则

避免传统的学科中心课程，依据社会需求、职业岗位工作需求构建应用型课程体系。在调查行业企业岗位需求的基础上，注重与行业企业联合，厘定专业核心技术能力，进而确定专业核心知识与专业理论知识，设计应用型课程体系、开发课程资源以及更新课程内容，实现职业岗位需要与学科课程知识逻辑相协调。

3. 学生应用能力培养与可持续发展相一致原则

注重学生应用能力培养，以其为核心选择课程，整合优化课程内容，加强实践教学，为培养职业岗位适应能力、应用能力奠定基础；开发课程资源，为学生专业方向的选择提供机会；紧缩课堂教学总学时，引导学生自主学习，培养学生自主学习、独立学习的习惯与能力，为学生实现可持续发展打下坚实的基础。

4. 人文素养教育与专业知识传授相融合原则

将人文素养教育渗透到课程教学各项内容中，积极促进人文素养教育与科学知识教育的有机融合，为学生的全面发展奠定基础。

（四）应用型课程体系构建的路径

将应用型课程体系的构建作为突破点，顺应民办高校转型发展的时代要求，成为民办本科高校课程转型的必由之路。经深入探索与实践，山东协和学院在应用型课程体系构建过程中取得了一定进展，以学生发展为中心，岗位需求为导向，职业能力培养和人文素养提升为根本，对课程进行整合优化，构建应用型课程体系。

学院按照整体规划、分类实施、全面推进、重点突破的思路，制定了"十二五""十三五"课程建设规划，落实《课程建设管理办法》等规章制度，明确了课程建设目标、标准和措施。充分发挥国家级、省级精品课程（群）的示范作用，带动提升课程建设整体水平。建有国家级精品资源共享课 1 门，国家级精品课程 1 门；省级精品资源共享课 3 门，省级精品课程 43 门；校级精品资源共享课 10 门，校级精品课程 53 门。2019 年，10 门课程被认定为省级一流本科课程（见表 6 - 7）。

表 6 - 7　　　　　　　　　　省级一流本科课程统计

序号	课程名称	类型
1	大学生创新创业教育	线下一流课程
2	基础护理学	线下一流课程
3	酒店管理概论	线下一流课程
4	思想道德修养与法律基础	线下一流课程
5	学前儿童社会教育	线下一流课程
6	设计基础	线上线下混合式一流课程

续表

序号	课程名称	类型
7	数据库原理与应用	线上线下混合式一流课程
8	药理学	线上线下混合式一流课程
9	鼻饲术虚拟仿真实验教学项目	虚拟仿真实验教学一流课程
10	女性盆部与会阴解剖虚拟仿真实验	虚拟仿真实验教学一流课程

以护理专业应用型人才培养为例，护理专业是学校重点发展和建设的专业，有扎实的专业建设基础，浓厚的教学改革氛围。该专业是省级特色专业，承担有省级人才培养创新实验区项目，医护实验中心是中央财政支持的国家级实训基地，课程组成员绝大多数是省级教学团队成员，承担有全国教育规划课题、省社会科学、省软科学以及省教育规划等科学研究项目。该专业提出了以服务为宗旨，以需求为导向，以学生为主体，以职业能力培养和人文素养提升为根本，以护理岗位需求为标准，以省级特色专业和省级教学团队为基础，以省级护理学人才培养创新实验区为依托，以人才培养模式改革为突破口，以课程建设与教学内容改革为核心的课程体系构建思路。现具体以护理专业"人文＋技能"课程体系为例进行阐释。

1. 课程体系架构的优化整合

随着经济社会的发展和物质生活的丰富，健康成为社会日益关注的热点问题，这为医疗卫生服务带来了前所未有的挑战；伴随"生物—心理—社会"新医学模式的深入发展，护理转变为既关注身心健康，也为患者提供护理操作服务、实施心理疏导、健康教育等的全面、全程、专业、人性化的整体护理。整体护理充分体现"人本"理念，以人的健康为中心，实现了工作重心由"疾病"到"病人"的转变，即不仅关注身体健康，还要关注心理健康、环境影响因素等，不仅能为患者提供护理操作服务，还要能为患者实施心理疏导、健康教育等。鉴于此，为培养出合格的护理人才，学校秉承服务为宗旨，需求为导向，学生为主体，职业能力培养和人文素养提升为根本，护理岗位需求为标准的理念，经充分调研，按照课程性质，将本科课程分为通识教育平台、学科基础平台、专业基础平台、专业核心技能平台、临床综合训练平台五大平台，各平台设置相应课程（见图 6 - 2）。经长期研究与实践，对课程进行整合优化，在基本技能训练的基础上，强化人文关怀，树立学生浓厚的人文关怀意识，使其不仅能够实施护理操作，还能进行心理干预和心理疏导、健康评估和健康教育指导等，实现护理技能与护理人文的相互渗透、融合，最终形成护理"技能 + 人文"专业课程体系（见图 6 - 3），培养学生过硬的操作技能与浓厚的人文关怀。该课程体系以整体优化为起始，整合教学内容，优化知识体系，强化技能训练，将护理技能与人文知识恰当融合，有效实现了"理论与实践""基础与发展""技能与人文"在整个课程教学过程中的协调共存，使课程内容体系更具科学性、先进性和实用性。[①]

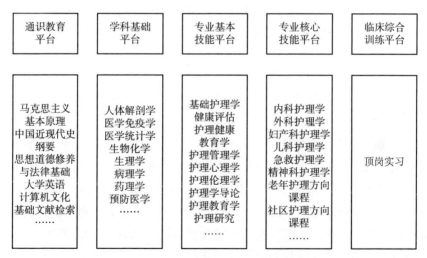

图 6 - 2　专业课程及五大平台设置

① 杨庆爱等：《"211"应用型本科护理人才培养模式构建的研究》，载《齐鲁护理杂志》2014 年第 10 期。

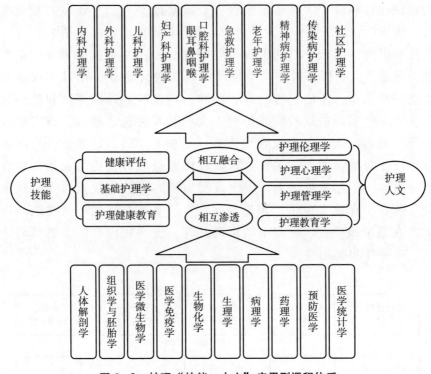

图 6 - 3　护理"技能 + 人文"应用型课程体系

　　该课程体系中《健康评估》培养学生的临床健康评估、护理诊断、病情变化监测及判断能力，是落实下一步护理实施的基础，也为学习护理专业课奠定基础；《基础护理学》是护理学专业的核心技能课，其基本技能是实施一切护理操作的基础，着重培养学生扎实的基本护理知识和娴熟的基本护理操作技能，实践训练是本课程实施教学的重要组成部分；《护理健康教育》培养学生掌握与病人的沟通交流技巧，能为病人拟定健康教育规划并监督实施，具备为病人提供健康教育指导的能力；《护理心理学》培养学生具备发现病人心理变化，并利用护理心理学知识为病人提供心理干预和指导的能力；《护理管理学》培养学生具备运用管理学基本原理和理论，提高护理质量和护理工作效率的能力，并为学生的发展奠定基础。前 3 门课是培养学生专业基本知识与基本技能的课程，即健康评估能力、护理基本操作技能和护理健康教育能力，是学生实施临床护理的基础，互为依托，互为补充，均属于基本技能范畴；后2门课是培养学生"人本"观念，树立人文关怀意识，是核心课程，与护理技术相辅相成。5门课程将护理技能与人文知识恰当融合，有效实现了"理论与实践""基础与发展""技能与人文"在整个课程教学过程中的协调共存。

2. 课程体系内容的整合优化

护理技能与人文课程体系中各门课程的特点是"三多一少"，即课程内容知识点多、操作技能多、知识更新多、教学学时少。基于这个特点，主要从以下几方面进行了课程内容、知识体系等改革建设。

（1）强化"人本"理念，树立人文关怀意识，实现护理技能与人文融合。"生物—心理—社会"医学模式和"以人的健康为中心"的护理模式得到广泛推行，其核心要求是要"以人为本"，而不再是单纯的以"疾病"或"病人"为中心。为此，将"人本"理念渗透到课程教学的各个环节，树立人文关怀意识，着力提高人性化护理服务水平。为实现"人本"理念在各个教学环节的渗透，拟定了"实基础、重人文、强技能"的应用型护理人才培养理念，在技能培养过程中强化人文关怀，实现护理技能与护理人文相互渗透、相互融合。

（2）依据护理岗位需求，整合优化课程体系内容。围绕培养目标，在学校与医院深度合作的基础上，对医院的临床护理岗位需求进行深入调研，密切结合整体护理模式的需要，由医院护理专家共同研讨，明确岗位标准，依据岗位标准和专业知识技能的形成规律整合优化教学内容，构建技能与人文相融合的课程内容体系。以"实基础、重人文、强技能"为核心，整合优化了课程体系内容，以促进学生的全面发展，适应整体护理的发展需要，实现由技能人到技能与人文并重的全能人的转变。

（3）依据学生知识体系，构建规律化教学内容，合理进行教学设计。按照应用型本科知识、能力、素质要求，结合岗位职业标准对教学内容进行整合优化。邀请医院护理专家参与课程开发，在教学内容序化上，充分考虑学生的知识体系构建规律，在建构主义的理论体系下设计教学，以项目为载体，强化实践训练，学生在实践训练的基础上自我构建知识体系，注重基本理论的理解、基本方法和基本技能的掌握，以"掌握概念、强化应用"为导向来取舍内容，编写与工作实践有直接关联的案例；在教学内容的编排上，充分考量学生的认知规律，按照难易结合、单项与综合协调，先易后难、先单项再综合进行设置，形成阶梯式的知识结构。

在课程体系内容方面，打破了课程之间的壁垒，加强各门课程之间的联系，淡化课程界限，最大限度地减少课程内容重复，提高教学资源的利用率，节省教学时间，整合后 5 门课程总学时减少 20 学时，为学生留出充裕的自主学习时间，具体而言，健康评估课程分为症状评估、检体评估、辅助检查评估三个模块的内容；基础护理学分为住院环境、药疗技术、生活护理、对症护理、危重患者护理、医疗护理文件、住院环境七个模块的内容；护理健康教育分为基本知识、基本方法、基本技能、教育场所、目标人群五个模块的内容；护理心理学分为心理理论、心理实践、心理护理、心理健康四个模块的内容；护理管理学分为护理管理理论、护理管理职能、护理管理应用三个模块的内容。其中健康评估课程的重点定位于问诊、身体评估和辅助检查，其护理病历的书写调整为在基础护理学中学习，其心理、社会评估整合到护理心理学中学习；基础护理学课程中异常生命体征的评估、排泄的评估、病情观察等整合到健康评估中学习，护士职业防护整合到护理管理学——风险的管理中学习，临终患者心理护理整合到护理心理学中学习；护理健康教育课程中心理健康教育整合到护理心理学中学习；护理管理学课程中的沟通整合到护理健康教育学中学习。

3. 课程体系授课时序的调整优化

为促进授课效果达到最佳状态，学校调整开课顺序，首先开设健康评估、基础护理学和护理健康教育学等专业基础课，随后开设专业课护理心理学、护理管理学课程，课程体系中各门课程循序渐进、有序衔接，最大限度地发挥了课程体系的优势，既能保证学生所学知识紧密衔接，又能逐步提升学生综合分析问题、解决问题的能力。

4. 教学网络资源平台的优化建设

为有效巩固教学效果并培养学生自学能力，强化网络教学资源平台建设，实施立体化教学。在对各课程整合优化设计的基础上，护理"技能 + 人文"应用型课程体系强化网络教学资源建设，建立了资源丰富的课程体系网站，包含电子教案、电子课件、视频资源、护士执业资格试题、在线测试、试题库、图片库等丰富的教学素材和资源，不仅可以作为学生课堂学习的重要补充，还可以引导学生自主进行网络学习，并且根据学生需求，课程体系网络资源不断丰富和完善。这一网络资源平台不仅提高了相应教师的教学水平，还提高了学生的自主学习意识和能力，教学相长，形成良性互动。

5. 教师队伍的建设优化

教师是课程体系建设的主导者，应用型课程体系的特性决定其建设者必须既熟知教育教学规律及专业知识，又具有精深的行业产业技术，因此，双师型教师队伍的建设尤为重要。学校护理"技能＋人文"应用型课程体系的教学队伍要求"一师多课"和"双师型"。课堂授课和临床见习的组织形式，均突破了传统的孤立局面，开创了授课之前教学内容与教师结合，几门课程联合集体备课的形式。同时，为弥补双师型教师短缺，聘请了山东中医药大学、济南军区总医院、山东省千佛山医院等临床医护专家，参与到课程体系的建设与教学中，形成了一支素质优良、结构合理、教学质量高、科研能力强的"专兼结合，院校结合，医护结合"的"三结合"优秀教学团队。

6. 课程体系管理机制的完善

建设科学合理的管理机制，并充分发挥其导向与激励作用，是民办本科高校实现整体性改革，深化转型发展的重要保障，故此，课程管理体系以及管理机制的改革成为必然。民办本科院校因师资队伍较为薄弱、青年教师比重大，而年长教师转型难度大，双师型教师缺乏等困难，依靠教师现有水平与能力改革课程内容，适应转型发展的需求难度较大，应构建应用型课程体系的管理机制，发挥其对教师的引领、指导与规范作用。由学校层面主导，革新课程管理理念、规范课程管理制度与流程、形成与应用型人才培养契合的课程管理机制，激励教师在课程内容建设和实施的诸多环节主动改革，最终实现人才培养目标。

为加强应用型课程的管理，学校着重完善了课程体系管理机制。首先，建立课程管理委员会。成员由学校领导、学术专家、教师、企业及学生等构成，其目的是促进课程体系建设，使管理更为规范化、系统化。其次，建立课程体系建设审议制度。为保障各主体参与课程审议的主动性与合理性，建立了课程体系建设民主审议制度，加强课程体系决策管理，充分保障学校相关主体在课程体系建设中的决策力、监督力及影响力。最后，建立选课咨询中心。咨询中心在学期开学前，针对课程内容及特点，以开展讲座的形式对学生选课进行指导，既有助于学生对课程的了解，也有助于为学生拓展就业渠道。

应用型课程体系的构建，是应用型人才培养的基础，是促进民办本科高校加强内涵建设的必要环节。课程不仅是学科知识的载体，也是学生能力发展的平台，作为教育教学的核心环节，课程承载着实现教育目标，完成教育使命的重要职责。从该意义而言，构建完善的、科学合理的应用型课程体系难以一蹴而就，民办本科高校必须立足实际，根据发展变化以及形势需求，在实践中不断调整优化。

四、应用型实践教学体系构建

（一）应用型实践教学体系构建相关研究基础

关于应用型本科院校的实践教学体系的研究，主要体现在三个方面，一是对实践教学体系含义及内容的阐释；二是对实践教学体系构建的分析；三是对实践教学体系存在问题的剖析。袁照平（2008）提出实践教学体系主要包含基本技能、专业工作能力以及工程实践与创新能力等三种层次。[①] 李永（2018）通过实践，从课内实验教学体系、课外实践教学体系以及实验室建设体系三方面探索了应用型本科高校实践教学体系的构建。[②] 黄志高等（2018）提出，实践教学体系存在体系构建的系统性不足、实践教学课程设置存在趋同性、实验教学存在碎片化等问题。[③] 美国、德国等发达国家在应用型本科教育以及应用型实践教学体系构建的过程中，积累了丰富的经验，美国的"工程教育"，关注高校教育与社会需求的密切联系，注重探索工程实践教学改革，德国的双元制四阶段实践教学法，强调

[①] 袁照平：《应用型本科教育培养模式探析》，载《中国电力教育》2008 年第 8 期。

[②] 李永：《应用型人才培养实践教学体系构建》，载《实验室研究与探索》2018 年第 9 期。

[③] 黄志高、林应斌、陈水源等：《"一体两创三应用"新能源工科实践体系的构建与实践》，载《中国大学教学》2018 年第 7 期。

实践教学的重要意义。①·② 其先进做法和实践对于我国民办本科高校加强实践教学体系构建具有重要的启示。

综上所述，国内外研究者针对实践教学中存在的问题，展开了一定研究，为本研究奠定了重要基础。然而国内部分高校虽开展了实践教学的改革和创新研究，但多是针对本校进行的实践改革，理论深度不够，且研究多集中在理工农医类专业的实践教学研究，难以有效指导民办本科高校实践教学体系的构建，民办本科高校实践教学体系构建研究亟待加强。

（二）应用型实践教学体系构建的相关理论依据

1. 皮亚杰建构主义理论

建构主义理论（constructivism）是基于哲学和心理学发展而逐步形成，其最早可追溯到 1725 年，维克（Giambatt Vico）提出，人生而具有对周围环境做出反应的本能的、独特性的智慧。其重要代表人物皮亚杰（J. Piaget）提出知识是依赖于主体建构活动而存在的结构，建构活动既能促进主体知识结构的形成，又能促进客体新知识的产生，即包括内化和外化的双向建构理论。建构主义学习观指明，知识是学习者在特定的情境，通过主观感触与建构的方式获得，而非通过教师传授获得。③

建构主义要求主体通过建构活动，促进主体知识结构形成，建构主义理论对民办本科高校实践教学体系的构建提供了可供借鉴的理论依据。实践教学体系"实践性"的总体要求也应在教学过程中，通过学生主体对真实工作场景及工作环节的亲身体会，在实践中建构对知识的理解与掌握，通过做中学，建构知识，锻炼能力。对于定位于应用型高校的民办本科高校而言，建构主义理论在其应用型人才培养过程中，强调"以学生为中心"，注重在实践教学中充分促进学生潜能的开发。最终让学生均有所收获，成为适应社会需求的应用型人才。因此，民办本科高校在注重理论教学的同时，应增强实践教学的重视程度。在实践教学过程中，教师应注重将课堂教学内容与学生实践的密切联系，激发学生在实践中应

---

① 张庆久：《德国应用科技大学与我国应用型本科的比较研究》，载《黑龙江高教研究》2004 年第 8 期。

② 李正、林凤：《美国高等工程教育改革探析》，载《高等工程教育研究》2008 年第 2 期。

③ 高文等：《建构主义教育研究》，教育科学出版社 2008 年第 2 期。

用所学知识的积极性。促进学生在实践中不断运用所学知识习得新知识与能力，将理论知识转化为实际解决问题的能力和胜任工作岗位的能力。

2. 马克思主义实践观

马克思主义科学实践观基本观点是：实践是人类认识的来源，实践也是认识发展的根本动力，人类认识是否正确的唯一检验标准就是实践。马克思主义实践观认为实践是人类的存在方式，人的主体地位是通过实践得以体现，实践是实现人的全面发展的根本途径。① 在教育实践过程中，学生能够提高自身的知识与能力，能够促进世界观的形成或转变、促进社会生活所需基本素质的形成，实现学生素质、个性发展以及自我价值的进一步统一。②

民办本科高校人才培养过程中，学生是教育活动的对象，为促进学生全面发展，使学生真正成为教育实践的主体，更好更快地适应职业生涯，实践教学环节必不可少。实践教学不仅重点突出学生在实践教学过程中的主体性，而且能有效促进学生在实践教学的参与过程中逐步学习和积累社会经验，有效提升知识、技能等多方面的素质能力。通过组织学生开展生产见习、工程训练、课程实验、毕业论文等不同形式的实践教学活动，让学生学会运用所学理论知识在实践中发现问题、分析问题，解决问题，培养动手操作能力和创新能力。

3. 能力本位教育理论

能力本位教育理论（competency based education，CBE）是美国心理学家本杰明·布鲁姆（Benjamins Bloom）于 20 世纪 60 年代提出的理论。③该教育理论注重通过学校与行业企业的密切合作，提高应用型人才培养质量。首先，该理论重视增强学生岗位职业能力与操作能力，并以此作为制定人才培养方案、建设课程体系以及考核教师教学效果与学生学业成绩的

---

① Henry Etzkowitz. The Evolution of The Entrepreneurial University [J]. *Technology and Globalization*, 2004（1）.

② 张晋、马庆发：《高职实践教学的理论基础研究》，载《河北师范大学学报（教育科学版）》2008 年第 1 期。

③ 黄福涛：《能力本位教育的历史与比较研究——理念、制度与课程》，载《中国高教研究》2012 年第 1 期。

关键因素。[①] 其次，该理论注重教学计划的灵活性。该理论主张教学计划的制定注重综合分析具体职业岗位的工作要求，并通过重新组成一系列不同的教学模块或教学单元的形式将具体的工作要求或操作程序落实到实际教学内容与过程中，学生可以依据自身的需求选择学习。

能力本位教育理论不仅揭示了校企合作、实践教学的重要性，也要求民办本科高校注重教学计划的灵活性与适用性。首先，民办本科高校应与行业企业密切合作，协同育人。在实践教学环节，增加学生进入企业，参与生产过程的机会，让学生在真实的工作场景中学习，提高岗位职业能力；促进学生在实际操作过程中发现问题、独立分析问题、解决问题的能力。其次，民办本科高校教学计划的制定应体现灵活性、适用性特征，增强教学的灵活性与应用性，切实增强学生进入职业岗位的胜任力。

(三) 应用型实践教学体系设计的基本原则

应用型实践教学体系的设计，必须遵循坚持社会需求导向、注重实践应用能力培养、贯彻系统性等原则。

1. 坚持社会需求导向原则

从社会功能和价值上看，应用型人才强调与经济社会发展的"直接对应性"。当前，伴随国家及区域产业转型发展，职业岗位对人才专业技能以及职业素养的要求逐步提高，民办本科高校构建实践教学体系应坚持社会需求导向，依据市场要求进行优化调整。

2. 注重实践应用能力培养原则

实践应用能力是应用型人才的关键能力，民办本科高校在应用型人才培养过程中应重点培养学生的实践应用能力，这就要求民办本科高校在注重理论教学、构建完善的理论教学体系的基础上，构建科学的实践教学体系，实现知识传授、能力培养与素质教育相结合。因此，实践教学体系的构建注重与一线生产零距离对接，强调实训、生产实习等实践性教学环节在教学体系中的比例。

---

① 张学军、巩璐云、董晓辉：《能力本位与项目导向的网络课程设计与应用研究——以"网站设计与开发"课程为例》，载《电化教育研究》2016 年第 7 期。

3. 强调产学研密切结合原则

强调实践教学与生产、科研密切结合，有助于促进学生参与生产过程，并在相关科研项目的参与中，发现问题，培养探索意识与创新精神，提高自身素质，提升岗位职业适应能力。也有助于教师在实践中加强学习，提升创新教育意识，提升整体素质，促进实践教学质量的提高，培养具备较高社会契合度的应用型人才。

4. 贯彻系统性原则

民办本科高校实践教学体系是有机联系的完整系统，通过课程体系总体结构、课程类型以及课程内容等各个要素有机组合，实现实践教学体系的科学运行。实践教学内容是实践教学目标的具体化与细化，实践教学计划的制定务必围绕人才培养目标，将实践教学内容按照能力层次划分，科学系统地安排到实验、见习、实习实训、毕业（论文）设计、创新制作以及社会实践等各个环节。另外，应用型本科高校实践教学内容与理论教学内容具有密切的关联性，同时也具有一定独立性，因此，民办本科高校实践教学体系不仅注重与理论教学内容的关联与衔接，也应注重实践教学本身的独立性和完整性，构建系统性的实践教学体系。

（四）应用型实践教学体系构建的路径

民办本科高校应用型人才培养目标能够得以实现，必须大力推进应用型实践教学体系优化，加强实践教学各个环节间内在关联与有机融合，促进其不断完善和创新。实践教学体系的构建，离不开产教融合，加强校企合作，设置契合行业产业、岗位需求的实践课程及教学内容，将教学与生产实际有机融合，才能提高实践教学效果及人才培养的质量。通过校企合作，产教融合，避免高校为单一教学主体的教学模式，使高校与企业成为应用型人才培养的双主体，采取灵活多样的合作模式，提升学校教育与岗位职业契合度，增强学生的应用能力。一方面，完善应用型高校调整与革新课程体系，增强课程的技术含量，将新兴行业的新技术、流程、工艺等纳入课程教学环节，提高课程质量；另一方面，注重应用型人才职业能力的培养和提高，探索落实 1 + X 证书制度，让学生取得毕业证的同时，考取相关职业资格证书，增强岗位操作能力，提高应用型人才培养质量，适应产业转型升级发展的需求。

山东协和学院在人才培养过程中，长期致力于完善"实践—实务—实战"的实践教学体系。该实践教学体系是由课程实验实训、集中性实践教学环节、课外科技竞赛活动、创新创业实践训练等环节组成。学校搭建了"实验实训—科技创新—孵化实战"双创实践教学平台，该平台包含实验实训平台、科技创新平台、孵化实战平台。其中实验实训平台依托国家级实验教学中心、虚拟仿真教学中心等构筑；科技创新平台依托省级科研平台打造；孵化实战平台依托创新创业人才培育园区构筑。该实践教学体系，注重依托实验实训平台开展专业基础实验实训项目训练，培养学生专业基础能力与素质；依托科研创新平台开展学生研究性学习与创新性实验项目、学科技能竞赛项目、创新创业大赛、参与教师科研项目等创新实训项目，培养学生创新能力；依托孵化实践平台开展学生自主创业项目、大学生双创项目模拟实战，培养学生创业能力，实现双创实践与专业实践紧密衔接、双创能力与专业能力融会贯通。

在长期实践过程中，山东协和学院从以下方面完善了产教融合的方式，为实践教学体系的构建奠定了基础。第一，完善产教实习基地，为学校的实践教学提供保障，有效促进学生专业技能与应用能力。与科研院所、相关企业通过签订人才培养、科研以及成果转化、生产运行等方面的协议，确定各方责权利，共同建设、共同管理、共同运营。第二，校企联合建设实验室。提高应用型人才的实际动手能力和综合能力，促进企业通过实验室平台促进科技成果转化为生产力。第三，校企合作建立工程技术研究中心。与企业共同协商，依据各自需求建设并运行，通过科研项目的深入研究与探索，产出科研成果，为社会与企业创造经济效益和社会效益，同时，也促进教师在科研工作中不断学习锻炼，提升科研素养与水平，提高教学工作以及人才培养的质量。现具体阐释该学院实践教学体系构建路径。

1. 完善实践教学目标体系

实践教学目标体系具有引导实践教学内容的组织及实施等重要作用。实践教学目标体系是民办本科院校依照各专业不同的人才培养目标及专业特点，依据学生能力、素质等基本条件，对接专业岗位实际需求，所确定学生应掌握的实践能力的总体目标。结合转型背景下民办本科院校的人才培养目标，实践教学应培养学生基础实践能力、专业实践能力以及综合实践能力。

（1）基础实践能力。基础实践能力主要是指通过实践教学活动，促进学生将课本中的理论基础知识运用到实践中，培养学生基本的动手操作能力，明确实践操作基本过程等。民办本科高校应通过实验、实训等方式，由浅入深、由易到难，在大学一、二年级，逐步锻炼学生实践操作能力。

（2）职业实践能力。专业能力是在基础能力掌握基础上，熟练掌握专业实践技能。锻炼学生将专业理论知识与生产实际相结合，加深对专业理论的理解和应用，培养学生独立解决生产过程中遇到的实际问题的能力。该能力的培养主要在大学三、四年级开展，主要通过实习与毕业设计（论文）等实践教学提高学生的专业实践能力和具体岗位的适应能力。

（3）综合实践能力。综合实践能力主要指培养学生适应社会的能力、变通的能力、创新创业实践能力等。促使学生在学习过程中学会怎样学习、学会互相合作以及互相关心，并培育学生批判、反思和创新的精神。该能力主要在大学三、四年级着力培养，主要通过生产实践、学科竞赛、社会调查、创业活动等方式促进提升。

2. 优化实践教学内容体系

民办本科院校应围绕实践教学目标体系中基础实践能力、职业实践能力、综合实践能力的培养要求，对实践教学内容进行整体规划与设计，构建"基础实践能力训练＋职业实践能力训练＋综合实践能力训练"的实践教学内容体系，提升实践教学内容的科学性与可操作性。

（1）基础实践能力训练。基础实践能力训练主要通过实验与实训开展，培养学生理论联系实际的意识和基本的实践操作能力。通过系统化、规范化的能力训练，促进学生将理论知识运用到实践，掌握基本实践操作能力。

第一，课程实验。课程实验通常是验证性实验，指导老师应适当增加设计性试验的比例，并着重强调实验步骤与要求，锻炼学生实践操作能力。并要求学生实验结束后撰写实验报告，巩固理论知识与实践技能。通过课程实验，使学生在实验操作中掌握用科学的方法去发现问题和解决问题，把课本中的基础理论转化成实践操作。学校从实验开出率、实验室开放程度、经费投入、实验指导教师等方面保证实验教学质量。首先，提高实验开出率。制定和落实《实验（训）教学管理办法》，整合实验课程，完善实验教学大纲和实验课程指导书，规范实验项目，推进综合性、设计性实验项目研发。其次，加大实验室开放程度。制定和落实《实验室开放管理办法》《实验室开放成果奖励办法》，设置开放性实验室，逐步扩大实验室开放范围。再次，投入专项经费，用于学生开展开放性实验项目。最后，优化实验指导队伍。理论授课教师和专职实验技术人员共同承担实验教学任务，指导学生实验。

第二，实训。主要是对学生操作能力、技术应用能力进行训练，可以在学校虚拟仿真中心、工程训练中心等实践基地开展。实训过程中学生可以通过计算机模拟仿真、专业课程实践操作等进行训练，其主要是培养学生某一专业课程的实践技能、技术能力。人文社科类专业，应在指导教师组织下通过模拟项目、模拟案例、模拟学校、模拟法庭等形式，对学生基本操作技能进行训练，工科类专业应在指导教师组织下在学校工程实训中心进行模拟仿真训练。实训教学过程中，注重引导学生独立操作，并反复多次训练。山东协和学院在校企协同的基础上，自主研发创建了以基础医学、临床医学、医学技术、护理学等为主体的"四大平台"虚拟仿真教学资源体系，促进了教育教学与岗位操作的"零距离"对接，提升了学校实验教学与实习训练的效果。

（2）职业实践能力训练。职业实践能力训练，主要通过毕业实习及毕业设计（论文）等环节开展，主要是学生利用所学的专业知识和技能解决实际工作岗位中遇到的问题的能力，以培养学生今后可以胜任某一具体工作要求的专业技术。主要依托学生的专业背景进行开展，不同的专业按照将来就业岗位的需求进行相应的职业技能训练。不仅可以夯实专业知识基础为学生就业做准备，还可以为培养学生创新能力奠定基础。

第一，毕业实习。毕业实习主要是指大四即将毕业的学生到相关专业领域的企业行业进行实践实习。促进学生在企业行业真实情境中开展生产实践活动，训练专业技能，增强岗位适应力。我校从师资、基地建设、时间与经费等方面保障学生高效的校外实训效果。首先，聘请企业技术人员和管理人员作为兼职教师，共同研究制定实习实训计划，指导学生实践，根据学生实习表现共同评定实习成绩，确保实践教学效果。其次，校企双方共建基地。学校充分利用社会资源，通过与地方政府、学术机构和企事业单位建立长期稳定的合作关系，协同开展实习实训。最后，充分保证时间、经费。严格按照培养方案要求，组织学生实习实训，确保实习实训时间有效落实。逐年加大实习实训经费投入，有效保障实习实训质量。

第二，毕业设计（论文）。毕业设计（论文）是通过指导学生将在学校学习过程中习得的基础理论知识和专业实践技能应用到自己专业领域课题的专门研究中，通过较为系统与严格的基本能力和专业技术训练，加深掌握专业领域内基础理论体系，加强独立解决实践过程中遇到的问题的能力。山东协和学院从毕业设计（论文）的质量标准和工作流程以及导师选择等方面严格把关，以有效提高学生毕业设计（论文）的质量。首先，制定《本科生毕业设计（论文）管理办法》，规定指导教师学历学位、职称等具体要求，具体而言，论文指导教师应为硕士及以上学位、中级及以上专业技术职务，与此同时，大力引进行业企业具有同等学历条件及专业技术职务的骨干参与学生毕业论文的指导或直接担任指导教师。其次，明确本科生毕业设计（论文）的质量标准和工作流程，注重过程指导，对选题、开题、撰写、指导、评阅、答辩等环节提出明确要求。严把选题关，按照应用型人才培养要求，紧密结合生产和社会实践选题，选题难度适中、工作量合理，体现专业综合训练的要求。严格答辩环节，聘请其他高校、行业企业的专家教授担任答辩委员会委员，严格答辩程序，对达不到质量要求的毕业设计（论文）要求限期整改、二次答辩。

（3）综合实践能力训练。综合实践能力训练可以通过学科竞赛、科技创新团队、社会实践、自主创业等环节开展。第一，学科竞赛。通过学科竞赛锻炼学生的智力和意志，培养学生的专业兴趣与素养，促进学生学会自主思考，锻炼独立解决问题的能力，为创新能力培养奠定基础。第二，科技创新团队。民办本科高校应组织学科专家作为学术带头人，成立科技创新团队，搭建科研平台，创造良好的学术环境与合作氛围，为学生进行科技制作、激发学生的创新欲望奠定基础。促进学生通过参与科研提高专业理论素养和团队合作精神，培养创新思维和创新精神。第三，社会实践。可通过寒暑假安排学生到社会中或校外实习基地参加实践活动。教师指导学生选择与专业背景相关的实践岗位进行拓展训练，促进学生了解真实的社会现状，锻炼学生社会适应与生存能力。学校出台《大学生社会实践活动管理办法》，将社会实践纳入人才培养方案，规定学时学分。配备专门教师指导社会实践，将教师指导计入教学工作量。第四，自主创业实践。民办本科高校应建立完善的创新创业指导体系，加强指导教师队伍建设，搭建创新创业平台；加强与政府部门的联合，为毕业生提供创业项目与扶持基金，增强学生参与创新创业实践的积极性，促进学生在实践探索中逐步提高创新能力和创业能力，提升学生综合能力。学校以创新创业教育理念为先导，立足学校专业特色，密切联系学生创新创业需求，以教授创新创业知识为基础，以锻炼创新创业能力为关键，以培养创新创业精神为核心，开展创新创业教育研究与实践，逐步探索形成了"设计—实施—评价反馈—修改—再实施"的动态立体化创新创业教育体系（见图6－4）。

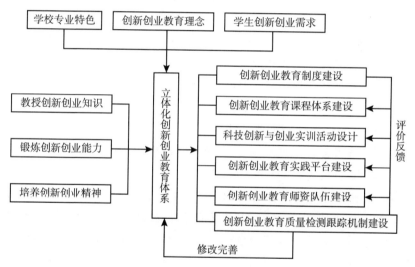

图6－4　立体化创新创业教育体系

3. 规范实践教学管理与考核体系

科学的、规范的实践教学管理体系，是确保实践教学有序开展，实现预期实践效果的基础与保障。因此，民办本科高校必须加强建设实践教学管理与考核体系。

（1）规范实践教学管理。

第一，严格实践教学组织管理。实践教学组织系统是提高实践教学质量的组织保证，制定明确的岗位责任制度，才能确保各级组织的职责充分发挥。首先，成立实验实训管理中心。建立由学校分管领导、教务处、实验实训管理中心、各二级学院实验室、实践指导教师形成的校内实践教学管理模式。学校分管领导负责领导与决策职责，教务处负责实践教学政策文件制定与宏观管理职责。实验实训管理中心负责制定实践教学计划、编写实践教学大纲、安排实践教学场所以及实践仪器设备的日常管理与维护等职责。二级学院实验室负责实践教学的具体安排与实施。实践指导教师负责实践教学活动过程中组织、指导、检查、管理评价等职责。其次，成立实践教学管理委员会。主要是由学校派教师与企业技术人员共同负责，联合管理校外实践教学，为校外实践教学质量提供保障。

第二，完善实践教学管理规章制度。实践教学工作涉及内容广泛，民办本科高校必须建立完善的实践教学管理制度，以实现对实践教学的科学化管理，确保实践教学正常有序开展。包括《实践教学管理办法》《实习管理办法》等制度，明确指导教师选拔标准，规定实习实训要求，加强实习实训教学检查和过程跟踪，促进实践教学活动开展有章可循。山东协和学院为加强学生创新创业意识的培养，制定了《大学生参加各类竞赛活动管理办法》《大学生创新创业训练计划项目管理办法》《大学生创新创业训练计划工作方案》等规章制度，保障实践教学的规范、有序开展，提高师生参与创新创业竞赛的积极性与主动性。

第三，加强实践教学过程管理。民办本科高校实践教学质量的保障需要依靠实践教学的准备、实施以及反馈等过程的管理。首先，实践教学准备阶段，实践教学管理部门侧重实践课程设置的合理性以及实践教学计划的科学性，实践教学部门则侧重实践教学大纲、指导书以及评价细则等的细化。其次，实践教学开展阶段，教师应因材施教，采用灵活多样的实践教学方法，激励学生主动将理论知识运用到实践操作中，切实提高实践能力。最后，实践教学效果反馈阶段，不仅注重结果的反馈，也应加强过程的反馈，包括实践教学内容、教师教学方法等方面。

（2）优化实践教学考核。实践教学考核方式的合理性是实践教学教师教学观与教学状态的重要影响因素，对学生学习主动性起到决定性作用，从而影响实践教学的质量与效果。因此，实践教学考核应注重过程与结果相结合，应强调学生实践操作状况在总成绩中所占的比重，强调学生平时实践学习状况的比重。除此之外，还可采取多种形式考核实践教学效果，比如，实验技能竞赛、创新设计大赛等方式，不仅增强考核的合理性，也有助于提高学生对实践教学的兴趣，增强实践技能习得的主动性。

4. 健全实践教学保障体系

教师是高校培养人才的基本保障及关键因素，实践教学场所是开展实践教学的重要基础，因此，"双师型"教师队伍、先进的实践教学场是实践教学保障体系的重中之重。

（1）"双师型"师资队伍建设。实践教学指导老师是实践教学过程中的组织者与指导者，实践教学教师水平的高低直接决定了实践教学目标是否实现，也决定了实践教学质量的高低。"双师型"教师队伍的组成分别由理论知识扎实、实践能力强的专职实践老师和具有生产、管理经验丰富、掌握教育规律的企业专业技术人员兼职两个部分组成。如何建设"双师型"教师团队，增强教学能力与产学研能力是地方本科高校亟待解决的难题。为提高应用型人才培养质量，应以"双聘双岗、交融互动"为导向，不断强化"双师型"师资队伍建设。应用型本科高校师资队伍应具有学科交叉、校企交融的特点，注重教师优势互补、协同合作。"双聘双岗、交融互动"指"双师型"师资队伍中成员具有双重身份，既是高校专任教师又是企业外聘职员，既是企业工程师又是高校外聘教师。通过增强专任教师的企业历练，不仅能够提升专任教师的岗位操作能力与解决技术难题的能力，也能够为企业带去高校最新的科研成果。通过促进企业工程师融入高校教学过程，不仅能够帮助学生接受更为专业的实践训练指导，也为地方应用型本科高校带来行业中最为先进的技术、科研项目等。民办本科高校与企业、教师与企业技术骨干合作教学与研究，有助于提升应用型人才培养的质量。

在"双师型"师资队伍建设方面，山东协和学院持续构建"双聘双岗、交融互动"式师资队伍，不仅注重专任教师的培养，同时注重企业骨干的引进。学校每年组织部分实践教师到企业挂职锻炼，不仅有助于教师进一步学习掌握新技术，还可以了解企业目前对人才的需求特点，促进学校实践教学改革。经过不懈努力，学校与 136 家企业建立了协同合作关系，建设了 5 个创新创业人才培育园区和 102 个创新创业实践教学平台与孵化基地，为"双师型"师资队伍建设奠定了较好的基础。学校通过与企业联合制定《双聘双岗制度管理规定》《专任教师对口岗位实践能力提升与岗位考核管理办法》以及《引进企业技术骨干岗位考核办法与津贴待遇管理办法》等制度，鼓励二级学院与行业企业互动交融，提升学校专任教师实践教学能力与应用研究能力，促进企业技术骨干进入地方本科高校课堂，通过学校与企业人力资源互动共享，促进教师的专业实践教学能力以及研究能力的提升，进而实现人才培养质量的提升。

（2）实践教学场所建设。实践教学场所对民办本科院校实践教学工作的顺利开展起到关键的作用。建设一批先进、高水平的实践教学场所可以为学生提供更好的实验实训环境，调动学生参与实践教学的兴趣。实践教学场所的建设包括建设校内实践教学基地和校外实践教学基地两部分。

第一，校内实践基地的建设。山东协和学院护理学院，依据"护理技能和护理人文"融合培养需要，整合实践教学平台，为实践教学奠定了良好基础。根据专业建设和课程体系建设需要，协调校内医护专家共同参与，整合实验教学资源，将护理实训中心（中央财政支持建设的国家级实训基地）的10个实验实训区（室），规划为4个实验区，分别为基础区，包括基础医学实验区；技能人文区，包括健康评估实验区、基础护理学实验区、健康教育学实验室及心理学实验区；临床护理区，包括内科实验区、外科实验区、妇儿实验区、急危重症实验区；综合实验区，包括模拟病区实验区等四大职能区，有效为学生提供多层次、全方位的综合实训（见图6-5）。

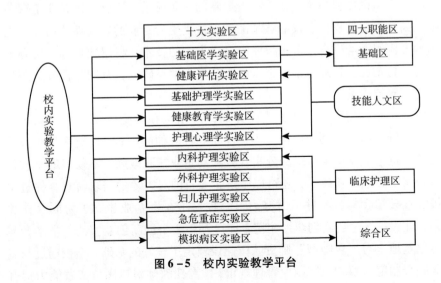

图6-5 校内实验教学平台

　　为加强对学生实践技能及人文素养的培育，提高学生的临床护理能力和人文关怀，激发学生对各项护理技能的学习兴趣，山东协和学院护理学院采取一系列措施强化实践教学模式。首先，课内实行"示教—练习—回示—点评—练习—达标"法，不仅能够促进学习性工作任务循序渐进地展开，也为实验实训项目的设计奠定坚实的基础，逐步优化实践教学模式；其次，各课程间实现实验资源共享，提高实验指导教师的师生比，加大实验室开放力度，实验开出率达到100%；再次，深化实验教学方法改革，采用情景模拟、角色扮演、标准化病人等方法，充分调动学生综合运用所学护理技能与人文知识的积极性、能动性；最后，"以赛促学"，通过举办技能大赛，将各科的技能训练项目作为比赛项目，促进实验教学中各课程的融合。通过上述举措，促进学生将所学的健康评估、基础护理学、心理学、管理学、健康教育等知识融于一体，用整体护理观分析解决临床问题，为护理对象提供全面、全程、专业、人性化的优质护理服务。

　　第二，校外实践基地的建设。校外实践基地是学生见习、实习等系列校外实践的重要场所。为满足见习、实习等校外实践教学需求，学校护理学院建立了"以附属医院为依托、教学医院为重点、临床教学基地为补充"的校外实践教学网络体系。见习方面，实现课间见习与理论教学的融合，每周指定具体时间进行课间见习，缩短学生将理论知识进行实践验证的周期，强化学生的感性认识，夯实所学理论知识，同时整合本地3家三级医院作为见习基地，聘请临床护理专家为学生授课，并派护理学院骨干教师全程参与见习过程，形成"专兼结合"的临床见习带教模式，提升见习效果；实习方面，整合现有实践资源，拓展国内优秀三甲医院作为护理学院的实习基地，形成三级医院为主体的23所实习基地，为学生实践和教师进修学习提供良好的平台，逐步形成了院校"共育、共管、共享、共赢"体系（见图6-6）。

　　此外，山东协和学院专门针对医护类专业，构建了"五位一体"医护实践教学体系。学校遵循医护人才培养规律，以就业为导向，以提高学生创新精神和实践能力为宗旨，依托医护国家级虚拟仿真实验教学中心，整合优质实验教学资源，构建医护实践教学体系，实现多专业、多学校、多地区的资源共享。

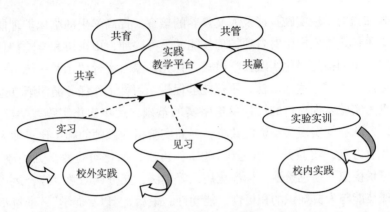

图 6 - 6   实践教学平台重组优化及效果

围绕医护专业人才培养目标确立了"一体两翼"的医护专业实践教学目标子体系；依托虚拟仿真教学资源建立了"平台＋模块"的实践教学内容子体系；围绕组织管理、运行管理和制度管理建立了"层次分明、全程管理"的实践教学管理子体系；确立了评价主体多元化、评价途径立体化和评价方法多维化的立体化实践教学考核评价子体系；建立了"软硬兼顾"的实践教学保障子体系。较好地解决了传统实验教学中存在的问题，对培养学生创新精神和实践能力具有重要作用。

第一，构建"一体两翼"的医护类实践教学目标体系。在分析医护类专业人才的社会需求调研以及毕业生就业状况反馈的基础上，明确医护专业人才培养目标，构建以专业能力为主体，以方法能力和社会能力为支撑的"一体两翼"实践教学目标体系。

第二，构建"平台＋模块"的医护类实践教学内容体系。学校于2010年正式成立医护虚拟仿真实验教学中心，原创性设计开发了医学影像技术、解剖学、分娩护理等虚拟仿真实验教学系统，与信息技术公司合作开发了形态学、生化与分子生物学、机能学等虚拟仿真实验教学系统。2016年，学校医护虚拟仿真实验教学中心获批国家级虚拟仿真实验中心，初步构建了由医学技术、临床医学、基础医学、护理学4个虚拟仿真实验教学平台，解剖学、中国数字人、形态学、机能学、生化与分子生物学、诊断学、外科手术学、医学影像技术、医学检验技术、护理技能、急救护理、分娩护理等12个虚拟仿真实验教学系统组成的虚拟仿真实验教学资源体系（见图6-7）。

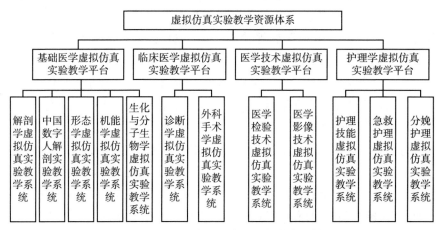

图6-7　国家级虚拟仿真实验教学资源体系

　　学校依托国家级医护虚拟仿真实验教学资源，践行"虚实结合、互为补充"的绿色实践教学理念，将虚拟仿真技术与传统实践教学有机融合，构建了"平台＋模块"的医护实践教学内容体系，将实践教学目标与具体任务落实到各实践教学环节中，从而实现其项目化、具体化。

　　第三，构建立体化医护类实践教学考核评价体系。考核评价的目的主要包括两方面，一是检验实践教学效果，二是以效果督促学生学习，考核评价应该运用于实践教学全过程。立体化医护类实践教学考核评价体系具有评价主体多元化、评价途径立体化、评价方法多维化（见图6-8）等

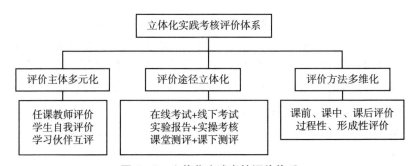

图6-8　立体化实践考核评价体系

多元性特征。评价主体多元化体现在任课教师评价、学生自我评价和学习伙伴互评相结合；评价途径立体化，即在线考试与线下考试相结合、实验报告与实操考核相结合、课堂测评与课下测评相结合；评价方法多维化，即课前、课中和课后评价相结合，过程性评价和形成性评价相结合。

第四，构建"层次分明，全程管理"的医护类实践教学管理体系。为保证实践教学体系的有序运行，学校构建了包括组织、运行、制度三方面的实践教学管理体系。

组织管理方面，成立实践教学管理机构，明确责任，落实两级管理，由学校对医学院和护理学院的实践教学进行宏观管理，制定实践教学原则意见，提出总体要求；制定相应的管理办法和措施；进行部门之间的相互协调。由医护实验中心和医护两学院具体负责实践教学的组织与实施，落实实践教学任务，确保活动的有序开展。

运行管理方面，医护两学院组织制定各专业相对完整、独立的实践教学计划，并依此编制大纲，提出实验报告填写要求，规范实践教学考核办法；实验室、实训室管理单位制定其使用规范和管理流程，并逐步实现实验室、实训室开放式管理，增强其利用率，鼓励学生进行自主实验、实训。

制度管理方面，由学校、二级学院以及医护实验中心形成三级管理制度体系，其中学校层面制定宏观的实践教学管理制度，提出总体要求；二级学院层面制定各环节的实践教学管理文件、标准、规范等；医护实验中心层面制定管理制度、操作规范、操作流程和使用记录等，保证各项工作在规章制度下有序进行。

第五，构建"软硬兼顾"的医护类实践教学保障体系。医护实验中心注重搭建"吸纳资源、共享资源、人机互动"的虚拟仿真实验教学管理与共享平台，为虚实结合实践教学效果提供保证。学校在虚拟仿真实验开展的基础上，构建了师生、医院、院校（基层卫生机构）等三面向，校内、校外双融通的虚拟仿真资源共享体系。学校教育教学资源实现了由校内到校外、由学校到行业、由培养到培训的全方位开放共享（见图6-9）。

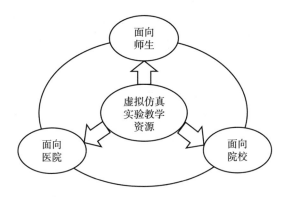

图 6 - 9 虚拟仿真资源共享体系

第五节 文化重塑

自 2001 年开始，我国学者对大学文化及建设方面的研究全面展开，逐渐成为了研究热点。眭依凡（2004）总结了我国大学文化建设经历的校园文化、人文素质教育到大学文化三个发展阶段，并分析了文化育人、文化治校和文化强国三大思想，认为只有坚持正确的文化价值观，增强大学的文化责任，才能不断创新大学文化并代表中国先进文化前进方向推进其发展；大学文化建设主要分为物质文化建设、精神文化建设和制度文化建设三个方面，其中精神文化建设为核心，三者彼此相互依存强化。[①] 冯天瑜等（2004）认为文化建设应从物态文化层、制度文化层、行为文化层与心态文化层这四方面进行。[②] 我国许多著名学者对重塑具有中国特色的大学文化提出了建议路径。杨叔子（2002）认为大学文化重塑应回归以"文"化人才的大学文化内在价值理性。[③] 汤一介（1997）提出文化共存、和而不同理论，强调文化包容意识，传承传统文化，包容融合外来文化，以学术为中心，营建良好的育人环境，建立学术文化意识和人文意识，提

① 眭依凡：《关于大学文化建设的理性思考》，载《清华大学教育研究》2004 年第 2 期。
② 冯天瑜、杨华、任放：《中国文化史》，高等教育出版社 2007 年版。
③ 杨叔子：《科学与人文和而不同》，载《清华大学教育研究》2002 年第 6 期。

高教师和学生的人文素养。① 吴立保（2013）认为大学的物态文化也要具有人文关怀，有学府韵味。② 顾明远（2015）认为应用型大学应建立联系实际、求实创新的大学文化。③

民办本科高校向应用型转型过程中，大学文化发挥了重要作用。然而民办本科高校在大学文化建设方面相较于其他内涵建设关注不足，高层领导需切实认识到大学文化重塑的重要性，准确把握和分析自身文化建设的薄弱环节，始终坚持以社会主义核心价值观为指导思想，不断增强文化建设主体责任意识，加强引导，打造独具特色的大学文化品牌，完善制度文化建设，创新大学文化建设形式，加强高校物质文化建设，以加强凝聚力和向心力，提高人才培养质量和自身核心竞争力促进民办本科高校转型发展。

一、精神文化重塑

（一）精神文化重塑相关研究基础

我国学者对如何重塑大学精神文化进行了大量研究。眭依凡（2006）提出建构精神文化主要通过大学的使命、校训、校风及名师文化等文化要素进行。④ 程光泉（2010）认为建设精神文化应树立理性的办学理念、重塑大学精神和求真求善的人文精神。⑤ 施晓光（2015）认为要从培育大学批判与自我批判精神方面重塑大学精神文化。⑥ 吴立保（2013）则认为应该坚持正确的价值观，立足于对传统文化的传承。⑦ 为民办本科高校精神文化重塑提供了有益借鉴。

---

① 汤一介：《汲取优质思想资源　发挥文化育人作用》，载《中国高等教育》2011 年第 5 期。
② 吴立保：《中国大学的文化困境与文化创新》载《中国高等教育》2013 年第 6 期。
③ 顾明远：《重塑大学文化》载《中国大学教学》2015 年第 2 期。
④ 眭依凡：《大学的理想主义与人才培养》，载《教育研究》2006 年第 8 期。
⑤ 程光泉：《哲学视野下的大学理念、大学精神、大学文化》，载《北京师范大学学报（社会科学版）》2010 年第 1 期。
⑥ 施晓光：《文化重塑：大学治理能力现代化之锥》，载《探索与争鸣》2015 年第 7 期。
⑦ 吴立保：《中国大学的文化困境与文化创新》，载《中国高教研究》2013 年第 6 期。

（二）精神文化重塑的基本原则

民办本科高校进行精神文化重塑应坚持以社会主义核心价值观为指导、推动民办本科高校可持续发展以及促进大学生的全面发展等原则为基础。

1. 以社会主义核心价值观为指导原则

民办本科高校精神文化重塑要以社会主义核心价值观为指导原则。坚持社会主义核心价值观是党的十九大确定的习近平新时代中国特色社会主义思想的重要内容和基本方针策略之一。互联网技术的成熟和智能终端的普及加速了全球文化大繁荣，民办本科高校文化作为社会主义特色大学文化的重要组成部分，代表了大学特定的价值观和选择标准，这种价值判断对内部所有人员树立的世界观、人生观和价值观有着重要的影响，大学精神文化一旦形成必然会对一所大学的人员产生指导和规范作用，从而使在其中工作学习的师生员工都具有某种特有的"精神气质"。大学虽然是社会先进文化和多元文化的创新、传播以及交流汇聚中心，但是在高等教育大众化和信息科技高速发展的如今，大学已经不再是独立于社会的"象牙塔"，难免会受到一些西方极端错误思想和封建腐朽文化的侵蚀。尤其是随着计算机和智能手机的普及，学生直接面对网络虚拟世界，同时大学生还未成熟，其世界观、人生观和价值观尚未成型，比较容易受到外在环境的影响。大学精神文化的独特性体现在大学精神文化一旦形成便具有稳定性和持久性，同时会对其他的价值观做出接受或排斥的选择。大学精神文化建设的首要使命就是发挥文化育人的教育功能，向大学生传达特定的价值观，使他们能够明辨是非，而不是随波直流。大学精神文化对民办本科高校每个成员的价值观、人生观和世界观进行引导和规范，发挥具有强大生命力的社会主义先进文化在教化师生和以全面发展为目标培养改造学生，继承和发扬中华优秀传统文化、革命改革文化，将符合新时代要求的民族精神和时代精神等正确价值观的思想品德教育融入大学生的成长成才培养全过程，全面贯彻立德树人根本任务，把他们培养成为符合国家要求的思想过硬的德才兼备应用型人才。

大学精神文化作为大学文化的核心，对于引领社会先进文化具有示范辐射的作用，即为整个社会的文化发展提供范例又辐射到所有相关人员。

民办本科高校一旦形成较为稳定的具有特色的精神文化，不仅将核心价值观直接作用于内部所有师生员工，潜移默化地引领和规范每一个成员的思想和行动，而且还利用在校内外举行的各类实践活动以及源源不断地向社会输送大量毕业生等各种途径渠道传播到社会上，对整个社会文化的发展产生示范、引导与改造作用。

2. 以推动民办本科高校可持续发展为原则

民办本科高校精神文化重塑要以推动高校可持续发展为原则。民办本科高校作为高等教育中一支重要力量，具有促进我国高等教育达成大众化普及化的目标，承担着为全社会培养人才和为地区社会经济发展提供智力支持的重任，在经历了办学初期着重发展基础物质建设和扩大办学规模阶段后，正面临全行业重新洗牌的局面，重点已刻不容缓地转向不断加强学校的内涵建设方面，把服务社会和推动优秀文化传承发展作为新的使命和任务，把实现中国梦作为创新研究的动力。社会内涵式发展的重点是制度建设和文化建设，所以推动内涵式发展的核心就是要重塑大学精神文化。大学精神文化是一所大学得以长久生存与持续发展的精神支柱。大学如果缺少大学精神文化就像人失去了灵魂，也就丧失了大学蓬勃生命力的源泉。学校内涵建设的重要组成部分的大学文化是直接影响全校师生成长、进步和发展的软环境。重塑大学精神文化可以凝聚师生员工共同为建设一流民办高校艰苦奋斗的力量，提升学生成长学习的动力，对外扩大学校影响范围树立良好的形象，增强民办本科高校的综合实力和核心竞争力。大学精神文化不仅体现着民办本科高校的办学和发展理念，更彰显着学校的风格与特色，是学校的内涵建设重点，助力民办本科高校在竞争中求生存拼发展。

3. 以促进大学生的全面发展为原则

民办本科高校文化重塑要以促进大学生的全面发展为原则。当前，我国深化改革，产业结构转型升级需要诸多应用型人才，民办本科高校应充分发挥应用型人才培养的基本职能，营造良好的大学精神文化氛围，以进行对大学生的智育和德育。一方面，大学精神文化能够对学生的人生观等精神文化层面产生潜移默化的影响；另一方面，大学精神文化可以展现一所学校在学生的精神文化方面的教育成果。民办本科高校培养应用型人才时需要培育其人文精神和工匠精神。大学生在以人文精神和工匠精神为内涵特质的大学文化中熏陶、滋润，使人文精神和精益求精的工匠精神内化为长期的个人品质，进而使我国出现断层的工匠精神重新得到继承和发扬。只有结合自身学生特点，以社会主义核心价值观为价值取向，协调德、智、体之间的发展关系，才能使大学生全面发展和健康成长成为新时代应用型人才。

（三）民办本科高校精神文化重塑的路径

1. 社会主义核心价值观教育

民办本科高校精神文化重塑的基础和核心是社会主义核心价值观教育，方向性地决定了大学生人生观、价值观和世界观的取向。民办本科高校在进行精神文化建设时必须把马克思列宁主义、毛泽东思想、邓小平理论、"三个代表"重要思想、科学发展观以及新时代中国特色社会主义思想作为理论武器和指导思想，加强社会主义核心价值观和政治思想道德教育，增强师生员工的爱国、爱校情感和集体荣誉感。教育教学观和人才培养观必须贯彻社会主义核心价值观，凝聚所有师生员工人心，形成共同的学校认同感和归属感以及理想信念和道德规范，指引汇聚成一致的方向目标，产生强烈的向心力。民办本科高校在世界格局急剧变换与我国进入改革攻坚阶段的情况下，重塑精神文化过程中必须抵御各种西方腐朽和传统封建糟粕思想，坚持社会主义先进文化，以建设先进的大学精神文化为最终目标。

马克思主义始终是我们党和国家的指导思想，为中华民族实现伟大复兴提供了强大的思想武器。马克思主义既是科学的世界观，又是方法论，揭示社会发展的规律，是民办本科高校文化重塑的根本指南。用马克思主义基本原理正确分析当前世界形势、国家和党的基本情况，紧密联系民办本科高校的办学历史、学校特点、师生所想，用发展着的有中国特色的马克思主义指导民办本科高校精神文化重塑。民办本科高校应该深入学习党的革命精神和建设经验以及马克思主义经典论著，掌握马克思主义原理，熟练运用世界观和方法论解决工作学习中的实际问题。这就要求除在课堂上讲授的思修、马哲、毛概等思想理论课程以外，还应通过开展多种形式的专题教育，如国内外形势政策、世情国情、国防、革命传统、改革开放等，尤其是以我国革命、建设、改革为重点的近现代史教育，层层递进的在校园中宣传具有中国特色的马克思主义先进思想。激励学校包括管理层在内的全体教职员工以及学生，对建设中国特色社会主义实现两个一百年的信心和信念，增强对学校与社会发展的责任感。全体师生员工要联系工作学习实际，带着问题深入持久刻苦地学习研究理论，进而转化为为学校持续发展贡献力量的强大精神动力。

人无德难以获得成功，学校不立德也很难坚守根本发展方向。民办本科高校包括董事长和校长等资产所有人和顶层管理层应主动协助党委书记促进党建工作创造性地开展，主动在学校教学科研等各项工作中坚持社会主义先进文化融入社会主义核心价值观教育。民办本科高校应该以社会主义荣辱观为行事做人的准则，对师生员工的工作学习等日常行为进行规范指导。定期对教师教辅以及行政人员进行政治培训和教育，加强教师对社会主义核心价值体系的学习和理解，确保全体教师能在教学、科研和课堂内外实践中融入社会主义核心价值观。

为保障社会主义核心价值体系的学习效果，民办本科高校应指导教师进行教学内容和方法手段的革新，将教学方法与手段变革相互结合，将常规的讲授过程与成绩考查形式变革相配合，促进和指导学生积极主动地学习社会主义核心价值体系。大学生的人生阅历经验较少、思想的可塑性较强，正处于定型时期、注重追求自由个性、抗压能力较弱、容易受到社会各种极端思想的影响产生困惑和不满情绪，从而导致价值观的扭曲和思想的混乱，民办本科高校必须采取灵活多样的方式对学生思想工作加强引导，开展优良传统美德教育和中国革命教育。

山东协和学院建设精神文化以党的建设为保证。学校首创了董事会和校长、党建工作联络员以及党委三方共同进行党建工作的机制，创造性的在理论学习、组织管理、制度建设等方面提出了帮代进的工作方法。受到了全国和山东省高校党建工作组的认可和表彰，先后两次在全国会议上作为典型经验进行分享，山东省委多次宣传学校的先进经验，获得了多项全国性党建奖项，学校党委也被山东省和济南市评为先进示范单位。学校利用各种纪念日和节日时点举办各种形式的主题活动开展思想品德建设。举办老山精神、周边形势和改革开放一系列专题讲座和报告会，并把相关录像内容加进校园网使师生员工可以随时回看、自主学习。同时，各二级学院在各自范围内开展适合本专业性质和学生特点的相应主题活动，配合巩固学习效果。在建党节前期开展传承红色革命教育活动，举办相关讲座，并在校园网上举办向党说心里话等留言活动，利用互联网技术的广泛应用促进新时期学生的参与热情。每年都举办书法、征文、绘画、摄影、演讲、手工等比赛，鼓励全校学生参与其中，通过这些交流平台，扩大社会主义核心价值观教育的效果和范围。学校还表彰了优秀先进个人和集体，在校内树立身边的模范榜样引导师生员工培育和践行社会主义核心价值观。

2. 中华优秀传统文化传承

民办本科高校重塑精神文化需要传承中华优秀传统文化。中华优秀传统文化是中华民族五千多年文明历史发展过程中形成并扬弃和积淀发展起来的精神内涵的精华部分，不仅在各历史时期起到积极的作用而且具有重要的现代价值的思想文化，时至今日仍然是深化改革和实现民族复兴生意盎然的民族精神动力和力量。① 张岱年（1996）认为包括古代唯物与民族独立的爱国主义、无论鬼神、辩证和人本思想等。② 以爱国主义、忧患意识为核心的中华民族精神；仁爱孝悌、谦和好礼的人与人相处之道；厚德载物、有容乃大的和谐思想；重义轻利、富贵不淫的伦理道德观念；天人合一的人与自然的和谐相处之道都是代代传承的中华民族价值观，是民族文化的精神命脉和源头活水，是大学精神文化的支持和动力来源。中华优秀传统文化的传承和弘扬根本宗旨在于立德树人，是师生员工思想道德素质提高、课堂德育实效性的重要支持和保障，也为大学精神文化提供了丰富的内容和发展的动力。

民办本科高校传承中华优秀传统文化可以从以下方面展开。首先，学校管理层要制定传承中华优秀文化的决策，充分认识到中华优秀传统文化的思想力量。其次，教师要接受关于中华传统文化的培训讲座，增强对中华优秀传统文化的理解，并将中华优秀传统文化与学生的课堂学习结合起来，增加中华优秀传统文化知识课程，传授中华优秀传统思想、价值观和道德观提高学生道德修养，通过古诗词、曲赋以及琴棋书画等教育提高审

① 《从延续民族文化血脉中开拓前进　推进各种文明交流交融互学互鉴——习近平在纪念孔子诞辰 2565 周年国际学术研讨会暨国际儒学联合会第五届会员大会开幕会上的讲话》，载《人民日报》2014 年 9 月 25 日（02）。

② 《张岱年全集》，河北人民出版社 1996 年版。

美能力，使学生认识到中华优秀传统文化与现实生活的联系而产生认同感和自信心。再次，在课堂之外，通过阅读经典书籍等途径弘扬仁义礼智信等优良民族精神，通过传统节日和传统民俗传递中华优秀传统文化精神内涵。中国有各种各样的传统节日，仅汉族的传统节日就有将近 50 个之多，更何况我国拥有 56 个民族，各地还有自己独特的民族节日。将传统节日的精神文化要素融在各类形式的校内活动和社会实践活动中，加强对中华优秀传统文化的认知和感悟。例如纪念屈原的端午节体现了爱国主义精神的家国情怀与家庭和谐友善的价值观。民办本科高校可以借机举办包粽子、插艾叶等活动，使教职员工了解屈原的爱国事迹，增强爱国精神。最后，注重地方性与全国优秀传统文化相结合。民办本科高校服务地方经济社会，也受区域经济文化制约影响，大学精神文化与地方优秀传统文化因地制宜的整合，使大学精神文化具有独特性。教职员工更好地了解特殊的区域优秀传统文化才能更好地融入地方社会，为区域社会经济服务。

山东协和学院把优秀传统文化与现代教育思想相结合，创造性地形成了以"和合"为特色的协和精神。学校的协和精神文化品牌"和合"，寓意和谐与合作，包含拼搏进取、团结包容、崇尚科学、回报社会的奋斗、合作、求是、奉献精神。民办本科高校精神文化重塑需要打造独特的文化品牌。品牌（brand）最早出现在古挪威语，最初是指在自家马背等家畜身上烤上烙印来区分各自的私有财产，后来衍生出了现代品牌的概念。自 Gardner 和 Levy 首次在论文中提出品牌概念，中外众多研究者对品牌的定义做了大量研究（见表 6 - 8）。

表 6 - 8 　　　　　　　　　　品牌相关定义

流派名称	代表人物	定义
符号说	美国市场营销协会（AMA）、Philip Kotler	使自己的产品或服务有别于其他竞争者的一个名字、术语、称谓、符号或设计，或是组合运用。[1]
情感说	Burleigh B. Gardner 和 Sidney J. levy	运用人类学和心理学知识使其满足顾客理性和情感需要。[2]
关系说	奥美公司	是消费者与产品的关系，形成 Brand Management System。

续表

流派名称	代表人物	定义
资源说	Alexander L. Biel	是一种无形资产，提出了 Biel Model。③
品牌个性化	Lynn B. Upshaw	不同消费者的特性决定了需要赋予品牌个性化特征；多密度频繁出现体现产品个性的广告形成了著名品牌。④
品牌生态说	张焱	引入生态学理论，形成了品牌生态系统、品牌生态管理和品牌生态学。⑤

①Philip Kotler. Marketing Move: A New Approach to Profits, Growth and Renewal [M]. Harvard Business School Publishing Corporation, 2002.

②（美）伯利·加德纳和西德尼丁·李维:《产品与品牌》，载《哈弗商业评论》，1955 年。

③Alexander L. Biel. *Advertising and Consumer Psychology* [M]. Psychology Press; UK ed, 1993.

④Lynn B·Upshaw. *Building Brand Identity—A Strategy for Success in a Hostile Marketplace* [M]. Chinese Language Edition Published by TsinghuaUniversity Press, 1999.

⑤张焱、张锐:《品牌生态管理: 21 世纪品牌管理的新趋势》，载《财贸研究》2003 年第 2 期。

　　品牌一般在商品经济管理领域里进行研究，民办本科高校与之有着天然的联系。民办本科高校精神文化品牌是品牌理论在大学文化重塑中的运用，通过发挥彰显大学精神文化媒介和载体功能的有生命力的文化符号，架构出自己的强势标志并在师生员工和社会大众心中留下深刻烙印。具有民办本科高校特色、个性鲜明的文化品牌是大学文化发挥吸引力和影响力的独特因素，凝结彰显和传递着大学的精神及其价值，能够滋养师生员工和社会大众的心灵和精神，有益于提高大学精神文化的知名度和大学的美誉度，在校园内外形成强烈的认同感、影响力、吸引力、凝聚力、忠诚度，提升大学精神文化服务和育人方面的作用，推动大学精神文化进一步繁荣发展。

　　民办本科高校的生存与发展，除提高自身办学水平以外，还要借助品牌这种软实力的重要载体，树立鲜明的精神文化形象，展示与众不同的精神文化特质。打造民办本科高校精神文化品牌可从以下方面着力。首先，进行品牌定位，就是民办本科高校借助品牌将自己精神文化的优势特色与师生员工和社会大众的价值需要进行关联。其次，进行品牌命名。无论是创立全新的品牌，还是延续现有的品牌都必须体现民办本科高校精神文化的内涵，在外观标志设计上做到简洁明快，容易传播，能被广大师生员工和社会大众迅速认可和记忆，并能达到长期稳定的要求。最后，作为无形资产的民办本科高校精神文化品牌也需要进行品牌营销管理，利用"互联网＋"和各种文化活动等宣传形式融合新旧媒体多维度传播文化品牌，向全体师生员工和社会大众传递着无形的精神力量和文化价值，为教学科研、人才培养、服务地方等提供良好的精神文化环境氛围。山东协和学院连续多年投入数百万资金举办免费乡村医生培训提升基层医护技术能力水平回报社会，并向全省高考生免费提供考试文具。经过持续十几年的公益活动树立了具有广泛影响力和美誉度的"和合"精神文化品牌。

3. 创新精神培育

民办本科高校文化重塑中的精神文化包含了创新精神培养。在中文里"创"出现于《广雅》："创，始也"；新，与旧的意思相反。在英语中源于拉丁语的 Innovation 的意思是更新原有的、创造出新的、发展和改变原有的东西。经济学、哲学、社会学以及建筑学等领域的学者对创新进行了大量研究。哲学中，创新是一种人的增加利益总量的创造性实践行为。约瑟夫·熊彼特（Joseph Alois Schumpeter，1912）首次把创新的概念引入经济学领域，认为创新实现了对生产要素或条件的"新组合"，提出产品创新、工艺创新、市场创新、资源配置创新和组织创新的理念。[1] 随后大批专家对技术创新以及在社会经济发展过程中的作用进行研究。彼得·德鲁克（Peter F. Drucker，1985）把创新与企业家精神定义为所有企业和机构有组织、有目的、系统化的工作。[2] 社会学家认为正是人类不断的创新才使人类社会从原始社会一直发展到现代社会。[3] 创新是上到国家下到企业和个人的核心竞争力，是发展的动力。创新既是民办本科高校生存和发展的保障，又是应用型人才的必备素质能力。创新是文化保持旺盛生机和发展内在的不竭动力，是文化的创造性转化，是质的提升。大学拥有知识精英和大学生这种文化资源，大学文化理所当然的处在社会文化发展的前沿引领社会前进，大学精神文化的传承和繁荣发展需要不断创造出新的思想理论和方法，这都离不开创新。创新精神是指可以综合运用全部知识、各

---

① （美）约瑟夫·熊彼特著，王永胜译：《经济发展概论》，华夏出版社 2015 年版。

② （美）彼得·德鲁克著，蔡文燕译：《创新与企业家精神》，机械工业出版社 2007 年版。

③ 侯衍社：《马克思的社会发展理论及其当代价值》，中国社会科学出版社 2004 年版。

项能力和方法，提出新的解决问题的方法和观点的思维能力和进行发明创造、革新所必须的百折不挠的意志和勇气、坚定成功的信心和智慧。① 大学精神文化中的创新精神发扬了师生员工的自主提升发展意识，激励大学生合理竞争向全面发展的方向上努力。

民办本科高校培养创新精神的培育可以从以下方面展开。

首先，需要提高师生员工相关专业的知识水平。创新建立在扎实的理论基础之上，民办本科高校应建立科学的双师双能型教职工培养成长制度，提升教师的教学科研水平和实践能力。提高管理人员的管理能力和职工的专业水平，定期对专业技术人员进行继续教育工作。加强教职员工自我反思，反思是对自己的岗位工作过程和结果进行思考、审视和分析，是专业技能发展和自我成长的核心因素。

其次，要培养批判性思维以及怀疑的态度。苏格拉底认为只有疑难才能产生新知识。陈寅恪认为大学培养的人才应该具有精神独立和思想自由的特质。真理只有满足一定条件才能成立，所以即使是对待真理也需要不断的质疑和探索，同样老师并不一定拥有真理，当条件不断变化时，有些真理可能就会变成谬误，所以要勇于质疑传统、权威，敢于向其挑战。师生员工应主动地发现工作中出现的问题，不盲从和迷信领导和公认的权威，理性批判。

再次，需要师生员工发挥自我的主观能动性，准确分析了解自身的创新意识并进行发挥，并不断发展主观能动性以适应环境的变化。如果没有好奇心和创新意识，就只能不断重复原来的工作流程和理论。即使开始创新，只要稍稍遭受失败就会丧失继续探索实验的勇气和信心。任何事情都不是一蹴而就的，所以要做好面临多次失败的可能。民办本科高校要制定鼓励创新的政策制度，允许创新过程中的失败，但要做好失败的经验总结以备后用。创新过程中需要理论联系实践，在实践活动中完善巩固自己的创新精神，使书本知识与实践活动相结合。创新接受实践的检验，只有通过实践的检验，才能提高师生员工的创新精神。

最后，创新精神培育需要遵循循序渐进的规律。影响创新精神的因素

---

① 马敬峰、鲁保富、陆开宏：《基于学生创新精神和实践能力培养的实验教学内容改革与实践》，载《中国高教研究》2008 年第 11 期。

和环境不断变化，所以创新精神的培养需要一个长期曲折发展的过程。

山东协和学院在地方普通本科高校中首创了完整的创新创业教育体系，不但取得了良好的教育效果，还多次获奖，受到国家、其他院校和社会的好评。自 2015 年起多次被评为国家级典型经验高校、改革示范高校。学生在带队指导老师的启发带动下，努力拼搏，在国家和省级各专业创新创业大赛中取得了突出成绩，夺得多项金奖，激发了学生和教师进行创新创业的积极性，展示了学校培养人才的能力和水平，也传播了学校开拓创新的精神文化。

二、制度文化重塑

(一) 制度文化重塑相关研究基础

我国学者对大学制度文化建设方面提出了一定观点。李长吾等（2008）认为应以绿色管理理念进行科学决策、以人为本、主动意识建设大学制度文化。[①] 万健等（2012）认为应以人本为出发点，充分发扬民主，加强管理程序和坚持制度刚性四方面加强制度文化建设。[②] 但是直接研究民办本科高校制度文化建设的相关研究亟待提升。

(二) 制度文化重塑的基本原则

民办本科高校进行制度文化重塑应坚持民主正义、以人为本以及稳定性等原则为基础。

1. 民主正义原则

民主原则主要体现在三个方面，首先，立法主体范围要广要多元化；其次，立法内容以保障人民的人权、利益和自由为原则，必须涵盖全体人民的权利，即要保障多数人的利益也要保护少数人的利益；最后，立法过

[①] 李长吾、李莉、钱强：《绿色管理理念——大学制度文化建设的新视角》，载《中国高教研究》2008 年第 4 期。

[②] 万健、卢忠菊、赵烨烨：《文化结构视角下的大学制度文化建设》，载《中国高等教育》2012 年第 19 期。

程和立法程序废除人治具有民主性。① 在中文里，正义最早出现在《荀子》"不学问，无正义"。在英语里，正义"justice"源于拉丁语"justi-tia"，具有正义、正当、公平、公正等含义。柏拉图则认为正义就是每个人做好自己本职工作。② 约翰·罗尔斯（1971）认为每个人都有公平的机会获得各项职位和地位；使社会中处于最底层成员能获得最大的帮助和利益。③ 民办本科高校重塑制度文化应坚持民主正义原则，做到程序民主、程序正义、结果正义，允许尽可能多的师生员工参与到制度的制定、修改、完善和执行过程，增强民主性与参与度，使其拥有更大的参与权、知情权、监督权、发言权，鼓励敢于批判质疑的行为精神，并对制度制定和运行全过程实施民主监督，使建章立制的过程成为全校共同意志形成的过程，减轻师生员工对制度的漠视抗拒情绪，切实增强规章制度的内在效力。尽可能减少官本位顽疾，防止独断专行，制度面前人人平等，每个大学人都平等地遵守制度，也平等的受制度制约和保护。

2. 以人为本原则

在我国最早出现"以人为本"一词是在《管子》，"人"是相对于神或物而言的，"本"是根本的意思，整个词指的是以人民的利益为做事的根本。民办本科高校重塑制度文化应坚持以人为本原则，维护、发展和尊重师生员工合法权利和诉求，代表了包含学生教师在内所有大学人的意志和根本利益，使大学与全体大学人共同发展。以人为本的规章制度是严而不酷的，在规范约束师生员工行为的同时，激励全员进步，以促进全体大学人的进步成长为根本出发点。学生决定着民办本科高校的生死存亡，所以制定规章制度时要以学生的全面发展为目标，激发学生的潜能，培养应用型人才。民办本科高校的老师流动性较大，制定规章制度时要考虑到其精神生活和独立人格，满足其发展需求，肯定其品德、才能、努力和价值，促进教职工队伍的稳定发展，以好的制度留人才。规章制度在潜移默化中规范师生员工的价值取向，师生员工自我价值实现的同时实现民办本科高校转型发展的目标。

---

① 张文显：《法理学》，高等教育出版社 2011 年版。
② 赵敦华：《西方哲学简史（修订版）》，北京大学出版社 2001 年版。
③ （美）约翰·罗尔斯著，何怀宏译：《正义论》，中国社会科学出版社 2001 年版。

3. 稳定性原则

民办本科高校重塑制度文化应坚持稳定性原则，规章制度一经制定和颁布实施就像国家法律一样必须保持其严肃性和权威性，决不能随意修改、中断和废弃，这是制度富有生命力的表现。已颁布的规章制度是根据国家法律法规政策、高等教育规律和学校的基本情况制定的，由学校强制性的保证教学科研管理工作稳定开展运行。国家的法律法规政策具有稳定性和连续性，民办本科高校的办学理念、决策规划等基本情况短时间内也不会出现重大改变，这决定了学校内部制度总体上同样具有稳定性。制度的权威性持久有效，如果规章制度可以随意地朝令夕改，那么制定规章制度就没有了意义，师生员工的工作学习就没有了规约。这就要求民办本科高校在制定颁布规章制度时要更加谨慎，同时制定具体严格的"立改废"程序。当学校外部政策或内部情况发生重大改变，需要修改规章制度时，严格按照废改立程序进行修订。

（三）制度文化重塑的路径

重塑民办本科高校的制度文化可以从以下方面进行。

首先，以严谨的态度和科学的精神建构完善的符合学校实际情况的规章制度体系，使学校运行的方方面面有章可循、有制可依，对全体师生的行为进行约束、指导、规范和协调。完整的制度体系既包括针对学校所有人的校级层面的校训校纪校规等，也包括针对小范围的各职能部门、二级院系、各种学生社团协会、班级内部甚至小到宿舍内部的规定公约等。制定的规章制度要具有合法性、权威性、实效性和可操作性，应当同国家法律法规保持高度一致，切实推行依法治校和按章办事，维护制度的严肃性，弱化人为管理，尽量减少管理中的"人治"现象，强化制度管理并减少变动频率保证制度的相对稳定性。规章制度的文字必须明晰易懂、简洁凝练，不能存在多重含义的字词，使师生员工能准确明了地理解制度，清楚违反之后的结果。只有建立起一套行之有效的公正的行政管理程序性规章制度，使师生员工知道如何应对处理工作以及别人会做出何种相应反应，不再只看领导和管理者的眼色行事，在内心对制度认同，能自觉地遵守制度的规定才能最大程度上减少师生员工与管理层的矛盾，增强双方依赖和信任，并降低协作教学科研的成本，真正提升大学管理效率。教学工作是高校管理的中心环节，针对教师、学生、课程、教学方法等要素建设的优秀教学制度可以极大激发教与学两方面的积极性，提高教育教学质量。例如教师层面制定师德品质、基本教学规范、工作评价指标、晋升聘任选拔等规章制度。入职制度要保证人才的学历能力素质能够满足岗位需求，调动年轻教师的学习热情；在职期间的教师培训制度保障提升教师的知识能力素质水平，以满足当前日新月异的知识更新；选拔制度有利于提拔优秀骨干年轻教师，发挥较好的激励效果。民办本科高校年轻教师比重较大，合理的选拔制度可以最大程度地满足教师个人发展的需求，实现事业留人，同时也提升了学校教学科研质量。学生管理制度建设包括学生党团组织、学生会、社团等所有对大学生课堂内外教育有关的规章制度；人事管理制度建设包括工资管理、人事档案管理、人才队伍建设三个方面；实验室制度建设要统筹规划提高实验室的资源利用率。

其次，优化权力分配方式，强化相应的责任制及监督约束机制，设置清晰的权力制衡的组织架构。在学校组织机构方面，要正确处理好董事会、校长、党委书记、教代会、职代会等之间的关系，不断完善董事会领导下的校长负责制和教职工代表大会制度，强化学校各部门和二级学院工作的制度化和中层干部组织管理职能，提高学校层级管理效率，避免机构臃肿、政出多头、人浮于事，保证学校各项工作卓有成效并然有序地进行。设计好相互监督与制约体系，防止各部门和二级学院内部自成体系独立运行，应赋予学校领导、部门院系负责人等决策领导层、管理干部队伍、教学科研人员与学生不同程度的控制权或投诉建议权，强化民主监督和民主管理程序，让学校内部建立统筹协调机制，提高解决内外部问题的效率，有利于扩大师生员工的参与和监督，有利于部门院系高效可控运转，有利于校领导操控大局。成立专门的纪检监察部门，依据各级纪律检查条例完善人员、财务、教学科研、工程建设、物资采购等人财物各个领域和环节的规章制度，建设仅用规章制度管理所有人权事的廉政文化以此防止贪污腐败等违纪违法事件。

最后，强化规则执行。再好的规章制度只停留在纸上就仅是条文，要切实践行规章制度，规章制度对事不对人，任何人只要触犯制度就必须受到惩罚，树立制度的权威性，实现制度文化育人。蔡元培任北大校长期间解聘了一位违反校纪的作为英国公使亲信的教员，即使黎元洪讲情，甚至进行诉讼，也没有改变决定，使北大成为当时中国最规范的大学。第一步是学习掌握规章制度，使每个大学人都能了解学校的基本规章制度，尤其是跟自己工作学习有关的行动指南，增强归属感、认同感和是非观念。教职员工要学习教育教学科研管理制度、人事管理制度、财务管理制度、内部运行管理制度等，学生要学习掌握《学生手册》等。第二步是严格按照学校的规章制度做事，加大制度的落实力度，指导约束全体教职员工的行为，并且对全体教职员工的执行情况进行监督检查考核。管理层要严格落实学校管理制度和程序实行法治管理，带头严格遵守执行制度，杜绝人大于法现象；教职员工要按照相关规章进行教学科研工作，使管理更加公开透明；学生不做违反学校规章制度的事情，自我管理的内容和执行水平都受制度建设的影响。第三步是始终如一地进行制度文化建设，需与学校的总体发展相适应，定期检查制度执行情况，经过相当长的一段时间形成常态化的师生行为习惯。

山东协和学院制定了一系列完整的符合国情校情的规章制度。诸如围绕应用型人才培养和双师双能型教师培养方案，深化教师绩效评价为核心的人事制度变革，建设一支师德师风优良、专业业务娴熟，具有较强社会服务能力的"双师双能型"教师队伍，推进教育教学质量和人才培养质量的提升，得到省级教育行政部门和教育部专家的认可。山东协和学院还制定了指导学生的思想品德的文明行为和礼仪公约以及相应的考核办法，培养文明礼貌的良好习惯。

三、物质文化重塑

（一）物质文化重塑相关研究基础

国内外学者对于大学物质文化建设的研究都比较少。约翰·亨利·纽曼（John Henry Newman，1852）认为大学校园里的每一处物质形态都是大学人教学科研学习生活的物质条件，涵养着其中所有师生员工的道德品质和文化气质；大学的建设理念是通过修建构建实体建筑和体现独特的精神含义。[①] 斯威伍德（Alan Swingewood，2003）则认为最聪明的教育来自学生周围环境的最高明的材料，好的材料即指一所好的大学，也可以指学识渊博的老师激发学生学习热情从而增强学习效果。[②] 蒋梦麟（1928）认为教育需要在物化秀美鸟语虫鸣的自然景色内进行，不可以在各种害虫出没的较差环境里学习工作。[③] 刘佛年（1951）认为到处都有绿化、干干净净的校园使人愉快、精神振奋，自然提升教职员工素质连痰也吐不下去。[④] 仇中海（2004）认为大学物质文化应考虑地域性、形象性、生态性、学科性、人文性、情感性和发展性的特性。[⑤] 陈德奎（2007）探讨了环境文化、设施文化、治学积淀及队伍文化的育人意蕴，并提出了建设高校物质文化的原则。[⑥] 民办本科高校物质文化具有传承性与延续性、展示性与标识性、开放性与时代性、批判性与选择性的特性，全体教职员工生活工作在其中的物质文化是大学文化育人的最好载体，具有熏陶、美育、自我教育等育人方面的功能和作用；应该形成内涵丰富、生机蓬勃的高校物质文化环境，并体现人文关怀和文化品位。

（二）物质文化重塑的基本原则

民办本科高校进行物质文化重塑应坚持客观性、科学合理以及人文关怀等原则为基础。

1. 客观性原则

民办本科高校重塑大学物质文化时要遵循客观性原则。客观性原则指的是物质是第一性的，不依赖于意识的存在而存在，相对于思维、精神、主观具有决定性的地位和作用。[⑦] 民办本科高校重塑大学物质文化应尊重自然物质的客观存在性，并把客观性放在首位，坚持马克思主义唯物的辩证法，崇尚自然保持高校内外部生态系统的稳定与平衡。大学物质文化虽

---

① （英）约翰·亨利·纽曼著，高师宁等译：《大学的理念》，北京大学出版社2016年版。
② （英）斯威伍德著，冯建三译：《大众文化的神话》，生活·读书·新知三联书店2003年版。
③ 蒋梦麟：《蒋梦麟教育论著选》，人民教育出版社1995年版。
④ 眭依凡：《大学文化思想及文化育人研究》，浙江大学出版社2016年版。
⑤ 仇中海：《论大学物质文化的特性》，载《中国高教研究》2004年第9期。
⑥ 陈德奎：《大学校园物质文化建设及其育人意蕴》，载《群众》2007年第12期。
⑦ 《马克思恩格斯选集》，人民出版社2012年版。

然是由人设计建造的，体现了该校独特的精神和文化，但是不同类型的校园物质文化具有不同的物质属性和用途，所以不能仅仅为了体现精神特质而违背客观性原则。建造学校建筑首先要严格按照民用建筑的规范条例文件实施，其次要符合各自功能的需求。如在建设教学楼时必须满足老师授课学生上课的要求，实验楼要满足学校相关专业师生的实验需求，图书馆要满足网罗尽可能高层次和范围的纸质和电子资源以供校内人员学习参考的要求，创新创业孵化中心要满足学生创业所必需的场地办公设备等需求。

2. 科学合理原则

民办本科高校物质文化种类纷繁复杂品种多样，重塑物质文化需要遵循科学合理原则。根据民办本科高校所处地域、财力、特色专业等，科学合理的建设校园建筑和人文景观，实现专业化、现代化和配套化。首先，每所民办本科高校都有独特的发展轨迹与文化背景，要根据自己的实际能力和现实条件，尤其是根据自身特点确立的独特大学精神进行物质文化建设。其次，各种物质文化普遍联系，组成一个庞大的大学物质文化系统。在重塑大学物质文化时要合理兼顾各个物质要素的特点，充分发挥各自功能，不能顾此失彼形成短板。最后，科学合理地区分功能区，合理配置校内资源，满足高校教学科研管理运行发展的需要。

3. 人文关怀原则

民办本科高校物质文化也具有育人的功能，重塑大学物质文化时要遵循人文关怀原则。人文关怀是指以实现人的全面自由发展为根本目标和宗旨，优化生存环境和学生学习环境。① 民办本科高校不仅要传授知识，更要育人，让学生成为具有正直的情操、完善的人格、勇于担当的高素质应用型人才。每个民办本科高校物质文化都反映出独特的办学理念和大学精神，让学习生活在其中的师生员工深受其熏陶，自觉地规范言行举止，对师生员工的行为品德产生积极影响。

（三）物质文化重塑的路径

民办本科高校物质文化重塑时首先要做好统筹规划。所做规划要符合

---

① 伍揆祁：《思想政治教育人文关怀论》，中国社会出版社 2007 年版。

学校发展理念和定位，考虑学校长远发展规划，体现学校精神文化内核，而不是仅仅注重高档豪华和数量。北大的沙滩红楼通体用红砖砌筑和红瓦铺顶是中国新文化运动的标志性建筑。同时期的清华聘请美国著名建筑设计师亨利·墨菲进行校园总体规划，大礼堂、科学馆、图书馆、体育馆等都采用了符合留美预备学校定位的西式风格。美丽的大学校园永远是最直观形象的名片，综合运用艺术语言对民办本科高校文化和学校的整体形象进行视觉展现。其次在建筑布局风格上要规划合理、风格一致、精心布局与当地自然地理环境相协调，因地制宜，还要与当地地域文化相适应，适当地糅和传统文化元素。规划校园建设时体现人与自然和谐相处的思想，融入中华优秀传统文化，合理规划设计同时满足使用功能、审美功能和育人功能。教学楼群、实验中心、创新创业孵化基地、图书馆和宿舍楼群错落有致，分布在校园中；体育场馆和运动场所布局合理、设施完备，为师生进行体育健身活动提供场所和物质支持。

1. 学校建筑设计

在民办本科高校建筑方面，教学楼、图书馆、实验室、创新创业孵化中心、运动场馆学生公寓和食堂等基础设施建设应给师生提供充分的发展空间和物质支持。在教学楼中除了常规授课教室，还应划立教室空间建立大学生创业孵化中心和大学生创业实践基地等平台为大学生提供创业实践的机会。图书馆通过提供安静温馨环境的场所和丰富的馆藏资源，提高读者利用图书馆读书学习的兴趣和求知欲望。修建敞亮的馆舍，精心设计阅览室内外的布局和装潢，改善电子阅览室配备的软硬件条件，更新图书馆藏文献资源，增加学校相关专业知识和专业技能等培养应用型人才的书籍，提高馆内纸质和电子等各类资源的使用效率。培养高素质应用型人才的特殊性决定着学生需要掌握的知识和技能必须与基层生产实践要求紧密联系，学校必须把实验实训课程教学等实践性教学环节放在重中之重，因此对民办本科高校的实训中心和实验室建设提出了更高的要求。这就需要扩大实验室，加强实验室器材投入，更新器材，与现实中企业的生产流程相适应，满足培养应用型人才的要求。随着社会经济水平的提高，人们的健康观念越来越强，强健的体魄与专业知识和能力一样成为当代大学生必备的素质。民办本科高校要建设如篮球馆、足球场、羽毛球馆、乒乓球馆、游泳馆等多种运动场馆，还要经常对运动设施进行检修，以满足学生不同运动兴趣的需求，同时吸引更多的学生参加自己感兴趣的体育类别锻炼身体，实现放下手机不做低头族，离开电脑走近运动场，即增强了体能和身体素质又减少了心理疾病发生的可能性、拓宽了职业选择范围。学生大部分课余的生活都在集体宿舍中度过，学生和家长对住宿和生活的要求随着经济水平的提高而提高。民办本科高校应合理设计宿舍的构造布局和完备生活设施，如安装空调、不间断热水供应、高速宽带网络等，为学生提供温馨、舒适、整洁的居住环境，为学生学习提供保障。除了建筑物本身，建筑物外表和内部装饰更容易进行更改以适应民办本科高校文化重塑的要求。按照重塑大学文化的内涵和精神重新装修建筑物外墙的颜色、装饰物等。重装之后，在建筑物内部悬挂与大学文化有关的名人名言警句或者诗词佳话以及校训规章制度。摆设具有中华优秀传统文化和爱国主义艺术作品或者装饰，如各类美术作品或博大精深的书法艺术作品，并在人员流动量大的场所设置先进事迹展板，让学生置身于浓厚文化氛围中。

山东协和学院十分重视物质文化建设。投入大量人财物资源进行教学设施等育人环境建设，大部分教育经费用于优先改善办学条件。投入大量资金建设各学科专业实践教学设施，如建筑工程、机电、计算机、经济管理、医护实验、学前教育中心、汽车实验、外语实验和网络与教育技术等十大类实验实训中心，下设 44 个综合实验室，包含 197 个功能实验室，仅相关教学仪器设备的总投入就超过了 1.2 亿元。在全校师生的共同努力下山东协和学院的医护实验教学中心被评为国家级实验教学示范中心和国家级虚拟仿真实验中心两项最高荣誉。截至 2017 年，山东协和学院已经与山东省千佛山医院、中兴公司、青岛澳柯玛股份有限公司、中国重汽集团、山东银座泉城酒店有限公司等单位合作，建设校外实习实训基地一百余个，其中国家级大学生校外实践教育基地 1 个，中央财政支持、山东省重点建设的实训基地各 1 个。两个图书馆总的建筑面积达到近四万平方米，阅览座位近五千个。截至 2017 年底馆藏纸质图书达 187.31 万册并在不断增长；馆藏电子资源 45TB；馆藏购买和合作数据库有 37 个之多。山东协和学院十分重视培养学生具有强壮的体格和身体素质，建设了包含多功能体育馆、乒乓球室、健身房、舞蹈室、大学生体质测试室等近五十个室内外运动场所，总面积达 10.2 万余平方米。

2. 学校标识设计

民办本科高校的校门、校匾、徽记等含有莫出其右象征意义的学校标识，融汇了办学理念和学校精神，是大学文化的浓缩和外在表现形式，广泛地使用在学校的各类教学实践活动中，印在醒目的地方具有极强的形象宣传功能，在全体教职员工和各届同窗心中占有重要地位。如具有清华大学象征意义的拱形门；北京大学正门校匾的校名是毛泽东在建国初期给北大校徽亲笔书写的墨宝同比例放大形成的。基本上每个去北大清华的人都在校门前合影留念，这充分体现了校门校匾的精神意义。校徽是大学形象传播的最常用的标识，经常出现在学校的宣传品和活动招牌中，印在学校教职工的名片上。鲁迅受时任北大校长蔡元培的委托负责校徽的制定，采用中国传统的瓦当形象，由上部背对背两人和下部一个正面站立的人像组成，取"三人成众"之意，标志着背负开启中华民众智慧的任务，人的造型也突出体现了自由兼容的人本办学理念。山东协和学院校标由代表同心同德的两个同心圆组成和以代表生机、创新与激情的橙红色为主要色调，中文字体为欧阳中石所题。内圆为红底白字的阴刻篆体"和"字，外圆上下分别为白底红字的中英文学校名称。校徽为白底橙黄色文字，也是由代表同力奋进的两个同心圆组成。橙黄色的字寓意每一位师生员工在给人温暖的山东协和学院充满青春活力的快乐学习成长。外部圆环同样绕着中英文校名，表示学校既重视中华优秀传统文化，又具有国际化视野，兼具多元化文化众家之长。双圆环中间是代表"山东协和学院"校名和学院特有的"和合文化"两个内涵。

3. 园林景观设计

民办本科高校要打造优美高雅的自然园林景观，大学校园中的历经岁月的古树、各具特色的校园亭台、雕塑、喷泉、山石、草坪和花朵，一草一木一石头都可以为学校文化着色添香，是培育人才的第二讲台，每一个角落都能传达和延续学校传统和深刻的精神文化内涵，潜移默化地滋养着、感召着每一个生活在其中的大学人。尤其是被赋予了精神的人文景观很容易成为大学文化的标志，这些最知名、最醒目的校园景色，传播文明和养成道德，形成浓郁的大学文化氛围。莘莘学子每天徜徉在校园景观中，晨诵暮歌学习成长，提高学习效率和审美水平等人文素质。合理规划校园里的道路，并以地理名称、国学经典等为依据命名，每一条道路都是校园里一首优美的诗歌、一部浓缩的文学典籍，不仅可以潜移默化地影响师生的情趣和个人修养，还有助于提升大学文化的档次和品位。对学校产生重要影响及与专业有关的名人塑像，塑像下面还镌刻着名人生卒年代及其名言警句和与学校的渊源，如南开大学的周恩来雕像永远是校园里最著名的人文景观和永久丰碑，给师生们以历史人文精神和科学精神的熏陶。山东协和学院实行学院人文景观建设工程，在校园建设布局上进行科学合理系统的规划，一直坚持建设优美高雅的物质环境文化。特别邀请欧阳中石进行校名题词；一进入校园就能看到主干道旁遮天蔽日的大树；校园建筑群被大大小小几座广场分隔开，四季常青的灌木衬托着不同季节开花的花朵；建筑内部和广场等公共场所竖立着南丁格尔等名人雕像，教学楼、图书馆、实验楼等建筑走廊楼梯间都悬挂有科学家画像。人们徜徉在山东协和学院校园中处处都可以感受到奋发向上、创新求变、科学务实的文化氛围。

4. 校园网建设

民办本科高校还要加强校园网建设。随着网络和移动智能终端的普及，很多民办本科高校学生也沉迷网络成了低头族中的一员。以计算机信息技术和智能终端为基础的网络文化迅猛发展，深刻地影响当代人的各个方面，融入师生员工的生活。因此在新媒体建设领域，微信、微博、校网站和客户端等成为了大学文化传播的重要阵地。要把这些新的载体建设成为弘扬主旋律、展示先进人物和典型事迹的宣传舆论新平台。策划开展网络专题活动、重大传统节日等活动，传播民族歌舞、民族音乐等艺术形式，增加宣传工作的吸引力、实效性。设置网络精品课讲堂板块，录制优秀微课慕课，迎合当代大学生的学习行为习惯，提高学生的学习效率。为师生员工提供实用专业的数字资源，还可以与地方企业合作一起构建地方产业知识特色数字资源数据库，满足学校各个专业师生教学科研学习的需求。建设网络实验实训教程，让学生在电脑上模拟流程进行操作，上机实战演练，完成按照相关专业的技能要求设置的实训操作项目，全面提升实践技能和实务水平。山东协和学院官网中建设"大学生思政教育"等专题活动抢先在网络上取得领导性地位。

5. 物质文化监管

民办本科高校还需增强对学校各类物质的监管和维护。完善校园安防监控系统，全天候、多方位的实时监控录像，完善安保体系，安保人员定时值班巡逻约束在校园中人员的行为，制止破坏学校的一草一木，保护各类建筑、校内园林以及教学生活设施。落实定点、定员和定岗的安全制度，确保日常安全检查无空白、无死角。严格管控进校人员和车辆，教职员工及其车辆凭证进出校门，外来人员车辆实行登记制度，从源头上防止随意张贴发放广告等污染损坏学校物质财产的行为。如有损坏必须及时发现，明确相关责任人，根据损害情况进行维修或是更换。还要使师生员工养成自觉维护公物的习惯和思维保证大学校园物质不被破坏，为培养高素质的应用型人才创造良好的物质文化环境。

参 考 文 献

（一）中文著作

［1］（德）雅斯贝尔斯著，邱立波译：《大学之理念》，上海世纪出版集团 2007 年版。

［2］（美）伯顿·克拉克著，王承绪译：《建立创业型大学：组织上转型的途径》，人民教育出版社 2003 年版。

［3］（美）丹尼尔·若雷、赫伯特·谢尔曼著，周艳、赵炬明译：《从战略到变革高校战略规划实施》，广西师范大学出版社 2006 年版。

［4］（英）M. 布劳格著，韩云译：《教育经济学导论》，春秋出版社 2014 年版。

［5］陈列：《市场经济与高等教育——一个世界性的课题》，人民教育出版社 1998 年版。

［6］黄达人：《大学的观念与实践》，商务印书馆 2011 年版。

［7］黄达人：《大学的转型》，商务印书馆 2015 年版。

［8］刘莉莉：《中国民办高等教育发展的研究》，吉林出版社 2001 年版。

［9］刘献君：《大学之思与大学之治》，华中科技大学出版社 2000 年版。

［10］潘懋元：《潘懋元论高等教育》，福建教育出版社 2000 年版。

［11］（美）伯恩鲍姆著，别敦荣译：《大学运行模式》，中国海洋大学出版社 2003 年版。

［12］（美）亨利·埃兹科维茨著，周春彦译：《三螺旋：大学产业政府三元一体的创新战略》，东方出版社 2005 年版。

［13］陈新民：《民办高校人才培养模式改革与实践》，浙江大学出版社 2007 年版。

［14］大学战略规划与管理课题组：《大学战略规划与管理》，高等教育出版社 2007 年版。

［15］东清:《知识管理理论与实务》,电子工业出版社 2005 年版。

［16］国庆:《市场营销管理:理论与模型》,中国人民大学出版社 1995 年版。

［17］李培根:《认识大学》,商务印书馆 2015 年版。

［18］潘懋元:《多学科观点的高等教育研究》上海教育出版社 2001 年版。

［19］陶西平、王佐书:《中国民办教育发展报告》,上海人民出版社 2010 年版。

［20］王庆如:《民办高校办学效益探析:以陕西高校为例》,福建教育出版社 2014 年版。

［21］杨德广:《高等教育概论》,华东师范大学出版社 2002 年版。

［22］张建波:《民办高校可持续发展研究》,国防科技大学出版社 2007 年版。

［23］张旺:《美国私立高等教育发展的制度环境研究》,知识产权出版社 2009 年版。

（二）外文著作

［1］Bruton R Clark. *The Distinctive College. New Brunswick* ［M］. Transaction Publishers, 1990.

［2］Burke W W, Noumair D A. *Organization Development (Paperback): A Process of Learning and Changing* ［M］. New Jersey: FT Press, 2015.

［3］Christopher J. Lucas. *American Higher Education* ［M］. New York: St. Martin's Griffin, 1994.

［4］Craig Prichard & Paul Trowler edited. *Realizing Qualitative Research into Higher Education* ［M］. Aldershot: Ashgate Publishing Limited, 2003.

［5］Cummings T G, Worley C G. *Organization Development and Change* ［M］. Boston: Cengage learning, 2014.

［6］Cummings, Thomas G, ed. *Systems Theory for Organization Development* ［M］. New York: J. Wiley, 1980.

［7］Derek Bok. *University in the Marketplace* ［M］. Princeton University Press, 2003.

［8］James J Dudersdadt. *A University for the 21st Century* ［M］. The University of Michigan Press，2000.

［9］L. David. Bradford. *Reinventing Organization Development*： *New Approaches to Change in Organizations*［M］. Publisher：John Wiley，2005.

［10］Schein E H. *Dialogic Organization Development*：*The Theory and Practice of Transformational Change*［M］. New York：Berrett – Koehler Publishers，2015.

［11］Smither R，Houston J，McIntire S. *Organization Development*：*Strategies for Changing Environments*［M］. Oxfordshire：Routledge，2016.

［12］Thompson J D. *Organizations in Action*：*Social Science Bases of Administrative Theory*［M］. Oxfordshire：Routledge，2017.

（三）中文期刊

［1］安黔江、颜宝平、陈朝坚：《产学研合作视角下的应用型院校人才培养模式探索》，载《教育与职业》2018 年第 6 期。

［2］白非、万圆：《校企协同实践教学体系：内涵、路径与关键问题》，载《现代教育管理》2014 年第 10 期。

［3］白泉、边晶梅、于贺、盛国华：《虚实结合的土木工程专业实践教学体系构建研究》，载《高等工程教育研究》2018 年第 4 期。

［4］别敦荣：《一流大学本科教学的性质、特征及建设路径》，载《中国高教研究》2016 年第 8 期。

［5］蔡敬民、余国江：《从"新建本科"向"新型大学"转变》，载《中国高等教育》2016 年第 12 期。

［6］蔡娜：《论高校现代化治理能力的实现》，载《黑龙江高教研究》2016 年第 8 期。

［7］曾永卫、易兵：《如何解决校企合作"一热一冷"问题》，载《中国高等教育》2015 年第 18 期。

［8］柴达：《应用型人才"3·3"制培养体系的构建与实施》，载《中国大学教学》2014 年第 6 期。

［9］钞小静、薛志欣：《新时代中国经济高质量发展的理论逻辑与实践机制》，载《西北大学学报（哲学社会科学版)》2018 年第 6 期。

［10］陈白璧：《海峡两岸大学校园文化建设路径比较研究》，载《教育评论》2018 年第 9 期。

［11］陈光磊：《高校转型背景下教师的自我转型之路》，载《西南民族大学学报（人文社科版）》2017 年第 9 期。

［12］陈华胜：《构建实践教学体系：以目标、逻辑、模式为视角》，载《黑龙江高教研究》2018 年第 3 期。

［13］陈慧：《"互联网＋"背景下高校师资队伍建设面临的困境及对策探讨》，载《中国职业技术教育》2017 年第 36 期。

［14］陈剑：《文化自信视域下的大学校园文化建设》，载《中国成人教育》2018 年第 17 期。

［15］陈金芳、万作芳：《教育治理体系与治理能力现代化的几点思考》，载《教育研究》2016 年第 10 期。

［16］陈蕾、李建启：《我国应用型本科教育的培养规格与培养模式》，载《黑龙江高教研究》2014 年第 5 期。

［17］陈莉：《创新创业教育视域下应用型本科院校"双师型"教师队伍建设探析》，载《教育与职业》2019 年第 6 期。

［18］陈强胜、高俊山：《中美高校创业教育的比较及启示》，载《湖北社会科学》2018 年第 9 期。

［19］陈文联：《公益性的持守：民办高校不容放弃的使命》，载《中国高等教育》2010 年第 18 期。

［20］陈晓雁：《基于中国－东盟自由贸易区发展需求的人才培养探析》，载《教育与职业》2017 年第 16 期。

［21］陈裕先、谢禾生、宋乃庆：《走产教融合之路　培养应用型人才》，载《中国高等教育》2015 年第 Z2 期。

［22］陈运生：《产教融合背景下高职院校专业群与产业群协同发展研究》，载《中国职业技术教育》2017 年第 26 期。

［23］陈子辉：《卓越工程师人才培养国内外校企合作模式比较》，载《实验室研究与探索》2017 年第 8 期。

［24］程芳：《基于 PPP 模式的欠发达地区地方本科院校实践教学研究》，载《黑龙江畜牧兽医》2018 年第 4 期。

［25］程刚：《新时代高校文化育人途径探析》，载《思想理论教育导刊》2018 年第 10 期。

［26］程光文、龚园：《面向行业的地方高校人才培养模式改革研

究》，载《中国大学教学》2015 年第 11 期。

［27］程武山：《传统文化传承与校园文化建设融合发展》，载《中国教育学刊》2018 年第 S1 期。

［28］初汉芳、张可、孟佳：《基于协同创新的高校众创空间的建设与探索》，载《实验技术与管理》2017 年第 2 期。

［29］崔虹云、尚东昌、肖仲杰：《高等教育人才培养模式中实践教学的改革与探索》，载《黑龙江高教研究》2014 年第 2 期。

［30］戴伟、纪伟：《"校地结合、校产结合"人才培养模式研究》，载《中国高校科技》2016 年第 11 期。

［31］邓敏：《新建本科院校应用型人才培养方案构建探索》，载《西南民族大学学报（人文社科版）》2015 年第 11 期。

［32］董发勤、李蓓、管国锋：《合作高校开放式本科人才培养体系的构建》，载《黑龙江高教研究》2014 年第 5 期。

［33］董晓红：《地方应用型本科高校实践教学体系研究——评〈应用型本科高校实践教学研究〉》，载《云南财经大学学报》2018 年第 6 期。

［34］董毅：《新建本科院校加强学科专业建设的探索——以蚌埠学院为例》，载《国家教育行政学院学报》2010 年第 4 期。

［35］杜才平：《地方本科院校专业设置：现状、问题及结构调整策略》，载《黑龙江高教研究》2011 年第 8 期。

［36］杜根长：《学生立场下的高职人才培养探析》，载《职业技术教育》2017 年第 20 期。

［37］段霖瑶：《大学教师与大学文化建设研究》，载《教育理论与实践》2018 年第 30 期。

［38］段向军、舒平生：《"中国制造2025"背景下高职人才培养研究》，载《继续教育研究》2017 年第 6 期。

［39］范玉鹏、余小波：《大学文化生态及其优化》，载《大学教育科学》2018 年第 6 期。

［40］方丽：《协同创新视域下的高校人才培养模式的重构与选择》，载《江苏高教》2014 年第 2 期。

［41］冯军、路胜利：《借鉴德国经验构建"六化"本科应用型人才培养模式》，载《高等工程教育研究》2019 年第 2 期。

［42］冯婷：《订单教育人才培养模式的冷思考》，载《教育评论》2016 年第 11 期。

［43］付坤、刘学军、王文权等：《普通高校本科实践教学质量管理探索》，载《实验室研究与探索》2018 年第 4 期。

［44］付晓容：《阿尔伯塔大学创新型人才培养实践与启示》，载《教育理论与实践》2017 年第 21 期。

［45］甘晖：《基于大学治理能力现代化的大学治理体系构建》，载《高等教育研究》2015 年第 7 期。

［46］高静、赵朝晖：《应用型高校大学生就业能力提升研究——基于麦可思 2018 年相关就业报告》，载《中国成人教育》2018 年第 12 期。

［47］高迎爽：《法国大学技术学院办学实践及其启示》，载《中国高教研究》2018 年第 10 期。

［48］葛晖、米俊魁：《地方高校转型背景下教师专业发展面临的现实困境与完善对策》，载《黑龙江高教研究》2018 年第 8 期。

［49］葛琳琳、贾银山：《大数据时代下高等教育人才培养的策略与思考》，载《黑龙江高教研究》2017 年第 3 期。

［50］顾永安：《应用本科专业集群：地方高校转型发展的重要突破口》，载《中国高等教育》2016 年第 22 期。

［51］顾云海、刘明：《地方本科高校转型发展与个性化应用型人才培养探索》，载《黑龙江高教研究》2018 年第 9 期。

［52］郭晨、赵晓燕：《贯通培养"一体化"课程体系构建》，载《中国职业技术教育》2017 年第 35 期。

［53］郭峰、冯春杏、张洪洋：《文化驱动：斯坦福大学创业教育的经验及其启示》，载《教育发展研究》2018 年第 Z1 期。

［54］郭红霞：《新建地方本科院校转型发展课程重构探析》，载《中国成人教育》2018 年第 7 期。

［55］郭建如、吴红斌：《地方本科院校转型对学生发展的影响及其机制分析——基于多层模型的分析》，载《国家教育行政学院学报》2018 年第 7 期。

［56］郭晶、刘瑞霞：《高校"政产学"协同教育体系人才培养建设》，载《中国成人教育》2018 年第 19 期。

[57] 郭军、汤道湘:《关于地方新建本科院校专业建设的思考》,载《高教发展与评估》2008 年第 5 期。

[58] 郭少东:《地方本科高校转型发展中的应用性科研体制建设》,载《中国高校科技》2017 年第 9 期。

[59] 郭树东、吕秋君、赵莉莉等:《地方本科院校转型发展的思考——以黑龙江工程学院为例》,载《教育探索》2017 年第 4 期。

[60] 何颖、蒋鲲、吴华洋等:《"四融合"人才培养模式的构建》,载《中国高等教育》2016 年第 7 期。

[61] 贺祖斌:《"双一流"建设背景下地方高校的内涵式发展》,载《中国大学教学》2018 年第 9 期。

[62] 侯爱荣:《应用型本科院校专业设置的内在逻辑与机制建构》,载《江苏高教》2016 年第 6 期。

[63] 侯德东、李天凤、陈广云:《主动适应 构建多元化教师教育培养模式》,载《中国高等教育》2014 年第 6 期。

[64] 胡赤弟:《论区域高等教育中学科—专业—产业链的构建》,载《教育研究》2009 年第 6 期。

[65] 胡钦太、张晓梅:《教育信息化 2.0 的内涵解读、思维模式和系统性变革》,载《现代远程教育研究》2018 年第 6 期。

[66] 胡松、蔡昭权:《威斯康星思想对我国地方本科高校转型发展的启示》,载《教育理论与实践》2018 年第 15 期。

[67] 胡婷婷、张文秀:《高校转型发展视角下的电子商务人才培养模式创新》,载《教育与职业》2016 年第 18 期。

[68] 胡艳芳、吴南中:《"互联网+"特色应用型高校建设》,载《中国职业技术教育》2019 年第 4 期。

[69] 胡燕、朱志平、章云清:《中国传统文化传承语境中的大学文化空间改造》,载《江苏高教》2017 年第 11 期。

[70] 胡玉玺、程海威:《现代大学制度文化建设:内涵、现状、策略》,载《现代大学教育》2016 年第 4 期。

[71] 华婷:《高校"产教融合、校企合作"的困境及出路》,载《中国高校科技》2017 年第 11 期。

[72] 华小洋、蒋胜永、朱志勇:《试论应用型人才培养体系的建

构》，载《高等工程教育研究》2017 年第 6 期。

［73］黄大周、农克忠：《"一带一路"建设需不断拓展人才资源》，载《人民论坛》2017 年第 22 期。

［74］黄靖：《"互联网＋"背景下高校人才培养特色》，载《中国高校科技》2017 年第 Z1 期。

［75］黄琳、隋国辉、王榕：《应用型转型背景下高校产教融合困境的破解机制研究》，载《黑龙江高教研究》2019 年第 2 期。

［76］黄明东、陈越：《调整与优化：教育学专业本科人才培养问题研究》，载《中国大学教学》2017 年第 7 期。

［77］黄倩：《"产教融合"人才培养模式探析》，载《中国高校科技》2017 年第 9 期。

［78］黄运平、姜明华、肖乃涛：《地方本科院校教育教学改革的方向和路径》，载《高等工程教育研究》2010 年第 5 期。

［79］贾建锋：《基于能力成熟度模型的大学创新创业课程体系构建》，载《高等工程教育研究》2018 年第 5 期。

［80］贾建国：《学校课程体系构建的发展性问题及其解决路径》，载《当代教育科学》2018 年第 5 期。

［81］贾双林、褚亚旭、陈雪等：《地方高校大学生创新创业训练计划项目的实施与管理》，载《实验室研究与探索》2017 年第 7 期。

［82］江定心：《基于"校企联合，科教融合"的创新创业人才培养模式的实践研究》，载《黑龙江畜牧兽医》2018 年第 14 期。

［83］姜海涛、王艳丽：《基于产教融合的高职旅游类专业"1346"人才培养模式探索与实践》，载《中国职业技术教育》2018 年第 28 期。

［84］姜思政、房元辉、李云波：《可持续发展应用型人才培养方案的构建研究》，载《黑龙江高教研究》2014 年第 3 期。

［85］焦金平、李学书、刘国艳：《多重实践观视野下实践教学的重构》，载《学术界》2015 年第 9 期。

［86］解厚荣：《全面发展理论视角下应用型院校创业教育的现实困境与对策》，载《教育与职业》2019 年第 5 期。

［87］康波、王继文、叶素梅：《校企协同联合培养创新创业人才的探索与实践》，载《黑龙江畜牧兽医》2017 年第 13 期。

[88] 柯珍堂：《精细化管理理论视角下应用型院校教学管理困境与对策》，载《教育与职业》2019 年第 4 期。

[89] 孔繁森、王瑞：《实践教学体系的框架模型研究》，载《高等工程教育研究》2017 年第 5 期。

[90] 冷雪艳：《应用型高校"双师双能型"教师队伍建设路径分析》，载《中国成人教育》2018 年第 20 期。

[91] 李北群、华玉珠：《行业特色高校协同人才培养模式改革：转型与路径》，载《江苏高教》2018 年第 4 期。

[92] 李翠芬、张煜、苏瑞珺：《应用转型本科高校青年教师结构调研分析——以广西为例》，载《职业技术教育》2018 年第 23 期。

[93] 李福华：《论现代大学学术制度化的特征》，载《教育研究》2016 年第 12 期。

[94] 李海龙：《论高等教育治理能力现代化的内涵》，载《江苏高教》2017 年第 4 期。

[95] 李建奇：《构建产教融合按需培养模式》，载《中国高等教育》2016 年第 20 期。

[96] 李克军、丁坤、赵博文：《新建本科院校应用型人才培养模式构建路径探析》，载《河北大学学报（哲学社会科学版）》2014 年第 6 期。

[97] 李松丽：《应用型高校实践教学教师队伍建设的策略》，载《学术探索》2016 年第 2 期。

[98] 李枭鹰：《高等教育内外部关系规律的元研究》，载《中国高教研究》2016 年第 11 期。

[99] 李枭鹰：《探幽与反思：走出大学教育信任危机的困境》，载《现代教育管理》2017 年第 8 期。

[100] 李晓东、顾正娣：《新时代高校师资队伍建设探索》，载《中国成人教育》2018 年第 9 期。

[101] 李校堃、李鹏：《地方高校推进产教融合的策略与思考——基于温州大学的分析》，载《国家教育行政学院学报》2018 年第 4 期。

[102] 李鑫、白凌：《以"卓越计划"为导向的应用型院校人才培养困境与出路》，载《教育与职业》2019 年第 6 期。

[103] 李友仕、李武修、孙丰鑫：《创建与运行校企共同体的问题和

策略》，载《教育与职业》2017年第16期。

[104] 李玉珠、常静：《高素质应用型人才培养定位、规格与体系建设》，载《中国职业技术教育》2019年第1期。

[105] 李云涛、王锁萍：《新建本科高校应用型人才培养的反馈机制研究》，载《江苏高教》2014年第2期。

[106] 李哲、孙帙、Spence Zaorski、森秀树：《日本高校教育技术专业人才培养分析》，载《现代教育技术》2017年第6期。

[107] 林爱菊、唐华：《公益创业教育：大学生创业教育的新拓展》，载《大学教育科学》2017年第3期。

[108] 林津晶：《基于经济社会发展视角的独立学院管理机制改革刍议》，载《教育与职业》2018年第22期。

[109] 林巍：《应用技术型高校人才培养模式研究——以温州商学院工商管理专业为例》，载《教育理论与实践》2018年第15期。

[110] 刘国买、何谐、李宁等：《基于"三元融合"培养应用型人才：新型产业学院的建设路径》，载《高等工程教育研究》2019年第1期。

[111] 刘海宏：《教师专业化理论视角下的应用型院校"双师型"教师队伍建设》，载《教育与职业》2019年第2期。

[112] 刘金福、李峰、万杰等：《校内科技创新实践基地的建设模式探索》，载《中国高校科技》2016年第12期。

[113] 刘军伟、冯征、吕勇等：《地方行业高校特色一流学科建设路径探析——以武汉科技大学为例》，载《研究生教育研究》2017年第4期。

[114] 刘亮军：《新工科：地方本科院校人才培养的新路径》，载《黑龙江高教研究》2018年第9期。

[115] 刘强、刘明维、黄芳等：《地方应用型本科院校产学合作育人体系的构建——基于上海工程技术大学产学合作教育的探索》，载《中国职业技术教育》2019年第1期。

[116] 刘献君：《应用型人才培养的观念与路径》，载《中国高教研究》2018年第10期。

[117] 刘晓宏、孔祥年：《高校产学研协同育人模式研究与实践——

以江南大学为例》，载《中国高校科技》2017 年第 6 期。

［118］刘欣：《走向工业 4.0 时代的大学人才培养耦合机制》，载《国家教育行政学院学报》2017 年第 7 期。

［119］刘秀清、葛文庆、焦学健、李丽君：《国家级虚拟仿真实验教学中心建设与管理》，载《实验技术与管理》2018 年第 11 期。

［120］刘彦军：《我国应用型高等教育的发展历程与展望》，载《高等工程教育研究》2018 年第 5 期。

［121］刘志军、王宏伟：《高校招生需要"精准选拔"》，载《清华大学教育研究》2018 年第 4 期。

［122］刘卓：《创新思维下应用型本科高校创新人才培养研究——评〈应用型人才培养的理论与实践〉》，载《高教探索》2019 年第 2 期。

［123］卢丽华、庞国彬：《地方本科高校转型发展：本质、矛盾与现实诉求》，载《高等农业教育》2018 年第 3 期。

［124］陆先亮：《新工科背景下应用型本科院校师资队伍建设》，载《教育与职业》2019 年第 5 期。

［125］罗晓东、戴庆伟、尹立孟、陈玉华、张丽萍、喻祖建、蒋月月：《互联网＋实践教学模式探讨》，载《实验室研究与探索》2018 年第 1 期。

［126］吕健安：《现代教学质量观视角下的应用型院校教师教学质量评价》，载《教育与职业》2019 年第 6 期。

［127］吕静：《地方高校转型发展背景下的传媒类专业校媒合作"一三一"育人模式》，载《教育与职业》2017 年第 19 期。

［128］马丹竹、贾冯睿、王卫强、潘颢丹：《"三元协同式"创新型工程应用人才培养模式改革实践》，载《实验技术与管理》2017 年第 5 期。

［129］马骅、张敏、何立巍：《高校师资队伍建设管理机制创新》，载《中国成人教育》2018 年第 22 期。

［130］马立新、宋广元、刘云利：《地方院校如何构建创新性应用型人才培养课程体系》，载《中国高等教育》2017 年第 24 期。

［131］梅国平、刘小强：《"以学习者为中心"的高校教学转型探析：信息技术发展的视角》，载《江苏高教》2018 年第 1 期。

［132］孟凡芹：《大众化高等教育人才培养质量标准体系模型构建——基于标准化系统工程理论视角》，载《高校教育管理》2017年第2期。

［133］孟悌清、张冬红、付文娟：《优化学科布局 强化教学管理》，载《中国高等教育》2015年第17期。

［134］穆厚琴：《地方本科高校办学定位转型的理性思考》，载《黑龙江高教研究》2016年第5期。

［135］倪胜利、张磊：《"一带一路"背景下西南民族智力资源开发的教育文化思考》，载《西南民族大学学报（人文社科版)》2018年第12期。

［136］潘建丹：《应用型本科院校数学建模课程"2＋3"教学模式的探索与实践》，载《教育理论与实践》2019年第3期。

［137］潘希武：《学校课程体系构建的基础性框架》，载《教育学术月刊》2018年第3期。

［138］彭新一、宋雪龄：《世界一流大学鉴借——以英国伦敦帝国学院的办学理念与实践为例》，载《中国高校科技》2018年第10期。

［139］朴雪涛：《大学中国模式：逻辑要义、基本特质与文化效应》，载《高等教育研究》2018年第9期。

［140］齐义山：《应用型高校教师专业能力发展的成长型心智模式》，载《中国成人教育》2018年第20期。

［141］强华、李正网、武时会：《高校实践教学考核方式探索》，载《实验技术与管理》2018年第6期。

［142］秦和：《新建本科院校应用型人才培养的探索》，载《中国高等教育》2015年第18期。

［143］裘广宇、张日益、黄建钢：《双创人才培养模式下的职业技术学校学生档案管理创新》，载《山西档案》2018年第6期。

［144］阙明坤：《民办本科院校向应用技术大学转型的困境与策略——基于全国141所民办本科院校的实证调查》，载《复旦教育论坛》2016年第3期。

［145］申燕：《转型发展背景下民办高校教师队伍建设调查研究》，载《中国成人教育》2018年第2期。

［146］沈忠华：《地方本科院校的转型定位与内涵发展》，载《社会

科学家》2017 年第 7 期。

[147] 盛莹、栗洪武：《地方院校办学定位原则的确立与人才培养目标的实现》，载《陕西师范大学学报（哲学社会科学版）》2016 年第 3 期。

[148] 石华：《中美成人教育人才培养模式比较》，载《中国成人教育》2018 年第 19 期。

[149] 石纬林、王轶：《大数据时代的高校师资队伍建设研究》，载《中国电化教育》2016 年第 7 期。

[150] 宋宝莉：《地方高校"三创"型人才培养与通识教育》，载《教育评论》2017 年第 5 期。

[151] 宋广元、李永平、刘云利：《实践创新能力是应用型人才培养的关键》，载《中国高等教育》2015 年第 Z2 期。

[152] 宋宏、夏焰：《高等学校学科专业结构改革机理与路径选择》，载《江淮论坛》2009 年第 5 期。

[153] 宋旭红、张继明、王玲、苑健、王希普：《高等教育分类管理的实践基础与路径设计——以山东为个案》，载《当代教育科学》2018 年第 11 期。

[154] 宋永华、伍宸、朱雪莉：《世界一流大学建设战略规划制定：英美顶尖大学的经验和启示》，载《高等教育研究》2017 年第 10 期。

[155] 苏志刚、尹辉：《科教产教融合——建设高水平应用型本科师资队伍》，载《中国高校科技》2018 年第 11 期。

[156] 孙绵涛：《大学治理：治理什么，如何治理》，载《教育研究》2015 年第 11 期。

[157] 孙苏奎：《服务区域是地方本科院校特色发展的实现路径》，载《江苏高教》2016 年第 4 期。

[158] 孙文菅：《新时代高校宣传思想工作的使命任务》，载《思想教育研究》2018 年第 9 期。

[159] 孙云飞、班建民、罗恒、陶重犇：《基于产教融合、协同育人的专业建设方案》，载《高教探索》2017 年第 S1 期。

[160] 田虎伟、宋书中、徐红玉、王雪燕：《供给侧改革背景下的地方本科院校专业结构优化调整——以河南科技大学为例》，载《中国高校科技》2017 年第 9 期。

[161] 汪伟：《协同创新与创新人才培养模式改革研究》，载《黑龙江高教研究》2015 年第 7 期。

[162] 王宝玺、于晴：《亚洲世界一流大学建设的特点及启示——以东京大学、新加坡国立大学和香港科技大学为例》，载《高校教育管理》2018 年第 6 期。

[163] 王富强、贺瑗、郑海霞、马晓、刘永平：《基于创新实践基地的创新人才培养模式探索》，载《机械设计》2018 年第 S2 期。

[164] 王红艳：《地方高校"双创"人才协同培养模式探究》，载《黑龙江高教研究》2017 年第 3 期。

[165] 王继元：《行业学院：应用型人才培养的时代要求》，载《江苏高教》2019 年第 3 期。

[166] 王坤庆、王治高：《论学校制度文化的价值取向》，载《教育科学》2015 年第 2 期。

[167] 王丽华：《国际化对我国高等教育人才培养模式的影响》，载《中国高校科技》2017 年第 4 期。

[168] 王良芬、赵赛南：《战略性新兴产业人才培养探讨》，载《中国高校科技》2018 年第 11 期。

[169] 王璐：《地方高校转型发展背景下教师主体性变化研究》，载《吉首大学学报（社会科学版）》2017 年第 S2 期。

[170] 王培石：《以培养方案改革为动力推动提高人才培养质量》，载《中国高等教育》2018 年第 Z2 期。

[171] 王书敏、郑士远、徐强、于洪卫、谢云成、宋力：《新建地方本科高校模型嵌入式特色专业集群构建与实践》，载《实验技术与管理》2015 年第 9 期。

[172] 王维坤、张德祥：《我国民办高校章程文本表达现状研究——基于 105 所民办本科高校章程的文本分析》，载《中国高教研究》2017 年第 7 期。

[173] 王伟、闫智勇：《我国应用型大学专业技术基础课程创新设计与提升路径》，载《教育与职业》2019 年第 3 期。

[174] 王晓刚：《思辨与创新能力培养模式下的应用型大学产教融合体系研究》，载《教育理论与实践》2019 年第 6 期。

［175］王新武、王北方：《新建本科院校转型发展中三位一体实践教学平台的建设与应用》，载《实验技术与管理》2018 年第 11 期。

［176］王颖：《微课背景下应用型院校的教学问题及应对策略》，载《教育与职业》2019 年第 2 期。

［177］王永春、周嵘：《应用型本科院校人事管理队伍职业化、专业化建设研究》，载《中国成人教育》2019 年第 2 期。

［178］王永红：《"以学习者为中心"人才培养模式的内涵解读》，载《课程·教材·教法》2017 年第 10 期。

［179］王绽蕊：《中国特色现代大学制度建设：愿景、任务与路径》，载《复旦教育论坛》2018 年第 4 期。

［180］王振：《改革开放以来高校文化育人的回顾与思考》，载《思想理论教育》2018 年第 12 期。

［181］王志强、李盛兵：《产业转型视角下本科院校学科专业结构优化探析——以广东为例》，载《高等工程教育研究》2018 年第 3 期。

［182］韦吉飞、张学敏：《中国需要多少所应用技术类高等学校——以制造业人才培养为分析视角》，载《教育发展研究》2017 年第 3 期。

［183］魏明：《改革开放 40 年我国职业教育课程改革历程审视》，载《中国职业技术教育》2018 年第 28 期。

［184］温潘亚：《新建本科高校应加强"双师型"师资队伍建设》，载《中国高等教育》2017 年第 Z3 期。

［185］吴靖：《新时期地方高师院校本科专业结构调整初探》，载《中国大学教学》2011 年第 12 期。

［186］吴满芳：《中职教育专业设置与产业升级关系探究》，载《职教论坛》2017 年第 5 期。

［187］吴秋凤、黄冠兰、于洪洪：《论大学文化建设的系统构建》，载《教育探索》2015 年第 3 期。

［188］吴仁华：《应用型本科高校专业集群建设探究》，载《高等工程教育研究》2016 年第 6 期。

［189］吴中波、李洋：《地方本科院校向应用型高校转型发展的意义及路径》，载《黑龙江高教研究》2017 年第 9 期。

［190］武秀霞：《制度创新与学校特色发展》，载《教育学术月刊》

2018 年第 7 期。

　　[191] 肖建中、余德华、朱一庆：《学科专业优势和特色培育的思考——以丽水学院为例》，载《中国大学教学》2010 年第 7 期。

　　[192] 肖柯：《儒家文化与大学治理：冲突与融合》，载《高教探索》2018 年第 10 期。

　　[193] 谢健：《地方本科高校复合应用型人才培养模式探讨》，载《教育理论与实践》2017 年第 36 期。

　　[194] 谢志远、戴威：《新技术变革与高等教育应对：建设一流应用型本科的应然、实然、必然之路》，载《高等工程教育研究》2018 年第 5 期。

　　[195] 谢志远、徐倩倩：《知识生产模式视角下应用型本科特色发展》，载《高等工程教育研究》2019 年第 2 期。

　　[196] 熊雯：《职业教育转型期人才培养模式的探究——以茶叶企业创业为例》，载《福建茶叶》2017 年第 5 期。

　　[197] 徐立清、钱国英、马建荣：《地方本科院校转型发展中的专业综合改革探索与实践》，载《中国高教研究》2014 年第 12 期。

　　[198] 徐立清：《我国应用型大学的组织特征与体系设计》，载《江苏高教》2013 年第 5 期。

　　[199] 徐明祥、王艳梅：《开放大学：学术还是应用》，载《开放教育研究》2018 年第 6 期。

　　[200] 徐俏琳、吕立汉：《新建地方本科院校专业建设探索与思考》，载《黑龙江高教研究》2013 年第 11 期。

　　[201] 徐秋云、张钱：《应用型大学治理文化建设内涵、途径探析》，载《中国成人教育》2018 年第 21 期。

　　[202] 徐向飞：《现状与反思：智能时代大学生社会主义核心价值观教育》，载《继续教育研究》2018 年第 12 期。

　　[203] 徐晓飞、丁效华：《面向可持续竞争力的新工科人才培养模式改革探索》，载《中国大学教学》2017 年第 6 期。

　　[204] 徐正兴、顾永安：《地方本科院校行业学院的定位与展望》，载《职业技术教育》2017 年第 22 期。

　　[205] 闫佳祺：《共享经济背景下我国企业人才管理新模式研究》，载《当代经济管理》2018 年第 2 期。

［206］严欣平、陈显明：《深化改革　走应用技术型高校发展之路》，载《中国高等教育》2014 年第 Z2 期。

［207］杨刚要：《中国民办高等教育研究综述》，载《中国成人教育》2017 年第 17 期。

［208］杨海怡：《从高校战略规划的制定和实施看组织发展的作用》，载《江苏高教》2015 年第 3 期。

［209］杨江水、陈昌蓉、吴家胤：《高校战略规划决策评价的多维度探析》，载《高校教育管理》2017 年第 2 期。

［210］杨慷慨、曹照洁：《"互联网＋"校企协同人才培养模式创新研究》，载《中国职业技术教育》2018 年第 32 期。

［211］杨美勤、唐鸣：《生态文明视阈下高校生态教育的转型路径》，载《广西社会科学》2017 年第 9 期。

［212］杨永明：《三维视角下应用型院校"双师型"教师专业发展困境与出路》，载《教育与职业》2019 年第 2 期。

［213］姚丹：《协同理论视角下应用型院校实践育人的困境与出路》，载《教育与职业》2019 年第 5 期。

［214］姚寿广：《行业技术应用型人才培养模式的设计框架及实施路径》，载《中国大学教学》2018 年第 5 期。

［215］尹剑峰、龙梅兰：《管理变革、人才管理与企业并购扩张研究》，载《经济与管理评论》2017 年第 4 期。

［216］尹者金、潘成云：《一流本科教育视域中地方高校大学质量文化建设探究》，载《黑龙江高教研究》2018 年第 12 期。

［217］于彦民：《应用型本科院校"融合式"创新创业教育生态体系构建》，载《职业技术教育》2018 年第 17 期。

［218］余国江：《应用型本科实践教学一体化改革初探》，载《江苏高教》2014 年第 5 期。

［219］郁秋亚：《高校人才培养回归大学教育本位的路径》，载《教育理论与实践》2017 年第 3 期。

［220］袁本涛、胡轩、杨力苈：《目标与路径：专业学位培养方案的内容分析》，载《高等工程教育研究》2015 年第 5 期。

［221］袁景翔、南旭光：《"互联网＋"职业教育人才培养创新的规

律及路径》，载《教育与职业》2017 年第 11 期。

［222］张春月、王伟：《德国应用科技大学的人才培养模式及对我们的启示》，载《中国成人教育》2018 年第 20 期。

［223］张锋：《校企合作视角下高职院校师资队伍建设路径探析》，载《教育理论与实践》2017 年第 9 期。

［224］张海军、张淑兰、戚晓利、张守平、王长宝、薛勇：《地方高校创新创业人才培养模式改革探索与实践》，载《实验室研究与探索》2017 年第 8 期。

［225］张鹤：《产教融合人才培养模式研究与实践》，载《中国高校科技》2018 年第 8 期。

［226］张洪：《基于应用型创新人才培养的实践教学改革探究》，载《现代教育技术》2015 年第 10 期。

［227］张景华、吴国新、刘一飞、王忠勇：《构建实践教学体系　促进创新人才培养》，载《实验技术与管理》2017 年第 2 期。

［228］张可成、王雷：《依托行业　创新管理人才培养模式》，载《中国高等教育》2016 年第 Z3 期。

［229］张凌：《应用型高校青年教师教学学术能力提升策略》，载《教育与职业》2019 年第 5 期。

［230］张晞、顾永安：《地方本科高校专业集群布局与建设的探索与思考——基于常熟理工学院的案例分析》，载《中国职业技术教育》2018 年第 11 期。

［231］张小丽、王菁华：《基于"流程再造"理论的应用转型高校"双师型"师资队伍建设研究》，载《职业技术教育》2018 年第 17 期。

［232］张晓东、卢涛、曹毅、王艳芳：《应用型嵌入式系统人才培养模式研究与实践》，载《实验技术与管理》2018 年第 11 期。

［233］张新科：《应用型本科院校人才培养理念创新与实现路径》，载《江苏高教》2017 年第 5 期。

［234］张妍、白夜昕：《大国方略与地方协同：黑龙江省老工业基地人才培养与流失问题研究》，载《继续教育研究》2017 年第 7 期。

［235］张妍：《高等院校人才培养的价值立场研究》，载《黑龙江高教研究》2017 年第 7 期。

［236］张燕：《产业集群背景下地方高校协同创新人才培养策略》，载《黑龙江高教研究》2017 年第 2 期。

［237］张艺：《校企协同视域下的高校人才培养》，载《中国高校科技》2017 年第 4 期。

［238］张应强：《地方本科高校转型发展：可能效应与主要问题》，载《大学教育科学》2014 年第 6 期。

［239］张玉娟、李宇欣：《黑龙江经济转型过程中创新创业教育人才培养的价值》，载《继续教育研究》2017 年第 5 期。

［240］章瑞智：《地方高校实践教学改革探究》，载《教育理论与实践》2016 年第 33 期。

［241］赵军、赵新泽、李卫明：《"应用型＋"人才培养模式改革研究与实践》，载《中国大学教学》2018 年第 9 期。

［242］赵鑫全：《试论高校发展战略规划：作用、问题与对策》，载《黑龙江高教研究》2017 年第 12 期。

［243］赵玉欣、庄美男：《基于应用型人才培养的课程考核改革研究与实践》，载《继续教育研究》2018 年第 12 期。

［244］赵哲、董新伟、李漫红：《地方本科高校转型发展的三种倾向及其规避》，载《教育发展研究》2015 年第 7 期。

［245］郑晨梓：《以质量为导向的应用型高校质量评价特征、原则与内容》，载《中国成人教育》2018 年第 20 期。

［246］郑宁、付义朝：《现代大学内部治理中的价值平衡和制度设计》，载《中国高等教育》2016 年第 Z1 期。

［247］郑谦、汪伟忠、赵伟峰、胡月英：《应用型高校实践教学质量评价指标体系研究》，载《高教探索》2016 年第 12 期。

［248］钟秉林：《改革开放 40 年　教育迈向新时代》，载《中国教育学刊》2018 年第 12 期。

［249］钟秉林：《扎实推进世界一流大学和一流学科建设》，载《教育研究》2018 年第 10 期。

［250］钟秉林、王新凤：《我国地方普通本科院校转型发展实践路径探析》，载《高等教育研究》2016 年第 10 期。

［251］钟昆明、王光明、李伟：《地方本科高校转型发展的深化与突

破》，载《教育与职业》2017 年第 21 期。

［252］周芳玲：《经济发展视域下的职业教育》，载《经济问题》2018 年第 12 期。

［253］周继术、辛清婷、吉红、刘超、于海波、刘海侠、董武子：《依托试验站培养专业硕士研究生实践能力的探索》，载《家畜生态学报》2017 年第 8 期。

［254］周晶、张雯雯、李勇：《组织学视域下地方普通本科高校转型的四重理论建构》，载《职业技术教育》2018 年第 13 期。

［255］周萍：《众创背景下高校创新创业教育改革发展的路径探索》，载《继续教育研究》2018 年第 12 期。

［256］周统建：《关于高校党建文化建设的思考》，载《学校党建与思想教育》2018 年第 23 期。

［257］周卫东：《新建本科院校教师转型发展的推进策略》，载《教育评论》2018 年第 2 期。

［258］周卫东：《新建地方本科院校教师转型发展研究》，载《江苏高教》2018 年第 4 期。

［259］周舟：《"互联网＋"背景下工商管理专业跨界培养对策与建议》，载《江淮论坛》2017 年第 3 期。

［260］朱方来：《中德高职实践教学的比较研究》，载《高教探索》2015 年第 3 期。

［261］朱科蓉、周华、吴晓红：《应用型本科课程的特征、建设路径与困境》，载《职教论坛》2019 年第 3 期。

［262］祝家贵：《深化以能力为导向的人才培养模式改革》，载《中国高等教育》2015 年第 12 期。

［263］左建桥：《地方本科高校转型路径研究》，载《教育评论》2017 年第 8 期。

［264］左建桥：《新型大学建设：多样化的人才培养模式与应对策略》，载《大学教育科学》2017 年第 5 期。

［265］左冕、周晓江：《多元化设计人才培养模式的研究与实践》，载《西南师范大学学报（自然科学版）》2017 年第 4 期。

［266］左振华、罗雪萍：《新常态下地方应用型高校管理类专业集群

建设研究》，载《中国成人教育》2016 年第 13 期。

（四）外文期刊

［1］Bernasconi A，Celis S. Higher Education Reforms：Latin America in Comparative Perspective ［J］. *Education Policy Analysis Archives*，2017，25（67）.

［2］Blake R R，Mouton J S，Barnes L B，et al. Breakthrough in Organization Development ［J］. *Harvard Business Review*，1964，42（6）.

［3］Bushe G R，Marshak R J. Revisioning Organization Development：Diagnostic and Dialogic Premises and Patterns of Practice ［J］. *The Journal of Applied Behavioral Science*，2009，45（3）.

［4］Cooperrider D L，Peter Jr F S，Whitney D，et al. Appreciative Inquiry：Rethinking Human Organization toward a Positive Theory of Change ［J］. *Team Performance Management*，2000，6（7）.

［5］Gabriela C. Zapata. University Students´ Perceptions of Integrated Performance Assessment and the Connection Between Classroom Learning and Assessment ［J］. *Foreign Language Annals*，2016（1）.

［6］García – Peñalvo F J，Fidalgo – Blanco Á，Sein – Echaluce M L. An Adaptive hy brid MOOC Model：Disrupting the MOOC Concept in Higher Education ［J］. *Telematics and Informatics*，2018，35（4）.

［7］Harrison N. Using the Lens of 'Possible Selves' to Explore Access to Higher Education：A New Conceptual Model for Practice，Policy，and Research ［J］. *Social Sciences*，2018，7（10）.

［8］Jasper Dag Tjaden. Migrant Background and Access to Vocational Education in Germany：Self – Selection，Discrimination，or Both？［J］. *Zeitschrift for Soziologie*，2017，46（2）.

［9］Ouchi W G，Price R L. Hierarchies，Clans，and Theory Z：A New Perspective on Organization Development ［J］. *Organizational Dynamics*，1978，7（2）.

［10］Porras J I，Silvers R C. Organization Development and Transformation ［J］. *Annual Review of Psychology*，1991，42（1）.

［11］Purvis M T. Seychelles：Education Reforms ［J］. *Education in South*

Asia and the Indian Ocean Islands, 2017, 34.

[12] Weick K E, Quinn R E. Organizational change and development [J]. *Annual Review of Psychology*, 1999, 50 (1).

[13] Yevhenii Marynchenko. Innovation Approaches to Vocational Education Teachers' Training Within the Educational Space of European Countries [J]. *Comparative Professional Pedagogy*, 2017 (2).

附　录

附录1　民办本科高校转型发展问题访谈提纲

一、教育专家访谈提纲

1. 您认为民办本科高校当前建设过程中面临的问题是什么？

2. 您认为民办本科高校转型发展应该从哪些方面出发？

3. 民办本科高校发展中如何规避公办院校管理的弊端？

4. 当前背景下，您认为民办本科高校的转型发展的核心要素有哪些？

5. 你对民办本科高校加强内涵建设的建议是什么？

二、民办本科高校管理人员访谈提纲

1. 您认为民办本科高校当前建设过程中面临的问题是什么？

2. 您认为民办本科高校转型发展应该从哪些方面出发？

3. 民办本科高校发展中如何规避公办院校管理的弊端？

4. 当前背景下，您认为民办本科高校的转型发展的核心要素有哪些？

5. 你对民办本科高校加强内涵建设的建议是什么？

三、民办本科高校教师访谈提纲

1. 您觉得民办本科高校教育教学中存在哪些不足之处？

2. 您对当前您所在学校的管理是否满意？在哪些方面民办本科高校的管理应该得到改进？

3. 如何对民办本科高校的教育过程进行改革？

4. 您觉得当前民办本科高校发展中存在的最大问题是什么？

5. 从教师的视角，您认为民办本科高校的转型发展的核心要素有哪些？

6. 在转型发展的大背景下，您认为民办本科高校的管理在哪些方面需要提高？

四、民办本科高校学生访谈提纲

1. 您为什么会选择民办本科高校？

2. 您觉得与公办院校相比，民办本科高校的优点和缺点体现在哪些方面？

3. 您对当前的课堂教学有什么意见？

4. 您觉得当前民办本科对学生的培养目标与社会需求是否贴近？

5. 在实践教学方面您满意吗？请具体说明原因？

6. 您觉得民办本科高校的管理在哪些方面需要提高？

附录2　民办本科高校向应用型转型的要素调查表

国家经济转型发展，迫切需要应用型人才。党中央、国务院作出引导部分地方本科高校转型发展的重大决策，作为地方本科高校重要组成的民办本科高校，必须转型发展，即主动适应当前社会经济发展的需要，加强内涵建设，转变办学模式，从粗放型、低水平的办学形态向精细化、高水平的发展模式转变，充分发挥民办高校体制机制灵活的优势，加强产学结合、校企合作，不断构建需求导向、服务地方的应用型办学模式。民办本科高校作为一种社会组织，其变革遵循组织发展的基本规律，从组织发展理论视域研究民办本科高校的转型特点和规律可以更好地把握民办高校的改革特点和规律，为当前民办高校改革和发展提供科学的理论依据和实践指导。

为推动民办本科高校加强内涵建设，切实落实应用型，本课题希望通过较为全面而真实的调查与深入研究，丰富高等教育管理的理论内涵，为新时期民办本科高校转型及其发展提供理论支撑；试图提供可操作的民办本科高校创新发展模式，为民办高校在新时期的发展提供具有理论指导意义的改革方案；为政府及有关部门政策制定以及资源配置提供参考，以完善政府对民办高等教育的科学管理。在前期理论研究的基础上，得出民办本科高校转型的五要素即领导变革，资源配置、结构重组、教学流程再造、文化重塑，通过访谈调查以及对文献的归纳总结，拟定了民办本科高校转向应用型的要素调查表，但哪些要素在民办本科高校转向应用型过程中发挥重要作用，仍需要进一步论证。而您为民办高等教育及行业企业专家，恳请您对民办本科高校转型要素进行遴选。

表1 　　　　　　　　　　**民办本科高校向应用型转型的要素调查表**
（第一轮论证）

一级要素	要素遴选情况			
	建议保留	建议调整	建议删除	原因
领导变革				
资源配置				
结构重组				
教学流程再造				
文化重塑				

表2 　　　　　　　　　　**民办本科高校向应用型转型的要素调查表**
（第一轮论证）

一级要素	二级要素	要素遴选情况			
		建议保留	建议调整	建议删除	原因
领导变革	1. 领导理念				
	2. 办学理念				
	3. 办学思路				
	4. 办学定位				
	5. 战略规划				
	6. 管理干部队伍				

一级要素	二级要素	要素遴选情况			
		建议保留	建议调整	建议删除	原因
资源配置	1. 专职教师队伍学历				
	2. 兼职教师队伍背景				
	3. 双师型教师比例				
	4. 管理人员学历结构				
	5. 校园面积				
	6. 图书数量				
	7. 专业实践室配套比例				
	8. 办学资金来源				
	9. 资金使用结构				
	10. 学科前沿信息渠道				
	11. 社会发展产业信息				
结构重组	1. 机构结构				
	2. 机构职能				
	3. 学科专业设置				
	4. 专业建设				
	5. 专业结构与布局				
	6. 专业特色				
	7. 专业群建设				
教学流程再造	1. 培养模式				
	2. 培养方案				
	3. 课程体系				
	4. 实践教学体系				
	5. 教学方法改革				
	6. 教材建设与选用				

续表

一级要素	二级要素	要素遴选情况			
		建议保留	建议调整	建议删除	原因
文化重塑	1. 精神文化				
	2. 制度文化				
	3. 物质文化				
	4. 规章守则				
	5. 制度				
	6. 价值观				

表 3　　　　民办本科高校向应用型转型的要素调查表
（第二轮论证）

一级要素	二级要素	要素遴选情况			
		建议保留	建议调整	建议删除	原因
领导变革	1. 领导理念				
	2. 办学理念	保留			
	3. 办学思路				
	4. 办学定位	保留			
	5. 战略规划	保留			
	6. 管理干部队伍				
资源配置	1. 专职教师队伍学历				
	2. 兼职教师队伍背景				
	3. 双师型教师比例				
	4. 管理人员学历结构				
	5. 校园面积				
	6. 图书数量				
	7. 专业实践室配套比例				
	8. 办学资金来源				
	9. 资金使用结构				
	10. 学科前沿信息渠道				
	11. 社会发展产业信息				

续表

一级要素	二级要素	要素遴选情况			
		建议保留	建议调整	建议删除	原因
结构重组	1. 机构结构				
	2. 机构职能				
	3. 学科专业设置	保留			
	4. 专业建设				
	5. 专业结构与布局				
	6. 专业特色				
	7. 专业群建设				
教学流程再造	1. 培养模式	保留			
	2. 培养方案	保留			
	3. 课程体系	保留			
	4. 实践教学体系				
	5. 教学方法改革				
	6. 教材建设与选用				
文化重塑	1. 精神文化	保留			
	2. 制度文化	保留			
	3. 物质文化	保留			
	4. 规章守则				
	5. 制度				
	6. 价值观				

附录3　民办本科高校向应用型转型的要素验证表

表1　　　　　　　　民办本科高校向应用型转型要素验证表

一级要素	二级要素	非常同意	同意	不确定	不同意	非常不同意
领导变革	1. 办学理念					
	2. 办学定位					
	3. 战略规划					

续表

一级要素	二级要素	非常同意	同意	不确定	不同意	非常不同意
资源配置	1. 人力资源					
	2. 物力资源					
	3. 财力资源					
	4. 信息资源					
结构重组	1. 机构调整					
	2. 学科专业设置					
教学流程再造	1. 培养模式					
	2. 培养方案					
	3. 课程体系					
	4. 实践教学体系					
文化重塑	1. 精神文化					
	2. 制度文化					
	3. 物质文化